급진적 페미니즘

급진적 페미니즘

보부아르 좌파의 페미니즘 실험실

김복래 지음

인문공간

차례

4부 페미니즘 앙가주망 (사회참여)

7장 사르트르 앙가주망

8장 보부아르 앙가주망

5부 《제2의 성》은 여성 진화의 백과사전

9장 좌우를 충격에 빠뜨린 《제2의 성》

10장 68년 5월의 성혁명

보부아르의
탐욕과 위선

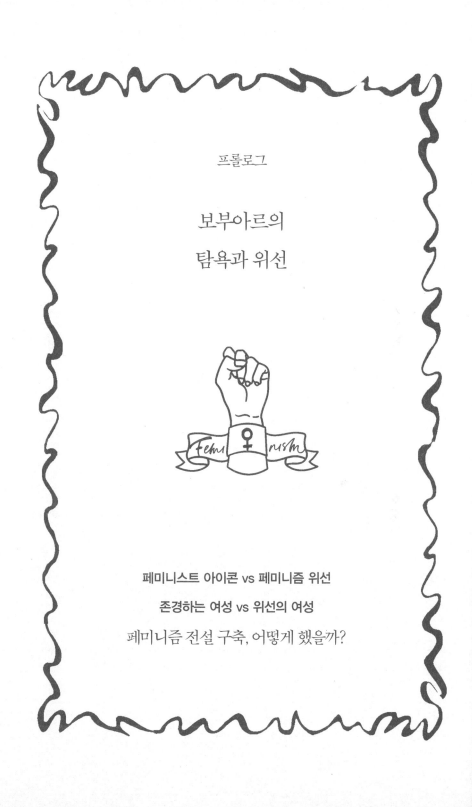

페미니스트 아이콘 vs 페미니즘 위선

존경하는 여성 vs 위선의 여성

페미니즘 전설 구축, 어떻게 했을까?

● 립스틱 짙게 바르고 서재에서
차가운 시선으로 허공을 응시하는
보부아르

"나는 무서울 정도로 탐욕쟁이랍니다. 나는 인생에서 모든 것을 다 갖기를 원해요.

나는 여성이면서 또 남성이기를 바랍니다. 나는 많은 친구를 갖는 동시에

또 나 혼자만의 고독을 향유하기를 원하죠. 나는 많이 일하고 좋은 책들을 쓰고,

여행하면서 나 자신을 즐길 줄도 알고 있어요. 그리고 나는 이기적인 동시에

매우 이타적이랍니다. 당신도 물론 아시겠지만, 자신이 원하는 것을 다 갖는다는 것은

어려운 일이죠. 그래서 나는 성공하지 못했을 때는 그만 분노로 미쳐버려요."

— 시몬 드 보부아르(Simone de Beauvoi·1908~1986)

우리가 여기서 다루게 될 시몬 드 보부아르(Simone de Beauvoir·1908~ 1986)라는 여성은 프랑스의 대표적인 페미니스트 아이콘이다. 왕년 의 할리우드 파티걸 린지 로한과 '근대 페미니즘의 어머니'인 보부 아르에게 공통점이 있다면 그것은 과연 무엇일까? 놀랍게도 이 두 여성이 모두 나이나 직업, 국적의 차이에도 불구하고, 잡지 표지의 누드모델로 등장했다는 점이다. 2008년 프랑스 시사주간지 〈르 누벨 오브세르바테르(Le Nouvel Observateur)〉[1]의 겉표지에는 힐 외에는 아무것

도 걸치지 않은 채, 자신의 트레이드 마크인 올림머리를 하는 여성 철학자의 나신이 등장했다. 그 사진은 마치 톱모델처럼 나체일 뿐만 아니라 포토샵까지 한 사진이어서 더욱 문제가 되었다.

만일 살아있었다면 그해로 딱 100세가 되었을 사진의 주인공도 역시 하늘나라에서 이 광경을 지켜보면서, "이건 정말 쇼킹한데!"라며 감탄사를 연발했을지도 모를 일이다. 그것은 다름이 아니라 보부아르의 위대한 탄생 100주년을 기념하는 '특집호'를 내면서, 〈르 누벨 오브세르바테르〉지가 "스캔들을 일으키는 여자 시몬 드 보부아르 (Simone de Beauvoir La Scandaleuse)"라는 도발적인 제목으로 게재해 논란이 되었던 사진이다. 〈르 누벨 오브세르바테르〉는 '새로운 감시자' 내지 '새로운 관찰자'라는 의미가 있는데, 그냥 줄여서 〈누벨 옵스(Nouvel Obs)〉라고 한다. 이 〈누벨 옵스〉는 '프랑스 지성인들의 교구 신문'이나 보다 경멸적인 의미에서 '프랑스 캐비아 좌파의 준(準) 공식기관지'라는 명칭으로 불리고 있다. 여기서 '캐비아 좌파(gauche caviar)'란 사회주의적 가치와 모순되는 방식으로 살면서 사회주의자라고 주장하는 사람을 가리키는 경멸적인 프랑스 용어다.[2] 참고로 아일랜드에서는 '훈제 연어 사회주의자', 남아프리카에서는 '구찌 공산주의자', 아르헨티나에서는 '히피 콘 오스데(hippie con osde)'[3], 영국에서는 '샴페인 사회주의자', 호주에서는 '샤르도네 사회주의자'[4], 독일에서는 '살롱 공산주의자' 또는 '응접실 공산주의자', 미국에서는 '리무진 자유주의자'라는 용어가 있으며, 우리 한국에는 좌파 성향의 고학력 고소득자를 지칭하는 '강남 좌파'라는 용어가 있다. 〈누벨 옵스〉는 그녀의 평생 남자친구이자 학문적 동지인 장 폴 사르트르(1905~1980)와의 낭

● 누벨 옵스의 표지 모델 보부아르

만적인 과거 연애사를 특히 집중적으로 조명했다.

　사르트르와 보부아르는 이른바 '계약 결혼'이라는 이름으로 두 사람이 연애하지만 누군가가 원한다면 다른 사람을 자유롭게 만날 수 있는 '열린 관계'를 구축했으며, 어린 미성년 제자들을 유혹해서 서로 공유했던 것으로도 회자되는 악명 높은 커플이기도 하다. 프랑스 사회학자 실비 티소(Silvie Tissot)는 〈르몽드 디플로마티크〉의 사설란에, 오직 철학자의 연애 생활에만 시선이 고정된 듯한 겉표지의 나체 사진이 매우 쇼킹하다면서 날을 세웠다. 사르트르의 탄생 100주년 기념 때는 그의 걸작인 《존재와 무 (L'Être et le néant)》(1943)가 가장 주목을 받았지만, 보부아르의 탄생 100주년 때는 페미니즘의 바이블 격인 《제2의 성(Le Deuxième Sexe)》(1949)은 단지 부차적인 배경 설명으로만 언급되었을 뿐이고, 외설적이고 선정적인 가십이 전부라는 것이 비난의 골자였다.

"아무리 철학자일지라도 보도할 가치가 있는 국민적 셀럽이 되려면, 우선 남성들 앞에서 옷을 벗거나 남성들에 대한 애정의 증표를 제시해야 한다는 무슨 터무니없는 규칙이라도 존재하는 모양이다!"

티소는 발끈했다. 한 과격한 페미니스트 단체는 〈누벨 옵스〉의 누드 사진 게재에 대한 반발로 사옥 밖에서 시끄러운 농성을 벌였다.

영국 런던의 일간신문 〈인디펜던트(Independent)〉지에 따르면, 개 마스크를 쓴 성난 여성 시위자들은 플래카드를 마구 흔들어대면서 〈누벨 옵스〉의 설립자인 장 다니엘(Jean Daniel·1920~2020)을 향해 다니엘 자신의 누드는 물론이고, 사르트르, 엠마뉘엘 레비나스(Emmanuel Levinas·1906~1995)[5]와 다른 남성들의 누드 사진도 함께 실으라고 아우성을 쳤다. 그러나 〈누벨 옵스〉의 담당 편집자들은 이 사진이야말로 보부아르가 생전에 불러일으켰던 논쟁의 본질을 가장 '정확하게 대표한다'면서 그들의 결정을 굽히지 않았다. 문제의 사진은 1952년에 미국 사진작가 아트 셰이(Art Shay·1922-2018)가 거울 앞에서 벗은 채로 여유롭게 머리 손질을 하는 44세의 여성 보부아르의 뒤태를 찍은 것이라고 한다. 그러나 '정확한 대표성'을 운운하는 〈누벨 옵스〉 편집자들의 주장에는 약간 무리가 있다. 중도좌파 일간지인 〈리베라시옹(Libération)〉은 그 사진이 명백히 보정된 흔적이 있다면서, 근대 페미니즘의 어머니가 둔부나 대퇴부에 멍울지는 셀룰라이트[6]의 질곡으로부터 완전히 해방되었다고 힐난했다. 그러나 아무리 포토샵으로 편집한다고 해도, 사실상 '몸'의 정체성을 얘기하는 데 이 사진만큼 정밀하고 적확한 도구는 존재하지 않는다.

오늘날처럼 이미지 포화 내지 이미지 광풍의 시대를 살고 있는 현대인이라면, 누구나 한 번쯤 자신의 누드 사진이나 동영상을 자발적으로 올리는 사람들의 집단적 심리나 이를 과학적으로 분석한 믿을 만한 심리학적 해석을 궁금해할 것 같다. 한 인터뷰 기사에서 한 젊은 직장 여성은 "내 몸이 가장 젊고 예쁠 때 모습을 기록으로 남기고 싶어서!"라는 당찬 포부를 거리낌없이 말했다. 우리는 요즘 SNS에서도 여성들이 산 정상에 올라 상의를 완전히 탈의한 채 만세를 외치는 사진들을 심심치 않게 볼 수가 있다. 물론 일종의 사생활 보호를 위해 정면이 아닌, '뒷모습'을 노출한 사진들이 대부분이다.

이 누드 사진찍기 대열에 합류한 여성들은 대자연 속에서 상반신 누드 사진을 찍는 시도가 스스로에 대한 자신감을 찾는 하나의 원천이 되었다고 한결같이 입을 모은다. 사회·심리학자들도 역시 여성들이 자신의 누드 사진에 열광하는 이유를 ① 노출심리, ② 추억거리, ③ 자신감의 표현, ④ 자신의 신체와 섹슈얼리티에 대한 스스로의 진지한 탐구, ⑤ 성적 자주성 등으로 꼽고 있다. 그런데 '자신감을 얻으

● 코로나 시대에도 유행하는 친구와
함께하는 단체 상반신 누드 사진

려고'라는 대답은 양성애자나 레즈비언 여성들에게서 훨씬 더 많았다고 한다. 아무래도 이성애자가 아닌 여성은 사회적으로 더 많은 제약을 경험하기 때문에, 이러한 나르시스적인 누드 이미지의 재생을 통해 자신의 신체와 섹슈얼리티에 대한 힘을 다시 얻는 것일지도 모른다는 분석이다. 과거에 '남성중심적' 가치관으로 본 누드 사진의 유행시대는 저물고, 이제는 누드 사진이 '페미니스트' 혹은 '포스트 페미니스트'적 관점에서 여성들의 자긍심을 확인하고 스트레스를 해소하는 수단으로 새롭게 탈바꿈해 유행하고 있다는 것이다.

보부아르가 이 나체 사진을 찍었던 시절에 그녀는 유대계 미국 작가인 넬슨 알그렌(Nelson Algren·1909~1981)과 깊은 사랑에 빠져 있었다. 그 당시 알그렌은 시카고의 매달 월세 10달러짜리에 욕실도 없는 초라한 아파트에서 근근이 살아가고 있었다. 그래서 그는 자기 집에 와 있는 '파리의 연인' 보부아르가 좀 더 마음 편히 씻을 수 있도록, 자기 친구인 아트 쉐이에게 욕실이 있는 친구 집으로 그녀를 좀 안내해

● 넬슨 알그렌(1956년)

달라고 부탁했다. 그런데 장난기가 발동해서인지 젊은 사진작가 쉐이는 독일제 카메라 라이카를 꺼내서 보부아르의 누드 사진을 찰칵 찍은 것이다. 그러나 그녀의 제법 안정적인 포즈나 욕실에서 굳이 힐을 신은 정황 등을 미루어 볼 때, 이건 그냥 일방적인 '몰카'라기보다는 당사자의 동의가 없었다면 도저히 불가능한 촬영이었을 것이다. 〈누벨 옵스〉의 사진 보정 효과에도 불구하고, 그녀의 나신은 그리스 여신상이 주는 위풍당당함이나 고혹적인 관능미도 없이 우리나라 동네 목욕탕에서 흔히 볼 수 있는 아줌마의 알몸 그 이상도 그 이하도 아니다.

그런데 보부아르는 왜 하필이면 중년의 나이에 카메라 앞에 알몸으로 서는 용기를 보였을까? 성 해방을 위한 여신의 선도적 투쟁의 일환으로? 아니면 성적 자주성을 표현하는 과감한 행위예술을 나체 사진으로 증명하기 위해서? 아니면 출산 경험이 없는 여성의 몸매에 대한 자신감 때문에? 당시 〈누벨 옵스〉는 나체 사진 출판이 사고를 자극하고, 사회 규범에 대한 보부아르의 도전을 반영한다는 이유로 이를 적극 옹호했다. 여성의 성적 대상화가 아니라, 여성의 신체와 관련된 규범을 포함하여 사회, 문화적 규범에 대한 그녀의 혁명적인 영향을 강조하려는 의도였다는 것이다. 어쨌든 그녀가 후세에 이런 누드 사진을 남기지 않았더라면, 여성 철학자의 노출을 둘러싼 과열된 논쟁이나 야단법석은 없었을 것이다. 그것은 그녀가 단순한 일개인이 아니라, 전후 국제적인 여성운동에 막중한 책임이 있는 주역이었기 때문이다.

"세상의 여성들이여! 그대들이 지금 누리고 있는 모든 것은 전부 보부아르 덕택이다!(Femmes, vous lui devez tout)" 자유분방하게 나체 사진을 찍는 것도 다 보부아르 덕분인 것 같은 착각을 주는 이 문구는 보부아르가 사망한 해인 1986년에 프랑스 철학자이자 자유주의 페미니즘의 옹호자인 엘리자베스 바댕테르(Elisabeth Badinter·1944~)가 그녀를 추모하기 위해 〈누벨 옵스〉에 기고한 기사의 제목이다. 물론 모든 이가 이 기사 제목에 동의하지는 않겠지만, 5,000여 명의 조문객이 모인 그녀의 장례식장에서 제법 묵직한 울림을 주었던 말이다. 바댕테르에 의하면, 프랑스 여성들은 17, 18세기부터 신분의 고하를 막론하고 '어머니'와 '여성'이라는 전통적 이분법에서 "모성'보다는 당연히 '여성성'을 선택했다고 한다. 그래서인지는 몰라도 일부 여성들은 보부아르라는 한 시대의 획을 그은 걸출한 여성을 투쟁적인 여전사가 아니라, 소위 '제3물결 페미니즘' 시대에 부합하는 관능적 여인으로 표현한 것을 오히려 반기는 분위기다. 철학자의 누드 사진 게재에 반발하는 열혈 페미니스트들은 아마도 그녀들 자신이 페미니즘의 관능적이고 센슈얼한 면을 인정하는 데서 겪는 갈등이나 어려움을 이처럼 집단적 시위의 형태로 분출하려는 것인지도 모른다.

자, 보부아르라는 한 철학자 여성을 그녀의 개인적인 '실존' 연대기에 따라서 집중적으로 조명하기로 한다. 그녀는 사르트르와 마찬가지로 실존주의 철학을 연구하면서도 개인의 내면에만 머무르는 것이 아니라, 지식인이 직접 나서서 행동하는 '앙가주망(engagement·사회참여)'을 지지해왔다. 보부아르는 행동하는 지성인으로서 사회운동과 시위에도 직접 참여했다. 생물학적 성이나 사회적으로 구성된 젠더의 역할 등에 몸소 저항했던 보부아르는 심지어 대부분의 서방국가들이 공산주의를 거부할 때조차도 공산주의에 대한 지지를 끝끝내 철회하지 않았다. 매우 전위적이고 급진주의적인 여성, 존경과 찬미의 대상인 동시에 혐오의 시선과 이론(異論)의 여지가 넘치는 문제적 여성 보부아르는 전 세계적으로 여성세대를 송두리째 뒤흔들어 놓았다.

보부아르는 가부장제에 대한 전쟁을 선포했지만, 이성애에 대한 애욕의 포로였으며, 양성애자인 그녀는 생전에 자신의 학생들과 뻔질나게 동성애 관계를 맺었다. 제2차 세계 대전의 소용돌이 속에서 그녀는 "미성년자를 방탕의 길로 선동했다."는 나쁜 죄질로 고소되어 교직을 박탈당하는 수모를 겪기도 했다. 그녀가 조우한 상대들은 사르트르의 문하생인 저널리스트 자크 보스트(Jacques Bost·1916~1990), 미국 작가 넬슨 알그렌, 또 20세기 최고의 기록영화라고 평가받는

● 란츠만과 보부아르(1975년경)

〈쇼아〉, 즉 나치스에 의한 유대인 대학살 기록영화를 제작한 동구 유대인 출신의 프랑스 감독 클로드 란츠만(Claude Lanzmann·1925~2018) 같은 저명인사에서부터 자신의 여제자들에 이르기까지 실로 다양하기 이를 데 없었다.

그녀는 기존의 성, 정치, 사회에 대하여 이렇게 삼중의 도전장을 내밀었다. 보부아르는 자신의 영원한 상징이 된 우아한 터번 속에 과연 무엇을 숨기고 있는 걸까? 이 과격한 여성 혁명가는 무수한 진실과 거짓들 사이에서 과연 어떻게 자신의 위대한 '전설'을 구축할 수 있었던 걸까? 그녀가 쓴 책들뿐만 아니라, 결코 예사롭지 않은 삶(사생활)이 보부아르를 근대의 가장 중요한 지식인 중 한 명으로 만들어주었다. 보부아르는 과연 어떤 인물인가? 그녀는 자유와 안정, 연애와 앙가주망을 모두 가졌다는 신화를 윤색하고 가공하기 위해 자신이 양성애자라는 사실, 꿈틀거리는 질투, 외로움 등을 처연하게 숨겼다. 오늘날 여성들은 보부아르 덕분에 과연 모든 것을 다 가질 수 있게 되었는가?

———

"질투는 평범한 사람이 천재에게 바치는 찬사입니다."

– 미국의 로마 가톨릭 주교 풀턴 신(Fulton J. Sheen·1895~1979)

———

1부

페미니즘
스캔들

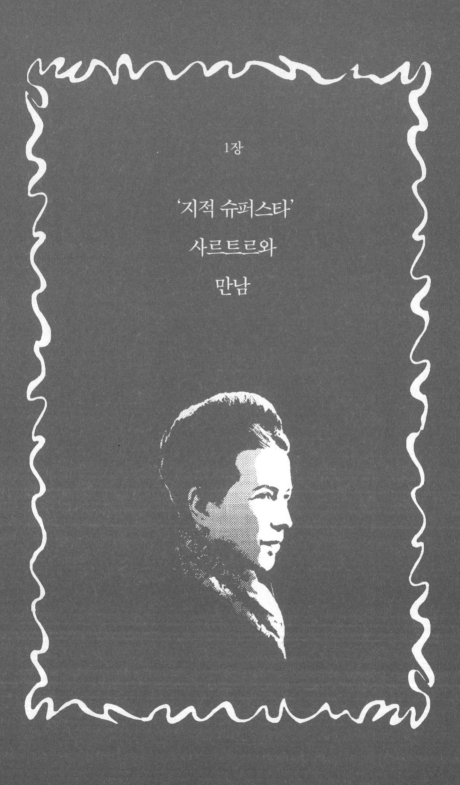

1장

'지적 슈퍼스타'

사르트르와

만남

내 인생 성공작은 사르트르와 계약 결혼

1908년 1월 9일, 화려하다는 말보다는 오히려 '흑백영화' 같다는 것이 더 어울릴 법한 스산한 겨울에 보부아르는 파리 6구에서 태어났다. "내 인생에서 가장 성공작은 '계약 결혼'(다자연애)에 바탕을 둔 사르트르와의 관계였습니다." 이처럼 보부아르가 만년에 집필한 자서전은 그녀를 흠모하던 수많은 추종자들, 특히 여성 팬들을 극도로 실망시켰다. 그럼에도 불구하고, 그동안 새로운 책과 전기들이 보부아르에 대한 새로운 것, 즉 그녀의 명확성, 정의감, 대담성을 발견하려는 노력을 다각적으로 기울여왔던 것이 사실이다. 어디까지나 그녀가 독립적인 사상가였고, 사르트르의 '부속물'이 아니었음을 주장하려는 강력한 의지의 발로에서다. 그러나 보부아르의 삶 속에서 영원히 빼놓을 수 없는 인물이 철학자, 소설가, 극작가, 정치 활동가, 실존주의의 세속적 메시아이자 프랑스 '사회참여' 지식인의 원형인 장-폴 사르트르다.

　그는 과연 누구인가? 20세기의 가장 위대한 '자유'의 철학자였는

● 카페 드 플로르에 앉아서 작업에 몰두하는 사르트르와 보부아르

가? 아니면 '전체주의'에 대한 가장 영향력 있는 옹호자였는가? 프랑스 지식인들은 그가 죽은 지 수십 년이 넘도록 이 상반된 '두 사르트르'를 화해시키려고 노력하는 중이다. 사르트르가 생전에, 그리고 사후에도 누리고 있는 이 대단한 영예는 그가 다방면의 천재였다는 사실에서 기인한다. 우주적 상상력을 더한 사색의 공간, 파리의 유명 카페 '카페 드 플로르(Café de Flore)'에서는 아직도 실존주의의 망령이 어슬렁거리고 있다고 한다. "당신은 아직도 사르트르주의자인가요?"라는 소리가 귓가에 환청처럼 들리는 것 같다.

2000년대에 사르트르의 새로운 전기와 그의 업적에 대한 여러 오마주가 프랑스에서 베스트셀러가 되었다. 그중 하나가 프랑스의 대표적인 참여지식인 베르나르-앙리 레비(Bernard-Henri Lévy·1948~)의《사르트르의 세기(Le Siècle de Sartre)》(2000)다. 1970년대에 좌파 사상가들에 대한 반란을 이끈 철학자 레비[1]는 사르트르 같은 자유사상의 대가가 어떻게 슬픈 공산주의 동료 여행자이자 마오주의자들의 친구가 될 수 있는지를 설명하기 위해 그 책을 썼다고 소감을 밝혔다.[2] 레비는 사르트르를 20세기의 '폭력'과 '거짓 메시아주의(Messianism)'의 치명적인 매력에 굴복할 수 있는 사람인 동시에, 그 환상과 결점에 대하여 누구보다 맹렬하게 비판할 수 있는 사람으로 묘사했다.

사르트르의 이중성

사르트르의 '이중성'에 대한 그의 평가는 과연 정당한가? 사람은 필요에 따라 자신의 속마음을 감춘 채 선으로 둔갑한다. 이러한 행위를 타인에게 들킨 사람은 영락없이 '이중적' 또는 '위선적'이라는 비난을 받는다. 그러나 자기 눈 속에 있는 들보를 보지 못하고, 남의 눈의 티를 작정하고 비판하는 사람들 역시 자신의 음습한 과거를 숨긴 채 사회인으로서 생활한다.

레비는 68운동 당시[3] 프랑스 신좌파운동가인 다니엘 콩-방디트(Daniel Cohn-Bendit·1945~)와 함께, 혁명적 사회주의 운동을 이끄는 지도자로 활동했다고 알려져 있다. 그러나 1968년 5월에 정확히 그가 무엇을 했는지에 대해서는 약간 논란의 여지가 있다. 많은 사람이 그가 다른 학생 급진주의자들처럼 데모를 주도했다고 추측하지만, 혹자는 그가 안방 TV에서 전체 반란을 지켜보면서 '미디어의 힘'에 대한 중요한 교훈을 배웠다고 비아냥거리기도 한다.

그는 30년 후, 자신이 혁명의 바리케이드 위에 있지 않았고, 병원에 입원한 여자친구와 함께 있었다고 썼다. 2003년 레비와의 인터뷰 당시에 영국 저널리스트 개비 우드(Gaby Wood)가 문제의 '그 기간'에 대해 문의하자, 그는 일종의 'BHL 버전의 연대'라는 희한한 방식을 제안했다. "나는 당시의 마르크스·레닌주의, 마오주의 운동에 이념적으로 꽤 동조했지만 '나만의 방식으로' 대응했습니다. 나만의 매우 개인주의적이고 팀 정신이 별로 없는 방식으로 말입니다."

BHL버전의 연대라는 이 거창한 문구의 의미를 이해하려면, 우선 BHL의 뜻을 살펴볼 필요가 있다. 사실상 레비는 그의 이름 약자를 따서 BHL(베아쉬엘)이라는 명칭으로 더 많이 회자되는 인물이다. 자타가 공인하는 전형적인 '나르시시스트'인 레비는 아무도 자신의 삶에 대해 알지 못한다고 생각하기 때문에, BHL이 하나의 캐릭터 내지는

● 파이프를 물고 있는 장 폴 사르트르

구성물이라고 생각한다. 그러나 그 구성물은 부분적으로는 레비 그 자신에 의해, 부분적으로는 다른 사람들에 의해 구성된 다분히 작위적인 캐릭터다. "그것은 꼭두각시이고, 당신에게 등을 돌릴 때가 있습니다."라고 레비는 그 수수께끼 같은 BHL의 정체에 대하여 설명했다.

이런 유체이탈 화법에 대하여, 개비 우드가 "하지만 그 안에 당신이 있습니까? 꼭두각시의 줄을 당기고 있습니까?"라고 물어보자 그는 이렇게 대답했다. "물론이죠. 그는 나에게 낯선 사람이 아닙니다. 그러나 나는 그의 뒤에 숨을 수 있고 그를 통해 이슬람주의자, 파시스트, 나쁜 놈들과도 싸울 수가 있습니다. BHL은 훌륭한 군인이고, 좋은 마스크입니다. 사람들은 BHL을 공격할 때, 베르나르-앙리 레비를 공격하지는 않습니다. 그리고 BHL은 캐리커처입니다. 그는 그 모든 것입니다." 그래서 우드는 마지막으로 질문했다. "그래서 이렇게 '제3인칭' 선언을 한 후에, 사람들이 당신을 비판할 때 개인적으로 공격받는다고 느끼지 않습니까?" 그런데 놀랍게도 레비는 느끼지 않는다고 대답했다. "나는 종종 그들이 다른 누군가를 겨냥하고 있다는 느낌을 받습니다."[4]

이처럼 잘 나가는 공적 지식인이자 지적인 슈퍼스타인 레비의 대선배 철학자 사르트르는 영어권에서 그와 비교할 만한 등가 인물이 아예 없었다. 프랑스에서도 그와 대등한 수준의 인물을 찾으려면, 아마도 18세기의 철학자 볼테르(Voltaire·1694~1778)까지 한참 거슬러 올라가야 할 것이다. 1980년 사르트르의 장례식 때 5만 명의 군중이 몰려들어, 그 거대한 인파가 유서 깊은 파리 시가지를 지나 몽파르나스 공동묘지를 향하는 그의 운구행렬을 묵묵히 따라갔다. 157cm의 작

달막한 키에 못생긴 사팔뜨기의 작가가 그 모든 것을 해냈다! 그는 마르크스주의와 프로이트주의에 맞먹는 실존주의의 창시자였고 그의 논문과 소설은 수백만 부가 팔렸다. 그의 연극은 대성공이었고 그의 공개 강연에 많은 군중이 몰려들었다. 심지어 그의 강연을 듣다가 감동한 나머지 졸도하는 열성 팬까지 나올 정도였다! 그는 또한 프랑스에서 가장 강력한 좌익 신문이 될 〈리베라시옹〉과 〈레 탕 모데른(Les Temps Modernes·현대)〉을 창간했다. 그는 자신이 향유하는 지적 권위 덕분에, 샤를 드골(Charles de Gaulle·1890~1970)이 국가 원수였음에도 불구하고, 자신의 적(敵) 드골과도 동등하게 맞설 수가 있었다. 드골은 그를 체포하라는 측근의 권유에도 "누구도 볼테르를 감옥에 가두지는 않는다."라면서 이를 만류했다.

지적 매력에 빠진 보부아르

1964년에 사르트르는 자서전적인 소설 《말(Les Mots)》(1964)을 썼다. 그는 이 덕분에 노벨상을 받게 되었으나, 이 최고의 명예와 5만 달러의 상금을 거부했다. 그 이유는 노벨상이 서구 유럽 작가들에게 치우침으로써 그 공정성을 상실했다는 것과 또 작가는 모름지기 자신이 '기관'으로 변모하는 것을 거부해야 한다는 신념 때문이었다. 그러나 사르트르라는 인물은 이미 일개인이 아니라, 처음에는 인간의 부조리한 현실을 고발하는 실존주의의 음울한 목소리를 내다가 나중에는 공산주의의 양심을 대변하는 하나의 거대한 '기관'이었다.

물론 한편으론 친구이자 사상적 라이벌이었던 알베르 카뮈(Albert Camus·1913~1960)에 대한 경쟁심 때문에, 그가 노벨상을 거부했다는 소문도 나돌았다. 카뮈가 1957년에 최연소 나이로 노벨 문학상을 받은 것에 그만 자존심이 상해 수상을 거부했다는 주장이다. 어쨌든 그는 자의적으로 노벨상을 거부한 최초의 인물이 되었고, 그의 노벨상 거부는 사회적으로 엄청난 반향을 불러일으켰다.

그렇지만 뒤늦게 그가 상금 수령을 시도했다는 일화도 있다. 수상을 거부한 지 10여 년의 세월이 흐른 후, 혹시 상금의 일부라도 받을 수 있는지 노벨재단에 문의했던 것이다. 하지만 수령되지 않은 상금은 노벨재단에 귀속된다는 규정으로 인해, 사르트르는 결국 상금을 받지는 못했다. 그가 왜 상금 수령을 시도했는지 그 이유는 명확히 밝혀지지 않았는데, 그의 수많은 애인 중 하나를 재정적으로 돕기 위해 그랬다는 이야기가 들린다.

사르트르는 젊은 시절부터 자신을 "진부한 관습을 깨뜨리고 근본적인 빛으로 사물을 드러내는 유혹자"인 돈 후안(Don Juan)과 동일시했다.[5] 그는 '유혹'과 '글쓰기'의 작업이 모두 같은 지적 근원을 갖는다고 믿었다. 이처럼 자칭 돈 후안이었던 그는 한꺼번에 많은 정부를 거느렸고, 근대 페미니즘의 창립 이론가인 보부아르를 그의 '여자 뚜쟁이(Procuress)'로 고용한 셈이다!

보부아르에게는 학창시절부터 '카스토르(castor)'라는 별명이 있었다. 1929년에 두 사람의 지기인 르네 마외(René Maheu·1905~1975)[6]가 보부아르에게 붙여준 애칭이다. 왜 하필이면 카스토르인가? 불어로 설치류 '비버(beaver)'를 카스토르라고 하는데, 보부아르와 이 비버의 발음이 비슷하다고 해서, 마외가 그녀에게 선사한 별칭이다. 그러나 이 별명을 크게 유행시킨 장본인은 사르트르다. 그 이유인즉 비버가 집단생활을 하고 오롯이 자연물을 재료로 그들의 서식처에 거대한 댐을 만드는 등 놀라운 '건설적인 정신적 가치'의 세계를 지닌 영민한 동물이기 때문이다. 그는 항상 그녀를 카스토르라고 불렀다.

그런데 사르트르에게 그녀는 '카스토르' 또는 '당신(vous)'이지, 결코 친밀한 느낌의 '너(tu)'는 아니었다. 프랑스에서 상대방을 당신이라고 말하는 경우는 첫째 서로 잘 모르는 사이이거나, 둘째 상대방이 연장자 또는 직위가 높거나 성인일 때, 셋째 공식적인 경우, 넷째 존대할 필요가 있는 경우 등이 해당된다. 너라고 하는 경우는 첫째 가족과 친구 사이, 둘째 직장동료나 동호회 사람들에게, 셋째 어린아이나 청소년들에게, 넷째 어느 정도 친숙한 사이인 경우다. 그러나 이러한 호칭을 사용하는 기준이 '나이'보다는 상대방과의 '친밀도'를 기준으로 이루어진다. 그러니까 사르트르가 보부아르를 당신이라는 존칭으로 부른 것은 상대방에 대한 존중심일 수도 있지만, 일종의 '거리감'의 표현일 수도 있다. 그러나 보부아르도 역시 말을 잘 놓지는 못했다. 그녀는 사르트르와 평생 존댓말을 했다. 본질적으로 사르트르에 대한 보부아르의 개인적인 감정이나 애정은 그녀의 존경심과 깊이 얽혀 있었다. 보부아르는 그의 지적 여정과 철학적 탐구의 깊이에 매료되었다. 그녀는 자유, 책임, 인간 존재에 관한 심오한 실존주의적 질문들을 해결하는 그의 능력에 감탄했다. 사르트르가 유망한 젊은 철학자에서 실존주의 철학의 지형을 형성하는 획기적인 사상가로 변모하는 것을 직접 목격하면서, 보부아르의 애정은 더욱 커졌다. 이는 사르트르의 지적 매력에 푹 빠진 보부아르의 존경심을 더욱 심화시키고, 장차 두 사람의 지속적인 지적 파트너십을 공고히 하는 데 중요한 역할을 했다.

첫 만남, 보부아르 21세-사르트르 24세

사르트르와 보부아르는 학창 시절에 만났다. 당시 그는 24세였고 그녀는 21세였으며 둘 다 '아그레가시옹(agrégation·교수자격시험)'을 준비하고 있었다.[7] 그리고 그녀의 남자친구는 사르트르가 아니라 르네 마외였다. 둘은 1929년에 치러진 철학교수 자격시험에서 나란히 1, 2등을 차지했다. 그러나 사람들은 2등인 보부아르가 수석인 사르트르보다 더 뛰어났다고 수군거렸다. 합격자가 발표되자 사르트르가 보부아르에게 다가와 말했다. "당신은 합격했소. 그러니 이제 당신은 내거요!" 그런데 만인이 주지하듯이, 사르트르의 이 도전적 고백은 전통적인 의미의 청혼은 아니었다.

　어느 날 두 사람이 파리의 심장부에 위치한, 루브르 박물관 밖에 있는 정원의 벤치에서 광합성을 즐기고 있을 때였다. 그때 사르트르는 처음부터 단도직입적으로 많은 여성들과 자고 싶다는 자신의 자유분방한 섹스철학을 선언했다. 흔히 여행, 다처(多妻), 비밀이 없는 것(공개성), 이 세 가지가 사르트르의 인생 원칙으로 알려졌는데 다처와 비밀이 없는 것 모두 성(性)과 연관된 조건들이다. 사르트르는 '중심'과 '주변'을 설정했고 보부아르를 이해시켰다. 그러니까 보부아르를 '중심'에 두고 주변의 여성들과 자신의 '실존'을 실컷 체험하겠다는 이기주의적인 심보다.

그러나 보부아르는 전통적인 결혼제도가 여성의 창조적 본성을 억누르고 오직 집안일과 육아에 전념하는 가사노동자로 전락하게 한다고 믿고 있었던 터라, 사르트르의 이러한 폭탄 같은 제안이 여성을 완성된 존재로 나아가게 하는 이상적 모델이라고 여겼다고 나중에 술회했다. 그녀는 《제2의 성》에서도 "부부가 단지 서로의 성적인 만족을 위해, 평생 동안 경제적 사회적 도덕적으로 상대방을 구속하는 것은 정말 부조리한 것"이라고 전통적인 결혼에 대한 자신의 부정적인 입장을 밝힌 바 있다.

그러나 일부다처제까지는 아니어도, 자유분방한 '다자연애' 방식의 신봉자였던 사르트르는 보부아르를 만나기 시작했을 무렵에 또 다른 시몬, 즉 그의 사촌인 시몬 졸리베(Simone Jollivet· 1903~1968)라는 여성과 깊은 관계였다. 아름다운 졸리베 앞에서 보부아르는 심리적으로 위축되었는데, 사르트르의 첫 번째 소설에서부터 10년 뒤에 발표되는 대표작 《구토(La Nausée)》(1938)에 이르기까지, 졸리베의 그림자는 사르트르의 작품 속 주인공과 연관되어 있었다. 그는 보부아르에게 대화와 편지로 이 여성과 있었던 질펀한 섹스 파티에 관해 시시콜콜

● 시몬 졸리베

늘어놓았다. 이처럼 사르트르의 '공개성'은 그가 새로 사귄 여자들에 대한 상세한 신체적 정보(외모, 냄새, 체모의 색깔과 길이 등)와 사랑을 나눴을 때 느낌을 자세히 알려주는 방식으로 실현되었다. 그러나 아무리 계약 조건대로라지만, 사랑하는 사람에게 이런 설명을 듣고 싶어할 여자가 세상에 어디 있겠는가? 예상치 못한 질투에 사로잡힌 보부아르가 좀처럼 글쓰기에 집중하지 못하자 사르트르는 이렇게 말했다고 한다. "조심해요. 마누라처럼 굴지 않도록!"

———

"질투할 때 느껴야 할 것과 느끼지 말아야 할 것을 마음으로 말할 수는 없습니다.

그것은 천천히 당신을 죽이는 독과 같습니다" – 작자 미상

———

이 같은 사르트르의 기행에 대하여 문학비평가인 로베르 프랑시(Robert Francis)는 사르트르의 실존주의 희곡《출구없는 방(Huis clos)》(1944)의 비평문에서, "우리 모두 사르트르를 알고 있다. 그는 자기 제

자의 속옷을 전문적으로 연구하는 변태 학자"라고 썼다. 보부아르는 그가 죽는 순간까지 정부, 대리부인, 요리사, 매니저, 여성 보디가드 및 간호사로서 사르트르에게 헌신했다. 그러나 보부아르는 경제적, 법적으로 사르트르의 인생에서 이렇다 할 대접을 받은 바가 없다. 오늘날 그녀를 몹시 추앙하는 페미니스트들에게는 그야말로 인정하기 어려운 사실이지만, 보부아르는 사르트르와의 첫 대면에서부터 그의 지적 가위에 눌려 평생 그의 노예(?)로 살았다. 영국 저널리스트 폴 존슨(Paul Johnson·1928~2023)은 사르트르가 계몽주의 철학자 장-자크 루소(Jean-Jacques Rousseau·1712~1778)가 세탁부 하녀 출신의 무지한 부인 마리 테레즈에게 했던 것보다도 그녀에게 잘 대해주지 않았다고 인색하게 평가했다. 20세기 여성의 목소리였고, 여성이 아내나 어머니로 살지 않고도 성공할 수 있다는 가능성의 상징이었던 그 위대한 평생 동반자 보부아르를 말이다!

독일 정신분석학자 마르가레테 미첼리히(Margarete Mitscherlich·1917~2012)는 보부아르가 사르트르의 지적이고 나르시시스트적인 욕구에 적극 부응했노라고 지적한 바 있다. 그녀는 사르트르의 모든 것을 용서하고 항상 그를 옹호해주는 어머니와도 같은 존재였던 동시에, 그에 대한 시니컬한 비판과 활력소이기도 했다. 그렇다면 사르트르는 변덕스러운 오입쟁이 남편의 근대적 버전이란 말인가? 아닌 게 아니라 그는 학창 시절에 많은 여성과 잠을 잤지만, 내심 그런 헤픈 여자들을 경멸했다. 왜냐하면, 그가 증오해 마지않고 평생을 싸웠던 부르주아 계급 출신의 정숙한 숙녀들은 혼전 순결을 중시했기 때문이다. 사르트르는 여자랑 있기를 무척 좋아했다. 그는 여자들에게 편지 쓰는 것을 좋아해서, 어떤 때는 하루에 12통을 쓰기도 했다. 그러나 그는 여성을 사람이 아니라, 켄타우로스(반인반수)의 벨트에 추가할 '전리품'으로 보았다.[8] 그래서 자신의 정복욕을 실존주의나 진보적인 용어로 포장하고 합리화하려는 그의 시도는 단지 위선을 더할 뿐이다. 말년의 사르트르는 초기 연쇄적인 유혹의 시도들을 되돌아보면서, 그 모든 것 속에 존재하는 '제국주의'의 깊이에 대해 반성한 적도 있지만, 거기에 대한 진정성을 찾아보기는 어렵다.

그가 66세였던 1972년에 〈사르트르 그 자신(Sartre par lui-meme)〉(1972)이라는 제목으로 기록영화를 촬영했을 당시의 일이다. 그는 비밀이 없는 '공개성'의 위대한 옹호자로서 그 이유를 노골적으로 밝혔다. "우선 신체적인 요소가 있습니다. 물론 못생긴 여자도 있지만 나는 예쁜 여자가 더 좋습니다. 그럼, 그들이 억압당하기(?) 때문에 일

● 반인반수의 켄타우로스(1887년).
미국화가 존 라 파제(John La Farge・1835~1910)의 작품

이야기로 당신을 지루하게 하는 일이 거의 없기 때문입니다." 실제로 그는 남자들보다 여성을 선호했는데, (물론 보부아르는 제외하고) 아무래도 여성이 그와 논쟁하는 경향이 적었기 때문일 것이다. 그는 수십 년간 치열한 이념 대결을 벌였던 지적 적수인 레이몽 아롱(Raymond Aron·1905~1983)과 심오한 철학을 논하는 것보다, 가장 사소한 것에 대해 여성과 이야기하는 것을 선호한다고 썼다.

프랑스 여성 철학자 미셸 르 되프(Michèle Le Doeuff·1948~)는 사르트르의 이처럼 자기 본위의 쾌락주의적인 연애관을 비판했다. 사르트르가 보부아르와의 계약 결혼에서 필수적인 연애(중심)와 부수적인 연애(주변)를 구분한 것은, 오직 남성주의적 관점에서 결혼을 전제로 진지하게 사귀는 여성과 단지 즐기기 위해 노는 여성이라는 전통적인 이분법과 별반 다르지 않다고 꼬집었다. 아이러니하게도 부르주아 태생의 사르트르와 보부아르는 실존적 자유의 실천이라는 미명하에, 그들이 경멸해 마지않던 부르주아 계급의 억압적인 이분법적 도식을 재생산해낸 것이다.

2장

전시戰時의 보부아르

보부아르의 자잘한 일상

20세기는 인류의 광기와 폭력으로 얼룩졌던 시대였다. 그 주범은 나치즘과 파시즘이었다. 나치즘은 이탈리아의 파시즘(전체주의)에 인종주의가 결합된, 독일의 '민족사회주의'를 일컫는 말이다. 그러나 극단적인 전체주의의 광기가 세계를 뒤흔들었을 때, 보부아르는 거기에 대한 대책을 강구하지는 않았다. 히틀러의 선거 당시 사르트르가 베를린에서 유학하던 시절 그녀는 베를린을 방문했고, 무솔리니가 승리할 때 로마를 방문했다. 그렇지만 그녀는 무슨 일이 일어났는지 정확하게 이해하지 못했고, 히틀러의 '위장 평화' 전술에 속은 역사상 최악의 협정 중 하나로 손꼽히는 '뮌헨 협정'에 대하여 다른 사람들처럼 기뻐했다. 독일이 홀로코스트를 통해 무려 600만 명에 이르는 유대인을 잔혹하게 학살했던 나치 점령기에도 보부아르는 자전거를 타고 수백 킬로미터를 달리는 등 자잘한 일상의 리듬을 회복하기 위해 노력하면서 생존했다. 1985년에 그녀는 뒤늦게서야 다음과 같이 썼다. "나는 후회한다. 내가 세상 밖이 아니라, 세상 안에서 산다는 것을 깨닫기 위해 전쟁이 필요했던 것인데……."

제2차 세계 대전 중에 많은 프랑스 지식인들이 레지스탕스(resistance) 전사로 활동했다고 알려져 있으나[1] 현실은 꼭 그렇지만도 않았다. 그 시대의 많은 작가들과 마찬가지로 보부아르는 개인적으로 레지스탕스에 어떤 역할이나 기여도 하지 않았다. 인간이 '자유'를 선고받았으며, '사회적 책임'이 있다고 주장했던 사르트르의 전쟁 기록도 역시 의심스러운 부분이 있다. 독일 최대의 강제수용소인 아우슈비츠가 집단학살의 악마적인 비인간성을 상징한다면, '레지스탕스'는 목숨을 걸고서라도 주체적인 인간이고자 하는 결단과 투쟁을 상징하지 않는가? 그러나 그는 곧 흥미를 잃어버렸고, 나치에 의해 강제로 쫓겨난 유대인 교수의 자리를 기꺼이 수락하는 이중성을 보인다. 그는 1940년 독일군에 의해 포로로 잡혔지만, 자신의 현란한 입담에 매료된 간수들과 너무나 친해져서 어떻게든 가짜 신체장애 증명서로 1941년에 석방될 수 있었다.[2] 그는 다른 여성과 파리에서 2주를 보낸 후, 보부아르에게 자신의 석방 소식을 넌지시 알렸다.

그래도 초기에 사르트르는 레지스탕스 활동을 적극적으로 독려하는 듯했다. 독일 트리어(Trier)의 포로수용소에서 석방된 그가 파리로 귀환하자, 보부아르의 무기력했던 생활도 송두리째 뒤흔들렸다. 사르트르는 그녀가 그동안 생존을 암시장에 의존했던 것, 또 다른 교사들처럼 유대인도, 프리메이슨도 아니라는 선언문에 조인했던 것을 비난했다. 그는 보부아르를 비롯한 몇몇 친구들과 함께, 레지스탕스 운동인 '사회주의와 자유(Socialisme et Liberté)'라는 조직망을 결성했는데 불과 몇 달밖에 가지 못했다. 사르트르는 이른 아침 공장 문 앞이나 메트로(지하철)의 플랫폼에 놓이게 될 전단을 제작하면서, 이른바 '이데올로기 전쟁'을 벌였다. 한편, 보부아르는 수학자 장-투생 드장티(Jean-Toussaint Desanti·1914~2002)와 유일하게 타이프를 칠 줄 알았던 그의 부인 도미니크에게 사르트르의 글을 전달하는 역할을 맡았다. 1941년의 무척 더웠던 여름, 사르트르와 보부아르는 앙드레 지드(André Gide·1869~1951)나 앙드레 말로(André Malraux·1901~1976) 같은 저명한 지식인들을 레지스탕스 활동에 가담하도록 설득하기 위해, '자유지대(zone libre)'에 갔으나 별다른 소득은 없었다. 두 동지가 체포된 후, 이 조직망은 그해 겨울을 넘기지 못하고 그만 종적을 감추었다.

 1985년 알제리 태생의 프랑스 작가 아니 코엔-소랄(Annie Cohen-Solal)은 그녀의 《사르트르》(1985) 전기에서 사르트르가 사상적 동지인 보부아르, 모리스 메를로-퐁티(Maurice Merleau-Ponty·1908~1961), 자크-로랑 보스트, 그리고 실제로 레지스탕스 활동을 벌였던 레이몽 마로(Raymond Marrot), 프랑수아 퀴쟁(François Cuzin·1914~1944), 시몬 드부-올레스키에비치(Simone Debout-Oleszkiewicz·1919~2020)[3], 민속학자 장 푸이용(Jean Pouillon·1916~2002), 비운의 이본 피카르(Yvonne Picard·1920~1943)[4] 같은 인물들과 수차례나 회의를 소집했다고 기술했다.[5] 코엔-소랄은 이 조직망의 놀라운 활약상을 증명하기 위해, 그들이 소책자의 초안

● 프랑스의 행동하는 철학자
  이본 피카르

을 작성하고 배포했다는 사실을 환기시킨 다음, 보부아르나 마르크
스주의 철학인 장-투생 드장티의 증언도 아울러 책에서 인용했다.

　프랑스 문화 거장들의 단골 전기작가인 미국인 허버트 로트만
(Herbert Lottman·1927~2014)도 이 단명했던 운동의 존재를 기록한 바 있
다. 그러나 어떤 연구도 사르트르가 활동했다고 주장하는 레지스탕
스 운동의 존재를 제대로 밝히지는 못했다. 그 이유는 실체가 없었기
때문이다. 저널리스트인 앙리 노게르(Henri Noguères·1916~1990)가 레지
스탕스 전문 역사가인 질베르 조제프(Gilbert Joseph)에게 문의하자, 그
는 다음과 같이 대답했다. "나는 프랑스에서 레지스탕스 역사를 연
구하는 데 20년을, 제 평생을 거의 다 바쳤지만 사르트르나 보부아르
를 만난 적이 없다고 주장합니다."

　평생 무신론자, 공산주의자, 실존주의자임을 표방했던 보부아르도
극우 비시 정권에 대하여 그다지 항거하거나 적대적인 태도를 보이
지 않았다. 그녀는 마르크스주의적 신념을 지닌 부르주아였다. 보부
아르가 막 태어났을 무렵 그녀의 가정은 매우 유복한 부르주아 가정

에 속했다. 그러나 제1차 세계 대전과 러시아혁명 이후, 그녀의 부모는 사회주의 혁명으로 몰락한 제정 러시아 채권의 막대한 손실로 인해 그만 파산하고 말았다. 비록 그녀의 집안은 파산했지만, 보부아르는 사르트르에게서 그녀 혼자서는 도저히 성취하지 못했을 '삶의 여권'을 찾았다. 지성계에 문을 연 것도 그녀의 남자친구였고, 그와 마찬가지로 보부아르도 역시 국가사회주의자들과 협력했던 셈이다.

그것은 물론 예외적인 것은 아니었다. 소비에트에 복종하는 프랑스 공산주의자들은 스탈린과 히틀러의 '독소 비밀협정'(1939)을 따랐고 적어도 1941년까지는 그들도 협력자였다.[6] 프랑스 공산주의자들은 프랑스 애국가 '라 마르세예즈(La Marseillaise)'가 아니라, 국제공산주의자들의 노래인 '인터내셔널(L'Internationale)가(歌)'를 더 선호했다. 나치가 프랑스를 침공했을 때 사르트르와 보부아르가 그랬고, 추방된 유대인들의 직책을 맡았던 다른 많은 사람들도 역시 협력자(부역자)였다. 그리고 모든 사람이 실체도 없는 '저항의 신화'로 그런 어두운 과거를 표백하기 시작했다. 전후에 보부아르는 사르트르의 〈레 탕 모데른〉 잡지에서 공동으로 일했고, 쿠바, 러시아, 중국, 베트남을 여행하면서 '공산주의 낙원'을 옹호했다. 그들은 이른바 '진보패션 커플'이었다.

1943년에 그녀는 사르트르와 함께 우아한 '생 제르맹 데 프레(Saint Germain des Prés)' 거리에 있는 '라 루이지안' 호텔로 이사했다. 사르트르는 "이로써 우리는 파리에서 함께 살게 되었소. 이제는 기차를 타고 가서 만난다든지, 역에서 서성거리는 일이 없게 되었구려!"라며 좋아했다. 그러나 그들은 서로 다른 방에서 기거했다. 공동생활의 장

점을 모두 취하돼, 그로써 오는 불편함을 피하기 위해서였다. 이처럼 그들은 '사유재산제도'를 반대하여 호텔에서 잠자고 카페에서 일하였으며 레스토랑에서 식사를 해결했다. 그렇게 그녀 자신만의 은신처를 가질 수가 있었던 보부아르는 "내 피난처 중 어느 것도 내 꿈에 그렇게 가까이 다가온 적이 없었어요. 나는 내 일이 끝날 때까지 거기에 머물 계획이었습니다."라고 술회했다.

교사자격증 박탈

전시에도 두 사람은 자유롭게 이동할 수 있었기 때문에 오히려 전쟁은 역설적으로 그들의 삶에서 가장 흥미진진했던 시기 중 하나였다. 두 사람이 파리의 노천카페에서 한가로이 글을 쓰는 동안, 바로 옆 테이블에서는 담배 파이프를 든 화가 파블로 피카소(Pablo Picasso·1881~1973)가 자기 애인을 껴안고 시시덕거렸다. 그들은 밤에는 나이트클럽에 가서 찰나 같은 인생의 짜릿한 열락을 즐겼으며, 또 서로 다 같이 어울려 잠을 잤다. 아마도 그들은 독일군이 적어도 20년 동안 파리에 머물 것이라고 예상했으리라.

그 사이 보부아르는 나탈리 소로킨(Natalie Sorokin·1921~1967)이라는 17세 여학생의 학부모에 의해서 '미성년자 풍기문란 선동' 죄목으로 정식 기소되는 소동을 겪었다. 가난한 이혼 가정의 어머니는 딸을 소르본 대학에 보낼 여력이 없었기 때문에 공부보다 취직을 권했지만, 여선생 보부아르가 등록금을 지원하겠다고 발 벗고 나섰다. 결국, 보부아르는 어린 제자 소로킨과 성관계를 맺는 데 성공했고, 사르트르가 했던 그대로, 이 사실을 그에게 편지로 보고했다. "포옹이 다시 시작되었고 호응이 잘 되었어요. 올가와 할 때랑은 확실히 달랐어요. 난 그녀의 몸을 좋아해요." 이후 분노한 어머니는 보부아르를 정부에 고소했을 뿐 아니라, 보부아르가 자기 딸을 사르트르에게 넘기는 '뚜쟁이' 역할을 했다고 폭로했다. 보부아르는 1943년 6월 17일 정직 처분을 받았다. 그렇지만 당시 프랑스에서 합법적인 성관계의 승낙 연령이 '15세'였기 때문에 나중에 복직은 가능했지만, 이 소송으로 인해 그녀의 교사자격증은 영구적으로 취소되었다. 후일 나탈리 소로킨은 기이하게도 이 '지식 권력' 커플과의 삼각관계가 둘 중 한쪽과의 관계만을 유지했을 때 끝났다고 회고했다. 그녀는 자신의 트라우마를 치유한 후 저술 작업과 라디오 일을 시작했으며 나중에 미국 병사와 결혼해서 미국에 건너가 그곳에서 생을 마감했다.

그런데, 이 교사자격증 박탈의 진짜 이유에 대하여 논쟁이 재점화된 것은 1993년의 일이다. 즉, 또 다른 희생자인 폴란드 유대계 프랑스 작가 비앙카 람블랭(Bianca Lamblin·1921~2011)이 《방탕한 젊은 소녀의 회고록(Mémoires d'une jeune fille dérangée)》(1993)을 출판하면서부터였다. 72세의 람블랭은 자신의 회고전에서 당시 몰리에르 고등학교 시절에 30대 여선생 보부아르로부터 수년간 성적으로 착취를 당했다고 고발했다.[7] 사실상 보부아르는 나탈리 소로킨과의 불미한 사건 이전에, 람블랭과의 부적절한 관계로 이미 정학 처분을 받은 화려한 전력이 있었다. 람블랭은 폴란드에서 온 유대인 난민의 딸이었다. 그녀는 열여섯 살이던 1938년에 보부아르의 제자가 되었다. 두 사람은 학년말 등산 여행을 떠나, 본격적인 불륜 관계를 시작했다. 보부아르는 람블랭이 반에서 수석을 차지할 정도로 우수한 학생이었다고 말했다. 람블랭도 역시, 보부아르의 명석하고 예리하며 대담한 지성과 미모에 압도당했다고 인정했다.

그때 사르트르는 에드문트 후설(Edmund Husserl·1859~1938)의 현상학을 공부하기 위해 베를린에서 혼자 유학하고 있었다. 그런데 베를린에서 사르트르는 또 한 명의 여성과 로맨스를 갖게 된다. 상대는 마리라는 유부녀였다. 그는 마리와 한동안 깊은 사랑에 빠졌다. 그해 크리스마스가 되어 파리로 돌아온 사르트르는 보부아르에게 베를린에서 생긴 연애 사건을 낱낱이 털어놓았다. 보부아르는 그런 사르트르에게 람블랭을 소개하는 것으로 화답했고, 그는 어린 소녀에게 적극적인 구애를 펼쳤다. 훗날 람블랭은 회고록에서 "나는 그의 매력, 정신, 친절, 지능에 매료되었습니다."라고 적었다. "웨이터가 웨이터의 역할을 하는 것처럼 사르트르는 사랑에 빠진 남자의 역할을 완벽

● 람블랭과 보부아르

하게 연기했습니다."

이것은 사르트르가 《존재와 무》(1943)에서 원초적 기투(企投·projet)[8]
로서의 자기기만(mauvaise foi)을 언급하면서, 웨이터를 자신의 역할을
즐기는 연극배우인 양 서술했던 것을 날카롭게 빗댄 것이다. 사르트
르에 의하면 "나약한 인간은 그 무엇으로서 있는 것이 아니라 부단
히 그 무엇이 되어가야 하는 존재라는 것을 망각한다. 마치 사물처럼
단단한 본질과 실체성을 지닌 것처럼 그 속에 안주하려는 것이 우리
가 겪는 유혹이다." 이 유혹, 즉 대자적 입장(l'être pour-soi)을 버리고 스
스로 즉자화(l'être en soi)하려는 불성실한 술책을 사르트르는 '자기기
만'이라고 부른다. 그러나 겉 다르고 속 다른 표리부동과 위선이야
말로 명백한 자기기만이 아닌가? 그는 남성과 한 번도 자본 적이 없
는 유대인 소녀 람블랭을 꼬셔서 호텔로 데려갔다. "내가 어제 한 소
녀의 순결을 빼앗았기 때문에, 오늘 호텔 객실 담당 하녀가 놀라겠군
요." 그는 동일한 장소에서 자신이 전날 또 다른 소녀의 처녀성을 취
했다는 사실을 무미건조하고 정중한 태도로 말해주었다. 람블랭도
역시 30대 땅딸보 철학자의 신체적 외모에 반하기는 어려웠지만, 그
의 현학적인 오만과 지성에 억눌린 소녀는 그가 시키는 대로 했다.

사르트르는 위계적인 섹스에 대해 상당히 가학적인 태도를 보였
다. 그는 '정복'에 엄청난 만족감을 느꼈지만, 성에 대해서는 거의 기
쁨을 느끼지 못했다는 것이 본인의 주장이다. 그래서 그는 통상적으
로 그 '일'을 차갑고 빠르게 사무적으로 끝냈다. 그래도 그와 람블랭
은 한동안 연인 사이가 되었고, 사르트르와 보부아르는 그들이 보기
에 "그만하면 충분하다."고 생각될 때까지 둘 다 그녀와 사랑에 빠진

척 연기를 계속했다. 결국, 이 기묘한 삼인 연극을 관전하다가 인내심의 한계를 느낀 보부아르의 재촉으로 사르트르는 그녀에게 드디어 원조교제의 종식을 알리는 편지를 썼다. 이것은 위대한 실존 철학의 실천이라는 명제하에 자기 기만적인 자유의 선택으로 저질러진, 무책임한 젊은 처녀 사용법의 전모였다. 그러나 자신이 보부아르와 절망적인 사랑에 빠진 운명의 주인공이라고 믿었던 순진한 여성 람블랭은 두 사람이 거미줄처럼 쳐놓은 '이상적인 삼각관계'의 미로를 헤매면서도 자신이 먹잇감이 아닌 주인공이라고 여전히 확신했다. 1940년에 그녀는 그들과 헤어져 대학 동료였던 버나드 람블랭과 결혼했다. 그리고 석 달 후 독일군이 입성했다. 람블랭은 점령 기간 중에 간신히 체포를 면했지만, 그녀의 할아버지와 이모는 강제수용소에서 사망하는 비극을 맞이했다. 그녀는 사르트르와 보부아르가 전쟁 중에 그녀의 소식을 묻거나, 그녀를 찾으려고 한 적이 한 번도 없었다고 말했다.

위력에 의한 성폭행

흔히 '앙가주망'하면 사회참여를 떠올리고, 실존주의 철학을 떠올린다. 그리고 실존주의 하면, 두말할 것 없이 무신론적 지성인의 대표주자인 사르트르, 그리고 뒤이어 그의 '파생적인 분신'인 보부아르를 떠올린다. 보부아르는 자신의 실생활을 바탕으로 한 고도의 심리 소설을 통해, 그의 추상적이고 난해한 실존주의 철학을 대중들이 구체적으로 알기 쉽게 문학화·소설화시켰다고 평가받는다. 그리고 프랑스 지식인의 앙가주망 전통을 심오한 철학 용어로서 본격적으로 '정치화'시킨 사람이 바로 사르트르다. 우리는 외부의 현실과 우리 자신을 각각 별개로 본다. 그러나 사르트르는 이를 부정했으며 외부의 현실은 주어진 것이 아니라, 우리가 어떤 선택을 하느냐에 따라 혹은 하지 않느냐에 따라 현실이 된다고 주장했다. 즉 외부의 현실은 곧 '나의 일부'이고, 나는 '외부 현실의 일부'라는 것이다. 그리고 그 현실을 주체적이고 능동적으로 받아들여 더 좋은 방향으로 이끌고자 하는 태도가 바로 앙가주망이다. 그런데 위기상황에 처한 유대인 람블랭을 '과거의 연인'으로 철저하게 타자화했던 그들은 독일군의 회녹색 군복의 색으로 물든 파리에서 더 활발한 저술 활동과 퇴폐주의 문학의 몽환, 또 비정상적인 연애 놀음과 파티에 탐닉하면서 평온하고 나른한 일상을 보냈다.

20세기 유대인의 역사와 홀로코스트의 전문가인 아네트 위비오르카(Annette Wieviorka)에 따르면, 그들은 '회색지대'에 있었고 보통 프랑스인들처럼 행동했다. 돈과 종이? 그들의 실존은 사랑하고 글을 쓰

● 폴란드계 유대인 작가 아네트 위비오르카.
그녀의 조부모는 아우슈비츠 강제수용소에서
죽임을 당했다.

는 것이다. 물론 전쟁이 그들의 작품활동이나 인생을 방해한 것도 아니었지만, 목숨을 걸고 하는 진정한 앙가주망에는 실패했다. 그들은 사실상 부조리한 현실에 용기와 고뇌로 맞서는 앙가주망은 고사하고, 오히려 그 상대어인 '데가주망(dégagement·현실로부터의 이탈)'의 논리를 비약적으로 수행한 셈이다. 람블랭은 1941년부터 주기적으로 심각한 우울증을 앓았다. 그녀는 우울증의 원인이 나치에 대한 공포뿐 아니라, 그녀가 보부아르와 사르트르에게 교묘하게 조종당했던 경험 탓이기도 하다고 말했다. 보부아르도 역시 1945년 사르트르에게 보낸 편지에서 그녀의 우울증 악화가 두 사람 때문인 것 같다고 표현했다.

"아무래도 우리 잘못인 것 같아요. 그녀는 우리가 깊이 상처를 준 유일한 사람이에요." 그런데 둘로부터 상처를 받은 사람이 단지 그녀 한 사람뿐이었을까? 어쨌든 보부아르는 이 일을 계기로, 그들이 생명보다 소중한 글쓰기를 담보로 벌인 연애의 유희가 제삼자(타자)에게 상처가 될 수 있다는 교훈을 얻었다고 했다. 그들과의 '관계' 때문에 자주 우울증에 빠졌던 람블랭은 전쟁 후 보부아르를 다시 찾았으나 더 이상 연인 관계가 아닌 친구로서 보부아르가 사망한 1986년까지 한 달에 한 번씩 만나 점심을 먹곤 했다.

그녀의 회고록의 제목은 보부아르의 《단정한 소녀의 회고록(Mémoires d'une Jeune Fille Rangée)》을 의도적으로 흉내낸 것이었다. 람블랭이 회고전을 집필하게 된 동기는 제2차 세계 대전 당시 보부아르가 사르트르에게 보낸 서신들의 충격적인 내용을 읽고 나서부터였다. 사르트르와 보부아르가 주고받은 서신 속에 등장하는 필명 '루이즈 베드린

(Louise Védrine)'은 바로 그녀를 가리킨다. "침대에서 베드린은 정열적으로 내 품에 달려듭니다. 그러면 나는 절정을 느끼고 마치 기절할 것만 같습니다." 보부아르가 사망할 때까지만 해도 람블랭은 보부아르의 정직성을 믿어 의심치 않았다.

마침내 보부아르의 사후, 양녀인 실비 르 봉 드 보부아르(Sylvie Le Bon de Beauvoir · 1941~)가 세상에 내놓은 《사르트르에게 보내는 편지》를 읽을 때까지[9] 그녀는 생전의 사르트르와 보부아르가 자신을 떼놓기 위해 서로 공모했다든지, 두 사람 모두 그녀를 아예 '천박한 골칫덩어리'로 여겼다는 사실을 전혀 몰랐다고 한다. "베드린과의 육체 관계는 내게 있어 매우 불쾌한 것이랍니다. 사실 당신께 다 털어놓고 말하지만, 그녀 몸에서는 지독한 냄새 같은 것이 나거든요." 람블랭은 "사르트르의 유화적이고 온순한 외양과 카스토르(보부아르의 별칭)의 진지하고 엄숙한 외모 아래 그들의 비뚤어진 본모습이 조심스럽게 숨겨져 있었습니다."라면서 추악한 진실을 폭로했다. 특히 그녀는 자신이 '소외된 타자'로서 보부아르의 동성연애 파트너인 베드린으로 적나라하게 묘사되는 데 분노해서 그만 침묵을 깨고 진실을 밝히기로 결심했다고 한다. 보부아르는 일기에서 비앙카 람블랭과의 관계에서 느끼는 육체적 쾌락이 '도착적'이라고 밝혔으며, 자신이 그녀의 육체를 이용하고 아무런 애정 없이 관능을 즐겼다고도 썼다.

람블랭도 역시 훗날 인터뷰에서 보부아르는 여제자들 중에서 잘 무르익은 젊은 육체를 선별하여 자기가 먼저 맛보고 사르트르에게 넘기는 '포식자'로 적나라하게 묘사했다. "사실, 그들은 《위험한 관계》의 평범한 버전을 연기하고 있었습니다.", "나는 보부아르가 자

● 보부아르(왼쪽)와 수양딸 실비 르 봉 드 보부아르

기 교실의 어린 제자들에게서 신선한 살점을 도려내서 그것을 떠넘기기 전에, 그 살 내음을 음미하는 사람이라는 사실을 발견했습니다. 그리고 그녀는 그것을 마치 사냥감처럼 사르트르에게로 거칠게 내몰았지요!" 그녀는 50여 년 동안 동성 연인에서 친구 관계로 지냈던 보부아르는 물론이고 한때 이성 연인이었던 사르트르에 대한 배신감을 적나라하게 토로했다.

　이러한 사실이 보도되자 보부아르가 자기보다 훨씬 어린 여성을 꼬드겨 '불평등한 권력관계' 속에서 성관계를 맺었다는 맹비난이 쏟아졌다. 보부아르의 행위는 지금의 성인지 감수성으로 보면, 위력에 의한 성폭행에 해당된다. 그녀가 친히 간택한(?) 여성들의 처지는 거의 대동소이했다. 재능과 미모는 있지만 다 불우한 처지의 가난한 여성들로 항상 보부아르가 그들의 학비를 대주고 물심양면으로 돕겠다고 자청하는 식이었다.

양성애자 보부아르

제2차 세계 대전이 막 시작되는 해인 1939년부터 보부아르는 8년 연하의 자크-로랑 보스트와도 밀애를 시작했으며, 그를 오직 사르트르에 버금가는 '두 번째 사랑'이라고 기술했다. 보부아르는 보스트에게 보낸 편지에서 "당신의 어깨에 머리를 기대고 당신의 팔에 안기고 싶어요. 사르트르와도 육체적 관계를 갖긴 하지만 아주 드문 일이고 흥미롭지도 않아요. 오직 당신과 함께할 때 나는 삶을 느껴요."라고 고백했다. 나중에 이 서신도 공개되면서 영국의 〈더 타임스〉는 "페미니즘의 상징인 보부아르가 사실은 어린 남자의 사랑을 갈구하는 여자였다. 보부아르의 신화를 한 꺼풀 벗겨내는 사실이다. 프랑스 페미니즘의 역사를 다시 써야 할 것"이라고 촌평했다. 1946년 보스트는 소위 사르트르·보부아르 커플과 애증의 '삼각관계(ménage à trois)'를 이루었던 그 수많은 여성들 중 하나인 키예프 출신의 프랑스 극단 배우 올가 코자키에비츠(Olga Kosakiewicz·1915~1983)와 혼인했다. 그러나 그가 결혼한 후에도 보부아르는 비밀리에 그와의 교제를 이어갔

● 자크-로랑 보스트

다. 또한, 두 사람이 살을 섞기 전인 그들의 '우정' 초기 단계에 보스트는 보부아르의 은밀한 제의에 따라서 나탈리 소로킨과도 육체적 관계를 맺은 것으로 알려져 있다.

프랑스 여성 사가이자 레즈비언주의 연구가인 마리-조 보네(Marie-Josèphe Bonnet·1949~)는 사르트르와 보부아르의 이처럼 삼중, 사중으로 얽히고설킨 관계를 사악한 성도착 관계라고 명명했다. 여기서 보부아르는 여성의 평등한 권리를 쟁취하는 데 앞장섰던 선구적인 페미니스트라기보다는 오히려 여성 악덕 포주 같은 느낌을 지울 수가 없다. 두 사람이 사망한 뒤 그들의 편지와 일기가 속속 출간되면서 생전에 그들을 둘러싸고 있던 '신화'가 점차 무너지는 시점에서 나온 람블랭의 회고록은 그동안 '여성 해방의 기수'로 추앙받았던 보부아르에 대한 평가를 무색하게 만들었다. 람블랭의 말대로 그녀는 18세기 피에르 쇼데로 드 라클로(Pierre Choderlos de Laclos·1741~1803)의 통속적인 연애소설, '욕망과 타자화에 대한 미적분학'을 다룬《위험한 관계(Les Liaisons dangereuses)》(1782)에 등장하는 악마적인 후작 부인 메르퇴유(Merteuil)를 연상케 하지 않는가? 그래서 1990년에 프랑스 일간지 〈리베라시옹〉[10]도 과감하게 성의 해방을 내세우면서 자신은 다른 여성들 위에 군림해 또 다른 '남성우월주의'를 실현하려는 보부아르의 '모순'을 통렬히 비난하면서 그녀가 쓴《제2의 성》도 다시 조명돼야 한다고 성토해 마지않았다. 설상가상으로 보부아르는 죽을 때까지 자신이 '양성애자'라는 사실을 부인했다.

그 당시 여제자와의 부적절한 관계로 해고당한 보부아르의 충격은 실로 컸지만, 1943년에 그녀는 첫 소설《초대받은 여자(L'invitée)》

● 소설 속에서 볼랑주 부인의 딸 세실을
유혹하는 메르퇴유 후작부인

(1943)를 출간하여 호평 속에 본격적인 작가 생활을 시작했다. 공교롭
게도 사르트르의 중요한 철학적 작업《존재와 무》(1943)도 그해에 출
판되었다.[11] 매우 유명하기는 하지만 정작 읽는 사람은 드문 이 책은
"신은 없다. 따라서 남성과 여성은 원하는 대로 할 자유가 있다."고
설교하는 실존주의의 외침이었다. 사르트르는《존재와 무》에서 여
성의 성기를 남근을 삼키는 게걸스러운 입으로 악명 높게 묘사했을
뿐 아니라 거기에 '거세'의 개념을 부여한다. 즉, 성행위는 남성의 거
세이지만 무엇보다 여성의 성기는 구멍이라는 것이다. 이 책은 서방
전역의 자유주의자들에게 열렬히 받아들여졌다. 그러나 보부아르는
후일 사르트르와의 섹스는 그가 절정에 이를 때까지 상대방이 기다
리다 지칠 수 있다고 너스레를 떨었다.

바로 이 시기에 키가 큰 알제리 태생의 프랑스 작가 알베르 카뮈가
등장했다. 그는 그동안 이 계약 커플이 벌여온 흥미진진한 섹스 게임
에 기꺼이 가담했고, 둘이 사귀는 거의 모든 젊은 여성들과 함께 번

갈아 가며 잤다. 미국 영화배우 험프리 보가트의 젊은 시절 얼굴을 연상케 하는 미남자였던 카뮈는 그가 보기에 엄청난 수다쟁이인 데 다가 '도저히 참고 견디기 어려운' 글쟁이인 보부아르와는 동침하지 않았다. 그러는 와중에도 프랑스의 레지스탕스 언론 조직이었던 〈콩 바(Combat)〉에 가입하는 등 나치에 저항했던 카뮈와는 달리, 사르트르 는 20세기 프랑스 앙가주망의 상징이자 골수 참여지식인이라는 말 이 무색할 정도로 소극적인 자세로 일관했다.

———

"나는 정치에 참여하고 싶지도 않았고 투표한 적도 없습니다."

– 장 폴 사르트르

———

프랑스의 대표적인 갈리마르(Gallimard) 출판사가 《위선의 전쟁(Les carnets de la drole de guerre)》(1983)이라는 제목으로 펴낸 서한집에는 참전 을 결심할 당시의 두 사람의 대화가 나온다. "글 쓸 자유를 지키기 위 해 나치 이데올로기에 반대해 싸울 준비가 돼 있소."라고 사르트르 가 말하자, 보부아르는 "그러면 시골 마을의 양치기는 무엇을 지켜 야 하나요?"라고 물어 그를 혼란스럽게 했다. 이처럼 보부아르 등 가 까운 지인들에게 보낸 편지에는 참전 이전까지는 나치 정권과 전쟁 의 실체를 잘 알지 못했고, 민주주의를 옹호해야 하는 이유에도 회의 적이었다는 당시 사르트르의 생각이 잘 드러난다.

1938년 독일이 체코의 주데텐란트(Sudetenland) 지방을 점령했을 때 를 돌이키며 쓴 편지에서 사르트르는 "독일의 유화 정책에 찬반을 표명할 수 있는 지적 용기가 없었다."라고 고백했다. 당시만 해도 그는 전쟁의 의미를 투명하게 알지 못했으며 자신이 느꼈던 것은 "내 생활이 뒤죽박죽되고 글쓰기가 방해받고 있으며 파리가 폭격받는 다는 사실 그 자체"뿐이었다고 쓰고 있다. 실제로 가까운 곳에서 프랑스와 독일이 포화를 주고받는데도 그는 별다른 행동을 취하지 않았다. 물론 자신이 죽을 수 있으리라는 생각도 희박했다. 1939년 9월 23일 자 일기에서 사르트르는 "내가 죽지 않을 것으로 생각한다고 보부아르가 말하는데 그것은 어느 정도 사실이다. 나는 죽을 의향이 없으니까!"라고 적고 있다. 1939년 9월 보부아르도 자신의 일기장에 "나에게 행복은 무엇보다 세상을 파악하는 특권적인 방법이었다. 더 이상 이런 식으로 파악할 수 없을 정도로 세상이 변한다면, 행복은 더이상 가치가 없다."라고 썼다.

전쟁의 불행을 떠올리고 세상을 걱정하는 게 아니라 결국 의기소침 해진 '나'를 위로한다는 점에서, 고뇌하고 행동하는 지성은커녕 개인 적인 내면에만 안주하거나 지나치게 자기중심적이라는 문제가 있다. 후일 보부아르는 회고록《나이의 힘(La force de l'âge)》(1960)에서, 전쟁이 어떻게 20년 동안의 '환멸적인 주권(illusoire souveraineté)'에서 그녀 자신을 갈가리 찢어놓았는지를 회상했는데 별로 감흥이 없다고 본다.

그러나 해방은 그들에게도 해방이었다. 드디어 연합군의 승리가 불가피해지자 사르트르는 다시 한번 자신을 '레지스탕스 전사'로 내세 웠다. 1944년 파리가 극적으로 수복된 후, 그는 레지스탕스 전사 자격으로 나치에 협력한 동료 지식인들에 대한 처벌을 강력히 촉구했다. 사르트르는 〈나치 부역자란 무엇인가?(Qu'est-ce qu'un Collaborateur?)〉 (1945)란 글에서 협력이 '여성적'이기 때문에, 많은 협력자가 동성애

● 연합군의 입성을 열렬히 환영하는 파리시민들

자라는 것이 놀라운 일이 아니라고 썼다. 실제로 나치 협력작가와 예술가들 중 상당수는 동성애자들로, 프랑스 철학자 디디에 에리봉(Didier Eribon·1953~)이 "우리의 전통"이라고 불렀던 사람들이었다. 실제로 프랑스 작가 마르셀 주앙도(Marcel Jouhandeau·1888~1979), 시인·극작가 장 콕토(Jean Cocteau·1889~1963), 양성애자인 시도니-가브리엘 콜레트(Sidonie-Gabrielle Colette·1873~1954)는 반역적인 비시 지도자인 페탱 장군(Henri Philippe Benoni Omer Joseph Pétain·1856~1951)의 성대한 축제 행사에 기여했던 것으로 보인다. 사르트르는 동성애자를 자기기만의 태도에 사로잡힌 사람의 예로 제시했다.

———

"스스로 똑똑하다고 생각하는 여성은 남성과 동등한 권리를 요구한다.

그러나 정말 똑똑한 여성은 그러지 않는다."

— 프랑스 여성작가·언론인 콜레트(1873~1954)

———

레지스탕스 소설가 보부아르

사르트르가 과연 실제로 얼마나 많은 레지스탕스 전투를 했는지에 대한 의문은 전후 그의 명성 상승에 아무런 방해가 되지 않았다. 자유의 철학자 사르트르, 비록 어떤 구원의 손길도 내밀지는 않았지만 이른바 '레지스탕스'의 소설가로 떠오른 보부아르 두 사람은 그동안 삶과 기쁨, 그리고 사랑에 목말라하는 파리 문학계의 영웅들이 되었다.

사르트르는 그의 둘도 없는 '여자친구'와 함께 좌안 카페에서 제왕의 대접을 받는 최고의 자리에 등극했다. 당시 '카페 드 플로르'에 가면, 단지 생맥주나 커피 한 잔 값으로 무언가를 끄적거리는 사르트르의 진지한 모습을 목도할 수 있었고, 지구의 반대편에서 '실존주의'를 관광하기 위해 찾아온 여행객에게 잠시 사진 촬영의 포즈를 취해주는 그를 어렵지 않게 만날 수가 있었다. 진지한 사상과 저널리즘

● 카페 드 플로르에 앉아 있는 사르트르와 보부아르

사이에서, 두 사람은 혹독한 전쟁의 여파로 여전히 음식과 연료의 부족으로 고통받고 있던 프랑스인들에게 일종의 지적인 '사치감'을 선물하는 데 일조했다.

그러나 사르트르 가라사대, 옛날부터 철학에서 높은 자리를 차지해 왔던 존재란 사실 신적인 것도, 가장 높은 초월자도 아니다. 그것은 '그저 있다'고 말할 수 있을 뿐, 그 이상도 그 이하도 아니다. 창조되지도 않고 존재 이유도 없는 그것은 무의미한 것, 구토를 일으키는 것일 뿐이다.

프랑스는 철학을 숭배하는 나라다. 고등학교에서 철학을 가르치고, 카페에 모인 각양각색의 사람들이 커피 향을 음미하면서 진지하게 철학을 토론하는 나라다. 이처럼 유별난 철학 중시는 유럽의 다른 나라들에 비해 눈에 띄는 프랑스만의 특징이다. 그러나 사르트르는 과연 철학자로서 얼마나 훌륭했는가? 일부 비평가들은 그가 실존주의를 창조하면서, 단순히 마르틴 하이데거(Martin Heidegger·1889~1976)의 사상을 취해 거기에다 갈리아[12]식 용어를 갖다붙였다고 말한다. 즉 사르트르의 《존재와 무》(1943)는 단지 하이데거의 《존재와 시간》(1927)의 아류 저서라는 주장이다. 카뮈가 갑자기 교통사고로 사망한 후[13] 사르트르는 프랑스 정치사상의 일종의 '스타일 세터(style setter)'로서 독보적인 입지를 굳히는 데 성공했다. 그러나 참여지식인의 대명사인 사르트르가 전쟁 중에 한 일이라곤 거의 아무것도 없다. 적어도 그의 상상력 속에서 그는 행동하는 레지스탕스의 일원이었으리라!

1944년 9월 초에 그는 유명한 레지스탕스 저널인 〈프랑스 서신(Les Lettres françaises)〉에서, "전능한 경찰이 우리를 강제로 침묵시키려 했기 때문에 우리는 독일 점령기만큼 자유로운 적이 없었습니다. 모든 단어 하나하나가 원칙의 선언처럼 정확했고. 우리는 쫓기고 있었기 때문에 우리의 행동 하나하나에는 앙가주망의 무게가 담겨 있었습니다.”라고 장중하게 서술했다.[14] 그의 추종자들은 제2차 세계 대전 이전과 이후의 사르트르는 전혀 다른 사람이라면서 전쟁 이전의 사르트르는 정치에 거의 관심이 없고, 여자와 예술과 문학에 심취해 있었다면서 독일 점령 기간 중 ‘정치’에 눈을 뜨면서 사르트르가 첫 번째 ‘개종’을 했다고 그의 전력을 대변해준다.

그러나 유별나게 활발했던 그의 전후 사회참여운동은 오히려 그의 숨겨진 과거에 대한 회한에서 오는 일종의 병적인 보상심리 행위가 아니었을까? 그 때문인지 그는 전쟁 중에는 결코 무릅쓰기를 원치 않았던 위험한 일들에 대하여, 전후에는 무모할 정도로 용감성을 발휘하곤 했다. 그리하여 우리나라 좌파들 사이에서도 사르트르는 “세계 문제를 마치 자기 문제인 양 온통 뒤집어쓰고 고민한 사나이. 문학은 오직 실천을 위해서 있어야 한다는 행동파”, “지식인의 허위를 깨고 늘 약자 위한 외길 지킨 민중의 지지자”라는 등 최고의 애정 어린 찬사를 한 몸에 받기도 했다.

대중시위 때 선두에 서서 경찰과 대치했던 사르트르의 좌익 비전의 핵심 원칙은 공산 정권이 아무리 ‘비자유주의적’일지라도, 구제 불능의 자기 잇속만 챙기는 서구 자본주의에 비해 심각한 이타적 의도를 지녔다는 것이다. 그는 카뮈가 전체주의를 비난했기 때문에 카뮈와도 결별했으며, 나중에 공산주의자들과 결별했을 때도 공산주의자들의 자비로운 사회적 의도에 대한 존경심은 유지했다. 참고로,

이 두 사람의 우정은 카뮈가 《반항하는 인간(L'Homme Révolté)》(1951)을 내는 1951년까지 이어졌다. 카뮈는 이 책에서 폭력 사용을 정당화하는 마르크스적 혁명을 거부한다는 자기 소신을 또렷하게 드러냈다.

그러자 사르트르는 카뮈의 입장에 실망을 표시하며 그를 "현실적 갈등과 동떨어져 있는 지식인"이라고 맹비난했다. 결국, 두 사람은 정치와 철학의 노선 차이로 갈라섰다. 사르트르는 '혁명적 인간'의 길을 따르고, 카뮈는 '반항적 인간'의 길을 따른 것이다. 그것은 우연성의 철학과 부조리 철학의 대립이기도 했다. 사르트르는 공산주의로 완전히 '개종'을 하고, 카뮈는 공산주의에서 발을 빼며 반공산주의로 돌아섰다.[15] 그러나 당시 사르트르를 위시한 프랑스 지식인들은 거의 모두가 마르크스주의를 신봉했고, 그들은 지구상 최초로 '혁명'을 성공시킨 공산주의 국가 소련에 대하여 전폭적인 지지를 보냈다. 이미 1930년대에 앙드레 지드가 소련을 순방하고 돌아와[16], 그의 《소련방문기(Retour de l'U.R.S.S.)》(1936)를 통해 소련의 참된 실상을 밝혔음에도 불구하고, 프랑스 좌파 지식인들은 즉각 지드를 공격했고 소련을 옹호했다. 그들은 실제로 존재하는 현실 대신, 자기들이 믿고 싶은 이상적인 현실을 현실로 받아들였던 것이다.

―――――

"그러나 영광스럽고' 가련한 러시아여! 우리는 시선을 네게서 돌리지 않을 것이다. 슬프도다! 너는 우리에게 모범을 보여주더니 이제 와선 우리에게 위대한 혁명이라고 하는 것이 어떻게 허무하게 모래 속에 파묻혀버리는가를 보여주는구나!"[17]

― 프랑스 문호 앙드레 지드(André Gide·1869~1951)

―――――

사르트르는 심지어 자신이 변명하고 있는 것이 '굴라크(gulag)'라는 악명 높은 강제 노동 수용소였을 때조차도 그것이 '무죄'라고 증명할 준비가 되어있었다. 그는 "소련의 노동 수용소에 대해 글을 쓰는 것은 우리의 의무가 아니었습니다."라며 경이로운 침묵을 지켰다. 마침내 강제 노동 수용소의 존재를 부정하는 것을 그쳤을 때도, 그는 그것이 전체주의 체제의 중심적 산물이 아니라 단지 부수적인 '오점'이라고 생각했다. 사실을 인정한 후에도 그 의미를 여전히 부인하는 '술수'는 사실상 위선적이고 표리부동한 것이다. 그러나 사르트르식의 주장에는 이러한 '이중성'을 심오하게 보이게 만드는 요령이 있다. 그가 그 요령을 습득한 것은 전쟁 전 베를린 유학 시절에, 특히 그가 존경하는 독일 철학자 하이데거의 영향과 관련이 있다. 사르트르의 논증 스타일에서 독일 형이상학은 '수사적 가스'만 남발하는 일종의 유럽 석탄 및 철강 공동체(ECSC)에서 프랑스 궤변을 만난 셈이다.

가령 예를 들어 소련 망명자인 빅토르 크라프첸코(Victor Kravchenko·1905~1966)가 '스탈린주의'의 공포에 대한 첫 번째 내부 고발인 회고록《나는 자유를 선택했다》(1946)를 출판했을 때, 사르트르는 크라프첸코가 오히려 'CIA의 창조물'임을 암시하는 희곡을 쓰는 기행을 보였다. 1952년 〈레 탕 모데른〉에 게재한 논문 〈공산주의자들과 평화(Les communistes et la paix)〉(1952)에서 그는 공산주의를 '평화의 기수'라고까지 강조했다. 베트남 전쟁에 반대하면서 그는 소련이 핵전쟁의 위험을 무릅쓰고 미국과 맞서도록 촉구했다. 또 알제리의 독립을 옹호하면서 그는 '현대 탈식민주의 철학의 대부'로 평가받는 프란츠 파농(Franz Fanon·1925~1961)의 책《자기 땅에서 유배당한 자들(Peau Noire, Masques Blancs)》(1961)의 서문에서 아프리카인들에게 "유럽인을 격추하는 것은 일석이조의 효과로 두 마리 새를 죽이는 것이며, 압제자와 그가 압제하는 사람을 파괴하는 것"이라고 썼다.

———

> "인간에게는 강자로부터 수직폭력을 당할수록 자기보다 약한 사람에게
> 폭력을 휘두르려는 수평폭력 심리가 있다."
>
> – 프랑스의 정신과 의사 및 작가 프란츠 파농(Franz Fanon·1925~1961)

———

전후 거의 20년 동안 사르트르의 과격한 좌익사상은 프랑스 지적 생활을 거의 독점하는 정통 담론을 확립했고, 또 전 세계 지적 생활에 대한 '앙가주망의 표준'을 설정하는 주도적인 역할을 담당했다. 그런데 그가 죽은 지 5년 후인 1985년에 사르트르 등 일부 지식인들이 나치 점령하에서 자신들의 본분을 다하지 못하고 레지스탕스 운동에 소극적이었다고 비난한 한 노(老)철학자의 의미심장한 인터뷰 기사가 보도되면서 프랑스 지식인 사회에 크나큰 파장을 일으킨 적이 있었다.

문제의 발언자는 1985년에 82세로 사망한 유대계 프랑스 철학자며 인권운동가인 블라디미르 장켈레비치(Vladimir Jankélévitch·1903~1985)였다. 그는 "소르본의 내 동료들, 나치에 협조한 하이데거나 읽고 앉아 있었던 원숭이들!"이라는 표현까지 동원하여 사르트르를 비롯한 프랑스 일부 지식인들의 위선을 신랄하게 비난했다. 장켈레비치는 사르트르가 나치 점령자들을 비난하거나 화나게 하는 것보다 자신

● 파리 거리에서 소비에트 반체제 인사들을 지지하는 서명을 받고 있는
블라디미르 장켈레비치와 베르나르-앙리 레비(1978년)

의 '개인 경력' 발전에 더 많은 관심을 기울인 것을 비난했다.

그는 또한 사르트르의 친구이며 철학자인 메를로-퐁티가 레지스
탕스에 가담했던 동료철학자 피에르 그라팽(Pierre Grappin·1915~1997)의
도움 요청을 거절했다고 폭로하고 "정말 보잘것없는 인물"이라고 매
도했다. 이 같은 기사가 장켈레비치가 죽은 직후 〈리베라시옹〉지에
보도되자, 사르트르와 이념을 같이했던 동료 지식인과 제자들은 사
실과 다른 중상모략이며 〈리베라시옹〉이 무책임한 기사를 게재했다
고 이구동성으로 공격했다.

그러나 철학자 미셸 푸코(Michel Foucault·1926~1984)는 다음과 같이 언
급한 바 있다. "레지스탕스 운동 때 실제로 몸을 던져 전투에 참가한
사람들은 도덕적 정치적으로 실존주의 철학과는 분명 거리가 먼 사
람들이었다. 사르트르나 메를로-퐁티 같은 실존 철학자들이 자기들

의 동료인 유대계 교수들이 대학에서 쫓겨나도 한마디 항의도 못 하고 대학 강단을 지키며 글을 쓰고 있었을 때, 조르주 캉길렘(Georges Canguilhem·1904~1995)은 저항했고[18] 장 카바예스(Jean Cavaillès·1903~1944)는 총살당했다.[19]"

항상 이러한 시도의 실패를 인식하고 있었던 사르트르는 영리하게도 전쟁 후 다음과 같이 명시했다. "우리는 글을 쓴 저항 투사가 아니라 저항하는 작가였습니다." 전후 프랑스 지식인들의 이러한 위선적인 흑백논리에 대하여 보부아르도 역시 사르트르와 별반 다르지 않았다. 소위 '진보적 폭력'이라는 멋들어진 논리를 만들어 낸 그들의 오랜 친구 메를로-퐁티가 드디어 한국전쟁을 계기로 마르크스주의 노선에서 돌아섰을 때,[20] 그녀는 한 치의 망설임도 없이 남자친구 사르트르의 손을 들어주었다.

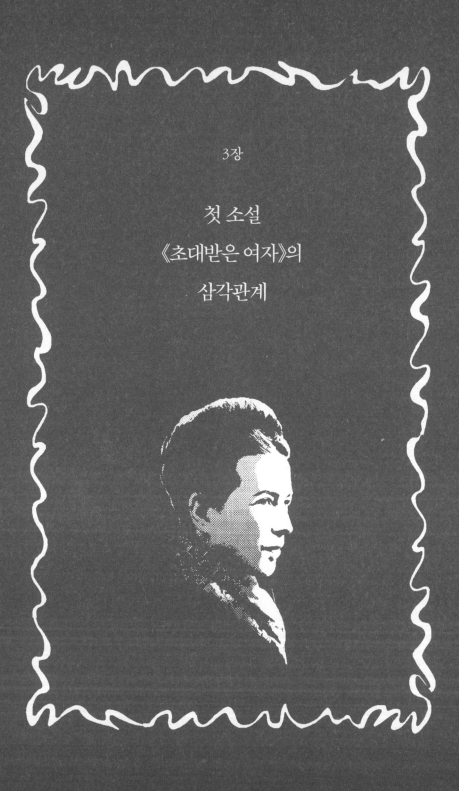

3장

첫 소설
《초대받은 여자》의
삼각관계

자의식 강한 보부아르

1932년에 보부아르는 예술과 역사가 살아 숨 쉬는 아름다운 중세 도시 루앙에서 교편을 잡고 있었다. 그녀는 첫 부임지인 루앙에서 올가 코자키에비츠라는 17세의 아름다운 여학생과 조우했다. 올가의 교사였던 콜레트 오드리가 그녀를 보부아르에게 소개해 주었다. 사르트르와 마찬가지로 보부아르도 역시 소위 '좋은' 학생들에게만 관심을 보이는 이기주의자가 아니라면 전형적인 '엘리트주의' 선생이었다. 특히 반반한 외모의 여학생들에게만 적극적으로 구애했다고 한다. 보부아르에게는 매우 강인하고 비타협적이면서도 복종적인 일면이 있었다. 보통 자의식이 강한 여성들이 그러하듯이, 그녀는 관용적이면서도 강렬한 질투심에 사로잡히는 등 어찌 보면 스스로 불행을 자초하는 스타일이었다. 보부아르는 애정 생활에서 남녀를 가리지 않았다. 우발적인 만남에서 장기 지속적인 연인 관계에 이르기까지 모든 성적 조우들에 대하여 항상 '열린 태도'를 견지했다.

올가 코자키에비츠는 혁명으로 재산을 몰수당한 가난한 러시아 이민자의 딸이었다. 보부아르는 일단 그녀와 '우정'을 쌓은 후 학교 밖에서 서로 만나기 시작했다. 철학도를 꿈꾸던 올가에게 개인 교습을 해 준다는 명목으로 방을 얻어주었고, 곧 그 방에서 올가와도 성관계를 맺었다. 몇 달 후, 그녀는 보부아르가 루앙에서 묵고 있는 호텔 방으로 이사했고, 여선생과 제자는 은밀한 관계를 계속 이어나갔다. 1934년 독일을 방문했던 사르트르가 귀국하자 보부아르는 그에게도 올가를 소개해 주었다. 그해 학기 말, 그녀는 고등학교 졸업시험인 바칼로레아를 우수한 성적으로 통과했다. 그녀는 루앙 대학에서 의학을 공부했고 그 후에는 파리로 이주했다. 1935년 여름, 보부아르

● 올가 코자키에비츠

는 경제적으로 어려운 올가에게 그녀의 교육을 책임지고 비용을 부담할 두 사람, 즉 사르트르와 자신의 보호 밑에 들어올 것을 제안했다.

올가는 길들이지 않은 야생마처럼 매우 충동적이고 반항적인 기질의 소유자였고, 감정의 기복이 심한 편이었다. 그녀의 진정성 및 예측불허의 자발적인 행동 등은 사르트르와 보부아르를 매료시켰다. 특히 올가에게 홀딱 반해버린 사르트르는 그녀를 유혹하기 위해 2년이란 세월을 소비했다. 그 덕분에 사르트르의 몰골은 앙상해졌고, 보부아르는 질투로 거의 죽을 지경에 이르렀다. 그러나 올가는 보부아르 때와는 달리, 사르트르를 그리 탐탁하게 여기지는 않았다. 그래서 사르트르는 올가를 자신의 극이나 소설에 등장시켰다.

사르트르의 《파리떼(Les Mouches)》(1943)는 고대 그리스 비극 《엘렉트라》의 원형에서 줄거리와 배경을 따온 것으로, 《존재와 무》의 핵심 주제인 '자유'를 문학 작품화한 것이다. 이 작품은 그 당시 상황을 은유적으로 표현하여, "독일에 점령당한 처지에 체념하지 말고 비시 정부 이념에 대항하여 레지스탕스처럼 저항하는 자유를 택하라!"는 메시지를 담고 있다.

그러나 사르트르가 이 《파리떼》를 집필하게 된 보다 현실적인 동기는 올가에게 연극배우로 데뷔할 기회를 마련해 주기 위해서였다. 원래 《파리떼》는 유시 깊은 '코메디 프랑세즈(Comédie-Française)' 극장[1]에서 초연하도록 예정되어 있었는데, 프랑스 연출가 장-루이 바로(Jean-Louis Barrault·1910~1994)는 올가가 반드시 엘렉트라 역할을 맡아야 한다는 사르트르의 주장에 동의하지 않았다. 그래서 결국 《파리떼》는 19세기 전설적인 여배우 사라 베르나르 극장으로도 알려진, '시테 앵

● 사르트르의 연극 〈파리떼〉

테르나시오날(Cité internationale)'극장에서 초연되었다. 또한, 올가는 보부아르의 유일한 희곡인《군식구들(Les Bouches inutiles)》(1945)에서도 주인공 카트린의 딸인 클라리스(Clarice)의 역할을 맡았다. 사르트르의 3부작 소설《자유의 길(Les Chemins de la liberté)》[2]에서 이비치(Ivich)의 캐릭터는 이 올가를 모델로 한 것으로 알려져 있다.

그러나 애석하게도 사르트르는 아직 그녀를 자신의 작품이 아닌, '침대'로까지 끌어들이지는 못했다. 올가는 영리하게도 그를 완전히 밀쳐내지는 않으면서도, 끝까지 저항했다! 말하자면 그녀는 사르트르가 다다르지 못할 욕망의 대상이자 타깃이었다. 그들의 친구인 정신분석학자 자크 라캉(Jacques Lacan·1901~1981)의 분석을 빌린다면, 그것은 '초월적 기표'에 해당할 것이다. 아마도 사르트르는 자신이 살아가면서 겪는 모든 성적 좌절을 자신의 실존적 영혼에 좋은 자양분으로 유리하게 해석했을지도 모를 일이다.

사르트르 욕망의 결격 사유

위대한 실존주의 철학자로 불리는 사르트르에게는 심각한 문제가 하나 있었다. 그는 마치 노트르담 대성당에서 떨어진 그 무언가처럼 보였다는 점이다. 실제로 우리나라에서도 1970~80년대에 '옥떨메'라는 유행어가 있었다. '옥상에서 떨어진 메주'라는 뜻으로 못생긴 사람을 지칭하는 줄임말이었다.

그러나 그의 볼품없는 외모는 본인이 연쇄 염문 행각을 일삼는 '돈 후안의 화신'임을 자처하지만 않았다면, 그의 직업상 별로 문제가 될 바는 아니었다. 전기작가 앤디 마틴(Andy Martin)에 따르면, 사르트르의 실존 철학은 비록 못생겨도 어떻게 득점(?)할 수 있는지를 잘 설명해 주었기 때문에, 오거(괴물)[3]와 패자들을 위한 일종의 자기개발서나 다를 바 없었다.

그렇지만 사르트르는 또 다른 철학자, 또 다른 연쇄 유혹자인 카뮈를 조우하는 불운을 겪게 된다. 사르트르는 오거처럼 보였던 반면에, 카뮈는 철학자들 사이에서는 인기 있는 '스타'로 통했다. 카뮈의 글은 읽기 쉬운 것으로 유명하다. 그는 고상한 프랑스 문학의 우아함보다는, 들쭉날쭉한 미국범죄 이야기를 의도적으로 그의 소설《이방인(L'Etranger)》(1942)의 모델로 삼았다.

그들의 전기작가인 앤디 마틴은 두 사람의 우정을 최초로 금이 가게 만든 애증의 '삼각관계'를 조명한 바 있다.[4] 문제는 카뮈가 잘생긴, 진짜 더 잘생긴 인물의 소유자였다는 점에 있었다. 그는 레지스탕스의 시크함을 지니고 있었고, 전설적인 배우 험프리 보가트처럼 우수에 젖은 눈망울에다, 실존주의자의 대표 의상인 트렌치코트가 무척 잘 어울리는 패셔니스트였다. 그는 험프리 보가트처럼 트렌치코트의 깃을 위로 올려 입었고, 유명 패션지 〈보그〉가 사진을 찍고 싶어 했던 인물이었다.[5]

1937년에 올가의 아름다운 동생 방다 코자키에비츠(Wanda Kosakiewicz·1917~1989)가 파리에 도착했을 때, 사르트르는 올가 대신에 그녀를 유혹하기로 작정했다. 그것은 단순한 신체적 교미였을까? 아니면 성적인 에너지의 숭고한 승화작용이었을까? 30대 철학자에게 그것은 마치 실존적 자유의 시험장처럼 보였다.

• 험프리 보가트와 알베르 카뮈

● 연극하는 방다 코자키에비츠

사르트르는 앞서 인용했던 신체적 결함 외에도, 지저분하고 비위생적인 데다가 점점 가늘어지는 모발, 좋지 않은 안색에 연속적인 파이프 흡연 등으로 매력적인 카사노바가 되기에는 여러 가지 결격사유가 있었다. 그가 만일 어린 방다를 침대로 데려갈 수 있었다면, 그것은 결국 실존주의가 '실제로 통했다'는 증거가 될 것이다. "인간은 자유롭도록 선고를 받았다!" 이론상, '절대적 자유의 도래' 시대에 우리 인간은 무엇이든지 할 수가 있지 않은가?

그러나 방다와의 연애는 사실상 그렇게 부드럽게 진행되지는 않았다. 그는 방다가 "날아다니는 잠자리의 지능"을 가지고 있다고 생각했고, 그녀에게도 허심탄회하게 얘기해 주었다. 그러나 방다는 철학자의 자의적 평가나 독설에는 별로 개의치 않았다. 그녀는 철학자가 아니라 예술가였기 때문이다. 방다는 자신이 성이나 관능이 무엇인지 잘 모른다고 그에게 순순히 시인했고, 사르트르는 그녀에게 성교육을 제공하겠노라고 제의했다. 그가 처음으로 그녀에게 키스하고 그녀를 침대에서 제압하려고 시도했을 때, 그녀는 황급히 도망쳐 화장실로 달려가 토했다. 그러나 그녀는 계속 도망가지는 않았다. 사르트르에게는 그녀를 끌어당기는 무언가가 있었다. 프랑스 남부에 있는 호텔에서 마침내 그녀는 '탈처녀화(de-virginisation)'(사르트르의 말)를 겪었고, 그 후 사르트르는 아주 솔직하게 그녀가 자신을 "미워했다"라고 실토했다.

그는 드디어 그녀와 함께 잘 수가 있었다. 그 역사적인 승리의 날! 그는 보부아르에게 그 소식을 쓰기 위해 "자신이 피곤하다고 선언하고 나를 미워한 45분 동안 완전히 순수하고 비극적인" 방다를 침대에 그냥 남겨둔 채 근처 카페로 부리나케 달려갔다. 이처럼 사르트르는 '친애하는 보부아르'에게 그녀의 해부학적 특수성을 낱낱이 보고했기 때문에 우리는 모든 것을 알고 있다. 그는 방다에게 사랑한다고 말했던 동시에, 보부아르에게는 자신이 그녀를 속이고 있다면서 안심시켰다.

그러나 자칫하면 방다를 잃을 것만 같자, 그는 그녀를 기쁘게 하기 위해, 자신의 또 다른 연인들에게는 가학적인 편지를 마구 써댔다. "나는 당신을 위해 온 세상을 짓밟을 것입니다!" 그는 마침내 카스토르를 버릴 것이라고 질투심이 강한 방다를 확신시켰다. 방다가 병에 걸렸을 때, 그는 심지어 그녀와 결혼하겠다고 선언했지만, 보부아르에게는 그저 "순전히 상징적인 제스처"일 뿐이라고 썼다. 그래도 그는 3부작 장편소설《자유의 길》을 보부아르가 아닌 그녀에게 헌정했다. 사르트르는 그의 희곡《파리떼》에서도 그녀에게 작은 역할을 맡겼다. 연극배우 지망생인 방다는 사르트르의 희곡《출구 없는 방(Huis clos)》(1944)에 출연할 만큼 충분히 좋은 연기를 펼쳤다.

카뮈와 아름다운 우정

그런데 여자들에게 인기 있는 미남자 카뮈 때문에, 그만 모든 것이
삐걱거리기 시작했다. 사르트르는 무모하게도 두 사람을 같은 방에
서 '짝짓게 하는' 역할을 자처했다. 그리고 두 사람에게 그들이 이미
죽었다는 사실이 아니라면 섹스를 하는 것이 얼마나 좋을지에 대해
이야기하도록 권고했다. 이것은 바로 연극의 전제였다.

　사르트르의 희곡《출구 없는 방》에는 신문기자이자 작가였던 조제
프 가르생(Joseph Garcin), 레즈비언 우체국 직원이었던 이네즈 세라노
(Inèz Serrano), 또 아버지의 부자 친구와 결혼해서 다른 남성들과 어울
렸던 젊은 부인 에스텔 리고(Estelle Rigault) 등 총 한 명의 남성과 두 명
의 여성이 등장한다. 이 세 사람은 창문도 출구도 없고, 거울도 없이

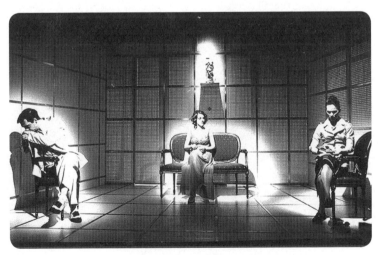

● 사르트르의 연극《출구 없는 방》

세 개의 긴 의자와 청동상만 놓여 있는 갇힌 방으로 인도된다, 세 사람은 문은 밖에서 잠겨진 닫힌 방에 갇히는 상황에 놓인다. 그들은 죽어서 지옥에 들어온 영혼들이다. 모든 등장인물은 지옥에 있고, 서로가 주변에 있는 타인을 견디지 못한다. "타인은 지옥이다."라는 그 유명한 대사가 여기서 나왔다.

카뮈는 위대한 소설을 쓰기 전에도 항상 '아웃사이더'였다. 알제리에서 태어난 그는 문학적 월계관을 쓰고 생제르맹의 대로에 등장한 야생 식민지의 소년이었다.

그에게 흠뻑 매료된 사르트르는 《이방인》(1942)에 대한 20페이지 분량의 리뷰를 작성하기도 했다. 그리고 1943년 두 사람은 '카페 드 플로르'에 함께 앉아 연극에 관한 이야기를 나누게 되었고, 카뮈

● 사르트르와 카뮈

는 그가 알제에서 연출했던 모든 연극을 언급했다. 사르트르는 그를 《출구 없는 방》을 감독하도록 초대했다. 그것은 아름다운 우정의 시작이었다. 그들은 대본 리딩을 위해, 인근 루이지안 호텔에 있는 보부아르의 방으로 올라갔다. 그런 다음 리허설을 위해 방다를 데려왔다. 결국, 여기서 두 사람의 브로맨스는 끝났다.

카뮈의 경우에는 방다를 유혹하기 위해 사르트르처럼 정교한 '지적 전희'가 전혀 필요치 않았다. 카뮈와의 첫 대면에서, 적어도 방다 측에서는 그에게 한눈에 반해버렸기 때문이다. 카뮈는 사르트르를 괴롭히는 것을 내심 즐겼다고 의심하지 않을 수가 없다. 카뮈는 방다가 자신의 여자친구가 되었을 때, 그녀가 사르트르의 정부라는 사실을 알고 있었을까? 그는 꽤 빨리 눈치챘음이 틀림없다. 카뮈는 사르트르를 중심으로 한 대도시의 비평가, 출판사 및 철학자 집단과 대면한 문학 동네의 '뉴키드'였다. 그는 영롱하고 차가운 녹색 눈동자와 매력만으로도 실존주의의 대가를 거뜬히 이길 수 있었다. 그들이 바로 사르트르의 코앞에서 함께 춤을 추었을 때, 그것은 마치 현상학적 존재론에 대한 에세이인 난해한《존재와 무》의 700페이지 전체에 대한 승리와도 같았다!

비록 그중 한 명이 '구토'를 유발할지언정, 이제 방다는 두 명의 철학자와 함께 자신의 삼각관계를 갖게 되었다. 그것은 보부아르가 '트리오'라고 불렀지만, 차츰 시간이 경과함에 따라 원래 주·조연이었던 '보부아르도, 올가도 없는' 방다 자신의 삼각관계였다.

그러나 밤에는 또 다른 배가 지나가고, 또 다른 여배우인 마리아 카사레스(Maria Casares·1922~1996)가 카뮈의 시선을 사로잡았기 때문에 그

● 마리아 카자레스

는 떠났다.[6] 그리고 사르트르는 방다와의 관계를 다시 복원시켰지만, 그는 카뮈를 절대로 용서하지 않았다. 그것은 어찌 보면 "질투를 자유의 적"이라고 명시했던 사르트르의 가장 철학적이지 않은 나약한 인간적 면모를 보여주는 사건이었다.

1950년대에 그들의 마지막 '공개 이혼'은 두 사람의 정치, 철학, 성격이 모두 하나로 합쳐진 것이었다. 1944년 말에 사르트르는 보부아르에게 다음과 같이 썼다. "방다는 카뮈를 따라다니면서 자신이 대관절 무엇을 하고 있다고 생각했을까요? 그녀는 그에게 과연 무엇을 원했습니까? 그래도 내가 훨씬 낫지 않았겠소? 나는 그녀에게 그토록 친절했는데. 그녀는 조심해야 합니다." 사르트르는 애써 초연하게 말하려고 했지만, 완전히 진지함 그 자체였다. 그는 다른 여성들과 정사를 즐기는 와중에도, 방다를 다시 거두어들였다. 아마도 카뮈는 "사랑에 빠지는 것이 필요합니다. 어쨌든 우리가 느끼게 될 모든 절망에 대한 알리바이를 제공하는 것이 좋습니다."라고 썼을 때 이 두 사람의 멋쩍은 재회를 염두에 두었으리라.

사르트르는 여성에 대하여 지치지 않는 욕망이 있었다. "내게 중대한 일은 사랑하고 사랑받는 일이다. 그러나 나를 매혹시키는 것은 유혹의 시도다."라고 그는 일기에 적었다. 사르트르는 사실상 1960년대에 '남성 우월주의자'로 알려지게 된 원형이었다. 그는 항상 승리와 점령의 관점에서 여성을 생각했다. 그는 첫 번째 소설 《구토(La Nausée)》(1938)에서 "나의 모든 이론은 정복과 소유의 행위였다. 나는 언젠가 그녀들 모두의 도움으로 세상을 정복할 것이라고 생각했다."라고 썼다.[7] 결국, 그는 올가와도 성관계를 가졌다. 올가는 훗날 인터뷰에서 "뭐가 어떻든 간에 나는 그들(사르트르와 보부아르)의 관심을 누린다는 특혜에 완전히 흥분해서 그들이 원하는 대로 했습니다."라고 회상했다.

사르트르는 올가가 보부아르의 애인이었던 자크-로랑 보스트와 만나고 결혼하기까지 수년간 올가를 지원해 주었다. 또 그는 죽기 전까지 방다도 물질적으로 후원해 주었다. 보부아르는 방다와는 육체적 관계를 갖지 않았기 때문에, 두 여성은 서로 예의 바른 '거리'를 두었다고 한다. 그러나 사르트르가 두 자매와 관계를 갖는 데 성공하자 보부아르는 그에 대한 '반격'으로 올가의 남자친구인 보스트에게 성관계를 제안했고, 올가가 보스트와 결혼한 후에도 한참 동안 둘은 가깝게 지냈다. 또 보부아르가 17세 연하인 클로드 란츠만과 사귀자, 사르트르는 란츠만의 여동생인 에블린 레이(Évelyne Rey·1930~1966)를 희롱했다. 그녀는 사르트르뿐만 아니라, 철학자인 질 들뢰즈(Gilles Deleuze·1925~1995)와도 연인 사이였다. 사르트르의 전언에 따르면, 그들은 모두 '가족(famille)'이었다.

《초대받은 여자》 소설의 철학적 성찰

보부아르의 첫 번째 소설 《초대받은 여자(L'Invitée)》(1943)는 올가 코자키에비츠와의 관계를 상상적으로 전환한 작품이다. 사르트르-보부아르-올가의 기이한 삼각관계 사건에 대한 지극히 주관적인 설명으로, 소설의 말미에서 보부아르 캐릭터(프랑수아즈)가 올가 캐릭터(크자비에르)를 살해한다는 점을 제외하고는 거의 사실 그대로였다. 그러나 크자비에르는 어디까지나 적대적인 타자(연적)일 뿐, 실제로 올가처럼 보부아르의 동성 연인이라는 전제나 암시는 소설 어디에도 없다. 이 소설에서 보부아르는 올가와 방다와의 복잡한 관계로부터 한 인물을 만들어냈다. 그러니까 좀 더 부연 설명을 하자면, 크자비에르는 올가와 방다 두 자매를 합쳐 놓은 캐릭터라고 할 수 있다. 보부아르는 이 책을 올가에게 헌정했다. 그러나 먼 훗날 올가는 비앙카 람블랭이나 나탈리 소로킨과 마찬가지로 그들과의 '삼각관계'로 말미암아, 그녀 자신이 매우 심각한 심리적 손상을 입었다고 고백했다.

《초대받은 여자》는 2차 대전 직전과 그동안 파리를 배경으로 하는 실존주의적 멜로드라마다. 이 소설은 보부아르의 화신인 프랑수아즈를 중심으로 전개되는데,[8] 프랑수아즈가 그녀의 파트너인 피에르와 그녀의 어린 친구 크자비에르와 이른바 '3인조'를 결성하면서, 그들의 '열린 관계'가 치열한 긴장 관계로 바뀌면서 결국 파국을 맞이한다.《초대받은 여자》는 그들의 '가족' 또는 '관계' 속에 들어온 '타자'의 존재에 대한 헤겔적 문제에 대한 철학적 명상이다.

비록 보부아르의 첫 번째 철학적 에세이는《피로스와 키네아스 (Pyrrhus et Cinéas)》(1944)였지만, 많은 학자들이 보부아르의 처녀작인《초대받은 여자》를 그녀의 첫 번째 철학적 시도로 간주한다.《초대받은 여자》는 시간, 상호성, 우리 자신과의 관계에 대한 철학적 성찰로 가득차 있으나, 이러한 성찰이 결코 체계적인 주장으로 제시되거나 종결되지는 않는다. 보부아르는 "각자의 양심은 타자의 죽음을 추구한다."는 헤겔의 말을 인용하는 것으로 시작해서, 프랑수아즈가 자신의 고독에 처절히 맞서고 '자유'의 회복을 선언하는 행위라고 서술하는 '크자비에르 살해 사건'으로 끝맺는다.

줄거리

프랑수아즈(Françoise)와 피에르(Pierres)는 일반적인 연인 사이도, 동거 관계도 아닌 상태로 살아간다. 둘은 서로를 존중하며, 서로에게 협력자이지만, 상대방의 자유를 구속하지 않는 것을 원칙으로 하고 있다. 즉, 그들은 연인이지만 결혼하지 않았고 아이도 없다.

그들은 크자비에르(Xavière)를 그들과 함께 머물도록 초대하고 이것은 즉시 문제를 일으킨다. 프랑수아즈는 질투하고 피에르는 그녀의 존재를 불안해한다. 이윽고 피에르는 셋이서 누구도 희생되지 않고 조화로운 '삼위일체'를 만들자고 했지만, 크자비에르의 독점욕은 그것에 만족하지 못하고 갖은 수단을 이용, 피에르가 자기만을 선택하도록 했다. 그러나 피에르가 프랑수아즈와 헤어질 의사가 전혀 없다는 것이 확실해지면서 세 사람의 수평적 관계는 파탄을 맞았다.

한편, 크자비에르가 피에르에게 복수할 속셈으로 충동적으로 육체관계를 맺었던 제르베르(Gerbert·보스트 캐릭터)는 '은밀한 근친상간적인 모성애적 감정'으로 프랑수아즈를 연모하고 있었는데, 결국 두 사람은 관계를 맺었다. 이는 프랑수아즈가 그동안 종속되어 있던 피에르라는 타자에 맞서 자신의 독립적 주체성을 드러내고자 함이며, 피에르를 앗아간 크자비에르에 대한 복수이기도 하다.

총동원령에 의해 피에르와 제르베르는 출정하고 파리에 남은 두 여인은 암울한 나날을 보내고 있었다. 그러던 어느 날, 프랑수아즈는 두 사람이 보낸 편지를 받게 되었다. 그런데 우연히 크자비에르가 편지를 읽게 되고, 피에르와 제르베르 둘 다 프랑수아즈만을 사랑하고 있다는 것에 절망하며 프랑수아즈에게 "질투 때문에 두 남자를 빼앗았다."라고 몰아세웠다. 그러자 프랑수아즈는 크자비에르가 오직 자신만을 위해 존재하고 완전히 자기중심적인 '괴물'이라고 결정하면서, 자신을 '질투에 사로잡힌 배신자이자 죄인'으로 깎아내리는 이 여자의 의식이 자기와는 양립하기 힘들다는 것을 깨닫고 그 의식을 없애기 위해 가스를 틀어 크자비에르를 살해한다.

이 구체적이고 모호한 트리오 관계에서 세 번째 구성원인 크자비에르는 프랑수아즈가 파리로 끌고 가는 루앙 출신의 불행한 소녀다.

모든 사회적인 것을 거부하며, '자유'를 상징하는 시골 계집애인 그녀는 근대문화의 최첨단을 걷고 있는 파리 지식인들 사이에 침입한 야생마로, 전후(戰後) 젊은이들의 질풍노도(疾風怒濤)와도 같은 의식을 대변하고 있다고 할 수 있다.

초기에 그녀는 일종의 '인간 장난감'의 역할을 하고 있으나 점차로 합리적이고 책임감 있는 프랑수아즈의 힘과 대조되는 안티테제, 즉 예측할 수 없는 감정적인 힘을 지닌 존재임이 밝혀진다. 충동적이고 관능적이며, 자기 집착적인 크자비에르는 쾌락주의에 가까운 도덕성을 가지고 있으며 오직 '현재'에만 기능하는 일종의 감정 지수(변수)로 부상한다. 이를테면, 미래를 내다보지 않고 현재의 순간순간을 충실히 살아가는 인물이다.

그리하여 이 트리오 왕국에서는 주객이 전도되는 기묘한 상황이 벌어진다. 오히려 객식구에 불과했던 초대받은 여자 크자비에르가 여왕으로 버젓이 군림하게 되고, 프랑수아즈가 그동안 군주처럼 떠받들던 피에르도 크자비에르의 신하로 전락한 채 살아가게 된다. 실제로 보부아르는 자신이 주축이 되어 만들어진 이 삼각관계 때문에 질식당할 것 같은 고통을 맛보게 되었고, 특히 올가에 대한 사르트르의 애정이 광적인 집착으로 변해가는 것을 지켜보면서 자신이 주체가 아닌 객체로 '소외'되었다는 크나큰 위기감을 맛보게 되었다.

그리하여 보부아르 자신이 몸소 겪었던 지독한 위기감에 대한 해결책은 작중인물인 크자비에르의 존재, 즉 그녀의 '의식'을 무력화시키는 것이다. 그러나 여기서 살인의 요점은 프랑수아즈가 '타자 그 자체'를 제거하는 것이 아니라 어느 특정한 타자, 즉 그녀가 '사랑하는 타자'인 피에르 없이 떠나라며 그녀를 위협한 '악마화된 타자' 인 크자비에르의 존재를 파괴하는 것이었다. 여기서 실존적 모호성은 헤겔의 명료성을 압도한다. 이 소설은 '질투'의 심리적 효과를 보여주고, 과연 적대적 타자와의 공존이 가능한지에 대해 철학적인 질문을 던진다.

그러나 사실상 보부아르는 철학적 성찰의 동기보다는 원초적인 질투라는 감정에 북받친 나머지 소설《초대받은 여자》에 올가를 등장시켜 죽여버린 것 아닌가? 그러고는 후일 자서전에다가 "이런 선택을 만들어낸 사르트르와 올가에게 분노를 느낀다."라고 써 놓았다. 물론 현실의 관계가 소설처럼 비극적인 결말로 끝나지는 않았지만, 프랑수아즈가 크자비에르에게 그랬듯 보부아르 자신은 올가를 "체계적으로 일그러뜨렸다."고 말한 적이 있다.

그녀 내면의 감정적 삶은 불분명하지만, 분명한 것은 사르트르와 보부아르 두 사람이 재정적 지원이나 사회적 성공을 보장하는 대가로 젊은 여성들을 대상으로 저지른 교활하고 종종 부정직하며 잔인했던 처사다. 올가와 방다 두 자매와 같이 경제적으로 어려운 젊은이들을 도와주는 그들의 행위는 표면적으로는 매우 우호적이고 이타적으로 보이지만, 실제로 물질적, 정신적 도움은 암묵적인 종속으로 이어져 '불평등한 관계'를 형성하게 된다.

한편 학자들은 종종 보부아르가 고통스러운 질투의 발작을 공개적으로 은폐했다고 비난한다. 비평가들도 역시 이 살인을 줄거리상 이해할 수 없는 과도한 설정이라고 평가했고, 보부아르도 그 점을 인정했다. 그녀는 자신의 회고록《나이의 힘》에서 주인공 프랑수아즈

가 '초대받은 타자'인 크자비에르를 죽인다는 결말이 '심미적 재앙'
이라고 해명했다. "이 결말 때문에 나는 종종 비난을 받았어요. 그것
은 의심할 여지 없이 이 책의 가장 나약한 부분입니다. 죽인다는 것
은 평범한 행동은 아니죠. 내가 묘사했던 프랑수아즈는 나처럼 사람
을 죽일 능력은 없어요. 그러나 일상을 비극으로 전환하는 데 실패했
다는 점에서 나의 실수는 더욱 두드러집니다." 어쨌든《초대받은 여
자》는 철학자 모리스 메를로-퐁티가 "새로운 방식의 철학하기", "실
존의 온전한 주체성을 담아낸 형이상학적 소설의 원형"이라고 호평

● 글 쓰는 보부아르

했고, 그녀에게 작가로서의 명성을 안겨 주었다.

미국 사회에서 '실존주의의 대중화'에 기여했다고 평가받는 미국 여성 철학자 헤이즐 반스(Hazel Barnes·1915~2008)와 캐롤 아셔(Carol Ascher·1941~) 같은 비평가들은 보부아르의 《초대받은 여자》와 같은 해에 출판된 사르트르의 《존재와 무》 사이의 긴밀한 관계에 주목한 바 있다. 두 텍스트 모두 타자가 자신의 자유를 어느 정도까지 흡수하도록 허용하느냐는 실존주의적 주제를 중점적으로 다루고 있기 때문이다.

만일 보부아르가 《초대받은 여자》에서 크자비에르를 살해함으로써 타자와의 공존 가능성, 즉 타인과의 상호성에 대해 애매모호한 스탠스를 취했다면, 이어 발표될 철학적 에세이 《피로스와 키네아스》(1944)에서 그녀는 '협동과 연대의 가능성'을 제시했다.

또 《애매성의 윤리를 위하여(Pour une morale de l'ambiguïté)》(1947)에서는 우리가 타인들과 맺는 관계를 정의했다. 나를 위해 살고 싶은 마음과 타인에게 헌신하는 삶을 살고 싶은 마음, 이 상충하는 두 가지 욕망을 어떻게 해결할 것인가는 보부아르가 내세운 '나'와 '우리'에 대한 실존주의 윤리학의 핵심 질문이었다고 한다.

특히 보부아르 추종자들은 "우리는 좋든 싫든 타인의 운명에 영향을 끼치고, 이 사실이 함축하는 책임을 직시해야 한다."라는 보부아르의 주장이 사르트르의 자유 철학과는 명확히 구별된다고 주장한다. 아닌 게 아니라 보부아르는 《존재와 무》의 자유 개념을 비판했다. 보부아르가 볼 때 홀로 자유로울 수 있는 사람은 없다. "인간은 그가 자기 자신으로 만든 것이다."라는 사르트르의 구호에 대하여 보부아르는 "혼자서, 혹은 아무것도 없는 상태에서 우리 자신을 만들 수는 없다."고 답했다. 보부아르 가라사대, 우리는 오직 우리 삶 속의 타자들 때문에 우리가 될 수 있기 때문이다. 그러나 그녀가 과연 칸트식 정언명법대로 우리 삶 속에 있는 타자들을 '수단'으로 대하지 않고 '목적'으로 대우했는지에 대해서는 오직 그녀 자신만이 알 것이다.

———

"이생에서 우리의 주요 목적은 다른 사람들을 돕는 것입니다. 그리고 당신이 그들을 도울 수 없다면, 적어도 그들을 다치게 하지는 마십시오."

— 달라이 라마(Dalai Lama·1935~)

———

Feminism

2부

페미니즘
연대기

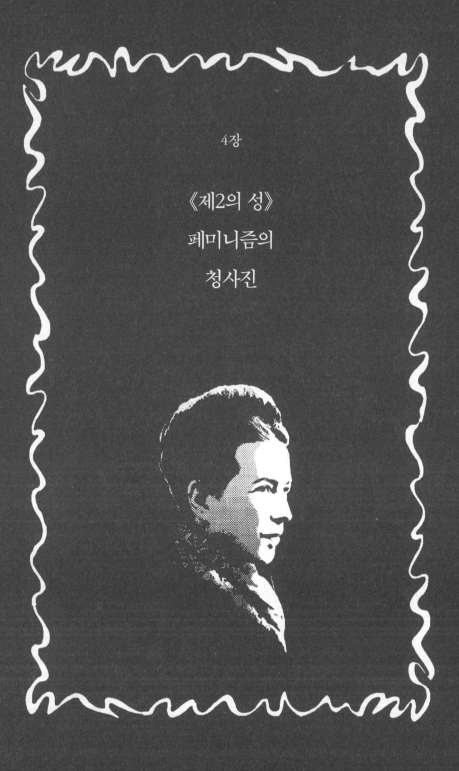

4장

《제2의 성》
페미니즘의
청사진

제2물결 페미니즘, 실존주의와 페미니즘의 혼합
– 여성은 태어난 것이 아니라 만들어지는 것이다.

1949년에 보부아르는 최초의 근대 페미니즘 선언문인《제2의 성》을 출간했다. 이른바 '제2물결 페미니즘'의 지적인 서곡으로 알려진《제2의 성》에서 사르트르의 영향력은 본질적이었다. 바로 여름휴가 직전에 나눈 대화에서 사르트르는 그녀에게 여성에 대한 에세이를 쓸 것을 제안했다고 한다. 보부아르는 그 제안이 무척 마음에 들었고 자신의 '경험'을 충분히 활용하기로 했다. 참고로, 제1물결 페미니즘은 남녀 불평등에 대한 자각에서 출발하여 참정권 투쟁과 재산권 획득, 동등한 교육의 기회와 같은 법적 권리의 확보에 초점을 맞추었고, 제2물결 페미니즘은 피임과 낙태의 권리 등 '단일한 집단'으로서 여성의 '몸'에 대한 권리를 주요 쟁점으로 삼는다. 마지막으로 '다양성'을 주무기로 하는 제3물결 페미니즘은 제1, 2물결의 한계를 지적하면서 아예 여성이라는 범주의 '해체'를 지향한다.[1]

프랑스에서 '제2물결 페미니즘'의 출발점은 보부아르가《제2의 성》을 저술했던 1949년으로 본다. 이《제2의 성》은 여성의 억압에 대한 세밀한 분석이며, 근대 페미니즘의 기본적인 정석이라고 할 수 있다. 실존주의자로서 보부아르는 "실존은 본질에 앞선다."는 사르트르의 개념을 받아들여, "여성은 태어나는 것이 아니라 만들어지는 것이다(On ne naît pas femme, on la devient)."라는 유명한 어록을 주조해냈다. 또한, 보부아르의 어록은 "인간은 자유롭게 태어났으나 어디서나 쇠사슬에 묶여 있다."는 루소의《사회계약론》을 의식적으로 반영한 것이기도 했다. 이는 성별이 생물학적 식별자가 아니라 '사회적 구성물'임을 시사한다. 그녀는 '타자(他者)'로서의 여성의 사회적 구성물에 대하여 분석의 초점을 맞추었고, 여성을 주체인 남성에 대조되는 타자로 구성하는 것이 여성 차별 내지는 여성 억압의 본질로 보았다.

———

"여자가 스스로 세상을 창조하기보다 남자가 자신이 원하는 세상을 만들어 주기를 기대하는 것은 얼마나 잘못된 것입니까?"

– 일기 작가 아나이스 냉(Anaïs Nin · 1903~1977)

———

보부아르는 아들을 원했던 아버지 밑에서 자랐다. 아버지 조르주 베르트랑 드 보부아르(Georges Bertrand de Beauvoir · 1878~1941)는 딸의 지적 능력과 학업 능력을 보고 그녀를 밀어붙였기 때문에, 그녀의 경험은 다른 여성들의 것과는 많이 달랐다. "저는 열등감을 느낀 적이 없었고, 그 누구도 제게 '당신이 여자라서 그렇게 생각하는군요!'라고 말한 적이 없었습니다." 본인 말마따나, 그녀는 여성이기 때문에 느끼는 열등의식이나 자신의 성(性)에 대한 일반적인 억압에서 '탈출'했

● 글쓰기에 집중하는 보부아르

기 때문에 역설적으로 어느 쪽으로도 치우치지 않는 '공정성'이라는 사치를 누릴 수 있었을지도 모른다. 프랑스 여성들이 마침내 투표권을 얻었던 1944년에 '제1물결'이 끝났고, '제2물결' 운동은 아직 요원했던 시기에 보부아르는 여성들이 흔히 겪는 편견이나 차별과는 무관한 삶을 살다가 우연한 계기로 페미니즘의 바이블로 여겨지는 책을 써서 소위 '대박'이 난 경우다.

아직도 사르트르의 책들을 읽는 사람들이 있을까? 비록 한 시대를 풍미했던 그이지만, 사르트르는 이제 '흘러간 유행가'나 다름없다. 물론 사르트르 없는 20세기 프랑스와 철학을 상상할 수 없다고 주장하면서 아직도 그에게 러브콜을 보내는 좌경화된 한국 지식인사회에서는 예외일 수 있지만, 그의 열정을 삼켜버린 공산주의는 덧없이 무너져내리고, 지난 세기에 그에게 바쳐졌던 그 많은 열정과 찬사들은 물거품처럼 사라진 지 오래다. 그럼에도 불구하고, '영원한 2인자'였던 보부아르에 대한 우상화 내지는 '현재화' 작업은 그녀의 추종자들에 의해 여전히 진행 중이다. 그 이유는 그녀의 대표작《제2의성》에서 찾을 수가 있다.

처음에 보부아르는 아주 짧은 에세이를 상상했다. 그때나 지금이나 9월 초는 휴가지에서 햇볕에 그을린 채 휴식을 즐기던 파리지앵들이 파리로 돌아오는 시기였다. 매일 아침 그녀는 고즈넉한 회랑으로 둘러싸인 '팔레 루아얄(Palais Royal)' 정원을 거쳐[2] 리슐리외 거리에 있는 구 파리 국립 도서관(現 파리 리슐리외 도서관)에 갔다. 파리의 역사와 지성을 대표하는 도서관 천장의 타원형 유리 채광창을 통해 들어오는 따뜻한 9월 햇살을 받은 보부아르는 문득 깨달음을 얻을 수가 있었다고 한다.

"그것은 계시였습니다. 이 세상은 남성적인 세상이었고, 내 어린 시절은 남자들이 꾸며낸 신화로 길러졌습니다. 내가 소년이었다면 다르게 인식했을 신화에 의해 양육되었습니다. 너무 관심이 생겨서 여성의 조건에 집중하기 위해 나의 개인 고백 프로젝트를 포기했습니다." 그것은 결코 짧고 빠른 에세이가 될 수 없었다. 보부아르는 세상을 뒤흔들 책인《제2의 성》을 매우 끈기 있고 열정적으로 파고들기 시작했다. 그녀는 지금까지 사회적 관습을 깨고 제멋대로(?) 살아왔기 때문에, 이 주제를 연구하는 것도 어찌 보면 '자기 발견'의 여정이었다.

파리의 실존주의, 블랙패션

"나는 너무 똑똑하고 너무 까다롭고 너무 재간이 뛰어나서,

누구도 나를 완전히 감당할 수 없습니다. 아무도 나를 아는 사람이 없고

나를 완전히 사랑하지 않습니다. 내가 가진 것은 오직 나 자신일 뿐입니다."

– 시몬 드 보부아르

보부아르의 연인이기도 했던 영화감독 클로드 란츠만은 자신의 회고록에서 "어린 내 어깨 위에 전쟁의 중압감이 너무도 컸던 것일까요? 그것은 삶과 죽음 사이의 그 세월의 불안정한 균형이었나요? 나의 새로운 자유는 때때로 불필요한 행동으로 나 자신의 존재를 증명할 필요가 있다는 것을 의미했습니다." 전후 파리 좌안의 지식인과 예술가들에게 참혹한 전쟁의 경험과 4년 동안 죽음을 기만한 느낌은 삶의 모든 면에서 '자유'에 대한 끝없는 갈증을 해소하는 열쇠였다. 전쟁의 후유증에 시달리며 피폐해진 동병상련의 사람들에게 "인간은 자기가 원하는 대로 자신의 삶을 만들어 갈 절대적 자유가 있다."고 주장하는 실존주의는 마치 어둠 속 한 줄기 빛으로 다가왔다. 특히 무신론적 실존주의에서 자유는 '신'과 반대되는 개념이고, 인간의 존재 근거이며, 인간의 존재 그 자체다. 실존은 자유다!

당시 실존주의는 하나의 거대한 유행(메가트렌드)이었다. 전통적 규범과 인습을 거부하는 실존주의 철학자들은 자신들의 사상을 대학 강단이 아닌 카페에서 토론했고, 불만을 품은 젊은이들은 카페에 앉

아 동그란 탁자 위에 사르트르나 카뮈의 소책자를 올려놓고, 진한 에
스프레소 커피를 홀거나 독한 담배를 피우면서 무(無)와 불안, 허무에
대해 장광설을 늘어놓았다.

　이른바 실존주의 패션이 시작된 1940년대에 남자들은 트렌치코트
와 격자무늬 셔츠를 입었고, 여자들은 머리를 길게 늘어뜨려 한 언론
인이 소위 "익사 피해자 룩"이라고 불렀는데, 우리 한국식으로는 그
냥 산발한 머리였다. 나중에는 검은색 모직 터틀넥이 인기를 끌어 멜
랑콜리한 실존주의의 '블랙 패션'을 탄생시켰다.

　영화배우 같은 외모를 한 카뮈, 매력적인 터번을 쓴 보부아르, 파이
프와 통통한 체형, 빗질한 사르트르로 대표되는 실존주의 사상은 이
렇게 프렌치 대중문화의 일부로 깊숙이 스며들었다. 특히 작은 거인
사르트르는 자신의 철학의 현상학적 복잡성에도 불구하고, 그것을
매우 흥미진진하게 만드는 타고난 재주가 있었다. 학창시절부터 대

담하고 기발하며 활력이 넘쳤던 그는 에콜 노르말 쉬페리외르(Ecole Normale Supérieure·고등사범학교)의 교실 창문 밖으로 물 폭탄을 던지면서, "그래서 화가 난 차라투스트라!"라고 큰 소리로 외치는 풍자적 반항이었다.

더구나 인간이 질서 있는 형이상학적 체계의 일부가 아니라 개인이 전적으로 자유롭고 자신이 만든 것에 책임이 있다면서, "누구나 실존주의자가 될 수 있다!"라고 하니, 특히 도시 젊은 층이 실존주의에 열광했다. 그래서 키르케고르(Kierkegaard·1813~1855)의 게르만식 '공포'와 하이데거의 '불안'은 사르트르식 '재미'에 자리를 내주었다.

파리의 지성과 문화를 대표하는 '생 제르맹 데 프레' 거리의 지하 동굴에서 밤새 울려 퍼지는 황홀한 재즈의 향연과 광란의 댄스는 실존주의의 최고 표현으로 간주되었다. 진지한 철학자가 그토록 밤 문화에 지대한 영향을 끼친 적은 전무후무했다.

그것은 음울한 재즈의 선율과 '생 제르맹 데 프레'의 지하실에 득실거리는 쥐들, 또 "그녀의 목소리에는 수백만 편의 시가 들어있다."라고

● 프랑스 샹송가수 쥘리에트 그레코

사르트르가 극찬한 전설적인 가수 쥘리에트 그레코(Juliette Greco·1927~ 2020)와 현대소설의 거장인 레이몽 크노(Raymond Queneau·1903~1976)의 시대이기도 했다.

전통적 가족제도의 추방

노동자 계급에서 태어났든 부르주아 계급에서 태어났든 간에, 그들은 카스트의 전통과 관습, 또는 고상한 예의범절과 거의 관련이 없기를 소원했다. 그들에게 전통적인 '가족'은 추방돼야 할 제도였고, 아이들은 어떤 대가를 치르더라도 피해야 하는 '역병'이었다. 1930년대 결혼하지 않은 여성의 인생이 상상되지 않는 시대에 보부아르는 결혼은 물론 출산과 가사노동까지 거부하지 않았던가? 심지어 그녀는 가사노동을 피하기 위해, 사르트르와 함께 호텔의 서로 다른 방에서 독립적으로 생활했다.

그래도 대부분의 보통 사람들은 결혼하고 나서 또 다른 비밀스럽고 자유로운 삶을 즐기기로 작정했지만, 사르트르와 보부아르는 자칭 예술과 삶의 실험을 위해 "결혼도, 아이도 없다."는 초기 계획을 끝까지 밀고 나가기로 작정했다. 그들의 계약관계는 신비한 실존주의로 포장되었지만, 그렇다고 해서 그들이 결혼이라는 제도권의 사슬에 묶여 있는 사람들보다 훨씬 더 도덕적으로 우월하고, 덜 위선적인 것도 아니었다.

뛰어나고 강한 여성들은 모든 형태의 자유에 굶주려 있었다. 보부아르 외에도 미국 작가 자넷 플래너(Jannet Flanner·1892~1978), 여

● 실존주의의 왕과 왕비

성사의 양성애 선구자로 알려진 프랑스 소설가 에디트 토마(Edith Thomas·1909~1970), 에로틱한 소설《오 양의 이야기(Histoir d'O)》(1954)의 저자인 도미니크 오리(Dominique Aury·1907~1998) 등은 남성들처럼 아무런 제약 없이 자기들의 욕망과 야망에 따라 살기로 결심했던 호기 넘치는 여성들이었다. 지적이고 대담하고 삶의 즐거움과 감각에 호기심이 많고 재정적으로 독립적이고, 또 반복적인 불법 낙태의 위험을 두려워하지 않는 이 담대한 페미니스트 개척자들은 많은 세대에게 '해방'의 모델을 제공했다. 이성애자, 동성애자 또는 양성애자인 여성들은 성의 주제에 대해 고대 그리스의 '비도덕적' 관점을 거침없이 수용했다. 여기서 고대 그리스의 비도덕적 관점이라는 것은 헬라스 지역[3]에서 널리 성행했다고 여겨지는 동성애의 관행을 가리킨다.

　로마인들은 소위 '그리스 관습'이라는 것을 분명히 알아차렸는데, 그들은 그리스인들이 옷을 충분히 입지 않고 너무 많은 운동을 한다고 우회적으로 비난했다. 중세 기독교인들은 가니메데(Ganymede)와 같은 잘생긴 소년들을 납치하거나[4] 디오니소스처럼 지하 세계에 들어가는 방법에 대한 정보를 얻기 위해 인간에게 자신의 몸을 약속한 신을 숭배하는 사람들을 조롱했다.

여기서 주신 디오니소스의 일화는 매우 엽기적이다. 디오니소스는 사랑하는 사람을 망자의 세계에서 구해 오기 위해 저승의 신 하데스를 찾아 나선다.[5] 그러던 중 그는 어느 호수 근처에서 노인 프로심누스(Prosymnus)에게 저승의 입구를 아는지 길을 묻게 된다. 아름다운 디오니소스의 모습을 보고 반한 프로심누스는 자신과 성관계를 맺으면 길을 알려주겠다는 조건을 제시했다. 지하 세계로 가는 여정이 급했던 디오니소스는 사랑하는 이를 구해 오는 데 성공하면 노인의 소

• 독일화가 빌헬름 뵈트너(Wilhelm Böttner·1752~1805)의 '가니메데에게 키스하는 제우스'(1780년). 중세시대에 가니메데는 동성애적 악의 코드가 되었다.

원을 이뤄주겠다고 약속한다.

무사히 저승에서 사랑하는 사람을 구하는 데 성공한 디오니소스는 약속을 지키기 위해 프로심누스를 찾아오지만, 그는 이미 이 세상 사람이 아니었다. 크게 상심한 디오니소스는 늦게나마 노인과의 약속을 지키기 위해, 무화과나무 가지를 남근 모양으로 깎아 '관통되고 싶은 욕망'을 망자가 경험하기를 바라면서 그의 무덤에 앉아서 성행위를 했다고 전해진다. 이 일화는 디오니소스 비의(秘儀) 과정에서 나오는 신비한 무화과나무 '남근 숭배'의 존재를 설명해 주는 것이다.[6]

고대 그리스의 동성애 문화는 특유의 '양성애관'에 뿌리를 두고 있다. 플라톤의《향연(Symposium)》에는 그리스인의 양성애관이 흥미롭게 그려져 있다. 대화록의 형태를 취한 이 책에서 플라톤은 희극작가 아리스토파네스(Aristophanes·B.C. 448?~380?)의 입을 빌려, '잃어버린 반쪽 찾기'에 대한 에로스론을 선보인다.

아주 먼 옛날 옛적에 우리 인간에게는 남자와 남자가 붙어 있는 성(남/남), 여자와 여자가 붙어 있는 성(여/여), 남자와 여자가 붙어 있는 성(남/여, 즉 양성·androgyny) 등 도합 3개의 성이 존재했다는 것이다.

그러나 최고신 제우스는 신의 제사에 점점 게을러지는 인간의 오만을 벌주기 위해서, 둘씩 붙어 있었던 것을 절반으로 잘라 현재와 같은 형태로 만들었다. 그래서 인간은 각각 자기의 반쪽을 항상 그리워한다는 것이다. 결국, 아리스토파네스가 말하는 사랑이란 자신의 잃어버린 반쪽을 찾아 자신의 '본성'을 회복하는 것이었다. 고대 그리스인들은 이처럼 동성애를 제 짝을 찾기 위한 여정으로 미화했다고도 볼 수 있다.

그런데 플라톤은 동성 연인이 평범한 인간보다 더 축복받았다고 썼다가, 다시 그 행위를 자연에 위배되는 것이라고 주장하며 "완전히 신성하지도 않고 신들에게 혐오스럽고 가장 추악한 것"이라고 묘사하면서 마음을 바꿨다. 플라톤 시대에도 동성애는 어떤 상황에서도 부끄러운 일이라고 생각하는 사람들이 있었고, 실제로 말년의 플라톤 자신도 결국 이러한 부정적인 견해를 갖게 되었다. 그의 사후 출판된 마지막 작품인 《법률》[7]에서 플라톤은 동성애가 '근친상간'과 같은 방식으로 취급될 것이라고 엄중히 경고했다.

그러나 아리스토텔레스는 그의 《정치학》에서 동성애 폐지에 대한 스승 플라톤의 생각을 일축하면서, 그 반대 근거로 켈트족과 같은 야만인들이 동성애에 특별한 영예를 부여했으며, 크레타인들은 '산아제한'의 수단으로 이용했다고 주장한 바 있다.[8]

고대 그리스에서 행해졌다고 알려진 동성애 관계의 성격에 대하여 그동안 많은 논쟁이 있었던 것이 사실이다. 토머스 허바드(Thomas K. Hubbard) 교수는 《그리스와 로마의 동성애》(2003)[9]의 서문에서, 사실상

● 동성 연인을 묘사한
그리스 도기
(영국 애쉬몰리언 박물관 소장)

게이 연구 분야가 처음부터 보편적이고 초역사적이며 초문화적인 동성 끌림의 전형적 패턴을 믿는 ① '본질주의자'와 성적 선호의 패턴이 서로 다른 방식으로 나타난다고 주장하는 ② '사회구성주의자'들로 나누어져 왔다고 지적했다. 허바드 교수는 본질주의자 진영에서는 존 보스웰(John Boswell·1947~1994)[10]과 존 소프(John Thorp)를 들었고, 사회구성주의 진영에서는 데이비드 핼퍼린(David Halperin·1952~)[11]과 프랑스 철학의 이단아인 미셸 푸코(Michel Foucault·1926~1984) 등을 인용했다.

사회구성주의자들은 동성애자들이 다른 사회에서 다른 의미로 나타나며, 예를 들어 고대 그리스와 후기 산업화 서구 사회의 동성애자들 간에는 본질적인 정체성이 존재하지 않는다고 주장했다. 게다가 일부 사회구성주의자들은 성적인 선호가 고대인들에게 중요한 범주였다거나, 성적인 대상 선택에 기초한 모든 종류의 하위 문화가 고대 세계에 존재했다는 사실도 부인했다.[12]

그렇지만 고대 그리스의 에로틱한 주제에 대한 비밀은 사실상 문기를 게을리한 사람들에게만 공공연한 '비밀'이었다. 긴 머리칼과 중성적인 이미지의 상송 가수 쥘리에트 그레코, 프랑스 소설가 프랑수아즈 사강(Françoise Sagan·1935~2004),[13] 왕년의 섹스 심벌 영화배우 브리지트 바르도는 모두 보부아르의 여동생들이었다.

"타인에게 피해를 주지 않는 한, 나는 나를 파괴할 권리가 있다

(J'ai bien le droit de me détruire)."

— (마약 소지 혐의로 체포되었을 때) 프랑수아즈 사강(Françoise Sagan·1935~2004)

미국 방문한 39세 보부아르의 영감

우리는 《제2의 성》을 언급하기에 앞서 그녀의 미국 방문을 언급할
필요가 있다. 1945년에 사르트르가 미국을 방문했을 때 그는 절찬을
받았다. 1944년 말 미국 국무부는 12명의 프랑스 기자들을 초청했
다. 사르트르는 그들 중 한 명이며, 몇 달 동안 그는 '사회주의자'라
고 주장하면서 드골주의·자유 보수주의의 우익 신문인 〈르 피가로
(Le Figaro)〉[14]의 특사가 되었다! 그는 '레지스탕스 영웅'으로 환영을 받
았고 이것이 그의 세계적인 명성의 도화선이 되었다.

　사르트르는 뉴욕에서 프랑스 태생의 라디오 저널리스트 돌로레스
바네티(Dolores Vanetti)를 선택했고, 불과 이틀 만에 그는 그녀의 침대 위
에 누울 수가 있었다. "그녀는 나에게 미국을 주었습니다."라고 사르

트르가 말하자, 그녀는 "나는 그를 미친 듯이 사랑했습니다."라고 화
답했다.[15] 바네티는 사르트르가 그때까지 유혹했던 철없는 소녀들과
는 차원이 달랐다. 그녀는 나이 많은 이혼 여성인 데다 돈 많고 세련
된 여성이었다.

(본인은 부정하겠지만) 타고난 여자의 직감으로 보부아르는 이것이 그
들 관계에 진정한 문제의 조짐이 될 것을 알고 있었고, 두통이나 악
몽에 시달렸으며 눈물의 발작까지도 일으켰다고 한다.

한편, 두 사람의 신비한 계약관계의 규칙들을 알지 못했고, 또 이해
할 생각도 없었던 바네티는 사르트르에게 결혼 아니면 아무것도 아
니라는 것을 분명히 선언했다. 그러자 그는 영원한 '소울메이트', '평
생 동반자'라는 보부아르의 존재는 전혀 아랑곳없이 곧 바네티에게
결혼을 신청해 버렸다. 보부아르도 역시 적잖은 연인들을 거느리고
있었지만, 이 사건은 그들이 세운 신전의 근간을 뒤흔들 만큼 그녀에
게 커다란 충격이었다.[16] 그러나 발뺌하는 데 명수였던 사르트르는
보부아르에게로 돌아와서 그냥 매사가 좋았다고만 말했다.

누구에게나 다 그런 것은 아니지만, 여행은 누군가에게 정체성의

● 돌로레스 바네티

광학을 뒤집는 엄청난 힘을 발휘한다. 보부아르는 1947년 자신의 차례가 되어 순회강연차 미국을 방문했고, 돌아와서 가장 중요한 저서인 《제2의 성》을 저술했다. 프랑스 정부의 재정 지원을 받았던, 이 여행의 목적은 '전후 작가의 윤리적 문제점'에 대하여 미국 대학 등지에서 강의하는 것이었다.

그러나 미국인들은 사르트르를 환대했던 것처럼 그녀를 환대하지는 않았다. 사실 미국인들은 그녀의 음주 습관을 싫어했고, 그녀의 옷맵시를 조롱했으며 그녀가 풍기는 체취의 희미한 냄새를 싫어했다. 한편 보부아르도 남자들을 기쁘게 하기 위해, 모든 것을 할 만반의 준비가 되어있는 미국 여성들을 싫어했다.

그러나 그녀가 정말로 신경을 쓰지 않고 애써 무시했던 여자는 사랑의 라이벌인 돌로레스 바네티였다. 그녀의 회고록에서 바네티는 '엠(M)'으로 기록된다. 그녀는 마치 사르트르와 바네티 양인에게 복수라도 하려는 듯 시카고 작가 넬슨 알그렌과 침대에 누웠고, 즉시 사르트르에게 그 남자에 대한 모든 것을 알렸다. 그 남자는 거친 보헤미안이고 좌파적인 반도(叛徒)이며, 그녀와 얼마든지 주작(酒酌)이 가능한 상대였다. 그러나 그는 사르트르에 대한 보부아르의 '충성심'을 이해하지 못했고, 결국 그것은 두 사람이 헤어지는 계기가 되었다. 알그렌과의 관계는 1947년에서 1951년까지 계속되었다. 그 이후로 그녀는 클로드 란츠만과 관계를 갖게 되었다.

이 두 작가의 만남은 알그렌의 정부였던 메리 구겐하임(Mary Guggenheim)의 적극적인 권유로 성사되었다. "로스앤젤레스로 가는 기차에서 나는 그의 책 중 하나를 읽었고 그에 대해 생각했습니다." 보부아르는

● 다정한 한때를 보내는
  알그렌과 보부아르

그가 화장실도 냉장고도 없는 집에서 김이 모락모락 나는 쓰레기통과 펄럭이는 신문들이 가득한 골목 옆에 살았다고 썼다. 보부아르는 자신이 받아들이기 힘든 으리으리한 호텔과 고급 레스토랑에서 풍기는 무거운 달러의 냄새를 맡은 후에, 오히려 그의 가난이 기분 좋고 상쾌해 보였다고 적었다.[17]

알그렌은 보부아르에게 시카고의 밑바닥을 보여주고 그녀를 노상강도, 포주, 짐 도둑, 창녀 및 헤로인 중독자들에게 소개했다. 그는 39세의 보부아르에게 최초로 진정한 오르가즘을 느끼게 해 준 남자였다. 그들은 날마다 만나 같이 잤다고 한다. 1949년에 두 연인은 라틴 아메리카로 여행을 다녀오기도 했다. 그녀의 소설 《레 만다랭(Les Mandarins)》(1954)에서 급진 좌파 성향의 알그렌은 '루이스 브로간(Lewis Brogan)'이란 인물로 등장한다.

그러나 두 사람은 서로 지독한 환멸을 느끼게 되었고, 알그렌은 플레이보이 잡지에 보부아르와 같이 갔던 북아프리카 여행에 대한 글을 기고하면서, 사르트르와 보부아르를 '포주와 창녀'보다 더 악랄하게 타인들을 이용하는 자들이라고 독설을 퍼부었다.

보부아르는 소설《레 망다랭》에서는 그와의 정사를 그래도 익명으로 처리했는데, 두 번째 자서전《나이의 힘》(1960)에서는 그의 실명을 밝히는 것은 물론이고, 그가 보냈던 연애편지까지 몽땅 다 책에 실었다. 그러나 두 사람의 '공개성'의 원칙에 끌려든 사람들이 항상 그것을 좋아한 것은 아니었다. 어떤 면에서 그녀의 인생 최고의 사랑은 바로 알그렌이었다.

1981년, 72세의 알그렌은 기자에게 보부아르의 '폭로'에 대한 참을 수 없는 분노를 드러내는 인터뷰를 했다. "나는 전 세계의 사창가에 가 봤지만, 한국이든 인도든 그곳의 여성들은 항상 문을 공손히 닫았습니다. 그런데 이 여자는 문을 활짝 열고 대중과 언론을 불렀습니다." 알그렌은 보부아르를 가리켜, "문을 활짝 열어 놓는 개망나니!"라고 원색적으로 비난했다고 한다. 그는 보부아르의 행동에 너무도 분개한 나머지, 기자가 떠난 후 엄청난 심장마비를 일으켜 그날 밤 사망했다.

사르트르도 '공개성'의 원칙을 실천했지만, 그래도 어느 정도까지였다. "내가 갈색 머리와 잤던 것은 이번이 처음입니다. 그녀는 냄새가 가득하고, 이상하게 털이 많고, 또 작은 등에 약간의 검은 털과 대조를 이루는 하얀 몸을 지니고 있지요. 그리고 검은 카추[18]처럼 길쭉한 그녀의 혀가 끝없이 펴져서 내 편도선까지 닿았습니다." 그는 적어도 사생활이 보장되는 은밀한 대화와 서신을 통해서 보부아르에게 새로운 소녀들의 신상을 알려주었다.

알그렌이 사망한 지 5년 후인 1986년에 보부아르도 사망했다. 비록 보부아르의 시신은 사르트르와 함께 몽파르나스 묘지에 나란히 묻혔지만, 그녀의 손가락에는 알그렌이 준 작은 은반지가 끼워져 있었다![19]

보부아르는 그에게 창의적으로 톡톡히 빚을 진 셈이다. 그는 그녀가 전에 경험하지 못했던 감정적 자유를 열어주었다. 알그렌을 만나기 전까지 그녀의 경험은 주로 간접적이고, 이른바 책벌레 지식인의 수준이라고나 할까? 교양 있는 보부아르와는 달리, 알그렌은 시궁창에 얼굴을 박고 태어난 사람이었다. 그는 시카고의 디비전 거리(Division Street)에서 창녀, 사기꾼, 마약 중독자 등 마치 워킹 데드 같은 인간들과 함께 어울려 살았다.

그는 러시아 문학 황금시대의 마지막 작가인 안톤 체호프(Anton Chekhov · 1860~1904)처럼, 일종의 '패자의 시인'이었다. 알그렌의 작업에서 보부아르의 영향력은 덜 분명한 편이지만, 국제적 베스트셀러가 된 보부아르의 《제2의 성》에는 분명히 그의 지문이 선명하게 잘 나타나 있다.

알그렌과의 운명적인 만남 외에도, 보부아르는 이 미국 여행에서 《제2의 성》의 주제에 대한 풍부한 영감을 얻었다. 그것은 그녀가 '글쓰기'에서 자신을 완전히 분리시키지 않고, 궁극적으로 자신의 경험과 만남에서 영감을 얻는다는 것을 보여준다. 특히 아프리카계 미국인 작가 리처드 라이트(Richard Wright · 1908~1960)와의 만남은 그녀에게 차별과 인종주의의 메커니즘에 눈을 뜨게 했고, 그것은 '여성'으로서의 자

신의 상태와 연결되어 제2의 성의 이론적인 틀을 제공했다. 《제2의 성》에서 보부아르는 "미국에는 흑인 문제가 없고 백인 문제만 있다." 라는 리처드 라이트의 주장을 반복한다. 보부아르의 '성차별'에 대한 설명의 중심에는 반(反)흑인주의, 반유대주의, 여성 억압 사이의 삼각 연결고리가 존재한다.

———

"폭력은 억압받는 사람들에게 개인적으로 필요한 것이다. 그것은 의식적으로 고안된 전략이 아니라, 개성을 부정한 인간의 깊고 본능적인 표현이다."

– 미국 작가 리처드 라이트(Richard Wright · 1908~1960)

———

실존주의 원칙, 여성 정체성에 적용

그동안 남성 지식인들은 '인간(남성)'과 '인간 조건'에 대해서 썼다. 그렇다면 그들은 '여성'에 대해서는 무엇을 썼는가?

보부아르는 프로이트와 마르크스 이론이 여성의 열악한 현실을 제대로 주목하지 못했다고 보고, 《제2의 성》에서 여성을 다각도로 고찰했다. 보부아르는 사르트르가 옹호한 일부다처제, 또는 다자연애 방식(polyamory)을 받아들이고, 성적 독립, 낙태와 레즈비언주의(여성 동성애)를 옹호하며 기존의 어머니 역할에 대한 의문을 제기했다. 즉, 가부장 사회에서 여성 개인의 욕구를 무시하고 만들어진 '모성'과 '여성성'을 모두 진실하지 않은 환상적인 '신화'라면서 거침없이 몰아냈다.

인류 역사에서 모성은 오랫동안 여성만이 가질 수 있는 숭고하고 신비한 것, 여성이 아이를 낳으면 무조건 가지게 되는 자연스러운 본성으로 여겨져 왔다. 그러나 보부아르에게 임신이란 불구가 되는 것이고, 태아는 그저 살덩이 '기생생물'에 불과했다.

그녀는 여성성의 형성이나 여성 억압에 대한 분석으로서 자유주의, 마르크스주의, 정신분석이론의 결점을 폭로하고 그 철학적 대안을 구축하고자 시도했다. 그래서 미국 텍사스대학 교수 주디스 코핀(Judith Coffin)은 보부아르가 지금 페미니스트 이론이라고 부르는 것을 마치 벤처 기업처럼 유망 사업으로 이끌었다고 그 공로를 높게 평가했다.[20]

보부아르는 대략 2년 동안 매우 빠르게 글을 썼다. 그녀는 실존주의의 철학적 원칙을 '여성 정체성' 문제에 적용함으로써 사고방식에 일대 '혁명'을 일으켰다. 《제2의 성》은 보부아르가 보기에 모든 것을 지배하고 정의하는 힘을 가진 규범이 남성인 세상에서, '타자'로서의 여성의 상태에 대한 그녀의 백과사전적이고 충격적인 설명이다. "이 세상이 재현되는 방식은, 세상 자체와 마찬가지로 남자들의 작품이다. 그들은 자신의 관점에서 세상을 묘사해 놓고 그것이 절대적 진실이라고 착각한다." 이 책은 남성이 '표준'인 세계에서 여성이 과연 어떻게 만들어졌는지, 또 여성의 이차적 역할, 절단, 침묵적인 고통 속에서 무언가를 끌어내기 위해 수행되는 뒤틀림을 칼날처럼 예리하게 분석한다.

앞서 얘기한 대로 사르트르의 작업은 보부아르에게 《제2의 성》의 개념적인 토대를 제공했다. 특히 중요한 것은 헤겔에서 유래한, 주권적 주체와 대상화된 타자 사이의 대립에 대한 실존주의적 개념이다. 여기서 보부아르가 주장하는 '타자'의 개념이란 여성들이 그녀 자신들의 용어보다는 남성과 반대되는 것으로 정의된다는 것이다. 사물을 다른 것과 대조하여 정의하는 것은 자연스러운 일이지만, '젠더'와 함께 정의하는 것은 사실상 여성의 인간성을 부정하는 것이다.

보부아르는 여성이 남성(제1의 성)보다 열등한 존재로 정의되기 때문에, 여성을 '제2의 성'으로 명명했다. 그녀는 아리스토텔레스가 여

● 레오나르도 다 빈치의
인체 비례도(1490년경).
'남성은 만물의 척도'라며,
세상을 남성의 관점에서 바라본
대표적 사례이다.

성이 "자질이 부족하기 때문에 여성"이라고 주장했던 반면, 중세 스콜라 철학자인 토마스 아퀴나스(Thomas Aquinas·1225?~1274)는 여성을 "불완전한 남성"과 "부수적인 존재"라고 언급했다고 지적했다.

그러나 남성 작가들이 지칭하는 여성의 '열등함'이란 타고난 결핍의 결과가 아니라, 문화적으로 결정되며 양육과 교육에서 비롯된다는 것이 보부아르의 본질적인 시각이다. "우리는 여자로 태어난 것이 아니라 여자로 만들어진다. 어떠한 생물학적, 심리학적, 경제학적 운명도 여자로서의 한 인간이 사회에서 제공해 주는 모습을 결정할 수 없다. 이것을 만들어내고, 남성과 여성으로 표현되는 거세된 환관 사이를 매개하는 것은 바로 문명 전체다."[21] 애당초 여성에게 주어진 여성적 본성이란 없다. 단지 여성에게 부여된 여성적 '상황'만이 존재할 뿐이다. 즉 보부아르는 여성성은 상황의 문제이며, 영원하지도 않고 본질적이지도 않다고 주장했다.

남성과 환관 사이에서, '여성성(féminité)'으로 기술되는 이 생명체(여성)를 만들어내는 것은 바로 문명이다. 전통적인 시스템에서 여성은 자신의 남근의 진실(?)을 유일한 신임장으로 휘두르는 남성에 의해 비하되고 경멸당한다. 보부아르가 작심하고 비판한 이 시스템에서 남성들은 올림퍼스의 정상에서 여성들을 고차원적 시선으로 내려다보고 멸시하며, 그들 자신(남성)의 경험을 특권화하고 보편화한다.

오스트리아의 심리학자 지그문트 프로이트(Sigmund Freud·1856~1939)의 〈소아성욕론(小兒性慾論)〉[22]에 따르면, 다섯 살 무렵의 어린 소녀는 남녀의 해부학적 차이를 발견하고, 이른바 '거세 콤플렉스(castration complex)'에 의해 자신이 남근이 없다는 것에 반응한다.[23] 즉 여자아이는 자신이 불구 내지는 거세되었다고 생각하고 결과적으로 고통받는다는 것이다.

프로이트는 거세 콤플렉스의 근원을 남성 성기에 대한 선망과 연결시켰기 때문에 페미니스트들로부터 집중적인 포화를 받았다. 여성이 자신이 거세되고 불완전하다고 느낀다고 전제하는 프로이트의 해석에 대하여, 보부아르는 여성들이 그동안 자신을 불완전한 존재, 거세당한 환관이나 톰보이(garçon manqué)[24]로 인식하도록 강요당했노라고 반박했다.

보부아르에 의하면 상호성이 존재하지 않는 일방적인 관계에서 여성들은 다음 두 가지 소외 방식을 경험하도록 요청된다. 남성 행세를

● 인간세계를 이간질시키고, 재앙을 불러오는
만악의 근원들이 들어있는 상자를 여는 인류 최초의 여성 판도라

하거나 아니면 여성 행세를 하는 것이다. 그러나 여성이 남자 행세를 하는 것은 실패임이 분명하지만, 여자 행세를 하는 것도 신비화 작업에 불과하다. 그래서 여성이 된다는 것은 대상, 타자가 된다는 것을 의미한다. 여성이 인간답게 행동하고 자유를 주장할 때마다 그녀는 남자를 '흉내'낸다는 말을 듣는다. 반면에 그녀가 자신에게 제공되는 것을 받아들일 때마다 그녀는 객체, 사물, 타자, 즉 환관이 된다.

여기서 중요한 것은 바로 이 '차이'의 중요성을 부정하는 것이다. 그러나 여성은 이 이상을 혼자서 달성할 수 없기 때문에, 보부아르는 여성들에게 교육, 훈련, 재생산 구조의 전반적인 변화와 성의 진정한 해방을 동시에 상상할 것을 촉구했다. 즉, 그녀의 몸과 타자의 몸을 통한 각각의 변형이다.

보부아르는 실존주의 철학에서 '기투'라는 개념을 가져와, 여성이 자기 스스로 가능성을 시험하듯 영원한 타자의 자리에서 벗어나 '주체'로 거듭나야 한다고 주장했다. 그렇지만 법과 제도의 급진적 변혁만이 양성평등을 보장할 것이기 때문에, 보부아르는《제2의 성》당시에는 그것이 불가능하다고 생각했다. 그러나 여성이 의지할 대상은 오직 자기 자신뿐이라고 느끼기 시작하면서 그녀의 페미니즘은 급진화되었다. 1972년까지 보부아르는 자신을 '페미니스트'라고 부르기를 거부했지만, 소위 제2물결 페미니스트들의 혁명적 활동을 알게 되자 마음을 바꾸었다고 한다.

보부아르의 원래 의도와는 상관없이《제2의 성》은 곧 미국 페미니스트들의 지침서가 되었고, 망각이나 무관심 속에 묻히기는커녕 계속 관심과 논란의 중심에 서게 되었다.

생물학적 여성(섹스)과 문화적 여성(젠더)으로 구별

보부아르는 '사회주의 페미니즘'으로 알려진 사상의 흐름을 주도하는 인물 중 하나다. 이 용어가 암시하듯이 이러한 접근법은 가부장제와 자본주의에 '내재된' 문제점들을 두드러지게 강조한다.

그녀는 남성에 대한 여성의 '복종'이 자본주의의 가부장적 구조에 뿌리 박은 문화, 사회, 또는 실존적인 것이라고 얘기했다. 모름지기 '영원한 여성(eternal feminine)'의 본질은 어머니의 신성함, 동정녀의 순결함, 땅과 자궁의 다산성 등 다양한 형태를 취하는 신화에 불과하다.[25] 각각의 경우에 신화는 여성의 개성을 부정하고, 여성을 불가능하고 실현 불가능한 이상에 가두는 역할을 한다.

전통적으로 남성은 '초월성(transcendance)'을 대표하며 능동적이고 창의적이며 강력하고 생산적인 반면, 여성은 '내재성(immanence)'이 있고 수동적이고 내성적이며 정적(靜的)인 존재라는 것이다. 그러나 모든 인간은 사회에서 자신의 삶과 위치를 구성하는 데 있어서 초월성과 내재성이라는 이 두 가지 개념의 상호작용을 향유해야 한다는 것이 보부아르의 지론이다.

보부아르에 의하면 가족, 결혼, 모성은 유대감이며, 이는 여성을 부차적이고 노예적 존재로 만들며 여성의 사회적 정치적 상승을 통제하는 역할을 한다. 즉, 가부장제는 '이성애(heterosexuality)'에 입각한 결혼과 가족이라는 제도를 통해, 여성의 삶을 규제하며 성차별을 구조화한다. 그래서 모든 것을 '정치화'함으로써 이 구태의 문화적 모델을 깨뜨려야만 한다.

사람들의 사생활에 영향을 미칠 도덕적이고 반자본주의적인 입법을 통해 사회를 변화시켜야 한다. 은밀한 사적 영역과 공적 영역 사이에 더 이상 '구별'이 없을 것이며 자유, 개인, 의식적이고 공개 결정의 공간은 요즘 유행하는 말로 '정치적 올바름(political correctness)'이어야만 한다.[26] 따라서 보부아르는 가부장제의 자연적 희생자인 여성을 집단화하고 자본주의를 맹렬하게 비난했다.

● 19세기 말 예술에 나타난 '영원한 여성의 에테르화(Etherealization)'(로제티 작품).

이런 식으로 보부아르는 생물학적 사실로서의 '섹스'와 문화적 구성물로서의 '젠더'를 구별했다. 보부아르는 피임과 낙태의 자유화를 촉구하고 레즈비언주의를 재활성화했으며, 성관계의 '폭력성'을 강조하는 등 남성 지배적인 성적 질서를 직접적으로 공격했다.

그러나 보부아르는 《제2의 성》에서 자신이 제기한 문제들의 속 시원한 해결책을 제공하기보다는, 보다 많은 문제 제기를 연발함으로써 그녀와 유사한 노선을 걷게 될 향후 페미 후학들에게 방대한 숙제를 남겼다.

어쨌든 이 책이 세상에 나오자, 많은 여성 독자들이 보부아르를 열성적으로 탐독했다. 그렇지만 여성들에게 '해방의 계시'로 다가온 것이 남성들에게는 마치 지진과도 같이 예기치 못한 거대한 충격으로 다가왔다. 보부아르의 《제2의 성》이 비판적 경멸과 여성 혐오의 덤불에 부딪혔다는 것은 이미 잘 알려진 사실이다.

1,000페이지를 훌쩍 넘는 방대한 분량의 이 기나긴 에세이에 대한 프랑스의 반응은 매우 논쟁적이었다. 사실상 《제2의 성》은 프랑스 가부장 사회에 떨어진 시한폭탄이나 다를 바 없었다. 보부아르는 여성의 낙태권을 옹호했고, 결혼을 '프티트 부르주아지(Petite bourgeoisie·소시민)'[27]의 제도로 보았고 매춘보다 더욱 혐오스러운 제도로 간주했다.

그래서 바티칸 교황청은 이 책을 곧바로 가톨릭 금서목록으로 지정했다. 보수적인 작가 프랑수아 모리악(François Mauriac·1885~1970)은 사르트르와 보부아르가 공동창간한 〈레 탕 모데른〉지의 편집인에게 "이제 나는 당신 여주인의 질과 클라리토리스(clitoris)에 대해서 모르는 것이 없게 되었네."라고 탄식해 마지않았고, 또 〈르 피가로〉지에서 〈젊은 여성의 성적인 입문〉이라는 제목의 글로 '생 제르맹 데 프레'의 문학이 천박함의 극단에 도달한 것에 분개하며 기독교 청년들의 반응을 독려하기도 했다.

부조리 문학이라는 영역을 개척한 앙가주망 작가 카뮈도 역시 "프랑스 수컷의 명예를 훼손하기 위해 쓴" 책이라며 그녀를 비난하는데 가세했다. 주요 언론 매체와 문학 평론가들도 "바로 기회는 이때다!"라면서, 이 논란을 사르트르와 그의 전후 '문화적 헤게모니'에 도전하는 수단으로 삼았다.

1949년 프랑스 정치는 좌파와 우파로 나뉘었지만, 보부아르의 텍스트 수용은 반드시 좌우, 찬반양론으로 갈라지지는 않았다. 비록 다른 이유이기는 하지만, 공산주의자들과 드골주의자들은 똑같이 《제2의 성》을 비판했다. 사르트르의 옛 제자였던 프랑스 공산주의자 장 카나파(Jean Kanapa · 1921~1978)는 "음란하고 천박한 기술, 구역질 날 것 같은 쓰레기!" 같은 책이라고 비난했으며, 물론 공산당도 역시 "비앙쿠르의 노동자들을 비웃기 위해 쓰인 책"을 공개적으로 조롱하기는 마찬가지였다. 드골주의자들은 진보적 사상에 맞서 전통적인 '이성애' 가족을 보호하려 했던 반면, 공산주의자들은 여성 억압에 대한 보부아르의 개인주의적, 심리적인 접근 방식을 야유했다.

그러나 《제2의 성》에 공감하는 여성 독자들은 보부아르의 작업에서 대부분의 남성들을 혐오하게 만든 바로 그 측면을 높이 평가했고, 보부아르의 '은밀한 친밀감'과 '자기 폭로' 형태의 글쓰기 방식을 쌍수 들어 환영했다.

보부아르는 《제2의 성》에서 어머니이자 아내로서 사랑받고자 하는 '나'와 원하는 대로 자유롭게 살고자 하는 '나' 사이에서 분열하는 여성들의 생생한 경험을 포착하고자 했다. 그러니까 《제2의 성》은 보부아르 자신의 이야기이기도 했다. 바로 《제2의 성》은 보부아르와 주변 여성들이 겪은 개인적 경험을 토대 삼아 철학·생물학·정신분석학의 관점에서 유년 시절부터 사춘기, 성생활, 결혼, 임신, 모성, 레즈비언주의, 매춘, 노년에 이르기까지 그동안 남성 지식인들이 가치가 없다고 여겼던 여성들의 '진짜 삶'을 다루었다.

실제로 동시대 여성들은 《제2의 성》을 금기시되었던 여성의 솔직한 경험을 다룬, 전례 없는 저작으로 받아들였던 것이 사실이다. 헌신적인 가톨릭교도인 그녀의 어머니와 방탕한 무신론자 아버지의 대립은 보부아르의 저작에도 깊은 영향을 끼쳤는데, 어머니는 아버지의 행동이 점점 엇나가는 데도 현모양처 역할을 고수했다. "딸들은 현실에서는 보상 없이 수고만 하는 역할이 신격화되지 않는다는 것을 안다. 딸들은 그런 어머니처럼 살기를 원치 않는다."

그렇지만 보부아르가 《제2의 성》에서 전통적인 가부장적 남녀관계를 구성하는 '상징적 폭력'의 예시로, 사르트르와의 관계를 직접 인용하거나 폭로하는 일은 결코 없었다. 그녀가 아버지의 사례나 부르주아 관행에서 '남성 특권'으로 이해한 것을 사르트르가 공공연히 자행하는 데도 말이다. 왜 그랬을까? 자타가 공인하는 '성공한 여성' 보부아르는 자신의 '공인된 모델' 생활의 이미지가 손상되는 것을 원치 않았다.

그녀의 소설과 6권의 자서전을 들여다보면, 보부아르가 사르트르의 자유분방한 애정행각에 의해 질투심에 깊이 시달렸다는 것은 분

● 보부아르(맨 오른쪽)와 어머니,
  그리고 여동생 엘렌

명하다. 그럼에도 그들의 관계가 전통적인 남녀관계와 다른 점이 있
다면, 그것은 여성인 보부아르가 남성의 권리와 자유를 대등하게 행
사했다는 점이다. 그러나 평생에 걸친 이 계약관계에서 "둘은 평등하
지만, 그가 그녀보다 훨씬 더 평등했다."는 사실은 부인하기 어렵다.

《제2의 성》 '성-젠더-여성' 담론서
― 첫 주 2만 부, 페미니즘 거목의 지위

———

"종종 아버지와 딸은 어머니(여자)를 함께 내려다본다. 어머니가 포인트를 놓치면

서로 의미심장한 시선을 교환한다. 그들은 그녀가 그들처럼 똑똑하지 않고

그들이 하는 것처럼 추론할 수 없다는 데 동의한다. 그러나 그들(부녀)의 공모는

어머니의 운명에서 딸을 구하지 않는다."

― 급진적 페미니스트·심리 치료사 보니 버스토우(Bonnie Burstow·1945~2020)

———

수많은 논란과 스캔들에도 불구하고, 이 서적은 놀라운 성공을 거두어 첫 주에 2만 부가 팔려나갔고 각국의 언어로 번역되었다. 또한 《제2의 성》은 빅토리아 시대의 여성차별을 고발했던 버지니아 울프(Virginia Woolf·1882~1941)의 수필집 《자기만의 방》(1929)[28]처럼, 여성들의 애독서가 되어 보부아르는 자신의 의지와는 상관없이 페미니즘의 거목이 되었다. 1960년대 중반에 활동가, 언론인, 학자들로부터 보부아르에게 여성에 관한 회의나 심포지엄에서 연설할 것을 요청하는 편지가 쇄도했다. 그녀를 한 시대의 아이콘으로 만드는 과정이었다.

"개인적인 것이 정치적인 것이다(The personal is the political)."라는 구호는 1960년대 문화 전쟁에서 봇물처럼 터져 나온 많은 슬로건 중 하나다. 급진적 페미니스트인 캐롤 허니쉬(Carol Hanisch·1942~)가 사용한 이후 그동안 '개인적이고 가정적인 것'으로 여겨져 왔던 여성 문제를 정치적 주제로 공론화시키고자 하는 사상가들에 의해 수없이 인용되었다.

● 울지말고 저항해!

그러나 제2물결 페미니즘에서 '개인에서 정치로의 이행'은 아직도 불명확했고, 게다가 '개인 윤리'를 강조한 보부아르의 작업이 반드시 그 길을 밝혀주지는 않았다. 페미니즘에 대한 그녀의 양가감정(兩價感情)과 운동으로서의 페미니즘에 대한 《제2의 성》의 입장은 아직도 모순적이고 역설적인 유산의 일부로 남아 있다.

"페미니즘을 둘러싼 다툼에 충분히 잉크를 쏟았고, 이제 실질적으로 끝났으며, 아마도 우리는 그것에 대해 더 이상 말하지 말아야 할 것이다.", "여성은 '우리'라고 말하지 않는다."(보부아르)

보부아르는 후일 자신의 회고록에서 《제2의 성》이 추악하고 모욕적인 편지들을 많이 이끌어냈다고 언급한 적이 있다. 그러나 보부아르에게 편지를 보낸 사람들은 주로 작가와 작가 지망생, 교사, 사무직 근로자, 가정주부, 여학생, 대학생, 공장 노동자, 의사, 심리학자, 정신분석가, 그녀의 어린 시절 친구 등 매우 다양하고 흥미로운 그룹을 형성하고 있었다. 왜냐하면, 보부아르가 《제2의 성》에서 다룬 주제들은 실제로 남녀 모두에게 중요했기 때문이다.

만일 《제2의 성》이 독자들에게 가치가 있었다면, 독자들도 역시 그녀의 작업에 중요했다. 이처럼 열성적인 독자들이 작가와 '공범'이기를 자처하는 동시에, 독서 자체가 혁명적인 행위라고 느끼는 것보다 더 자극적이고 짜릿한 것은 없다. 이렇게 보부아르는 성, 젠더, 여성과 관련된 본질적 문제들에 대한 무수한 담론을 형성시키는 촉매제 역할을 했다.[29] 그리고 원작자의 의도와는 달리, 봉인 해제된 담론들은 과연 어디로 튈지 아무도 모르는 상황이었다.

그렇다면 보부아르는 이 편지들에 대하여 답장했는가? 그녀는 연애편지와 결혼 제안에 대한 답변은 거부했지만, 그녀의 많은 서신 교환자들을 존경심으로 대했던 것 같다. 64세가 된 보부아르는 자서전 《결국(Tout compte fait)》(1972)에서도 남성과 여성의 차이는 순전히 문화적 차이이며, 여성의 타자성은 생물학이 아니라 '문화'에 의해 조작되고 부과됨을 재차 확인했다. 결국 《제2의 성》에서 《결국》에 이르기까지, 그녀의 오랜 지적 여정을 관통하는 핵심 사상은 우리는 여성으로 태어나는 것이 아니라 만들어진다는 것이다.

이 문제적 어록은 생물학적 성인 '섹스'와 '젠더'를 구별하는 이론적 토대를 제공하여 이른바 '젠더 연구'의 선구가 되었을 뿐 아니라, 또 하나의 문제적 페미니스트 에세이인 주디스 버틀러(Judith Butler·1956~)의 《젠더 트러블(Gender Trouble: Feminism and the Subversion of Identity)》(1990)의 출발점이 되었다.[30]

———

"여성스러운 남자는 일관되게 이성애자일 수도 있고 또 게이일 수도 있다.

우리는 젠더(사회적 성)에서 섹슈얼리티(생물학적 성)를 읽을 수 없다."

– 퀴어 이론[31]의 창시자 주디스 버틀러(Judith Butler·1956~)

———

또한, 미국 페미니스트 작가이자 양성애자인 케이트 밀럿(Kate Millett·1934~2017)이 지적한 대로, 보부아르의 작업에서 모성은 '여성 착취'를 위한 구실이고, 종전의 계급투쟁을 대체하는 '성(性) 투쟁'에서 여성이 스스로 권력을 쟁취해야 한다는 생각이 나왔다. 보부아르와 밀럿, 이 두 여성은 둘 다 레즈비언이라는 공통점 외에도, 여성성과 남성성이라는 구태의 발상이 완전히 사라져야 한다고 생각했다는 점

● 케이트 밀럿(1970년)

에서 견해를 같이한다. 강력한 가부장제 권력 하에서 '만들어진 여성성'이야말로 남녀의 가장 은밀한 성관계에서조차도 '내면의 식민화'를 경험하도록 여성을 속박하는 족쇄이므로, 개인이 생물학적 성과 무관하게 좋은 자질(?)을 자유롭게 발전시켜나가는 자세가 이상적이라는 것이다. 프랑스에서 1967년 피임이 합법화되고 1975년 낙태를 합법화하는 '베유법'이 제정된 데도 보부아르의 공헌이 컸다고 평가한다.

———

"자신의 몸을 통제하지 않는 여성은 자신을 자유롭다고 할 수 없다."

— 미국 산아제한 운동가 마가렛 생어(Margaret Sanger · 1879~1966)

———

보부아르의 《제2의 성》에서 영감을 받은 베티 프리던(Betty Friedan · 1921~2006)의 대표작 《여성의 신비(The Feminine Mystique)》(1963)는 20세기 미국의 제2물결 페미니즘에 기름을 끼얹었다는 평가를 받는다. 그러나 미국에서의 제2물결 페미니즘의 부상이 유럽 여성의 삶에 도달하고 영향을 미치는 데는 꽤 오랜 시간이 걸렸다. 보부아르 자신도 페미니스트 전사로 거듭나기 위해서는 최종 결단을 위한 일종의 '숙려' 기간이 필요했으리라 본다. 사실상 보부아르에서 페미니즘으로 가는 길은, 루소에서 혁명으로 나가는 길보다 더 간단하지가 않았다. 페미니즘에 이르는 보부아르 자신의 길은 상당히 우회적이었고 염세적이었다. 또한 보부아르는 페미니스트 운동의 창시자였기 때문에 당연히 그 수호성인이 되어야 했지만, 자신의 삶에서 그것이 의미하는 바를 배신한 셈이다.

위험한 51년, 신화적 커플
– 내 인생은 내가 원하는 대로 살았다.

보부아르를 추앙하는 페미니스트들에게 사르트르와 보부아르의 관계는 그야말로 미스터리인 동시에 충격 그 자체였다. 페미니스트들은 보부아르처럼 총명하고 강인한 여성이 왜 사르트르처럼 '나쁜 남자'에게 일평생 그토록 헌신적이었는지 잘 이해하지 못한다. 여성 해방의 예언자가 사르트르와 평생을 함께한 그 '관계'의 본질에 대하여 어떻게 그렇게 철두철미하게 자기 자신마저도 속일 수 있단 말인가?

  미국 전기작가 디어드리 베어(Deirdre Bair·1935~2020)가 확인했듯이 사르트르에 대한 '종속'이 그들 관계의 거의 전부였다![32] 물론 보부아르 자신은 이 평가에 동의하지 않았다. 1986년 당뇨로 인한 폐렴으로 사망할 때까지 보부아르는 어떻게든 그녀의 관점에서 사르트르와의 결합을 공고히 발전시켜 나가려고 노력했다. 보부아르는 개방성, 정직성 및 평등에 대한 상호 약속을 기반으로 한 진정한 '협력'이 그들 관계의 본질이었다고 누누이 강조했다.

● 스탠 바이 유어 맨(Stand by your man)

전기작가 베어는 그가 사시에 키가 작았고 초라한 옷차림에도 불구하고, 당대 최고의 미남 배우인 캐리 그랜트(Cary Grant·1904~1986)보다 더 동침할 여성을 찾는 데 어려움이 없었다고 경탄을 금치 못했다. 사르트르는 그야말로 풀타임의 유혹자였다. 1940년 2월 28일에 그는 자신의 수첩에 이렇게 적었다. "내게 대업이란 사랑하고 사랑받는 것이다.", "나를 매료시키는 것은 무엇보다 유혹의 시도다." 프랑스 문학계의 전설적 인물 보리스 비앙(Boris Vian·1920~1959)의 아내였던 미셸 비앙(Michelle Vian·1920~2017)도 철학자의 유혹에 넘어갔고, 그녀는 1980년 4월 15일 사르트르가 사망할 때까지 그에게 충실했던 여성 중 한 명으로 남았다.

사르트르는 자신의 행동에 책임을 지고 있었나? 아니면 그것은 책임을 회피하려는 면책의 한 형태였을까? 글쓰기가 자신을 보람 있게 느끼게 했지만, 유혹은 자기혐오의 쓰디쓴 뒷맛을 남겼다는 사르트르의 처량한 고백을 우리는 도대체 어떻게 받아들여야 할까?

20세기 카사노바를 자처했던 실존 철학자 사르트르는 항상 여성들에게 그의 사랑과 헌신, 또 "당신 없이는 살 수 없어요."라는 대중적인 신파 로맨스를 설파했다. 즉, '말'이 그의 중요한 유혹 수단이었다. 여성에 대한 그의 신체적 접근 방식은 레스토랑에서 여성의 몸을 더듬는다든지 아니면 어두운 택시 구석에서 키스하는 정도였다.

만일 철학자가 이러한 공공장소에서의 애무를 "실존에 내던져져 있다."라는 기투의 반증이라고 주장한다면, 그것은 자신의 불성실한 행위(성추행)에 대한 저렴한 합리화가 아닐까? 아니면 그것은 자신의 삶을 결정하기 위해 미리 설정된 코드를 일체 불허하겠다는 도전적인 거부 의사인가?

사르트르와 보부아르는 그들의 측근 내지는 이런 주변의 인물들을 '가족'이라고 부르기를 좋아했다. 이런 의미에서 두 사람이 주기적

● 카페에서 즐거운 한담을 나누는 사르트르, 보리스와 미셸 비앙 부부, 그리고 보부아르

으로 공모해서 벌이는 애정행각은 일종의 '근친상간' 놀이였다. 그들의 상투적인 수법은 아주 젊은 여성을 '제자'로 입양하는 것이었다. 그녀를 카페나 영화관에 데려가고, 함께 여행하고, 교육과 경력을 돕고 '재정적'으로 지원해 주는 것이었다. 올가와 방다 코자키에비츠, 이 두 자매의 경우에서도 알 수 있듯이 사르트르는 자신과 동침하는 젊은 여성들에게 '일거리'를 주기 위해 대부분의 희곡을 썼던 것이 사실이다. 사르트르와 보부아르에게 그들이 사실상 자신의 자녀와 함께 자고 있다는 느낌은 일종의 '금단의 열매'를 따 먹는 듯한 매우 전율적이고 위험천만의 에로틱한 재미와 상상을 자극했을지도 모른다.

이러한 일련의 수많은 연애 사건에서 페미니즘의 대모인 보부아르의 역할이나 진정한 실체는 그야말로 만인의 궁금증의 대상이 아닐 수 없었다. 가령 그녀가 예전에 비앙카 람블랭과 이루었던 기묘한 삼각관계에서 람블랭은 보부아르에게 더욱 집착했지만, 사르트르에게도 몸을 허락했다. 그러나 보부아르가 생각하는 삼각관계는 그녀의 생각과는 완연히 달랐다. 람블랭은 동등한 시간의 '공유'의 원칙을 원했지만, 보부아르는 사르트르에게 더 많은 '권리'를 주라고 지시했다고 한다.

"그는 매우 예민했습니다." 그녀는 어느 시점에서 베어에게 이렇게 설명했다. "그는 모두가 항상 자신을 사랑하기를 원했습니다." 그리고 보부아르는 사랑하는 남성이 상처 입는 것을 보고 도저히 참을 수가 없었기 때문에 사르트르가 여학생 중 한 명과 자고 싶어 하면, 그가 그렇게 할 수 있도록 도와주었다. 우리는 이러한 비정상적인 관

● 이야기를 나누는
보부아르와 베어

행을 "그녀는 그를 위해 포주 노릇을 했다."라고 직설적으로 요약할
수 있다.

동시에 그녀는 무조건적으로 그의 철학에 자신을 바쳤고, 그의 비
평가들로부터 인쇄물로 그를 변호했고, 그가 쓴 모든 단어를 세세하
게 읽고 논평했으며, 때로는 그를 위해 대필 에세이와 연설까지도 마
다하지 않았다. 보부아르는 베어에게 "그의 작업이 내 작업보다 더
중요했습니다."라고 말했다. "나는 분명히 총명했지만, 사르트르는
천재였으니까요." 정작 보부아르의 삶은 동시대와 후속 시대의 젊은
세대가 그토록 열망하는 자유와 여성 해방의 롤 모델이었는데도 그
렇다.

그녀는 사르트르와 그들의 '계약' 관계에 계속 충실했고, 그들의
위험한 관계는 무려 51년 동안이나 지속되었다. 사르트르는 나이가
들수록 상대하는 여자들의 나이가 점점 어려졌다. 사르트르와 보부
아르의 이 기상천외한 애정행각은 일일이 서술하기에 숨이 벅찰 정
도로 많다. 아마도 그들이 복잡하고 미묘한 상대방의 연애 행각을 낱

낯이 알면서 질투와 심지어 묘한 살인 충동까지 느꼈음에도 불구하고, 51년 동안이나 관계를 유지할 수 있었던 건 여느 부부처럼 둘이 한 공간을 쓰지 않았기 때문일 수도 있다.

사르트르가 어떻게 보부아르에 대한 지배력을 확립하고 유지했는지는 분명하지 않다. 후일 베어는 "나는 물론 보부아르와 그녀의 서클을 존경하지만, 그들의 몸을 칭칭 휘감은 '거만함(arrogance)'이라는 무거운 망토 때문에 항상 그들을 좋아하지는 않는다는 것을 알게 되었습니다."라고 회고했다. 보부아르가 그들의 '종속' 관계의 실체 내지는 허구를 어떤 식으로든 해명했음에도 불구하고 이 건방지다는 표현은 왜 그럴까? 대체로 프랑스인 하면 떠오르는 이미지에 대한 설문 조사에서 미국인들은 놀랍게도 '그들은 건방지다'라는 대답이 압도적인 편이다. 실제로 프랑스인들은 의사소통의 어떤 부분도 '도전'으로 만드는 유별난 경향이 있다. 그들의 자랑스러운 철학적 문화적 유산 때문에 그들은 의사소통을 자신이 얼마나 똑똑한지 보여주는 방법으로 보기 때문이다.

둘의 관계는 과연 무엇이었을까. 무엇이라고 명명할 수가 있을까? 동지, 아니면 친구, 멘토와 추종자, 아니면 그냥 형식상 부부인가? 뭐라 규정하기는 어렵지만, 그들이 했던 실험은 생각할 거리를 남겨준다. 스스로 자유로운 무정부주의, 좌파, 회의적 무신론자라고 자처했던 사회운동가이자, 우리나라 '강남 좌파'의 롤모델이라는 영국 철학자 버트런드 러셀(Bertrand Russell·1872~1970), 소위 할리우드 공산주의자 색출에 나선 의회의 반(反)미국 행위 조사위원회에 불려 나가서 시련을 겪었다는 미국 극작가 아서 밀러(Arthur Miller·1915~2005), 좌파 지성계의 거장이라는 언어학자 노엄 촘스키(Noam Chomsky·1928~), 전후 유대계 미국 좌파작가이며 리얼리즘의 거장인 솔 벨로(Saul Bellow·1915~2005), 캐나다의 유대계 싱어송라이터이자 반전주의자 레너드 코헨(Leonard Cohen·1934~2016) 및 반문화의 주자인 가수 믹 재거(Mick Jagger·1943~) 등을 종합해 보면, 우리는 사르트르와 가까운 것을 얻을 수가 있다.

사르트르와 마찬가지로 보부아르도 우발적인 연애를 수도 없이 경험했다. 보부아르는 평소에는 근엄하고 진지한 여성, 머리를 단 한 올도 남기지 않고 올려 단정히 쪽 찐 머리에다, 평생 자신의 '실존'을 책으로 둘러싸인 책상에서 정력적으로 소비했던 강인한 여성이다. 그렇지만 미국 연인 알그렌에게 보낸 정열적인 서신들에서는 "금발의 남편", "친애하는 악어 씨", 또 약간의 희롱조로 그를 "불시에 나타난 야수"라고 부르는 등 사르트르와의 관계에서는 전혀 볼 수 없었던 뜻밖의 다른 인간적인 면모들을 보여주고 있다.

"당신을 만나서 당신을 만질 수 있다는 생각만 해도 내 가슴이 터져나갈 것 같아요. 이번에 당신을 만나면 얌전한 여자가 될게요. 당신을 위해 요리도 하고 청소도 하고 장도 보겠어요. 난 당신이 원하는 것만 할래요." 이처럼 육체적 사랑의 본능에 눈뜬 중년 여성 보부아르는 한술 더 떠서 그녀가 평소 경멸해 온 "남편을 위해 장 보고 밥 짓고 빨래하는" 평범한 여인의 아기자기한 일상까지 꿈꾼다.

"이제 다시는 내게 오지 않을 줄 알았던 사랑의 모험과 은밀한 유혹의 시선, 포기해버린 나에게 당신은 갑자기 다가와 덫을 걸었어요. 나는 당신의 포로예요." 이처럼 사랑의 유희는 여자를 '노예'의 위치로 전락시키는 걸까? 보부아르는 쌍방의 자발성이 결여된 공동체로서의 가족제도를 거부하고 사르트르와 계약 결혼을 감행하는가 하면, "여자는 태어나는 것이 아니라 만들어지는 것"이라고 주장하면서 생리적 차이를 빌미로 여성을 길들여가는 '사회적 실존'을 자신의 방식대로 완강히 거부하지 않았던가?

보부아르는 알그렌과 15년 이상 지속되는 열정적인 관계를 시작했고 그에게 300통 이상의 편지를 보냈다. 1997년 알그렌과 그녀의 서신 발표는[33] 일부 페미니스트들의 거센 반발과 거부감을 불러일으켰다. 그들은 자신들의 아이콘이 된 '자유로운 여성상'이 아니라, 자신이 양성애자라는 사실을 속이고 사르트르와 신화적 커플을 구성한 또 다른 위선적인 보부아르의 모습을 재발견했기 때문이다.

보부아르의 페미니즘과 사르트르와의 관계가 서로 양립할 수 있는지에 대하여 의문을 제기하려면, 사르트르와 보부아르의 관계라는

● 펜대를 잡은 보부아르

특수한 맥락에서 사르트르의 습관을 살펴보는 것이 중요하다. 일부 페미니스트들에 따르면, 사르트르처럼 많은 여성과 섹스를 하는 남성은 필연적으로 여성을 무시하는 사람이다. 스스로 자신을 '사르트르의 제자'라고 부르고, 《제2의 성》에서도 "우리가 채택하는 관점은 실존주의 도덕"이라고 밝힐 만큼 사르트르의 실존 철학에 충실했으며, 사르트르의 여성 편력에 괴로워하고 때로는 사르트르의 외도에 맞서 다른 남성이나 여성과 관계를 가질 만큼 사르트르에게 매달렸던 여성을 우리는 과연 페미니스트 이론가라고 부를 수 있을까?

그러나 보부아르는 여성에 대한 기존의 문화적 관념이 여성에게 영향을 미치는 것을 허용하지 않는 것처럼, 기존의 페미니스트 입장이 그녀의 행동을 결정하는 것을 거부했다. 1984년에 전기작가 베어가 그녀에게 "당신의 개인적 행동들이 본인이 지대하게 공헌한 여성운동을 배신한다는 항간의 주장들에 대해서 어떻게 생각하느냐?"라고 물어보자 보부아르는 당당하게 소신을 피력했다. "내 인생이고 내가 원하는 대로 살았어요. 모든 페미니스트들에게 실망을 안겨드려 죄송하지만, 많은 페미니스트들이 현실이 아닌 이론으로만 사는 것이 안타깝다고 할 수 있습니다. 현실 세계는 매우 지저분합니다."

"페미니즘은 여성을 더 강하게 만드는 것이 아니다.

우리 여성은 이미 강하다. 그러므로 세상이 그 힘을 인식하는 방식을 바꾸는 것이다."

– 호주 페미니스트 운동가 G. D. 앤더슨(1993~)

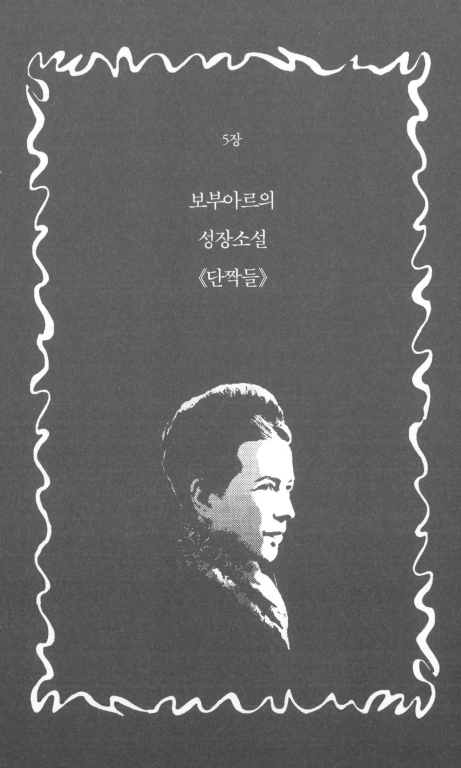

5장

보부아르의
성장소설
《단짝들》

소녀 보부아르의 동성애 열병

2020년 가을에 보부아르의 자서전적 중편 소설《단짝들(Les Inséparables)》이 세상에 나왔다. 그동안 한 번도 모습을 드러내지 않다가 드디어 출판된 것이다.《제2의 성》이 출판된 지 71년 만에, 그리고 그녀가 죽은 지 34년 만에 일이다. 그녀의 양딸 실비 르 봉 드 보부아르의 적극적인 '주도'로 출판이 성사되었다. 보부아르가 이 소설을 탈고했던 것은 페미니스트 걸작이 출판된 지 5년 후인 1954년의 일이었다.

여느 때처럼 보부아르는 사르트르에게 원고를 보여주었다. 그러자 시종 코를 움켜쥔 채 읽기를 다 마친 사르트르는 그것이 '너무 은밀한' 내용을 다루고 있으니 그냥 맨 밑 서랍에 조용히 치우라고 조언했다. 사르트르의 이러한 평가는 아마도 소설이 9세에서 청년기까지 어린 소녀의 내면생활과 동성애의 열병을 다루고 있다는 사실에 근거한 것으로 추정된다. 또한, 이 소설은 전통적인 여성의 규칙과 역할로부터의 '해방' 내지는 실존주의의 핵심어인 '자유'라는 주제를 다루고 있다.

《단짝들》은 주인공의 감정적, 신체적, 성적 각성을 기록한 성장소설이다. 사실, '자자(Zaza)'라는 별칭의 단짝 친구 엘리자베트 라쿠앵(Elisabeth Lacoin)에 대한 보부아르의 짝사랑을 소설화한 것이다. 자자는 안타깝게도 바이러스성 뇌염으로 21세의 젊은 나이에 사망했다. 소설에서 실비(Sylvie·보부아르의 캐릭터)는 "처음 만난 날부터 앙드레(Andrée·자자의 캐릭터)는 내게 전부였다!"라고 고백했다.[1]

보부아르는 《제2의 성》의 레즈비언 편에서 다음과 같이 썼다. "동성애는 그 자체로 이성애만큼 제한적이다. 그러나 이상은 두려움, 구속 또는 의무감을 느끼지 않고 여자나 남자, 인간을 사랑할 수 있어야 한다." 보부아르 추종자들은 이것이야말로 그녀가 단짝 친구인 자자를 사랑했던 진정한 방식일 거라고 주장했다. 그들의 주장에 따르면, 보부아르가 그녀의 범상치 않은 삶 속에서 잉태한 많은 작품들을 통해 폭로하고 해체하고자 했던 것은 바로 여성의 '길들여짐'이라는 것이다.

● 자자와 보부아르(1925년)

보부아르는 남성과 여성이 서로 평등한 미래, 즉 소련 혁명이 약속했지만 실현하지 못했던 그 '미래'를 열심히 상상하고 기대했다. 그녀는 《제2의 성》에서 이 최고의 승리를 수행하기 위해, 남성과 여성은 무엇보다도 타고난 차이를 넘어 '형제애'를 분명히 확인해야 한다고 결론지었다.

그러나 출간되지 않은 일기와 출간된 작품들을 서로 비교해 보면, 우리는 그녀가 생전에 얼마나 자신의 '레즈비언 정체성'을 공개적으로 지우는 데 적극적이었는지를 알 수가 있다. 자신의 유년 시절을 기록한 보부아르의 자서전 《단정한 소녀의 회고록》(1958)[2]에 나오는 자자와의 관계나, 그녀의 소설 《초대받은 여자》(1943)에 등장하는 보부아르의 연인 올가 코자키에비츠의 경우가 바로 그렇다. 참고로, 색다른 지옥의 모습을 보여주었던 사르트르의 《출구 없는 방》(1944)에 등장하는 레즈비언 이네즈 세라노의 모델이 바로 보부아르였다는 사실도 최근에서야 밝혀졌다.

———

"페미니즘이 이론이라면, 레즈비언주의는 실천이다."

— 미국 여성 만화가 엘리슨 벡델(Alison Bechdel·1960~)

———

우리는 자자를 보부아르의 가장 친한 친구로 기억한다. 《단정한 소녀의 회고록》은 보부아르가 단짝 친구인 자자에게, 또 자신의 유년 시절의 자아에 바쳤던 책이기도 하다. 그녀는 자자의 희생(죽음), 자자의 연인 메를로-퐁티의 나약함(비겁), 또 그녀 자신의 죄책감(회한)이 서로 뒤엉긴 감상적인 시련의 이야기로 회고록을 끝맺었다. "우리를 기다리고 있는 진창 같은 운명에 맞서 우리는 함께 싸웠고, 나는 그녀의 죽음으로 내 자유의 대가를 지불했다고 오랫동안 생각했습니다." 보부아르 연구자들은 이 '진창 같은 운명'을 그녀가 그토록 증오해 마지않았던 부르주아 계급과 연관된 것으로 해석하며, 이 회고록이 진행됨에 따라서 독자들도 그것이 대번에 '악'으로 식별됨을 알 수가 있다. 보부아르가 이처럼 자본주의와 자본가 계급을 뭉뚱그려 '악마화'시키는 정서는 약 30년 전까지만 해도 프랑스 부르주아 계급과 불가분으로 연결되어 있던 '가부장제'에도 똑같이 적용된다.

마르크스와 엥겔스는《가족, 사유재산, 국가의 기원(Der Ursprung der Familie, des Privateigenthums und des Staats)》(1884)에서 잉여생산에 따른 사유재산제를 여성 억압의 시발점으로 보았다. 즉, 생산소득의 남성소유, 남성의 사유재산을 물려줄 후손의 합법성을 담보하고자 가부장제 및 일부일처제가 확립되었고, 또 여성이 사회 노동에서 배제되어 사적인 가사노동에만 종사함으로써 여성 억압이 이루어졌다는 것이다. 보부아르의 아바타인 그녀의 수양딸 실비 르 봉의 증언에 따르면, 보부아르는 자자의 사인을 단순한 병사(病死)가 아니라, 자신의 부르주아 환경에 의해 살해된 일종의 '암살'로 간주했다. 보부아르는 부르주아 계급의 '여성 억압'에 눈뜨게 한 자자의 죽음에 극도의 충격과 반발을 느꼈으며, 후일 그녀가《제2의 성》을 집필하게 된 결정적 요인이 되었다고 한다.

파리의 명문 소르본 대학교에서 공부하던 자자는 청년 메를로-퐁티를 만나 사랑에 빠졌고 두 사람은 결혼할 계획을 세웠다.[3] 그러나 사회적 속물이며 가톨릭 신자인 자자의 부모는 이를 한사코 방해했다. 특히 보부아르의 경멸적 표현에 따르면, '부르주아 교육의 완벽한 표본'인 자자의 어머니는 딸의 결혼 중매, 즉 가족의 위신과 재산을 강화하기 위해 여성의 몸을 교환하는 정략혼에 자신의 깨어 있는 모든 시간을 할애했다.

그로부터 얼마 후 자자는 21세의 꽃다운 나이에 갑작스럽게 세상을 떠났다. 사망원인은 뇌염이나 수막염이었을 것이다. 그러나 자자는 너무도 지치고 상심한 나머지, 목숨을 걸고 싸우는 것을 멈췄을 것이라는 게 보부아르의 판단이다. 우리는 '보부아르의 전지적 시선'으로 그린 자자의 안타까운 삶에서, 여성 조건에 대한 항의의 메시지와 또 여성이 온전한 인간이 되는 것을 막았다는 분노의 메시지를 동시에 읽을 수가 있다. 보부아르는 자자를 죽음에 이르게 한 부르주아 계급(자자의 부모)과 그녀를 구할 수 없었던 자신을 결단코 용서하지 않겠노라 굳게 다짐했다고 한다.

1960년대 초에 보부아르는 자신의 인생 마지막까지 함께하게 될 실비 르 봉과의 운명적인 관계를 시작했다. 과거에 떠들썩했던 보부아르의 애정 편력을 돌이켜보면, 이것은 그리 놀랄만한 일도 아니다. 당시 50대였던 저명한 페미니스트 사상가가 브르타뉴 지방의 토속적인 아름다움을 간직한 도시 렌(Rennes)에서 상경한 33세 연하의 젊은 여성 철학도를 만나 서로 애착을 갖게 된 이야기는 그 자체로 소설적 가치가 있다고 보는 이도 적지 않다. 당시 실비는 17세 소녀였다.

아직 고등학교 학생이었던 실비는[4] 보부아르에게 떨리는 심정으로 찬사와 존경심을 표하고, 직접 만나 뵐 수 있는지를 묻는 내용의 서신을 보냈다. 보부아르는 자신의 어린 손님이 잔뜩 겁을 집어먹고 긴장한 것처럼 보였음에도 불구하고, 그녀를 만난 것은 '행운'이라고 적었다. 실비는 자신의 우상 앞에서 너무도 긴장한 나머지, 손가락을 비틀고 누군가 목을 조르는 듯한 목소리로 겨우 말했다. "나는 몹시 두려웠어요. 그러나 그녀는 나를 안심시키는 데 성공했고 내 학업과 가족에 대해 물어보았습니다. 나는 그녀의 관심에 깊은 감동을 받았기 때문에 그 첫 만남을 아주 잘 기억합니다."라고 실비는 그때를 회상했다.

나중에 그녀가 공부를 위해 파리로 이사한 후, 보부아르는 파리 14구, 빅토르 쉘셰르(Victor Schoelcher) 거리에 있는 예술가의 스튜디오인 그녀의 집으로 실비를 초대했다. 보부아르는 전후 프랑스 지식인들의 방황하는 모습을 그린 형이상학적 소설 《레 망다랭》(1954)으로 공쿠르상[5]을 받은 후, 1955년에 〈레 탕 모데른〉의 편집자이자 영화제작자인 클로드 란츠만과 함께 이사했고, 그녀가 사망한 1986년까지 그곳에 거주했다.

● 빅토르 쉘셰르 거리의 보부아르 스튜디오

보부아르는 실비에게 헌정한 자신의 회고록 4권[6]에서 "그때부터 불행을 제외하고는 나에게 중요한 일이 일어나지 않을 것"이라고 믿었다고 썼다. 3년 후, 보부아르 어머니의 죽음으로 인해 두 여성의 기묘한 사이는 더욱 가까워졌다. "사랑처럼 설명할 수 없는 일이 우리에게 일어났습니다. 보부아르는 나를 그녀의 삶에 성큼 들여보냈고, 사르트르를 포함한 그녀의 절친한 친구와 친지들에게 나를 소개했습니다. 그리고 우리는 여름에 함께 여행을 시작했습니다."

두 여성은 함께 여행하면서, 철학과 페미니즘에 대한 사상을 공유했다고 한다. 1980년 사르트르가 세상을 떠났을 때, 보부아르는 실비가 돌보던 지치고 병든 여성이었다. 보부아르는 친동생인 엘렌 드 보부아르(Hélène de Beauvoir·1910~2001)에게 자신의 '노년'을 의존하지 않기 위해, 사르트르가 사망한 후 실비를 입양하여 그녀가 자신을 법적으로 돌볼 수 있도록 했다. 보부아르의 성(姓)을 물려받은 그녀는 입양은 효도가 아니라 합법적이었다고 말했다. "우리의 관계는 전혀

● 보부아르와 실비, 그리고 사르트르

어머니와 딸이 아니었습니다."

"그녀는 죽은 후에 내가 본인의 일(미발표 서신, 공책, 원고 컬렉션)을 관리할 수 있도록 나를 입양했지만, 그녀가 나보다 훨씬 나이가 많다는 사실 때문에 사람들은 그녀를 '내 어머니'라고 부르게 되었습니다. 처음에는 짜증이 났지만, 지금은 그냥 받아들여요. 그것은 그렇게 중요하지 않으니까요.", "상당한 나이 차에도 불구하고 우리는 친구, 어디까지나 동등한 친구였습니다. 그리고 사랑, 매우 강렬한 사랑이 자리했고, 분명히 그녀에 대한 크나큰 존경심도 있었습니다."

보부아르도 역시 전기작가인 베어에게 실비를 가리켜 '내 성인 생활의 이상적인 동반자'이고, 자신의 인생에서 그녀를 '별도의 차원으로' 끌어올렸다고 말했다. "실비에 대한 나의 감정을 자자와의 우정에 비유하면 설명할 수 있습니다. 나는 평생 거기에 대한 향수를 간직하고 있습니다."라고 보부아르는 언급했다.

실비도 다음과 같이 격정적으로 토로했다. "문제를 복잡하게 만든 것은 우리 중에서 누구도, 특히 나 자신이 여자인 누군가를 사랑할 준비가 되어 있지 않았다는 것입니다. 그러나 사랑, 사랑, 사랑 그것이 전부입니다!" 그래서 보부아르의 '입양'을 자신의 노후와 사후를 대비한 상속인 확보 차원 외에도, 일종의 '사랑의 행위'로 보려는 견해도 있다.

레즈비언 사건의 설명서

프랑스에서는 이 《단짝들》의 출간을 보부아르의 초기 레즈비언 사건에 대한 설명이자, 그녀가 항상 부인했던 양성애의 증거로 보았다. 패션 잡지 〈베니티 페어(Vanity Fair)〉(불어판)는 보부아르와 자자의 관계를 '모호하다'라고 묘사했던 반면, 〈리베라시옹〉은 '보부아르의 제2의 섹슈얼리티'라는 제목하에 이것이 바로 보부아르의 첫 레즈비언 러브스토리라고 암시했다. 사실상 보부아르는 그동안 실비처럼 어린 여학생들을 성적으로 유혹했다는 비난의 화살을 받아오지 않았던가?

보부아르는 생전에 자신의 성적 정체성에 대하여 공개적으로 언급한 적이 없었는데, 실비는 그것이 보부아르에게 전혀 중요치 않았기 때문이라고 해명했다. 정말 그럴까?《단짝들》을 번역한 프랑스계 미국인 작가 로렌 엘킨(Lauren Elkin)은 자자에 대한 그녀의 감정이 모호하다는 점에서, 확실히 그것은 '퀴어' 러브스토리이며 단순한 짝사랑이나 플라토닉한 우정 그 이상이라고 주장했다.

하지만 실비는 전혀 동의하지 않았으며,《단짝들》에서 욕망과 몸이 관련되지 않은 상태에서 레즈비언 관계를 말하는 것은 황당 그 자체라고 했다. "그것은 사랑이었습니다. 우리는 그녀가 자자를 사랑했다고 말할 수 있지만, 그것은 성인으로의 진입을 표시하는 어린 시절의 정서, 즉 '열정'이라고 부르는 것입니다." 그렇지만 그녀는 자자에 대한 보부아르의 사랑이 섹스와 무관하다고 해서, 그것이 전혀 강렬하지 않았다는 뜻은 아니라고 덧붙였다. 자신의 출판 의도를 더욱 미궁 속에 빠지게 하는 애매한 논평이 아닐 수 없다.

보부아르는 진정한 우정에 대한 세 가지 핵심 사항을 알려준다. 하나, 진정한 우정은 꼭 '대칭'일 필요가 없다. 둘, 우정과 사랑 사이의

경계는 종종 우리에게 해를 끼칠 정도로 혼동된다. 셋, 진정한 우정
은 모든 윤리적 관계의 기초다.

그런데 보부아르와 자자의 우정은 '비대칭적'이었다. 자자는 물론
보부아르를 친구로 여겼지만, 음악 레슨, 남자 친구, 가정에 대한 의
무 등 학교 밖의 생활로 무척 바빴기 때문에 보부아르에 대해 상대적
으로 미온적인 태도를 보였던 것이 사실이다. 반면에 보부아르는 자
자와의 우정을 통해 진정한 행복, 힘과 자신감의 간헐천을 찾았다고
한다.

자자는 나중에 두 사람의 우정이 보부아르에게 얼마나 큰 의미가
있는지를 알고 나서 무척 놀랐다고 인정했다. 만일 보부아르와 자자
의 관계가 비대칭이었다면, "우리는 동등했습니다."라는 실비의 주
장과는 달리 그녀와 보부아르의 관계도 역시 비대칭이었다고 본다.

———

"진정한 친구는 다이아몬드와 같다. 밝고, 아름답고, 가치 있고, 항상 스타일이 있다."

— 미국 방송인·패션 디자이너 니콜 리치(Nicole Richie·1981~)

———

보부아르가 사망했을 당시, 실비는 자신의 비통한 심정을 이렇게
묘사했다. "내게는 모든 것이 끝났습니다. 나는 그녀를 사랑했고 내
온 세상이 무너졌습니다. 나를 구한 것은 그녀가 나에게 자신의 전
작과 유산을 남겼다는 것입니다. 그것은 내가 그녀의 원고를 통해 그
녀를 다시 찾을 수 있었기에 경이롭습니다. 하지만 첫해는 끔찍했고,
다시 일어설 때까지는 시간이 좀 걸렸습니다." 전기작가 베어가 보
부아르와 그녀의 관계에 대하여 혹시 그녀 자신만의 버전으로 무언

가를 쓰고 싶은 유혹이 있는지를 물어보자, 실비는 다음과 같이 단호하게 대답했다. "아니요. 역사는 그런 식으로 반복되지 않습니다. 보부아르와의 관계는 독특했고 결코 재생산할 수 없습니다." 그러나 인생 황혼기의 보부아르가 그녀를 양녀로 입양한 방식은 유일무이하지도 재생산 불가의 독특한 방식도 아니었다.

　프랑스 지식인들의 집합소인 파리의 몽파르나스 구역에서 연인과 친구들은 일하고 사랑하고 마시고 식사도 했지만, 거기에는 반짝이는 눈물의 회한과 시기와 질투심도 자리하고 있었다. 1980년에 사르트르는 사망했고, 보부아르는 1986년에 죽었다. 그리고 사르트르가 모두가 '가족'이라고 불렀던 사람들은 이제 분열의 캠프로 영원히 갈라서게 되었다. 사르트르의 편은 '마드무아젤(mademoiselle) 사르트르'에 의해서, 그리고 보부아르의 편은 '마드무아젤 보부아르'에 의해 각기 결성되었다.[7] 전자는 사르트르가 51세, 그녀가 19세였을 때 짧은 기간 사랑을 나누었지만, 그의 어엿한 양녀가 된 아를레트 엘카임(Arlette Elkaïm·1935~2016)이고, 후자는 보부아르의 '젊은 친구'에서 양녀로 발탁된 실비 르 봉 드 보부아르다. 실비는 보부아르와의 관계를 성적(性的)인 것은 아니지만, 서로 "머리를 맞댄(tête-à-tête), 육적(肉的)인 관계"라고 표현한 바 있다. 이게 과연 무엇을 의미하는지는 보부아르와 실비 두 모녀지간만이 알 것이다.

　1965년에 사르트르는 알제리 태생의 유대인 소녀 아를레트 엘카임을 자신의 양녀로 맞이했다. 사르트르는 1956년에 그녀를 처음 만났는데, 그때 엘카임도 실비처럼 어린 철학도였다. 사르트르는 평소에 '부성(paternité)'이 타락했다고 주장해 왔으나 그녀를 가족의 일원

● 사르트르와 엘카임

으로 입양했고, 두 사람은 24년 동안이나 동행했다. 원래는 엘카임의 뜻하지 않은 임신으로 사르트르는 그녀와 결혼할 결심을 품게 되었지만, 보부아르의 단호한 중재(반대)로 결혼 대신 입양을 선택했다는 얘기도 있다. 어쨌든 이 사건은 보부아르에게 커다란 충격이자 배신이었다. 그것은 그녀가 사르트르의 유언집행자가 될 수 없다는 것을 의미했기 때문이다.

그러나 충격은 그것으로 끝나지 않았다. 1950년대 말까지 그들의 성생활은 이어졌지만, 보부아르는 사르트르와 집을 단 한 번도 공유한 적이 없었다. 그 후로 두 사람은 정기적으로 가끔 만났지만, 대중들의 눈에 그들은 언제나 '계약혼' 사이로만 비쳤다. 1964년에 노벨문학상을 거절한 이후로 사르트르는 문학적 활동을 거의 중단한 채, 여행과 정치 활동에 만년의 삶을 투신했다. 가장 최신의 대중적인 이슈나 대의를 지지하기 위해 그가 보부아르와 함께 세계의 구석구석을 여행하는 한, 그들은 여전히 세계를 주유하는 유명인 커플이었다.

그러나 사르트르는 보부아르가 한 번도 상상하지 못했던 방식으로 그녀의 세계를 산산이 부숴버렸다. 1980년 그가 죽을 무렵에 사르트르는 유대주의에 추파를 던졌기 때문이다. 무신론적 실존주의를 표방했던 그들 중 하나가 이처럼 늘그막에 신을 포용한다는 것은 그들의 평생 작업을 전복시키는 것이라고 믿었기에 보부아르의 충격은 실로 컸다.

한 인터뷰에서 마드무아젤 보부아르, 즉 보부아르의 수양딸은 또 다른 수양딸인 마드무아젤 사르트르의 알 수 없는 행동이 '질투'에서 나온 것이라고 해명한 적이 있다. 가령, 일례로 엘카임은 양아버지인 사르트르가 소련 애인인 레나 조니나(Lena Zonina)에게 보낸 600여 페이지에 달하는 편지들을 프랑스 국립 도서관에 보관했을 뿐 아니라, 40년간 봉인해 버렸다. 실비는 사르트르가 말하기를 그 서신들 속에는 엘카임에 관한 나쁜 일들이 많이 들어 있다고 전했다.

● 사르트르, 레나 조니나, 보부아르. 사르트르의 정부가 된 소련 통역사 조니나는
보부아르의 트레이드 마크가 된 터번을 따라서 착용할 정도로,
보부아르에게 각별한 우의와 존경심을 표했다.

좀 더 부연 설명을 하자면, 1963년에 사르트르는 조니나에게도 결혼을 신청했다. 그는 소련 공산당 지도자 니키타 흐루쇼프(Nikita Khrushchev·1894~1971)의 해빙기에 30년 이상의 동거녀인 보부아르를 대동하고 소련을 정기적으로 방문했다가, 소련 작가연맹에서 통역사로 일하던 조니나와 사랑에 빠지고 말았다.

물론 조니나도 철학자와 사랑에 빠졌다. 사르트르와의 결혼은 조니나와 그녀의 딸에게 질식할 것 같은 소련의 검열 회피와 서구에서 새로운 삶의 출발, 또 훌륭한 건강관리와 안락한 노후생활의 보장을 의미했다. 그러나 뜻밖에도 조니나는 철학자의 청혼을 거절했다. 그녀는 사르트르에게 보내는 편지에서 그 거절의 사유를 이렇게 설명했다.

"그것은 단지 우리에게만 좌우되는 일이 아닙니다. 카스토르의 회고록을 읽으면 읽을수록, 나는 내가 '대사(大事)'를 거스를 수 없다는 사실을 깨닫게 돼요. 알고 계시겠지만 나는 카스토르에게 깊은 우정을 느낄 뿐만 아니라, 그녀를 존경해요. 그리고 두 분의 관계를 찬미합니다. 당신과 카스토르는 그동안 눈부시고 주목할 만한 일을 만들어 왔어요."

여기서 그녀가 말하는 '눈부시고 주목할 만한 일'이란 사르트르와 보부아르의 학창시절인 1929년부터 시작되어, 1980년에 사르트르의 죽음으로 종결된 50여 년간의 그들의 계약관계를 가리키는 것이다. 조니나의 순박하고 열정적인 소신에 따르면, 사르트르와 보부아르는 서로 지적인 대등자(對等者)인 동시에 철학, 문학, 정치적 견해를 함께 공유하고, 상대방의 저서를 읽어주는 훌륭한 독서가였다.

그녀가 보기에 사상을 제공하고 지적 비평이나 편집기술을 공유하고, 상대방을 격려하는 데 있어서 이 두 사람을 대체할 자들은 지구상에 없었다. 보부아르는 사르트르의 죽음 이후까지 그의 의견 없이는 글을 출판하지 않았다. 마찬가지로 그도 보부아르를 자신의 책에 대한 '필터'라고 불렀다. 일부 학자들은 그녀가 그를 위해 일부를 썼다고 주장했을 정도였다.

그러니까 사르트르식 '가족'을 구성하는 '우발적인' 개인들(주변)에 의해 그들의 본질적인 관계(중심)가 단절될 문제는 아니며, 그녀 자신은 물론이고 사르트르의 수양딸조차도 이 두 사람의 관계에 결코 '장애물'이 되어서는 안 된다는 것이 조니나의 확고한 믿음이었다.

또 다른 유명한 전기작가 헤이즐 롤리(Hazel Rowley·1951~2011)에 의하면, 사르트르와 조니나가 교환했던 서신들이 조니나의 딸 마샤(Macha)에 의해 공개되었는데 사르트르는 자신의 수양딸인 엘카임에 대하여 상당히 비판적이었다. 사르트르는 특히 그녀의 게으름을 참지 못했고, 엘카임이 매우 신경질적이고 지겨운 사람이라는 얘기를 종종 했다고 한다.

롤리는 항상 '세기의 커플'이라는 거창한 수식어를 달고 다니는 두 사람의 연애와 음모 사건에 대하여 새로운 디테일을 추가했는데,[8] 결론적으로 사르트르의 정부(애인)들은 대부분 나이가 어리거나 나이가 든 경우에도 조니나처럼 감정적으로나 재정적으로 그에게 의존적인 여성들이었다. 사르트르는 자신을 '지구간호사'라고 부르면서, 한 정부에서 또 다른 정부에게로 자유롭게 옮겨 다녔다. 전기작가 롤리도 그가 성행위를 즐기는 것이 아니라 단지 여성을 유혹하고 포옹하기를 좋아했다고 평가했다.

1966년 란츠만의 여동생인 에블린 레이가 36세로 자살했을 때,[9] 사르트르는 다음과 같이 썼다. "거기에는 물론 죄의식이 있어. 그녀에게 인생은 결코 쉽지 않았지. 나도 그녀에게 관대하지는 않았고." 사르트르는 쓰러질 때까지, 자주 마셨고 지독한 담배 골초였으며 약과 포도주를 마시고 자기가 일쑤였다. 그는 글쓰기 작업에 최적의 환경을 마련하기 위해, 각성제 중독에 환각제까지 복용했다.

이러한 나쁜 습관을 오랜 시간 지속했기 때문에, 그의 건강은 급속도로 악화되었다. 그는 고혈압에 시달렸고 1973년에 실명했다. 1975년부터 프랑스 소설가 플로베르의 전기를 중단하고 글쓰기를 멈추었다. 당뇨병을 앓았으며 몽롱해진 그의 정신은 풀리기 시작했다. 그는 상상의 방문객을 보고하거나, 자신의 담배가 홈통에서 타는 것을 보기도 했다. 그는 뇌졸중으로 인한 안면근육의 마비로, 입가가 이상하고 보기 흉한 미소로 일그러지기도 했다.

1980년 4월 15일 그는 폐의 부종으로 마지막 숨을 거두었다. 보부

● 에블린 레이

● 사르트르와 보부아르의 묘지

아르는 병원에서 그의 시체와 함께 혼자 남겨졌다. 그녀는 그와 마지막 밤을 보내기 위해서 침대 시트로 기어들어갔다. 그녀는 마침내 그를 가질 수가 있었다! 그녀는 다음과 같이 냉소적이고 허무주의적인 비문을 적었다. "그의 죽음이 우리를 갈라놓았지만, 나의 죽음이 우리를 재결합시키는 못 하리라!" 그들은 비록 혼인하지 않았지만, 죽어서는 파리 몽파르나스의 묘지에 나란히 묻혔다.

레즈비언 페미니스트의 정체성

1981년에 보부아르는 사르트르의 고통스러운 말년을 이야기한, 즉 공개적으로 까발린 《작별의 의식(La Cérémonie Des Adieux)》(1981)을 세상에 내놓았다. 책의 서문에서 보부아르는 이 책이 자기가 쓴 책 중에서 출판되기 전에 사르트르가 읽지 않은 유일한 책이라고 설명했다. 그러자 엘카임은 〈리베라시옹〉지에 보부아르에게 보내는 공개서한을 실었다. "당신은 당신의 권력을 잔인하게 남용했어요. 정말 너무 멀리 가셨네요!"

1983년에 출판된 사르트르의 편지와 1990년 보부아르의 편지는 두 사람이 모든 것을 얘기했고, 상대방의 연인들에 대하여 매우 모욕적이거나 경멸하는 태도를 보였음을 알려준다. 실비는 자신의 양어머니처럼 자신의 머리 위에 검은 머리를 붙인 채, 약간 스타카토식으로 말하기를 좋아한다. 실제로 보부아르는 갸름한 외모와는 달리 젊은 시절부터 중성적인 탁음의 소유자였고, 1분에 1마일을 말한다는 소리를 들을 정도로 언변이 유창하고 막힘이 없었다.

실비는 퇴직한 철학 선생으로 보부아르와 같은 학교에서 교편을 잡았던 반면에, 엘카임은 작고하기 전까지 은둔생활을 했다. 둘 다 몽파르나스에 살았으며, 엘카임은 사르트르가 사 준 아파트에서 살았고, 실비는 보부아르의 집 근처에 있는 자신의 아파트에 거주하고 있다. 둘 다 양부모가 남긴 유산에 의지하면서 살고 있으며, 둘 다 서로 내왕하지 않고 여생을 보냈다.

보부아르가 사망하기 전까지 25년간 그녀의 동반자였던 여성은 실비 르 봉이다. 두 여성이 어찌나 의기투합했던지 보부아르는 실비에게 "너는 나의 환생이야!"라고까지 말했다고 전해진다.

1986년 보부아르가 사망한 후 실비는 보부아르의 여러 저작들을 차례로 출판했으며, 최근에는 《단짝들》(2020)까지 세상에 내놓았다.[10] 그러나 원작자인 보부아르가 내심 출판을 꺼렸던 작품을 군이 이제 와 출판한 그녀의 '의도'를 의심하는 사람들도 있다.

보부아르 연구자들은 이 두 여성의 관계가 《제2의 성》에서 이론적으로 묘사된, 레즈비언 커플의 이상적인 '모델'을 제공한다고 주장한다. 보부아르는 둘 사이가 레즈비언 관계라는 것을 단호히 부인했지만, 실비 측은 그렇지 않았다. 이 보부아르의 양딸은 더 노골적으로 밝히기는 거부했지만, 보부아르의 강한 부정이 의도하는 바는 젊은 여성(실비 자신)을 보호하기 위한 방편이라며 에둘러 설명했다.

여기에 대하여 특히 레즈비언 페미니스트들은 이를 충분히 공감하고 환영하는 분위기다. 레즈비언 페미니스트란 일부일처제를 대체하는 대안적 생활공동체로서 '레즈비언 파트너십'을 제안하는 페미니스트들을 가리킨다. 보부아르는 자신의 동성 관계에 대한 따가운 시선이나 사회적 질타를 피해 '공적인 침묵'으로 대처함에 따라, 그동안 레즈비언 연구에서 배제되어 온 것이 사실이다. 그러나 잘 문서화된 빼박의 증거들과 동성애에 대한 사회의 수용적 분위기의 상승효과에 힘입어 이제는 보부아르도 '여성을 열정적으로 사랑한 여성'이라는 자신의 정당한 자리를 차지할 수 있게 되었다는 것이다.

보부아르는 생전에 적어도 세 번, 레즈비언이라는 의심 내지는 비난을 받았다. 한 번은 '가짜 전쟁(Drôle de guerre)' 기간 중이었다.[11] 보부아르는 어느 날 몽파르나스의 카페 돔(Café Dôme)에서 스테파(Stepha)라는 여자친구가 정말 의심스러운 눈초리로 자신이 '함정'인지 알아보기 위해 심문한 적이 있다고 일기장에 적었다.

두 번째는 독일군 점령기에 소위 '미성년자의 방탕 선동'이라는 죄목하에 그녀의 교사직이 박탈되었던 사건을 들 수 있다. 흔히 개인의 인생을 솔직하게 풀어놓은 책을 자서전이라고 하는데, 보부아르는 자서전에서 이러한 사실을 숨겼다. 보부아르는 기억의 소환을 통해 지나온 길을 재현하는 과정에서, 어쩌면 과거와 현재를 오가는 자신의 기억과 감정을 '조작'했을 수도 있다.

보부아르는 과거에 어린 여제자 나탈리 소로킨을 만날 때마다, 항상 '철학 강의'라는 교육 콘텐츠를 중심으로 그녀와의 랑데부(만남)를 엄격하게 주도했다고 알려져 있다. 침대 위로 올라가기 전에 반드시 칸트 철학에 대해서 심오한 토론을 벌여야 한다는 보부아르 선생의 단호한 주장에 그만 격앙된 소로킨은 그녀를 "냉장고 속의 시계"라고 불렀다고 한다. 어쨌든 소로킨의 어머니가 학교에 불만을 제기하는 바람에 보부아르는 교직에서 영구적으로 퇴출당했다.

보부아르는 한 인터뷰에서 레즈비언이냐는 질문을 받았을 때, 버럭 화를 내며 이를 강력하게 부인했다. 그러나 '이성애 결혼'을 '강요된 모성'과 '성적 노예제' 확산에 가장 중요한 억압의 제도로 간주하는 레즈비언 페미니스트들은 보부아르가 항상 사물을 '좁게' 정의하는 버릇이 있다는 점에 유의해야 한다고 주장한다. 보부아르는 엄격한 정의의 잣대에 따라 자신이 '철학자'임을 부인한 바 있다. 보부아르에게 레즈비언이란 어디까지나 '남성과 성적 관계를 맺기를 거부하는 여성'이므로, 그녀는 굳이 거짓말을 동원하지 않아도 자신은 레즈비언이 아니라고 얼마든지 부정할 수 있다는 논리다.

마지막으로 보부아르가 레즈비언이라는 비난은 《제2의 성》에 대한 논란을 둘러싸고 등장했다. 즉 보부아르 추종자들의 변론에 따르면, 프랑스 남성 작가들이 《제2의 성》에 대하여 좌절, 색정증, 발기부

전, 레즈비언 등등 논리적으로 일관성이 없는 비방의 포화를 퍼붓는 가운데 등장했다는 것이다. 살아생전에 보부아르는 색녀 · 창녀 · 살인자 · 레즈비언, 심지어 사생아를 가졌다는 악성 루머에 이르기까지 온갖 비난의 화살을 맞았다. 그리고 사후에 그녀는 레즈비언이라는 비난과 레즈비언이 아니라는 비난을 동시에 받았다.

보부아르는 《제2의 성》 2권에서 문제의 레즈비언을 기술했다. 그것은 자칫 '호모포비아(homophobia · 동성애 혐오)로 여겨질 만큼 혼란스럽고 자기 모순적인 내용을 담고 있지만, 레즈비언에 대한 최초의 진지한 철학적 성찰로 간주되고 있다. 회고해 보건대, 이 장은 향후 레즈비언 정체성 연구의 활성화와 주디스 버틀러의 '젠더 수행성' 이론의 출현을 예고하고 있다고 할 수 있다.

보부아르는 모든 여성이 "선천적으로 동성애자"라고 주장했다. 위튼버그 대학교수 앤 코트란(Ann Cothran)은 보부아르가 그것이 과연 무엇을 의미하는지 설명하지 않았기 때문에 그녀 자신이 알 도리는 없지만, 아마도 보부아르의 주장은 여성의 '부드러운 피부에 대한 선호도'와 관련이 있는 것 같다고 추측했다.[12] 실제로 보부아르는 "남성에 대한 거부와 여성 육체에 대한 그녀의 취향(선호도)"에 따라서 레즈비언과 이성애자를 구별했다고 한다.

보부아르는 레즈비언주의를 하나의 '선택'으로 보았다. 즉, 보부아르는 실존주의 개념에 의거하여 레즈비언주의를 상황에 따라 채택된 태도로 파악했으며, 항상 자유롭고 전적으로 책임지는 것으로 보았다.

동성혼 합법화, 오덴발트학교

1974년에 독일의 저명한 저널리스트이자 페미니스트인 알리체 슈바르처(Alice Schwarzer·1942~)[13]는 〈보부아르의 초상(Portrait de Simone de Beauvoir)〉(1974)이라는 45분짜리 단편영화를 제작했다. 영화 속 보부아르는 자신의 아파트에서 소장하고 있는 책이나 디스크 같은 애장품 등을 보여준다. 그리고 로마에서는 사르트르와 함께 등장하는데, 이 영화는 보부아르를 주로 다루고 있기에 그의 역할은 미미하기 짝이 없다. 사르트르는 이미 건강이 약화된 탓인지 말을 더듬었던 반면, 보부아르는 매우 빠른 속도로 자신 있게 말했다. 그때 그녀는 프랑스 여성해방운동가들의 사랑을 한 몸에 받고 있었고, 사르트르는 그 무리에 낄 수가 없었다.

영화에서 보부아르는 대단히 수다스러운데, 슈바르처가 그다지 유도하지 않아도 여성의 양성애에 대해서 거침없이 발언하기 시작했다. 사르트르와 보부아르는 그들의 평생 관계(계약혼)를 유지하는데 제3자들의 정서적, 성적인 희생이 있었다고 인정했다. 그러나 겸손하게도 두 사람은 성적 관계가 끝난 후에도, 여러 애인들에게 오랫동안 경제적 도움을 준 사실은 언급하지 않았다.

사르트르는 마지막 숨을 거둘 때까지, 방다와 작가 보리스 비앙의 전처인 미셸 비앙, 또 그가 입양한 딸 아를레트 엘카임에게도 매달 생활비를 보냈다. 사르트르는 출판 인세와 강연 등으로 막대한 수입을 올렸지만, 자신이 글쓰기와 '이음동의어'라고 선언했던 젊은 여성들과의 연애 덕분에 항상 돈에 쪼들렸다. 그녀들에게 적지 않은 생활비를 지출했기 때문에 철학자는 죽을 때까지 돈 걱정을 하면서 살아야 했다.[14] 물론 보부아르도 역시 옛 애인과 친구들, 홀로 남은 어머니에게 극도로 관대하기는 마찬가지였다.

영화 속 보부아르는 시종 유머와 쾌활한 어조로 자신의 유년 시절과 젊음, 또 모든 종류의 '위험'에 맞서고자 했던 소싯적 열망에 대하여 마치 속사포처럼 이야기보따리를 풀어나갔다. 그녀는 이처럼 일상생활에서 카메라를 받아들임으로써, 이미지의 지원으로 관객들에게 좀 더 친숙하게 다가가고, 또 자신에 대한 세간의 오해를 일축하며 자신의 글을 대중적으로 확장하기를 원했다.

참고로 보부아르와 깊은 친분을 자랑하는 세계적 여성 해방 운동가인 슈바르처는 2018년에 오랜 동업자이며 19년 연하의 사진작가인 베티나 플리트너(Bettina Flitner·1961~)와 혼인했다. 2017년에 독일은 동성혼이 합법화된 23번째 국가가 되었다. 기존 독일 민법은 부부를

● 플리트너와 슈바르처

● 헬무트 켄틀러

'인생의 동반자'로 정의했으나 새로 개정된 법안은 부부를 '이성 또는 동성 간에 맺어진 인생의 동반자'로 정의한다.

비록 76세의 나이에 동성혼을 감행하기는 했지만, 슈바르처는 여성 연구를 대체하기 시작한 '젠더 교육'에 대해서만큼은 날카롭게 반기를 드는 대표적 인물이다. 독일 68 성 혁명, 독일 진보이념 정당인 녹색당과 사민당, 소아성애와 남색 아동 성폭력의 산실로 여겨져온 '독일 진보 교육의 메카'인 오덴발트 학교(Odenwald Schule), '독일 성교육의 교황'이라는 헬무트 켄틀러(Helmut Kentler·1928~2008), 진보 교육학계의 거장으로 여겨지는 한스 폰 헨틱(Hans von Hentig·1887~1974) 등에서 발견되는 소아성애 혹은 남색 운동에 대하여 그녀는 독일에서 가장 선구자적으로 문제를 제기했다.

좀 더 부연 설명을 하자면, 독일 심리학 교수 헬무트 켄틀러는 1960년대 말부터 1990년대 초까지 베를린 상원의 승인과 재정적 지원을 받아서 그 악명높은 '켄틀러 프로젝트'라는 것을 수행했다. 켄틀러는 양아버지와 위탁 아동 사이의 성적 접촉을 명시적으로 '장려'하면서, 그들을 '재사회화'한다는 표면상의 목적을 위해서 베를린의 노숙자 아이들을 의도적으로 소아성애자 남성들과 함께 배치했으며, 황당하게도 이 남성들이 애정 어린(?) 양부모가 될 것이라고 주장했다. 힐데스하임(Hildesheim) 대학에서 실시한 연구에 따르면, 베를린 당국은 거의 30년 동안 이러한 관행을 용인했고 소아성애자인 양아버지는 정기적인 돌봄 수당도 받았다. 켄틀러는 성인과 아동 사이의 성적 접촉이 전혀 '무해'하다고 확신했다고 한다.

또 문제의 오덴발트 학교에서 자행된 동성애적 소아성애는 플라톤의 《심포지엄(Symposium·향연)》에 등장하는 '교육학적 에로스' 개념에 기초한 고대 그리스 '소년애(pederasty)'를 모델로 삼았다고 알려져 있다.[15] 독일 교육계에서 최초로 개혁 교육의 이름으로 '교육학적 에로스'를 교육원리로 천명하고 교육개혁을 시도한 학자는 상습적인 남색자 구스타프 뷔네켄(Gustav Wyneken·1875~1964)이란 인물이다.[16] 그는 남색이라는 아동 성폭력으로 기소가 됐을 때도, 플라톤의 《심포지엄》에 등장하는 소년애를 인용하며 자기를 변호하기에 바빴다. 또 프랑스 철학의 이단아인 미셸 푸코도 플라톤의 《심포지엄》에서 정당화되는 남색을 자신의 소아성애적 성 담론의 모델로 삼았다.

오덴발트 학교의 창립자인 에디트와 파울 게헤프(Paul Geheeb·1870~ 1961)는 소위 '머리와 손의 작업을 통합하는 진보 교육'이라는 미명하에 학교를 설립했으나, 2015년 수많은 학생 성추행 사건이 폭로되면서 학교가 파산하고 문을 닫았다. 우리는 2010년부터 독일 교육계를 중심으로 독일 68 성 혁명 운동의 소아성애적 과거사 청산이 '대세'를 이루고 있다는 점에 주목할 필요가 있다. 이러한 사회적 분위

● 3m 높이의 거대한 남근상을 교육 상징처럼 세워 놓은
오덴발트 학교의 창립자인 에디트와 파울 게헤프

기 전환에 힘입어 그동안 '소아성애의 비범죄화'를 주도하고 '근친
상간 금기 폐지'를 주장했던 독일 녹색당도 이 불미스러운 소아성애
과거사에 대하여, 2014년 당 대회에서 당 대표가 공식적으로 사과하
기에 이르렀다.[17]

소아성애자 합법화(1977년)

우리는 사르트르와 보부아르의 반(反)일부일처제적인 다자연애 관계
가 프랑스와 독일 68 성 운동의 '폴리아모리(polyamory)'의 모델로 작
용했다는 점을 상기할 필요가 있다.[18] 폴리아모리는 동시에 여러 파
트너와 낭만적이거나 성적 관계를 갖는 것을 포함하는 윤리적이고
합의적인 반(反) 또는 비(非)일부일처제의 한 형태다. 특히 보부아르
의 《제2의 성》은 성평등을 주장하는 페미니즘 운동의 토대를 마련했

으며, 그녀가 의도했든지 아니면 의도와는 상관없이 '억압자 대 억압받는 자'라는 개념을 잉태하여 남성과 여성의 갈등과 대립을 증폭시키지 않았던가?

2021년 4월 여성 잡지 〈에비〉(Evie)는 미셸 푸코의 동성애적 소아성애를 폭로하면서 푸코뿐만 아니라 보부아르 등 다른 68 진보 지식인들도 소아성애적 철학을 전개한 소아성애자들이었다고 분석했다.[19] 푸코가 지성계에서 단연 두각을 나타낸 것은 1960년대 반문화 시대에 일어났다. 이것을 우리는 '성 혁명의 시대'라고 부른다.

반문화 혁명 이전의 사회는 성(性)을 주로 일부일처제 결혼을 위한 신성한 행위로 여겼는데, 푸코는 이러한 관점을 바꾼 중요한 인물이다. 푸코를 위시한, 소위 진보 지식인들은 전 세계적으로 서구 문화의 진로를 바꾼 프랑스 68운동의 배후에 있는 원동력이었다.

1968년 학생 항쟁의 구호가 "금하는 것을 금하노라." 였기에, 사회적 금기가 원칙적으로 깨지던 시기였다. 어떤 행동도 너무 '혐오'스러운 것으로 간주 돼서는 안 된다. 어떤 인간의 욕망도 금기시해서는 안 된다. 소아성애도 마찬가지다! 즉, 정상적 가정질서를 파괴하며 인간의 도착적인 성적 욕구 분출에 '자유'라는 이름의 정당성을 부여하는 성 해방 사상이다.

시장경제와 발전론을 중시하는 유대계 프랑스 지식인 기 소르망(Guy Sorman·1944~)도 그의 저서인 《나의 헛소리 사전(Mon Dictionnaire du Bullshit》(2021)에서 그동안 공공연한 비밀(?)로 통했던 파리 지식인들과 소아성애의 문제를 다루었다. 소르망에 의하면, 헛소리는 진실을 가장하는 거짓말이다. 그런데 불어에서는 여기에 해당하는 적당한 용어를 찾기가 어려워서, 영어의 속어인 'bullshit'을 일부러 선택했다고 한다.

소르망은 《나의 헛소리 사전》에서 프랑스 지식인들이 그들의 보호받는 지위를 이용해서 '법치를 회피하는 특권 계급'이라고 주장하면서, 프랑스 자유주의자 전통과 '미투(#MeToo)'라는 새로운 윤리적 좌표를 받아들이지 못하는 이른바 현대판 '귀족적 사상가'들을 검토했다. 푸코도 물론 예외는 아니었다. 그는 1969년에 푸코가 소년들도 어른의 성생활의 즐거움을 누릴 권리가 있다는 구실로 튀니지에서 8세에서 10세 소년들을 '성 매수'하는 것을 목격했다고 주장했다.[20]

소르망에 의하면, 푸코는 튀니지의 시디 부 사이드(Sidi Bou Saïd)의 공동묘지에서 소년들을 만나 무덤 위에서 유유히 달빛을 받으며 그들을 강간했다고 한다. 소르망은 그가 거부할 힘이 없는 가난한 아랍 소년들에게 늙은 제국주의의 백인으로서 '권력'을 행사했다고 주장

● 미셸 푸코(1974년)

했다. 푸코가 소아성애자인 동시에 아랍 미성년자에 대한 약탈적인 백인 식민주의자라는 얘기다. 그 근거는 그가 프랑스에서라면 아마도 엄두를 내지 못했을 행위를 튀니지에서는 태연자약하게 저질렀기 때문이다.

팔레스타인 태생의 미국 영문학자이자 문명비판론자인 에드워드 사이드(Edward Said·1935~2003)도 이 시기의 푸코의 삶에 대해 매우 불편함을 느꼈다고 토로한 적이 있다. 어떤 면에서 튀니지에서의 푸코의 개인적이고 정치적인 행동(일탈)은 아랍의 '타자'에 대한 고전적인 오리엔탈리즘의 관점을 구현하는 것처럼 보였기 때문이다.[21]

———

"나에게 튀니지는 어떤 면에서 정치적 논쟁에 다시 참여할 수 있는 기회를 의미했다.

나를 바꾼 것은 68년 5월의 프랑스가 아니었다.

68년 3월, 제3세계 국가에서였다."

– 프랑스 철학자 미셸 푸코[22]

———

소르망에 의하면, 프랑스에는 전통적으로 두 가지 도덕이 존재하는데 그것은 '귀족을 위한 도덕'과 '민중을 위한 도덕'이다. 이 전통은 적어도 18세기로 거슬러 올라가며, 프랑스 문화에서 거의 변함이 없는 기정사실이다. 가령, 볼테르는 자기 같은 위대한 철학자에게는 종교가 필요 없으나, 천민들(canailles)에게는 반드시 교화의 목적으로 종교가 필요하다고 설파했다. 그것이 바로 이중잣대의 원칙, 즉 우리 한국식으로는 '내로남불'이라는 것이다. 종교가 대다수 평민(민중)에게는 유익하지만, 소수의 선택받은 지식인들에게는 필요치 않다는 것이다.

소르망은 어떤 의미에서 프랑스는 만인에게 원칙이 동일하게 적용되는 공화국은 아니라고 주장한다. 푸코는 자타가 공인하는 프랑스 사상의 귀족이고, 따라서 일반적인 사회적 행동 규범이 그에게는 적용되지 않는다. 물론 여기서 말하는 귀족은 구 왕정 시대에 존재했던 전통적인 귀족이 아니라, 돈과 악명, 미디어 접근에 기반한 새로운 귀족을 가리킨다. 그런데 푸코의 특이한 점은 그의 모든 작업이 '귀족 권력'에 대한 비난이라는 점이다. 푸코의 모든 작업은 법, 공화국, 평등, 광기, 범죄 뒤에 숨겨진 '억압'에 대한 고발이다. 그런데 제국주의, 식민주의, 인종주의에 대한 푸코의 신랄한 비판과 그의 충격적인 비행 간의 간극을 어떻게 조화시킬 수 있을까?

프랑스의 소아성애가 누가 범하느냐에 따라 범죄가 되고, 또 되지 않는 이중잣대의 문제인지를 물어보는 한 기자의 질문에[23] 소르망은 "그렇다"라고 대답했다. 소르망에 의하면, 이른바 60년대 후반의 프랑스 지식인들은 '법'을 '국가에 의한 억압'이라고 생각하는 경향이 지배적이었다. 그들은 특히 '품위'라는 개념과는 거리가 먼데, 그러나 재능이 있다고 해서 반드시 음란할 필요는 없다고 소르망은 일침을 가했다. 훌륭한 예술가나 작가가 되기 위해 누구처럼 파격적인 계약혼을 한다든지, 성적으로 문란하고 방탕하거나 소아성애 같은 불미한 스캔들을 일으키는 등 복잡한 인생을 살 필요는 없다는 얘기다.

프랑스에서는 예술가와 지식인의 '외설'이 보호되어 온 것이 사실이지만, 그는 이제부터 도덕은 더 이상 두 가지가 아니라 오직 하나, 즉 모두를 위한 동일한 채찍이 되어야 한다고 주장했다.[24] 필자도 소르망의 이러한 주장에 충분히 공감하는 바이지만, 기이하게도 그는 〈누벨 옵스〉 같은 좌파 매체들과 작년에 작고한 푸코의 동성파트너이며 유산상속인인 프랑스 사회학자 다니엘 드페르(Daniel Defert·1937~2023),[25] 또 푸코의 조카와 친구들이 그의 '튀니지 목격담'에 대한 해명을 요청했을 때 상당히 회피적이고 모호한 태도를 보였다.

　소르망은 자신이 보았다는 튀니지 소년들의 나이를 잘 기억하지 못했고, 또 푸코가 1968년 가을에 튀니지를 떠났음에도 불구하고 그 것이 실제로 1970년에 일어났다고 주장했다. 그는 이처럼 자신의 목 격담 입증에 어처구니없는 혼선을 야기해서 전체적인 논점을 흐리는 동시에 반대 진영에게 공격의 빌미를 제공하는 우를 범했다. 그래서 프랑스뿐만 아니라 국내에서도 소르망의 책을 '드골주의자의 엿 같은 헛소리 사전'이라고 야유하거나 의도적으로 무시하는 자들도 있는데, 푸코의 지적 역사를 잘 아는 사람들이라면 그가 생전에 '소아성애의 합법화'를 적극적으로 지지했다는 사실을 알고 있을 것이다.

● 다니엘 드페르

1977년에 그는 아동과의 성관계에 대한 법적 '동의' 연령을 낮추기 위한 청원서에 서명했다. 프랑스의 내로라하는 진보 지식인들이 대거 참여한 이 청원서에는 우리에게도 낯익은 사르트르와 보부아르의 이름도 있었다.

Feminism

3부

괴물 페미니즘의
가면

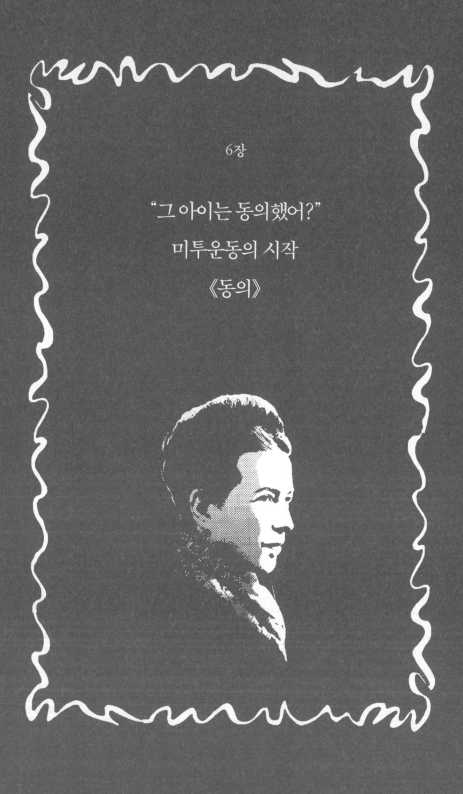

6장

"그 아이는 동의했어?"
미투운동의 시작
《동의》

소아성애 합법화(1977년), 지식인 69명

프랑스 문단 미투운동의 신호탄이 된 바네사 스프랭고라(Vanessa Springora·1972~)의 회고록《동의(Le consentement)》(2020)에는 '보부아르'의 이름이 언급된다.[1] 그녀는 회고록에서 그녀 자신이 14세 시절부터 50세의 남성 작가 가브리엘 마츠네프(Gabriel Matzneff1·1936~)로부터 당했던 중독성이 강한 성적 학대를 기술했다. 자신이 십 대에 경험한 성적 학대를 30년이 지나 고발하는 이 책에서, 그 치명적인 사건이 있기 바로 10년 전인 1970년대 말에 좌파 매체와 지식인들이 청소년들

● 스프랭고라와 마츠네프

과 온당치 않은 성관계를 맺었다고 고소당한 성인 남성들을 공개적으로 옹호했던 사건이 소환되었다.

1977년 1월의 음산한 겨울에 베르나르 드자거(Bernard Dejager), 장-클로드 가이앙(Jean-Claude Gallien), 장 뷔르카르트(Jean Burckardt) 등 세 명의 프랑스 남성이 베르사유 법정에 출두했다. 그들은 모두 13, 14세의 소년·소녀들과 성관계를 가졌다는 혐의로 3년간 구류를 살았던 추악한 인물들이다.

그 당시 마츠네프는 청원서를 제출했는데, 그 청원에는 포스트 68세대 지식인과 거물급 정치 투사들이 총동원되었다. 그 시대의 많은 좌파계열의 지식인, 의사, 심리학자, 정치가들이 13세 아동과의 성관계 '합법화' 청원에 서명했다. 그들 중에는 사르트르와 보부아르 외에도, 미셸 푸코, 초현실주의 운동의 기수이자 시인인 루이 아라공(Louis Aragon·1897~1982),[2] 해체주의 철학자 자크 데리다(Jacques Derrida·1930~2004), 1970년대를 풍미한 마르크스주의 철학자 루이 알튀세르(Louis Althusser·1918~1990), 구조주의 철학자·기호학자인 롤랑 바

● 아동 성추행범 베르나르 드자거를 옹호하는 실존주의 철학자
사르트르와 앙드레 글뤽스만

르트(Roland Barthes·1915~1980), 포스트모더니즘 철학자 질 들뢰즈(Gilles Deleuze·1925~1995), 정신분석가 펠릭스 가타리(Félix Guattari·1930~1992), 초현실주의 작가 미셸 레리스(Michel Leiris·1901~1990), 프랑스 소설가·영화감독 알랭 로브그리예(Alain Robbe-Grillet·1922~2008), 작가 필리프 솔레르스(Philippe Sollers), 포스트-알튀세르주의자인 자크 랑시에르(Jacques Rancière), 또 들뢰즈, 데리다 등과 함께 포스트모더니즘을 대표하는 철학자 장-프랑수아 리오타르(Jean-François Lyotard·1924~1998), '사물시'를 쓰는 시인 프랑시 퐁주(Francis Ponge·1899~1988), 저명한 여성 소아과의사 프랑수아즈 돌토(Françoise Dolto·1908~1988), 소위 '신철학'의 기수라는 앙드레 그뤽스만과 '국경없는의사회'를 공동으로 창설한 정치가 베르나르 쿠슈네르(Bernard Kouchner·1939~), 그리고 전 프랑스 문화부장관 자크 랑(Jack Lang·1939~)도 끼어 있었다.

총 69명의 지식인이 서명한 공개서한이 1977년 1월 26일 〈르몽드〉지에 당당히 게재되었고, 그다음 날 〈리베라시옹〉에도 버젓이 실렸다. 이 공개서한에서 진보 지식인들은 그들의 행동을 '범죄'로 규정하는 것과 비난받는 행동의 본질 간에 불균형(?)이 있으며, 프랑스 청소년은 13세부터 자신의 행동에 '완전한' 책임을 지기 때문에 심각한 모순점이 존재한다고 주장했다. 또한, 프랑스의 13세 소녀들은 피임약을 사용할 권리가 있으며 자신이 선택한 상대와 성관계를 갖는 것에 '동의'할 권리가 있다고 주장했다.

그것은 성관계 승낙 연령과 관련된 몇 개 조항들의 철회 및 프랑스에서 성년과 15세 이하의 미성년 아동과의 모든 합의적 관계에 대한 '비(非)범죄화'를 촉구하는 것이었다. 즉, 소아성애는 결코 성도착증이나 성범죄가 아니라 사랑의 다양한 모습 중 하나일 뿐이라는 의미이다.

"애무와 키스로 징역 3년이면 충분해!(Trois ans de prison pour des caresses et des baisers, cela suffit)"라고 외치면서 그들은 '절대적 자유'의 이름으로 세 명의 아동성범죄자의 석방을 촉구했다. 두 번째 청원에서 또 지식인들은 이렇게 주장했다. "프랑스 법은 12세, 13세의 아동에게 판단하고 처벌할 수 있는 분별력을 인정한다. 그렇지만 아동의 정서 및 성생활에 관한 한, 그러한 능력을 거부한다. 그러나 아동과 청소년들이 그들이 원하는 사람과 성관계를 할 권리를 인정해야 한다."

그 당시에 이러한 소책자와 선언문은 받아들일 만한 것이어서가 아니라 일종의 '유행'이었다. 1968년 5월 파리 학생시위에 참여했던 좌익 활동가이자 프랑스 건축가인 롤랑 카스트로(Roland Castro·1940~2023)는 다음과 같이 시인했다. "68에서 많은 좋은 결과물이 나왔지만, 지금 우리는 직면해야 합니다. 그 시대는 순진했습니다. 우리는 반성하지 않고 모든 것과 반대되는 것을 성급하게 말했어요. 그리고 모든 오래된 장벽을 부수려고 노력하면서, 결국 그것들을 전부 허물었습니다."

1977년 청원 서명자 중 한 명인 필리프 솔레르스도 그때 기억이 잘 나지 않는다면서 "그 당시에 너무 많은 선언문이 난무했고 우리는 거의 자동으로 서명했습니다."라고 인정했다. 그는 68운동의 바리케이드에서 나온 좌파 신문 〈리베라시옹(해방)〉이 이 문제를 대대적으로 다루면서, 70년대 프랑스 좌파들은 부모가 성관계를 가질 때 침실 문을 열어 두어야 하는지에 대해 매우 심각한 논쟁을 벌였다고도 지적했다. "그 당시에 우리는 파트너의 완전한 자유가 성관계의 합법성에 대

● 작가 필리프 솔레르스

한 필요충분조건이라고 생각했는데 그것은 매우 순진한 생각이었습니다. 과연 누가 파트너의 완전한 자유를 판단할 수 있습니까? 이는 힘이나 힘의 균형이 있을 수 있다는 점을 고려하지 않는다는 의미입니다. 그것이 만일 오늘이라면 나는 서명도 안 할 것이고, 내 말의 깊이를 곰곰이 따져볼 것입니다."[3]

그러나 솔레르스는 과거에 대한 일말의 가책이나 후회는커녕, 1990년 프랑스 인기 TV 프로그램 '아포스트로프(Apostrophes)'[4]에서 마츠네프가 그의 최근 회고록을 놓고 캐나다 여성 작가인 드니즈 봄바르디에(Denise Bombardier·1941~2023)와 격렬한 논쟁을 벌였을 때 마츠네프의 편을 들었다.

극단적 젊음(10-16세)은 제3의 성, 지위 활용 성폭행

마츠네프는 1970년대에 발표한 에세이 《16세 미만(Les Moins de seize ans)》(1974)에서 청소년과 성관계를 찬양하고,[5] 다른 여러 저서에서 아시아의 젊은 소년들과 성관계를 하는 이른바 섹스 관광을 미화한 전력이 있다. 참고로 《16세 미만》은 그가 남녀 아동에 대한 자신의 성적 취향을 끔찍할 정도로 노골적으로 드러내는 에세이로, 어린이나 청소년을 대상으로 '아동'이라는 단어를 획일적으로 사용하기 때문에 상당한 물의를 빚었던 작품이다. "나를 사로잡는 것은 특정한 성(性)이라기보다는 '극단적인 젊음(extrême jeunesse)'이다. 내가 보기에 10세부터 16세까지는 진정한 '제3의 성(troisième sexe)'인 것 같다."

이런 외설 문학을 '회고록'이라고 부르는 것은 이 장르에서 흔히 볼 수 있는 문학적 장치다.

마츠네프에게 일방적으로 우호적인 토론 분위기 속에서도 봄바르디에는 지지 않고 다음과 같이 응수했다. "일부 노인들은 과자로 어린아이들을 유혹하는 것을 좋아합니다. 그런데 마츠네프 씨는 그의 '명성'으로 그 짓을 합니다." 며칠 후 TV 채널 '프랑스 3'에 출연한 솔레르스는 봄바르디에를 '멍청한 년(connasse)'[6]이라고 지칭하고, '성생활에 좌절을 겪는 여자(mal baisée)'라는 비속어를 사용해서 논란을 일으켰다.[7]

한편 〈리베라시옹〉의 창립자 겸 편집자인 세르주 쥘리(Serge July·1942~)는 68년 5월의 뜨거운 함성이 소아성애를 조장한 것은 아니라면서도, "기존의 도덕 질서는 '적'이었습니다. 68년 5월에 뒤따른 문화혁명은 많은 면에서 '사회적 승리'였습니다. 그러나 아동의 섹슈얼리티에 대한 문화혁명의 담론은 때때로 범죄적인 관행을 합법화하는 데 기여했습니다."라고 시인했다.[8]

상기한 대로 프랑스계 미국학자 기 소르망이 "푸코가 소년들을 상

● 세르주 쥘리

대로 성 착취했다!"라고 폭로해서 대중들에게 크나큰 충격을 안겨주
었지만, 그 당시 푸코는 "아동들은 성관계에 대하여 '동의'할 수 있
다. 아이가 무슨 일이 일어났는지에 대하여 설명할 수 없고, 동의할
능력도 없다고 가정하는 것은 도저히 용인하거나 받아들일 수 없는
두 개의 남용"이라고 주장했다.

  푸코와 사르트르, 그리고 〈리베라시옹〉이나 〈르몽드〉 같은 좌파 매
체들은 성년과 미성년 아동과의 성관계를 적극적으로 옹호했다. 이
처럼 소아성애를 지지하는 악명높은 청원에 가담한 보부아르도 역
시, 교직에 몸담았던 시절에 '미성년자 풍기문란 선동' 죄목으로 정
식 기소된 화려한 전력이 있지 않은가? 그녀는 미성년 소녀들을 그
루밍하여 성관계를 가진 다음, 그녀의 연인인 사르트르가 잠자리에
들도록 넘겼다. 참고로, '그루밍(grooming)'이란 단어의 사전적 의미는
길들이기, 꾸미기 등을 의미한다. 그러나 그 뒤에 '성범죄'라는 단어
가 붙으면, 친분이나 지위를 활용해 심리적으로 지배한 후 성폭행을
저지르는 것을 뜻한다.

특히, 성에 대한 인식이 아직은 낮은 아동이나 청소년이 주 피해자다. 보부아르는 이처럼 권력과 지위를 이용하여 어린 소녀들을 조달하고 그 경험을 그녀의 남자친구와 공유했기 때문에, 혹자는 보부아르를 '학계의 길레인 맥스웰'로 간주하기도 한다. 길레인 맥스웰(Ghislaine Maxwell·1961~)은 영국의 성범죄자이자 전 사교계 명사다. 2021년에 그녀는 남자친구인 제프리 엡스타인(Jeffrey Epstein·1953~2019)과 관련된 아동 성매매 및 기타 범죄로 유죄 판결을 받았다.[9] 만일 보부아르가 길레인 맥스웰이라면, 사르트르는 제프리 엡스타인에 해당한다. 엡스타인은 미국의 자수성가한 억만장자 금융인이자 미성년자 인신매매 혐의로 수감된 상태에서 자살로 생을 마감한 성범죄자다.

사르트르는 이 제프리 엡스타인만큼 이상했고, 철학 분야에서 신적인 존재로 여겨질 만큼 강력했다. 그리고 엡스타인이 자신의 부를 얻기 위해 무엇을 했는지 아무도 모르는 것처럼, 사르트르의 작품이 실제로 무엇을 의미했는지도 아무도 모른다. 그러나 우리는 그가 자본주의를 죽도록 혐오하고 마르크스주의의 우월성을 옹

● 길레인 맥스웰(범인 식별용 얼굴 사진)

호했다는 것은 알고 있다. 그는 쿠바의 독재자 피델 카스트로(Fidel Castro·1926~2016)와 아르헨티나 태생의 마르크스레닌주의 혁명가 체 게바라(Che Guevara·1928~1967)의 숭배자였다.

페미니즘: 중산층, 백인, 엘리트 여성의 전유물

사르트르와 보부아르의 관계를 그린《위험한 관계(A Dangerous Liaison)》(2009)의 저자인 캐롤 세이무어-존스(Carole Seymour-Jones·1943~2015)는 보부아르의 행동을 '아동성애'에 가까운 '아동학대'로 묘사했다.

프랑스 여성사가 마리-조 보네도 역시 그녀의 책《보부아르와 여성들(Simone de Beauvoir et les femmes)》(2015)에서 보부아르와 사르트르의 관계를 보부아르가 먼저 어린 미성년 학생들을 유혹한 다음, 최종 포식자인 사르트르에게 넘기는 방식의 비뚤어진 '성도착적 계약(contrat pervers)' 관계라고 설명했다.

퀘벡의 언론인 노르망 레스터(Normand Lester·1945~)도 보부아르를 '여성 성약탈자(prédatrice sexuelle)'라고 성토해 마지않았다. 보부아르는 이처럼 '남성 지배적인' 프랑스 지식인사회에서 '여성'을 표상하는 알리바이로 쓰였던 동시에, 페미니즘이 '중산층/백인/엘리트 여성의 전유물'이라고 비판받을 때 그 상징으로도 공격받았다.

상기한 아동성범죄자 베르나르 드자거는 70년대 성관계 '동의' 연령을 낮추자는 좌파 지식인 운동의 상징이었던 인물이다. 그런데 '제 버릇 개 못 준다'고 89세 고령의 노인이 된 그는 또다시 아동 포르노그래피에 관한 음란영상물을 소지했다는 혐의를 받고 있다!

● 2008년 게이 프라이드(Gay pride)에
참석한 자크 랑

　아직 대학교수였을 당시에 자크 랑은 〈르몽드〉지에 실린 문제의 청원에 가담했다. 지금도 그를 기억하는 모든 이들의 뇌리 속에 자크 랑은 문화부장관 시절, 매년 6월 21일에 열리며 지금은 세계적인 페스티벌이 된 '음악 축제(Fête de la Musique)'의 창시자로 깊이 각인되어 있다.

　그런데 1982년부터 불미한 '코랄 사건'에 그의 이름이 오르내리기 시작했다. 코랄은 프랑스 남부 가르(Gard) 부서의 에마르그(Aimargues) 마을에 위치한, 이른바 아동들을 대상으로 '삶의 터전(lieu de vie)'교육을 표방하는 일종의 체험 학교다. 코랄은 68운동 이후 기존 교육에 대항하여 반(反)체제적이고 반(反)순응적인 교육가와 교사들이 서로 의기투합해서, 소위 '반(反)정신의학(anti-psychiatry)'의 원리에 입각해서 만든 실용주의적인 대안학교다.

　반정신의학이란 '광기'를 정상의 반대로 간주한 기존의 정신의학을 근본적으로 비판하는 것에서 출발한 이론적 실천 운동이다. 이 운동은 1960년대 영국의 정신과 의사 데이비드 쿠퍼(Dvaid Cooper·1931~1986)와 신좌파 정신과 의사인 로널드 랭(Ronald Laing·1927~1989)이 주도해 전개했으며, 그 이론적 배경에는 실존주의와 마르크스주의가 있다.

그런데 한 경찰 앞잡이가 자신이 직접 목도했다면서, 가브리엘 마츠네프, 르네 셰레르(René Schérer·1922~2023),[10] 자크 랑 등이 코랄에서 돌보고 있는 몽고 소년들을 대상으로 파렴치한 성범죄를 저질렀다고 고발했다. 그런데 놀랍게도 세 남성 모두 코랄 사건에 연루되지 않았다는 최종 결론이 났다.

2021년 1월, 미성년 의붓아들 성폭행 혐의로 수사를 받던 좌파 정치가 올리비에 뒤아멜(Olivier Duhamel·1950~)의 사건에 대하여, 자크 랑은 다음과 같이 언급했다. "그것은 바보짓이었지만, 그 당시에는 그런 자들이 너무도 많았다. 다니엘 콩-방디트, 미셸 푸코 등 일련의 지식인들이 그랬다."

● 르네 셰레르(1983년)

68운동 성 혁명은 사회악의 근원

"1968년 이후 우리는 모든 권위를 부정하는 무정부주의적인 죄의식의 비전(몽상)에 모두 마력에 홀린 듯이 사로잡혀 있었다!" 자크 랑이 지적한 대로, 68운동의 기수인 다니엘 콩-방디트도 1970년대 독일의 대안 유치원에서 근무할 당시 4~6세의 여자아이들과 소아성애적인 관계를 가졌다는 논란이 있다. 현재 녹색당 소속 유럽의회 의원으로 활동하고 있는 콩-방디트는 과거의 논란이 재점화되자 자신은 결코 소아성애자였던 적이 없으며, 단지 "그 시대의 산물, 우리의 반권위주의의 산물이며, 부르주아에게 충격을 주기 위해 고안된 순수한 도발"일 뿐이라고 군색한 해명을 했다.

그렇지만 68운동의 해방주의 정신에 영향을 받았던 좌익 급진주의자 토니 뒤베르(Tony Duvert·1945~2008)는 '소아성애의 대모험'을 극찬했고, 오히려 성폭력 피해자의 '어머니들의 파시즘'에 분노했다. 그의 글쓰기는 소아성애를 찬양하고 옹호하며 현대 자녀 양육에 대

● 프랑스 작가·철학자 토니 뒤베르

한 비판으로 유명하다.[11] 코랄 사건에 연루되었던 동성애 운동가 르네 셰레르도 어떤 것도 불법화되어서는 안 된다며 모든 성적 금기의 제거를 촉구해 마지않았다.

전 우파 대통령 니콜라 사르코지(Nicolas Sarkozy·1955~)가 모든 사회악과 위기의 근원으로 소위 68운동의 진보적 가치들(자유, 평등, 연대, 차별 및 억압 철폐, 성 해방, 생태주의 등)을 꼽아서 좌파언론의 뭇매를 맞은 적이 있지만, 68운동 비판론자들은 68운동이 무질서와 사회 기강의 이완을 낳았고, 사회 전체의 경쟁력을 약화시켰다는 데 대체로 의견을 같이한다.

당시 68운동 주창자들은 권위주의적 가부장제가 사회적 억압을 키운다는 점에 공감하고, 그 싹을 뿌리째 뽑기 위해서 무엇보다도 '가족제도'를 해체해야 한다고 믿었다. "사람들은 점점 더 많은 성적 자유를 원한다.", "방해받지 말고 즐기시오." 68운동 당시에 거리로 쏟아져 나온 수많은 낙서와 슬로건들은 과연 성 혁명이 어떻게 작동했는지를 보여준다.

남녀 간의 사회적 관계, 신구세대, 섹슈얼리티 등 모든 것이 재정비되었다. 이러한 '금기 해제'의 맥락에서 파리의 급진적인 참여지식인들은 "우리가 모든 사람과 자유롭게 사랑을 나눌 수 있다면, 왜 아이들과는 함께 할 수 없는가?"라고 의문을 제기했다.[12]

비르지니 지로(Virginie Girod·1983~)같은 젊은 여성 사학자는 "지식인들이 절대적인 자유라는 이름으로 이 비전을 옹호했다."라고 요약했던 반면에, 소아성애 역사 전문가인 안-클로드 앙브루아즈-랑뒤(Anne-Claude Ambroise-Rendu) 교수는 "도덕으로부터의 해방이라는 이름으로 소수자 사랑이 될 권리"라고 언급했다.

소위 '새로운 인간'의 형성을 위해 68운동가들은 무엇보다도 유아원(Kinderladen) 운동[13]에 심혈을 기울였다. 그들은 전통적인 권위주의적 교육에서 탈피하고 여성 해방에 기여할 목적으로 이러한 운동을 벌였는데, 그 주된 초점이 바로 아동의 '성적 발달'에 맞추어져 있었다. 부르주아 시민 사회를 재생산하는 기구인 '전통적인 가족'으로부터 분리되기 위해서는 아동도 어릴 때부터 새로운 방식으로 성을 배워야 한다는 것이다.

그러나 인간의 '자유의지' 행사라는 미명하에 아이들도 성인들이 나누는 사랑을 즐길 욕구와 권리가 있다고 주장하면서 사악한 아동 성범죄를 '문명화된 유혹의 기술'이라고 포장할 때, 우리는 유독 성범죄에 대하여 관대한 프랑스 특유의 과거를 곱씹어 보지 않을 수가 없다.

이 마츠네프 사건은 오직 프랑스에서만 일어날 수 있는 일이라고 많은 사람이 입을 모은다. 볼테르에서 빅토르 위고(Victor Hugo·1802~1885), 에밀 졸라(Emile Zola·1840~1902), 그리고 사르트르에 이르기까지 작가는 프랑스에서 거의 불가침 영역의 신성한 존재로 간주되었다.

• '가난한 사람들의 옹호자'로 알려진
프랑스 문호 빅토르 위고

파리에서 작가의 이름을 딴 수많은 거리가 그들의 엄청난 영향력을 물리적으로 상기시켜 준다. 매주 수요일마다 프랑스의 공영방송 '프랑스 5'는 문학프로그램인 '라 그랑드 리브레리(La Grande Librairie·대형 서점)'에서 책을 토론하는 데 무려 90분의 황금 시간대를 할애한다.

물론 마츠네프는 프랑스의 위대한 작가는 아니지만, 이러한 전통의 혜택을 충분히 누리고 악용한 자다. 프랑스의 다작가 마츠네프는 자신의 책이나 공식 웹사이트를 통해서 소아성애나 섹스 투어를 기술했으며 TV에서도 이를 거리낌 없이 토론했다. 그러나 그는 단 한 번도 형사소추를 받지 않았고, 그의 책이 거의 팔리지 않음에도 불구하고 문학계로부터 오히려 폭넓고 열광적인 지지를 받았다. "때때로 나는 8세에서 14세 사이의 소년 4명을 동시에 내 침대에 두고 그들과 가장 절묘한 사랑을 나누곤 했다."라고 그는 일기장에 적었다.

———

"지적인 지옥이 어리석은 천국보다 나을 것이다."

– 프랑스 소설가 빅토르 위고(Victor Hugo·1802~1885)

———

마츠네프는 〈더 타임스〉와의 인터뷰에서 이글거리는 분노를 표출하면서 자신을 옹호했다. 특히 1968년 5월 반문화 혁명기에, 다른 많은 사람이 비밀리에 행했던 일을 자신은 기록했을 뿐이라고 했다. "나는 이 자유의 행복감(포만감)에 휩싸인 그 시기에 내가 저질렀던 가장 어리석은 일들조차도 그대로 썼다. 결코, 나만 그런 게 아니었다. 그런데 (유독 나만 가지고 그러는 것은) 얼마나 위선적인가?" 아닌 게 아니라 늙어가는 좌파 지식인들은 그의 책에서 68 반문화 혁명의 지속적인 자유 정신을 보았던 반면에, 새로운 세대의 우익 문학가들은 그를 '반정치적 올바름'의 상징으로 여겼다.

마츠네프는 자신과 그의 문학 서클 동료들이 저지른 아동 성학대를 1968년 이전의 '구질서에 의해 부과된 성적 유대'를 최종적으로 끊는 젊은이(아동)들을 해방시키는 것이라고 주장했다. 그는 자신의 일기장에 아무것도 보태거나 숨기지 않았다면서, 술과 마약, 여자에 탐닉하며 자유분방한 생활을 구가했던 19세기 프랑스 상징주의 시인 샤를 보들레르(Charles Baudelaire·1821~1867)를 소환했다. "내 생각에 일기는 모름지기 보들레르가 그랬던 것처럼, '나의 마음을 드러낸'이라는 제목을 붙일 자격이 있는 경우에만 정말 흥미로울 것이다."라고 말했다. 그는 가짜 일기는 관심이 없다면서, "진짜 글에는 피가 있어야 하고, 정자가 있어야 하고, 생명이 있어야 한다."라고 덧붙였다.

마츠네프는 "나는 선과 악을 막론하고 나 자신이다."라고도 말했다. "내 책이 거기 있어요. 내가 사라지면 그들은 내 책을 평가할 것입니다." 요즘 현대 문학이나 미술에서 '배설'은 혐오와 수치의 대상이 아니라, 오히려 기존 권위나 가치에 대한 도전이라는 과분한 평가를 받는다.

그러나 마츠네프가 타인의 배설보다도 더 혐오스러운 자신의 쓰레기 같은 글을 대면해야 할 독자들의 심적 고충을 한 번이라도 고민한 적이 있었는지 궁금하다. 기 소르망이 그가 유명해진 것은 본인의 재능이 아니라 '인맥' 때문이었다고 지적했듯이, 마츠네프는 고(故) 프랑수아 미테랑(François Mitterrand·1916~1996) 대통령의 엘리제궁 초청을 받았고, 극우 지도자인 장-마리 르팽(Jean-Marie Le Pen·1928~)과도 친분을 쌓았다. 또 유명 패션 디자이너 이브 생 로랑(Yves Saint Laurent· 1936~2008)과 그의 파트너인 비즈니스계 거물 피에르 베르제(Pierre Bergé· 1930~2017)로부터 큰 물질적 혜택을 받았다.

이처럼 마츠네프에 대한 관대한 지원은 프랑스의 지속적인 모순을 반영하는 것이다. 소르망이 귀족과 민중을 위한 이중적인 도덕적 잣대를 언급했듯이, 프랑스는 매우 평등주의적이지만 종종 다른 도덕적 규범을 통해 범용한 인간들과 구별되거나 적어도 옹호할 필요가 있다고 믿는 '엘리트'가 존재하는 국가다.

프랑스 미투운동, 13세 소녀와 50세 남자

이처럼 프랑스 문학 전통에 뿌리를 둔, 범법적인 인물 마츠네프의 극적인 몰락을 가져온 스프랭고라의 회고록으로 돌아가 보자. 현재 51세의 여성 스프랭고라가 마츠네프를 처음 만났을 때, 그녀는 13세였고 그는 거의 50세였다. 그녀가 14세가 되었을 때 그들은 2년 동안 육체적 관계를 맺었다. 마츠네프는 자신의 일기장에 그녀가 '눈에 넣어도 아프지 않을 존재(la prunelle des yeux)'라고 표현했다.

그녀는 《동의》(2020)에서 자신이 14세였을 당시에는 마츠네프를 사랑한다고 생각했지만, 결국 그의 꾐에 넘어가 강제로 성관계를 갖게 되었다는 사실을 성인이 돼서야 비로소 깨닫게 되었다고 폭로했다. "미성년자의 '강간'으로 간주되는 성적 관계를 거부하기에는 너무 어렸고, 심리적으로도 무장되지 않았습니다."라고 그녀는 그 시절의 악몽을 회상했다.

과거에 억울하게 옥살이를 한 드레퓌스 대위를 들먹이면서 '희생자' 코스프레를 하고 있는 작가 마츠네프를 겨냥해서 스프랭고라는 '문학의 옷차림 아래 가려진 병리학'이라고 맹렬히 비난했다. 희생자는 바로 그녀였다.

스프랭고라가 자신의 첫 번째 책을 출판하기 위해 파리의 출판업자를 찾았을 때 아무도 출판을 허락해 주지 않았다. 너무나 프랑스적인(?) 스캔들을 다룬 그녀의 책이 그들의 일종의 '범죄 관계'를 비난하고 있었기 때문에, 그녀의 충격적인 실화를 출판해 주려고 나서는 출판사가 없었다는 것이 그리 놀랄만한 일은 아니었다. 우여곡절 끝에 세상에 나온 책은 일약 베스트셀러가 되었고, 이른바 프랑스의 '성관계 동의 연령'에 대한 변화를 촉발했다.

또 다른 과거의 희생양인 비앙카 람블랭과 마찬가지로, 스프랭고라도 역시 그 위험한 관계가 수년간의 우울증과 다른 심리적 문제로 이어졌다고 썼다. 이러한 성폭력은 깊게 각인된 정서적 트라우마를 남기며 쉽게 치유되기 어렵다.

스프랭고라의 《동의》의 중심에 있는 남성, 즉 공개적으로 소아성애 작가인 마츠네프는 어떻게 그렇게 오랫동안 혜택을 누릴 수 있었을까? 소아성애를 연구한 재야사회학자인 피에르 베르드라제(Pierre Verdrager · 1970~)는 "우리는 실제로 귀족처럼 행동하는 저항군이 있는 매우 평등주의적인 사회에 살고 있습니다."라고 꼬집어 논평했다.

베르드라제의 분석에 따르면, 문학세계는 "특이성, 독창성 및 비(非) 표준(hors-norme)에 대한 특별 취향의 요구 사항"으로 인해 다른 권력 환경보다 훨씬 더 소아성애에 관대하고 포용적이다. 즉, 소아성애는 이 특이성의 상단 중에서도 최상단에 속한다. 사르트르와 보부아르를 필두로 하여 1970, 80년대에 프랑스 소아성애 옹호론자들을 하나로 묶은 것은 바로 사회의 정상적인 행동 규칙에 제약을 받지 않으며, 범법(犯法)을 존중하고 장려하는 현대판 귀족에 대한 믿음 내지는 어리석은 착각 때문이라는 것이다. 베르드라제는 그들을 싸잡아 비난하면서, 그들을 새로운 성적 태도와 행동을 조장하고, 어리석고 평범한 사람들에 대해서는 극도의 경멸을 표현하는 '성의 귀족(aristocratie de la sexualité)' 엘리트 집단이라고 불렀다.

성 문제를 집중적으로 연구하는 여성 작가 마이야 마조레트(Maïa Mazaurette·1978~)도 역시 소아성애 옹호론자들이 '비대칭적(귀족적) 관계'를 성애화하는 극우와 일부 좌파들로부터, 소위 '가부장제에 맞서 싸우는 유년기의 영웅적인 구원자들'이라며 지지와 환호를 받았다고 주장했다. 즉, 68운동 이후로 가족의 전통적 가치, 특히 자녀에 대한 부모의 '지배'에 의문을 제기하면서, 성 해방을 구실로 소아성애가 용인되었을 뿐 아니라 가치 있는 것으로 여겨졌다는 것이다.

이 성 해방을 뒷받침하는 두 가지 이론적 흐름은 문화마르크스주의[14]와 프로이트주의다. 아이는 어른과 동등해지려 하고 성욕을 갖게 된다. 이러한 맥락에서 정치적 투쟁의 성격을 띤 소아성애를 조장하려는 시도가 발생했다. 그 합법화 전략 중 하나가 ①소아성애를 동성애와 공통된 원인(原因)으로 만드는 것이었고, 또 다른 하나는 ②역사, 지리, 인류학, 의학 등 다양한 과학적 담론을 기반으로 소아성애 행위를 '상대화'하는 전략(문화전쟁)이었다.

실제로 1970년대의 소아성애 옹호론자들은 정치투쟁에 대해서 종종 언급했다. 그들은 만일 고루한 사회가 소아성애를 거부한다면, 그것은 대중이 일종의 미신처럼 전통적인 도덕적 공포에 사로잡혀 있기 때문이라고 주장했다. 즉, 그들이 아니라 사회적 몸이 아프다는 것이다! 그들은 부모가 자녀를 '가족의 멍에' 아래에 두었다고 비난했으며, 부모가 아동 성범죄에 불만을 제기하거나 고소하는 경우, 이를 오로지 손해 배상을 추구하기 위한 불순한 동기라면서 오히려 역으로 비난했다. 그래서 아이러니하게도 남성에게 당한 학대를 고발하는 여성의 '진정성'이 의심받는 지경까지 이른 것이다.

올해로 87세의 노인인 마츠네프는 "나는 최근 몇 주간 사회적으로 완전히 파멸했다. 국가가 나를 죽이려고 대못질을 한다. 과거 소련이 했던 짓과 같다."라면서 '국가음모'라는 터무니없는 장광설을 늘어놓았다. 그러다가 안 통하니까 "그때는 아무도 범죄라고 안 했다."라면서 프랑스의 문학 엘리트에 대한 전통적인 평가에 호소했지만, 이번에는 프랑스 사회의 분위기도 완전히 바뀌었다. '미투'라는 새로운 운동으로 인해 마츠네프는 사회적으로 배척당하고 있다.

그의 추락은 늦었지만 신속했다. 검찰 수사와 별도로 정부와 출판사, 서점들이 마츠네프와 그의 작품들을 상대로 본격적인 제재에 돌입했다. 마츠네프를 TV쇼 '아포스트로프'에 출연시켰던 진행자 베르나르 피보(Bernard Pivot·1935~)는 이 논란을 놓고, "1970, 80년대에 문학은 도덕 이전에 존재했지만, 오늘날 도덕성은 문학보다 앞서 있으며 도덕적으로 진보적"이라는 불가해한 소견을 밝혔다.

프랑스 문화부는 2002년부터 마츠네프에게 지급해 온 보조금 지원을 중단했고, 주간지 〈르푸앵(Le Point)〉도 마츠네프의 연재를 즉시

● 퀴어이론가이자
《동성애 욕망》의 저자
오켕겜

중단했다. 문화부는 마츠네프가 국가로부터 수훈한 문화예술공로
훈장 2개의 서훈 취소도 검토 중이다.

　남성 쇼비니즘에 여성 혐오적이며, 여성의 성적 학대에 대하여 '침
묵'을 유지하는 프랑스 문학 환경인 오메르타(omertà)[15]에서 목소리가
자유로워진 것이다. 그것은 강력한 남성들에 의해 오랫동안 억압되
었던 여성의 목소리를 자유롭게 하는 것이다. 이러한 사회적 기류를
반영해서인지 파리의 사회주의 시장 안 이달고(Anne Hidalgo·1959~)는
'마츠네프의 친구'이며 한때 게이 해방 운동가이자 동성애 혁명 운
동의 초기 지도자로 여겨졌던 기 오켕겜(Guy Hocquenghem·1946~1988)을
기리기 위한 거리 표지판들을 제거해 버렸다.[16]

성관계 동의 연령, 15세로 전환(2021년)

2021년 프랑스의 국민 의회(하원)는 성관계 동의 연령을 15세로 하는
법안을 만장일치로 가결했고, 15세 미만 아동과의 성관계를 '강간'

으로 규정하는 법안을 채택했다. 프랑스 법무장관 에릭 뒤퐁-모레티(Eric Dupond-Moretti)는 국회에서 "이는 우리 아이들과 우리 사회를 위한 역사적인 법이다."라면서, "어떤 성인도 15세 미만의 미성년자에게 '동의'를 주장할 수 없다."라고 강조했다. 뒤퐁-모레티 법무장관은 전통적으로 성에 관용적인 나라에서 역사적인 첫걸음을 떼게 됐다고 자평했다.

한편 고대 철학자 플라톤이 늘그막에 동성애는 필경 근친상간의 문제를 야기할 것이라고 경고했듯이, 공개적으로 입에 올리는 것조차 금기시되어 온 '근친상간'에 대한 대중들의 분노에 불을 지핀 건 프랑스 헌법학자 올리비에 뒤아멜[17]의 의붓딸이자 파리5대학 법학과 교수인 카미유 쿠슈네르(Camille Kouchner)였다.

그녀는 뒤아멜의 둘째 부인 에블린 피지에(Évelyne Pisier·1941-2017)가 '국경없는의사회'의 공동 창설자인 전남편 베르나르 쿠슈네르와 낳은 이란성 쌍둥이 딸이다. 카미유 쿠슈네르는 《대가족(La Familia grande)》(2021년)이라는 책을 출간해 뒤아멜이 자신의 쌍둥이 남동생인 '빅토르(Victor)'를 여러 차례 강간했으며, 가족뿐만 아니라 뒤아멜과 어울린 많은 정계 인사들이 이를 알고도 묵인했다고 주장했다. 그녀가 책에서 쓴 빅토르란 인물은 쌍둥이 동생인 앙투안 쿠슈네르(Antoine Kouchner) 파리7대학 교수를 말한다.

그녀는 성인이 된 뒤 어머니인 에블린 피지에에게 뒤아멜이 저지른 성 학대를 알렸지만, 어머니는 재혼한 남편 뒤아멜을 보호하기 위해 이를 문제 삼지 않기로 했다고 알려졌다. 에블린 피지에는 소르본대 정치학 교수, 변호사 등으로 활동한 대표적인 여성 좌파 지식인이

● 쿠바의 독재자 카스트로와 에블린 피지에

자 페미니스트였다는 점에서도 대중들의 충격은 컸다. 20대 시절에 그녀는 쿠바에 가서 4년간 피델 카스트로의 연인으로 지낸 것으로도 유명하다.

파문이 커지자 뒤아멜은 프랑스 명문 파리정치대학(시앙스포)을 감독하는 재단 이사장직에서 물러났고, 각종 방송 프로그램에서도 하차했지만 15세의 의붓아들을 성폭행한 늙은 좌파 지식인의 추악한 민낯에 전 국민적 분노가 쏟아졌다.[18] 이 '뒤아멜의 사건'에 대하여 자조적인 탄식을 했던 자크 랑은 고 프랑수아 미테랑 대통령의 조카인 프레데릭 미테랑(Frédéric Mitterrand·1947~), 영화감독 로만 폴란스키(Roman Polański)와 우디 앨런(Woody Allen) 등 성범죄에 연루된 유명인들을 적극 지지했던 전력이 있다.

———

"전통은 영속성의 환상이다."

— 미국 영화감독 우디 앨런(Woody Allen·1935~)

———

급진적 페미니즘의 분화, 젠더 혁명

남성 미투 가해자는 좌파

2020년 7월 여름, 소수의 시위대가 파리 부시장(문화담당) 크리스토프 지라르(Christophe Girard·1959~)의 사임을 요구하기 위해 시청사 앞에 모였을 때,[19] 대부분 여성인 페미니스트 운동가들 사이에서 유독 눈에 띄는 한 인물이 있었다. 그는 바로 46세의 튀니지계 남성인 아니스 흐마이드(Aniss Hmaïd)였다.

그는 지라르에 대한 시위에 조용히 합류했다. 시위자들은 소아성애 작가 마츠네프를 오랫동안 지지했던 지라르가 정계에서 사라지기를 원했으나, 흐마이드는 자신이 그곳에 있어야 할 또 다른 개인적인 이유가 있다고 말했다. 강력한 남성들이 저지른 성폭력에 대한 폭로로 시작된 미투운동의 피해자가 이번에는 '남성'인 경우다.

그는 15세 때 튀니지에서 지라르를 처음 만났을 때부터 10년 동안 지속적인 정신적 상처를 남긴 '학대적인 관계'를 그와 맺었노라고 〈뉴욕타임스〉에 자신의 이야기를 최초로 공개했다.[20] 이른바 프랑스의 '캐비아 좌파(향락주의 좌파)' 정치인인 지라르는 68운동의 아이콘인 다니엘 콩 방디트와의 만남을 통해 정치에 입문했으며, 동성애자이지만 현재 두 명의 아들이 있다. 본인의 해명에 따르면 그의 두 아들은 '입양'이 아니라 다른 두 명의 여성과 낳은 본인의 생물학적 자식들이며, 두 아들은 '전통적인' 가정환경에서 자랐다고 한다.

1991년에 그는 커밍아웃했고, 2013년 6월에 영화제작자인 올리

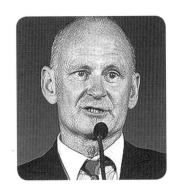

● 크리스토프 지라르

비에 메이루(Olivier Meyrou·1966~)와 동성혼을 했다. 참고로 프랑스는 2013년 4월 23일 국회가 찬성 331표, 반대 225표로 법안을 채택함으로써, 유럽에서 9번째, 세계에서 14번째로 동성혼을 허용한 국가가 됐다.[21] 2012년 대선에서 사회당 후보인 프랑수아 올랑드(François Hollande·1954~)가 승리함에 따라 '모두를 위한 결혼(Mariage pour tous)'이라는 명칭의 동성결혼 관련 법안이 프랑스에 도입되었고, 이 법으로 이제 동성혼과 동성애 커플의 '입양'뿐 아니라 상속의 권리도 보장한다.

파리 교외에 있는 자택에서 흐마이드는 다음과 같이 항의했다. "그는 내 젊음과 어린 나이, 그리고 그 모든 것을 성적 쾌락을 위해 이용했어요. 실제로 내 인생을 파괴했습니다. 오늘 나는 내가 초토화되었다고 생각합니다."

그 대가로 그는 프랑스 남부에 있는 지라르의 여름별장의 하인으로 고용되었고, 또 지라르가 정계에 입문하기 전에 부사장으로 재직했던 이브 생로랑 하우스에서 임시직을 얻었다고 주장했다. 지라르는 흐마이드와의 성관계를 부인했고, 이러한 비난을 중상모략이라고 설명했지만, 1990년대에 그는 흐마이드를 가족의 '자녀' 중 한 명으로 생각할 정도로 자주 고용했다고 언급한 적이 있다.

이 흐마이드의 충격적인 고백은 두 사람의 나이, 권력, 명성의 개인적인 불균형에 바탕을 두고 있지만, 일부 프랑스인들이 가끔 성적인 모험(일탈)을 찾아 떠나는 튀니지를 포함한 이전 식민지와 프랑스 국가 간의 지속적인 '불균형'에도 바탕을 두고 있다.

마츠네프 사건 이후, 프랑스에서는 지라르의 사임과 더불어 성별, 젠더, 권력 문제를 둘러싼 폭넓은 논쟁이 더욱 격화되었다. 지라르는 자신의 몰락을 '새로운 매카시즘'과 '취소 문화(cancel culture)'[22]의 부상 탓으로 돌렸고, 놀랍게도 과거에 그의 동성혼을 지지하고 축복해 마지않았던 안 이달고 시장은 그를 "분출되는 증오와 용납할 수 없는 폭력의 피해자(?)"라고 표현했다. 그리고 사임한 다음 날 지라르는 파리시청에서 기립 박수를 받았다.

• 지라르의 동성혼(2013년). 사회주의 시장 안 이달고, 지라르의 동성파트너와 지라르.

여기에 대하여 흐마이드는 "그들은 같은 진영에 있기 때문에 서로를 지지합니다!"라고 말했다. 마츠네프, 뒤아멜, 지라르 사건(추문)들의 경우에서도 알 수 있듯이, 프랑스에서도 미투운동의 가해자는 주로 '피억압자'를 옹호한다는 좌익들이 대부분이다.

위에서 언급한 대로 2020년과 2021년에 프랑스 문단 미투운동이 '문고판'으로 등장하면서부터, 즉 스프랭고라의 《동의》와 쿠슈네르의 《대가족》이 출판되면서 '동의'의 문제는 1968년 이후 프랑스의 지적 역사에 기반을 둔 문제가 되었다. 소아성애에 대한 공개 토론은 특히 1970년대부터 게이 남성 집단에서 널리 퍼졌다고 한다. 이처럼 '세대 간의 성관계(소아성애)'를 옹호하는 사람들은 제도권에 진입하기 위해, 과연 '법'이 어떻게 아동, 성인 사회, 섹슈얼리티가 교차하는 공간을 관리하는지에 관심을 집중해 왔다.

LGBT 권리 《동성애 욕망》

"그를 사랑하고 그가 당신을 사랑하게 해 주세요.

하늘 아래 다른 어떤 것이 정말로 중요하다고 생각하시나요?"

– 게이 작가 제임스 볼드윈(James Baldwin·1924~1987), 《지오반니의 방》(1956) 중에서

68년 5월의 혁명적 열정이 하나의 분수령이 되었다는 것은 누구나 공감하는 사실이다. 그것은 총파업으로 끝나지 않았으며 앞으로 수십 년 동안 급진적인 요구를 불러일으켰고, 특히 LGBT 권리와 같은

새로운 운동을 '주류'로 가져왔다.[23]

1968년 5월 경찰의 진압으로 전국적인 총파업이 벌어졌던 파리 소르본 대학 점거 초기 어느 시점에, 두 명의 학생이 벽에 도발적인 포스터를 걸었다. 마르크스, 레닌, 마오쩌둥의 초상화 가운데 혁명적인 소아성애 행동위원회의 전단지가 잠깐 등장했다. 당시에 이 조직은 말 그대로 '종이'로만 존재했다. 그들은 성적 소수자에 대한 탄압을 비난하고 게이와 레즈비언 등이 자유롭게 자신을 표현할 것을 촉구했다. 68년 5월은 공장과 거리에서의 시위와 함께, 자본주의 사회의 병폐에 대해 깊이 성찰하는 기회였다. 프랑스의 항의 운동은 빠르게 사그라들었지만, 기존 사회와 '전통'에 대한 비판 정신은 계속해서 불타올랐다.

특히 동성애 연구가들은 그동안 '1968년의 사건'의 유산에 대해 많은 잉크가 쏟아졌지만, LGBT 권리는 과소평가된 부분으로 남아 있다고 주장한다. 오랜 좌파 운동가이자 작가인 다니엘 게랭(Daniel Guérin·1904~1988)은 1968년 5월의 여파로 커밍아웃한 많은 사람 중 한 명이었다.[24]

자유지상주의적 공산주의자(아나키스트)인 그가 1972년에 출판한 청년 자서전에서 썼듯이, 68운동은 많은 동성애자가 스스로를 받아들이도록 허용했다.[25] 게랭은 공개적으로 극적으로 반항한 뒤에도 기존 사회 질서를 달래기 위해(?) 자신의 성적 취향을 숨기는 것은 매우 어리석은 일처럼 보였다고 기록했다.

당시 〈르몽드〉는 매일의 파업과 시위를 기록하는 '경연'이라는 섹션을 정기적으로 운영했다. 이제 사회주의 혁명의 붉은 깃발은 그들

• 다니엘 게랭

의 손이 닿는 곳에 있는 것처럼 보였다. 그것은 이제 갓 정치화된 게이와 레즈비언들이 그들 자신의 고통과 착취를 성찰하기 시작한 일종의 렌즈였다. 그들에게 동성애에 대한 차별과 혐오의 근절은 자본주의의 존재와 도저히 양립할 수 없는 일이었고, 그들은 다가오는 정치적 반란에 수반될 '젠더 혁명'을 위한 토대를 마련하고 있다고 생각했다.

거대한 좌파 전통에서 동성애 운동은 신문, 행진, 파괴적인 공개 행사가 요란하게 뒤섞인 형태로 요약된다. 이 동성애 운동가들은 '무료 낙태와 피임'은 물론 '동성애와 모든 성적 행위에 대한 권리'를 요구했다. 한 번은 한 정기 총회에서 작가 다니엘 게랭과 환경 페미니스트 프랑수아즈 도본느(Françoise d'Eaubonne·1920~2005)는 '전라(全裸)'라는 파격적인 퍼포먼스를 선보였다고 한다.

이 모임은 정치적 사건 못지않게 일종의 '그룹 치유'의 역할을 했고, 게이와 레즈비언들이 함께 모여 그들의 깊은 고민을 서로 공유하고, 더 나은 세상을 꿈꿀 수 있는 드문 순간이었다고 자체적으로 평가한다.

● 환경 페미니스트 프랑수아즈 도본느

"68혁명은 낡은 질서가 붕괴된 이후 전에 볼 수 없었던

삶의 이해 방식을 청산하는 것을 가정한다."

— 스페인 신학자 조셉 이그나시 사라냐나(Josep Ignasi Saranyana·1941~)

　1968년 5월은 사실상 정치적 행동의 기준점이 되었다. 이는 동성
애자들의 '반격의 순간'이자 성적 정체성에 대한 자기 성찰의 계기
로 여겨졌다. 그것은 '장기적인 투쟁의 시작'이자, 학교, 정부, 관청,
미디어 등 '기관들을 통한 긴 행진'이라는 험난하고 무리한 여정을
의미했다.

　1972년에 레즈비언 페미니스트와의 느슨한 연합으로 결성된
'FHAR(혁명적 행동을 위한 동성애 전선)'[26]의 공동창시자인 기 오켕겜은 오
늘날 퀴어 이론[27]의 선구로 여겨지는 《동성애 욕망》을 출판했다. 그
는 동성애에 대한 억압의 기원을 풀고, 나치와 동맹을 맺은 극우 비
시 정권이 어떻게 동성애에 대한 '동의 연령'을 높였는지를 설명했

다. 그는 '가족, 자본주의, 항문'이라는 제목의 장에서 오이디푸스와 욕망의 삼각형의 전제적 기표에 대해 장황하게 설명하고 있다.

68년 이후, 오켕겜과 또 다른 레즈비언 페미니스트 모니크 위티그(Monique Wittig·1935~2003)와 같은 활동가들은 자신들의 '견해'를 표명하기 위한 플랫폼(연단)이나 거리 시위에 맹렬하게 발 벗고 나섰고, 결과적으로 동성애를 주류 좌익 세력의 대열에 합류시키는 데 성공했다.

트랜스젠더 혐오하는 페미니즘 반대

1970년대 중반 프랑스에서 미국으로 이주한 위티그는 급진적인 견해를 가지고 있었는데, 그중 가장 유명한 것이 레즈비언은 '여성'이 아니라 전통적인 성별 개념에 얽매이지 않는 별도의 계층이라는 것이다. "여성은 태어나는 것이 아니라 만들어지는 것이다."라는 보부아르의 명제에 이의를 제기하고, 위티그는 "누구도 여성으로 태어나지 않는다.", "레즈비언은 여성이 아니다."를 주장하면서 '이성애주의'의 전복을 시도했다.

• 모니크 위티그

만일 여기서 '그녀'라고 지칭하면 혹시 위티그의 망령이 진노할지도 모르겠지만, 편의상 그녀의 철학 핵심은 본질적으로 억압적인 사회적 구성물인 '여성'이라는 범주를 거부하는 것이었다. "성(性)의 영속성, 노예와 주인의 영속성은 동일한 믿음에서 비롯되며, 주인 없는 노예가 없듯이 남자 없이는 여자도 없다."라고 자신의 이론서인《스트레이트 마인드(The Straight Mind)》(1992)에 썼다.[28]

여기서 '스트레이트'는 이성애를 뜻한다. 그녀는 '이성애'를—마치 앙시앵레짐(ancien régime·구제도)을 연상시키는—여성의 열등함과 착취를 기반으로 하는 '정치적 레짐(régime politique)'이라고 불렀으며, 자신을 '탈출자, 도망자 노예, 레즈비언'으로 정의하는 여성에게 진정한 자유가 달려 있다고 믿었다. 위티그는 자신의 급진적인 아이디어를 전달하기 위해 창의적인 방식으로 언어를 사용했다. 그녀의 소설에 나타나는 두드러진 특징 중 하나는 의식을 변화시키는 수단으로 '인칭대명사'를 실험했다는 점이다. 예를 들어 그녀는 1973년 소설 《레즈비언 몸(Le corps lesbien)》에서, 불어 대명사인 '나(je)'를 j/e로, '너(tu)'를 t/u로 썼다. 이러한 문체 선택은 언어가 존재를 억제할 수 있는 방식을 강조하기 위한 장치라고 한다.

'제2의 보부아르'라는 별명의 퀴어이론가 주디스 버틀러는 위티그의《스트레이트 마인드》가 보부아르의《제2의 성》이래 가장 도발적이고 설득력 있는 페미니스트의 정치적 관점을 드러낸 책이라고 평했다. 또한, EBS(한국교육방송공사)의 '위대한 수업'에도 출연했던 버틀러는 2020년 숙명여대 트랜스 여성의 합격과 (여)학생들의 반발로 인한 입학 포기 사례에 대하여 "트랜스젠더를 '혐오'하는 페미니즘을

● 제3물결 페미니즘, 퀴어 이론, 문학 분야에
 지대한 영향을 미친 주디스 버틀러

난 받아들일 수 없다."라는 본인의 확고한 견해를 밝혔다.

그녀는 편견에서 벗어난 보다 크나큰 '연대'의 길이라는 대안을 제시하면서 페미니스트, 성소수자 등이 모두 공동체 안에서 공격을 받고 생존의 길을 모색하는 상황에서 '젠더를 이유로 한 모든 차별의 반대'만이 다양한 운동 속에서 우리 모두가 연대할 수 있는 길을 열어준다고 했다. 버틀러는 젠더에 대한 공격을 페미니즘과 LGBTQI,[29] 트랜스젠더 권리에 대한 공격으로 여겨야 하고, 이것이 바로 연대의 실마리가 된다고 강조했다.

젠더 이데올로기는 여성 실종

과거에 여권신장 및 남녀평등운동으로 시작한 초기 페미니즘이 보부아르가 초석을 놓은 급진적 페미니즘을 거쳐 이제는 전대미문의 '젠더 이데올로기'라는 거대한 공룡으로 변형된 셈이다. 젠더의 출몰로 인해 페미니즘에서 '여성'이 실종해 버렸다.

젠더의 개념에는 동성애, 트랜스젠더, 남성·여성 이외의 제3의 성이 다 포함되는데 이렇게 젠더를 정의하는 사상을 젠더 이데올로기라고 한다. 이 젠더 개념이야말로 성 혁명 사상의 핵심이다. 이른바 '선택의 자유'라는 기치 아래, 동성혼의 합법화는 물론이고 기타 잡혼 및 난혼(프리섹스)도 인정해야 한다는 논리다. 그리하여 이성애 결혼 이외의 다양한 '가족'을 인정할 것을 제안하고 있다.

그러나 젠더와 동성애를 조장하는 페미니즘은 단순히 여성인권운동사상이 아니다. 이 젠더 페미니즘은 68세대에 속하는 여성급진주의자들이 《제2의 성》의 저자인 보부아르를 멘토로 삼아 여성해방론과 마르크스주의를 접목시켜 생겨난 기형적인 페미니즘이다.[30] 그래서 과거에 커밍아웃하는 사람들은 주로 동성애자였는데, 지금은 이름도 모호한 수많은 젠더 퀴어들이 커밍아웃하고 있다. 워낙 젠더 종류가 많다 보니 어느 카테고리에 속하기도 모호해서 '나는 그냥 나'라는 트렌드가 유행하고 있다고 한다![31]

"성은 정치적이다.", "섹슈얼리티는 페미니즘의 장이다!" 이런 선

● 그도 아니며 그녀도 아닌, 나는 나일 뿐이라는 '성 정체성'을 주장하는 피켓을 든 시위자

동적인 구호를 외친 성문화 인류학자이자 급진적 활동가인 게일 루빈(Gayle Rubin·1949~)도 역시 레즈비언에서 소아성애자와 사도마조히스트(S/M·에스엠)로 다시 커밍아웃한 바 있다.[32] 루빈은 자본주의 사회에서 '여성'의 역할을 마르크스주의 사상으로 재해석했다.[33] 그녀는 노동력의 재생산은 상품을 노동자의 생계 수단으로 바꾸는 여성의 '가사노동'에 달려 있다고 주장했다.

자본주의 체제는 여성 없이는 '잉여'를 창출할 수 없지만, 사회는 그 결과로 발생한 자본에 대하여 여성의 '접근'을 허용하지 않는다. 가령 A라는 남성(아버지)이 결혼을 목적으로 B라는 다른 남성(남편)에게 딸이나 누이를 '증여(gift)'하는 것은 두 남성 간에 혈연관계를 형성하고 성적 접근, 계보학적 지위, 가문의 이름, 조상, 권리 및 사람 등의 '이전(상속)'을 가능하게 해 준다.

이러한 가부장적 교환 체계에서 여성을 배제하면 남성은 '자본가'로, 여성은 교환에 적합한 '상품'이 된다. 즉, 남성 지배의 기원이 '여성 거래'를 통한 친족 형성에 있다고 밝힌 것이다. 루빈은 현재 이 순간 "이제 기능하지 않는" 섹스/젠더 시스템, 즉 강제적 이성애라는 사슬(족쇄)에서 벗어나게 되면, 젠더 없는 정체성과 위계 없는 다형성의 섹슈얼리티가 가능하다고 보았다.

젠더만큼이나 섹슈얼리티가 전복적이고 정치적인 개념이라고 간파했던 루빈은 1970년대 후반에 미셸 푸코의 《성의 역사》의 중요성을 처음으로 주목했고, 사실상 퀴어 이론에서 푸코의 이론을 가장 영향력 있는 이론으로 등극시킨 장본인이다. 소위 퀴어 이론의 거목이라는 주디스 버틀러는 이 게일 루빈과 푸코로부터 많은 감화를 받았

● 게일 루빈

다고 말한다.[34]

회고해 보건대, 68의 성 혁명 이후 동성애를 주류로 편입시키는 것은 프랑스 좌파의 주요한 정치적 의제 중 하나였다고 본다.

1970년대 후반에 집권한 프랑스 사회당은 동성애자 권리를 옹호했다. 1981년 프랑수아 미테랑이 당선된 후, 사회주의 국회의원들은 프랑스의 동성애 혐오법을 책에서 삭제하여 이성애와 동성애 관계 모두에 대한 '동의' 연령을 15세로 동일하게 하고, 법을 극우정권 비시 이전의 규범으로 되돌렸다. 1982년 8월 4일, 미테랑 대통령의 지도하에 '동성애 범죄'가 폐지되었다. 당시 법무부 장관 로베르 바댕테르(Robert Badinter·1928~)는 국회에서 기억에 남는 연설을 통해 개혁을 지지했다. "이제 프랑스가 동성애자들에게 '빚진' 모든 것을 알아야 할 때입니다." 아마도 그동안 그들을 지켜주지 못해서 미안하다는 의미로 해석된다.

그는 비록 오스카 와일드(Oscar Wilde·1854~1900)는 더글라스 경을 유혹했다는 이유로 영국 법원에서 부당하게 비난을 받았지만, (당시 기혼 자였던) 상징주의 시인 폴 베를렌(Paul Verlaine·1844~1896)이 17세 소년 랭

보(Arthur Rimbaud·1854~1891)를 유혹했다는 이유로 프랑스 법원에서 추적을 당하지 않았다는 것은 전적으로 좋은 일이라고 추켜세웠다.

2013년 6월, 프랑스 사회당 정부는 단지 개인의 '성적 취향'만을 근거로 동성 커플의 결혼 주례를 거부하는 시장이나 지방 공무원에 대해 최대 5년의 징역형과 7만 5,000유로의 벌금을 부과하는 회람을 발행했다.[35]

2023년 4월 23일 프랑스 동성혼 합법화 10주년을 맞이하여 당시 이 법을 공표했던 전 대통령 프랑수아 올랑드는 자신의 트위터에 "오늘 나는 10년 전 '모두를 위한 결혼'이 채택된 이후 결혼할 수 있었던 7만 쌍의 커플을 생각하고 있다."라면서 이 위대한 법은 더 많은 평등(égalité), 자유(liberté), 기쁨(joie)을 위해 우리 사회를 근본적으로 변화시켰다는 축하의 메시지를 전했다.

또한, 파리시는 동성애 혐오, 트랜스 혐오, 양성애 혐오에 반대하는 세계의 날(5월 17일)에 맞추어 '기억, 축하, 반성'이라는 기치 아래 다양한 축하 행사를 야심 차게 마련하는가 하면, "모두를 위한 결혼, 10년

● 조숙한 천재 시인 랭보

후 : 프랑스와 전 세계에서 우리는 과연 어디에 서 있는가?"라는 주제로 대규모 국제회의도 개최했다.

동성애 퍼레이드(1980년대 말)의 문화충격

필자가 처음 파리에 도착한 것은 1980년대 말, 프랑스 혁명기념일인 '바스티유 데이'가 개막하기 바로 전이었다. 유학 생활의 도움을 받기 위해 한국인 친구를 만나러 나갔던 샹젤리제 거리 근처의 어딘가에서 '자유, 평등, 동성애'라는 3대 슬로건을 내건 동성애 퍼레이드 행사를 난생처음 목도했다.

그때 받았던 강렬한 문화충격에 대한 기억이 아직도 선명하다. 노천카페에 앉아서 나른한 여름 오후의 햇살을 즐기던 사람들은 짙은 화장에 야하고 선정적인 옷차림의 동성애자들에게 시종 여유 있는 웃음과 환호성으로 화답했다. 온몸에 페인트칠을 한 한 남성은 원주민의 샅바 같은 것 하나만 걸치고 있었다.

광기가 아니라면, 완전 축제의 열광의 도가니 그 자체였다. 화려한 퍼레이드카에 올라탄 그들 무리 중 하나와 우연히 눈이 마주쳤다. 사방에서 울리는 고막을 찢는 듯 시끌벅적하고 경쾌한 음악 소리에도 불구하고, 필자에게 윙크를 쿨하게 날리는 '그' 혹은 '그녀'의 익살스럽고 공허한 표정은 마치 우울한 팬터마임(무언극)에 나오는 얼빠진 피에로와도 같았다.

그때까지만 해도 동성애 문화는 사회의 지배적인 문화에서 일탈한 '하위문화'라고 생각했었는데 어느새 제도권 문화로 성큼 입성하여

주류라고 착각할 만큼 놀라운 세력을 형성한 것이다. 68운동 50주년 때, 68 이후의 변화를 묻는 질문에 대하여 한 독일인은 '공개적으로 게이인' 시장들의 선출을 보는 것이라고 서슴없이 응답했다.

1950년대 '신좌파의 대부'격인 헤르베르트 마르쿠제(Herbert Marcuse· 1898~1979)는 자본주의 사회를 바꾸는 주체를 "흑인, 학생, 페미니스트 여성 그리고 동성애자들의 연합"이라고 보았다. 이 신마르크스주의자[36]들은 부르주아로부터 임금을 받는 노동계급은 마르크스 혁명을 이끌 수 없다고 보았다. 왜냐하면, 노동계급은 부르주아계급에 경제적으로나 문화적으로 예속되어 있기 때문이다.

그에게 국제적 명성을 안겨준 책《에로스와 문명(Eros and Civilization)》(1955)은 1960년대 하위문화를 형성하는 데 도움을 주었고 동성애자 해방운동에 영향을 미쳤다. 마르쿠제는《에로스와 문명》의 서문에서 "오늘날 생명을 위한 싸움, 에로스를 위한 싸움은 정치적 싸움이다."라고 장중하게 선언했다. 그는 생물학의 사회적 의미, 즉 역사를 계급투쟁이 아니라 본능의 '억압'에 맞서 싸우는 것으로 논한다.

● 헤르베르트 마르쿠제(1955년)

그는 선진 산업 사회(현대 자본주의)가 "근본적으로 다른 존재 경험, 근본적으로 다른 인간과 자연의 관계, 근본적으로 다른 실존 관계에 기초한" 비(非) 억압적인 사회에 도달하는 것을 방해한다고 말했다.[37] 그는 성을 억제로부터 해방시킴으로써 우리는 '쾌락 원리'를 실재 원리로 고양시키고, 일 없는 오로지 놀이만의 사회를 창조할 수 있어야 한다고 주장했다. 그는 "전쟁이 아니라 섹스를 하라!"라는 반전(反戰) 에로스 사상을 외쳤다.[38]

———

"예술은 세상을 바꿀 수 없지만, 세상을 바꿀 수 있는 사람들의
의식과 충동(욕구)을 바꾸는 데 기여할 수 있다."

— 사회주의 사회학자 헤르베르트 마르쿠제(Herbert Marcuse·1898~1979)

———

비록 사르트르와 보부아르가 68운동의 주동자는 아니었지만, 두 사람의 다자연애 관계가 프랑스와 독일의 성 혁명 운동의 모델로 작용했다는 것은 이미 수차례 언급한 바와 같다. 스프랭고라의 《동의》에서도 지적했듯이, 1970년대에 사르트르, 보부아르, 미셸 푸코 등을 위시한 프랑스의 지적, 정치적 좌파의 저명한 인사들이 '세대 간 관계'의 합법화에 대한 요구를 진지하게 개진했다. 즉 프랑스 68 포스트모던 좌파 철학자 거의 대부분이 소아성애의 '비범죄화'를 주장했다.

여기서 '세대성'이라는 개념은 생물학적 결정론, 포스트 식민주의 논쟁과 마찬가지로 젠더 연구 내의 근본적인 논쟁에서 중심적인 위치를 차지한다. 버틀러도 역시 '세대 간 섹스(intergenerational sex)'의 정당성과 합법성을 제안하면서 이 주제에 대하여 푸코를 자주 거론했다.

그녀는《젠더 트러블》에서 미셸 푸코가《성의 역사》에서 다양한 규제적 전략들의 부과 이전에 존재하는 세대 간 성관계의 목가적이고 무죄한 쾌락을 언급했음을 인용했다.

또한《젠더 허물기(Undoing Gender)》(2004)에서 버틀러는 부모와 자녀 간의 근친상간에는 불법적인 것과 불법적이지 않은 것이 있다고 주장했다. 그 전제로 약자에 대한 신체적 억압이 있지 않고 자유롭게 성을 선택할 수 있다면, 불법적이지 않은 근친상간이 존재한다는 것이다. 인류학자 레비스트로스에 의하면 친족구조의 핵심은 바로 이 '근친상간 금기'에 있다.

그렇지만 버틀러는 레비스트로스의 근친상간 금지 규칙이 보편규칙이 아니라, 이성애 결혼제도를 영속화시키는 장치라고 보았다. 그녀는 부모·자식 간의 근친상간과 소아성애가 트라우마적 성폭력이 아닌 경우도 존재하며, 오히려 근친상간 금기에 대한 사회적 수치심이 트라우마를 남긴다는 역설적인 주장을 했다.

그러나 약자에 대한 신체적 억압이 없다는 가정이 실제로 가능한가? 아이들의 성 욕망에 기초한 동의하에 이루어진 소아성애나 근친상간은 불법적이지 않다는 주장은 성인과 아동 사이에 존재하는 비대칭적 권력관계를 의도적으로 배제하거나 무시하는 처사다.

스프랭고라는 가스라이팅[39]이 필연적인 청소년 성 착취 사건에서 가해자가 이를 무기로 삼고 사법부가 기계적으로 수용하는 '동의'라는 허울 좋은 개념의 위험성에 대하여 경고한 바 있다.[40] 이는 특히 1996년 벨기에의 연쇄살인범·아동성추행범인 마크 뒤트루(Marc Dutroux·1956~) 스캔들,[41] 2001년 초 다니엘 콩-방디트의 소아성애 혐의, 2002년 미국 가톨릭교회의 신부·아동 성범죄 사건, 또 최근 프랑스의 마츠네프와 뒤아멜 사건 등등에 비추어 볼 때 더욱 그렇다.

퀴어 이론의 대가인 버틀러가 즐겨 인용하는 동성애적 소아성애자 푸코는 자살과 자해를 여러 번 반복했던, 즉 광기와 죽음에 천착한 인물이다. 그의 의사 소견에 따르면, 푸코의 초기 자살에 대한 집착은 그가 동성애를 극도로 열악하게 경험했다는 사실에서 비롯되었다. 그는 어느 날 어디로 가는지 묻는 친구에게 BHV백화점에 가서 목을 매는 밧줄을 사러 간다고 대답했다. 그는 게이 바에 자주 놀러 갔다가 돌아왔을 때 수치심에 무너져 몇 시간 동안 죽은 듯이 엎드려 있었다고 한다.

또한, 그의 《광기의 역사(Histoire de la folie)》(1961)가 나왔을 때 그를 아는 거의 모든 사람은 그것이 그의 개인사와 연결되어 있다는 것을 분명히 알아차렸다. 푸코는 "당신이 동성애자라는 것을 스스로 발견하는 것은 여전히 인상적인 문제"라고 고백했다. "당신이 다른 사람들과 다르다면 그것은 당신이 비정상이기 때문이고, 당신이 비정상이라면 그것은 당신이 아프기 때문입니다."

그러나 광기, 죽음, 그리고 자살을 철학적으로 미화하고 찬양했던 미셸 푸코식의 포스트모던적 광기 철학이나 향락주의적 좌파 사상은 이제 프랑스와 독일 68운동권의 황혼과 함께 유럽에서 저물어가고 있다.

이분법 잣대의 성평등 미래

이 책의 '프롤로그'에서 "오늘날 여성들은 보부아르 덕분에 과연 모든 것을 다 가질 수 있게 되었는가?"라는 질문을 던졌는데 정말 그런가? 나는 보부아르의 업적을 절대로 과소평가하지는 않지만, 오늘날 페미니즘의 그 눈부신 성과물을 그녀 혼자서 다 이룩했다고 생각하지는 않는다. 누구도 그렇게 생각하지는 않을 것이다.

간혹, 열성 페미니스트들은 페미니즘에 별로 관심이 없거나 무심한 여성들에 대해서 그동안 선배들이 성차별에 대한 피눈물 나는 투쟁을 통해 어렵게 성취한 것을 분에 넘치게 누리면서도 아무런 생각이나 비판 의식이 없다고 비난해 마지않는다.

보부아르를 연구하기 위해서 여러 문헌과 자료를 탐색하는 과정에서, 메릴 알트만(Meryl Altman)의 《보부아르 인 타임(Beauvoir in Time)》(2020)이라는 저서를 발견하게 되었다. 특히 젠더 연구에서 "여성은 태어나는 것이 아니라 만들어지는 것이다."라는 보부아르의 어록은 성 정체성의 구성에 의문을 제기하기 위해 끊임없이 언급되는 진술이며, 보부아르의 우상화 내지는 현재화 작업이 계속 이루어지는 단초를 제공한다.

본문의 내용보다 각주의 비중이 단연 압도적인 알트만의 짜증 나는 책을 읽으면서 발견했던 한 가지 흥미로운 일화가 있다. 그녀는 학회에 참석하기 위해 가던 중, 런던 히스로 공항에서 만난 두 미국 여성의 일화(실화)를 독자들에게 소개했다. 전통적인 이성애 결혼을 앞둔 한 여성은 장차 대단한 집안이라는 시댁과의 관계를 몹시 걱정하는 반면, 또 다른 여성은 입국 절차 서류의 성별 기입란에 '백인(white)'이라고 썼다는 것이 아닌가! 혹시 알트만 본인이 꾸민 얘기가 아닐까 싶을 만큼 황당한 얘기가 아닐 수 없었다. 만약에 그녀가 학회발표 때 그 일화를 얘기했더라면 아마도 좌중에서 폭소가 터져 나왔을 것이다.

현재 프랑스에서 동성혼 부부의 아이 입양을 공공연히 지지하는 사회학자 이렌 테리(Irène Théry·1952~)가 결혼 후 자신의 경력을 포기하고 전업주부가 된 그녀 어머니의 삶을 '끔찍한 운명(destin horrible)'이라고 불렀듯이,[42] 알트만도 역시 가부장 사회에 철저히 순응적인 이 두 여성의 삶을 무척 안쓰러워하는 것 같았다.

과거에는 억압자 대 피억압자의 구도가 '부르주아' 대 '프롤레타리아'였는데, 이제 억압자는 서구 문명, 유대 그리스도교, 백인, 이성애자, 남성인 반면, 피억압자는 비서구 문명, 이슬람, 유색인종, 성소수자, 여성의 구도로 바뀌었다고 한다. 알트만이 보기에 피아를 제대로 식별하지도 못하고, 자신을 '백인'(억압자)이라고 지칭한 그 미국 여성이 한심하게 느껴졌을 것이다.

요즘 페미니즘에 관련된 저서나 논문의 경우 저자가 여성들이 압도적이다. 그동안 자신들의 대변인을 갖지 못했던 여성사, 여성 연구의 전성시대, 그야말로 황금기라고 할 수 있겠다. 그런데 특히 성이나 젠더 관련, 해외 공저 논문의 경우에는 두 여성학자가 레즈비언 파트너십이거나 동성혼인 경우도 적지 않았다. 그리고 무엇보다 페미니즘에 관련된 저서와 논문들의 그 방대한 양에 경탄을 금하지 않을 수 없었다.

나는 국내 페미니즘 연구자들이 자주 인용하는 조앤 스콧(Joan Scott· 1941~)이라는 학자를 구 파리 국립 도서관에서 만난 적이 있다. 여름 방학에 연구차 파리를 방문했던 그녀는 역시 교수인 그녀의 남편과 함께 도서관에서 공부했는데, 자신의 연구 분야가 페미니즘이라고 했다. 그때만 해도 약간 생소한 학문이었다. 그런데 조앤 스콧은 내게 본인은 '여성들의 역사'가 아니라 '남성들의 역사'를 전공하고 싶었다고 말했다. 요즘 '대세'가 된 페미니즘의 연구 동향을 그녀가 그때 미리 알았더라면, 절대로 그런 허튼소리는 안 했을 것 같다.

최근 페미니즘 연구자 중에 보부아르와 실비 르 봉의 관계에 주목하는 이들이 많다. 그리고 거의 이구동성으로 보부아르나 실비 모두 이론상으로나 실제로도 '모녀' 관계라는 개념을 혐오한 것처럼 보인다고 주장한다. 실제로 입양은 1980년에 그녀 자신의 문학 재산을 관리해야 할 필요성에 의해 촉발된 보부아르의 공식적인 결정이다.[43]

그렇지만 보부아르와 실비는 '모녀 관계'를 불평등한 연령의 여성들 사이에 가능한 '유일한 관계'로 일방적으로 강조하는 것이, '억압적인' 고정관념을 연장시킨다고 느꼈다는 것이다.[44] 이처럼 거대한 여성학자 군단이 '세대 변증법'의 적합성을 재검토하는 이유는—보부아르가 《제2의 성》에서 이미 시범을 보였던 것처럼—프로이트의 정신분석학과 레비스트로스의 인류학적 개념에 대한 투철한 비판의식에서 기인한다.

가령, 프로이트는 어머니와 딸이 모두 아버지의 '연인'이 되기를 원하기 때문에 필연적으로 발생하는 갈등, 즉 모녀가 서로 '경쟁' 관계에 있다고 설명했던 반면, 레비스트로스는 남성이 여성 간 관계를 '통제'하는 패턴이 사회의 기본 구조를 형성한다는 것을 보여주었기 때문이다. 그들은 전통적인 모녀 관계가 여성을 어머니나 반항적인 딸의 위치에 계속 매혹시키고, 두 여성 모두를 아버지의 법칙에 복종

시킨다고 믿었다.

나는 오래전에 돌아가신 우리 엄마를 생각한다. 내가 가부장적 문화가 용인하는 구태의 여성 간 관계 모델을 그대로 채택하는 중대한 과오(?)를 범해서인지는 몰라도, 평생 전업주부였던 우리 엄마는 내게 여성이라기보다는 항상 어머니였다. 엄마한테 반항한 적도 있었고 우리 모녀 사이가 늘 좋았다고 말할 수는 없지만, 한 번도 모녀 관계를 억압과 피억압의 관계로 상정해서 스스로 나 자신을 학대한 적은 없다. 그리고 엄마는 내게 늘 변함없이 고마운 분이다.

실제 생활에서 모녀 관계가 평등이라는 가치를 지향한다면 바람직한 방향이지만, 모녀 관계가 꼭 그렇게 평등해야만 하는가? 특히 생물학적 모녀 관계라면 그게 가능한 일인가? 다층적이고 복합적인 사회·인간관계에서 평등이 만사가 아니라는 얘기다. 또 절대로 그럴 일은 없겠지만, 내가 만일 운명의 장난으로 그 디스토피아적인 사르트르식 불행한 '가족'의 구성원이었다면, 아마도 나는 절망의 심연 속에서 필경 미쳐버리지 않았을까? 그리고 행복했던 내 유년 시절의 기억도 다 반납해야 할 것 같다.

과연 지배(억압)와 피지배(피억압)라는 이분법의 잣대를 통해서 세대 간의 '권위'를 깡그리 부정하는 성평등 혁명은 인간관계와 가족에 대한 우리의 이해를 어떻게 변화시켰는가?

'아침에 같은 침대에서 일어나 입양한 아이를 포옹하는 두 남자'에 대하여 정상을 벗어난 것이라고 개탄한다면, 당신은 여전히 전통적인 이성애 가족의 개념을 고수하는 사람이다. 1960년대와 1970년대의 성 해방 운동이 전통적인 규범을 뒤집기 시작한 이후, 적어도 프랑스를 위시한 서유럽에서는 더 큰 개인적 자유와 관계, 성, 가족의 역할에 대한 보다 유연한 사고와 이해를 갖게 되었다고 자평한다.

한 가지 분명한 사실은 이제 결혼이 사회적 기대보다는 선택의 자율성에 주로 기반을 두고 있으며, 남성이 항상 가장이 될 것으로 기대되지 않는다는 점이다.

그러나 성 혁명은 개인의 자유와 평등주의가 증가한다는 분명한 이점에도 불구하고, 명백한 상충관계를 동반했다. 거의 모든 지표에서 결혼한 부모(아버지와 어머니)를 갖는 것이 아이들에게 더 나은 것으로 나타났음에도 불구하고 오늘날에는 수십 년 전보다 훨씬 더 많은 아이들이 결손 가정에서 양육되고 있다는 점을 예로 들 수 있다.[45] 전통적인 이성애 규범적인 가족은 사회 붕괴와 아노미적 개인주의에 대항하는 최후의 보루라는 얘기다. 가정의 몰락은 출생률 저하와도 직결된다.

● 생물학적 부모가 아니라 '사회적 부모'에게 입양된 아이

여기서 환경 페미니스트 프랑수아즈 도본느를 언급하는 것으로 이 장을 마무리하고 싶다.[46] 다음 장에서 우리가 다루게 될 '앙가주망' 편에서, 1949년에 보부아르의 《제2의 성》을 읽고 인생의 결정적인 전환점을 마련한 그녀의 열성적인 사회참여 이력은 자신의 롤모델인 보부아르의 것과 상당히 유사할 뿐만 아니라 교차하는 부분이 많기 때문이다.

그녀는 보부아르를 읽은 지 2년 후에, 여성성과 섹슈얼리티를 동시에 거부하는 《다이아나 콤플렉스(Le Complexe de Diane)》라는 책에서 보부아르를 적극 옹호했다. 또한, 도본느는 루마니아 태생의 프랑스 사회심리학자이자 녹색 정치이론가·활동가인 세르주 모스코비치(Serge Moscovici·1925~2014)의 이론을 바탕으로 1973~1974년에 남성, 즉 가부장제가 여성의 '복부'와 '천연자원'을 모두 장악(약탈)했다고 가정함으로써 생태학과 페미니즘 사이의 이론적·정치적 연관성을 밝힌 최초의 사상가 중 한 명이다.

그녀는 《페미니즘이 아니면 죽음을》(1974)이란 책에서 자신이 창시한 '에코페미니즘(écoféminisme)'이라는 용어를 여성의 권력 장악이 아닌, "다시 태어나는 세계의 평등주의적 관리를 목표로 하는 새로운 휴머니즘"이라고 정의했다.[47]

도본느는 알제리의 독립과 '사형 폐지' 등 다양한 목적을 위해 캠페인을 벌였다. 1960년대 말 여성해방운동(MLF)을 공동 창립하고 낙태 권리를 위한 〈343인의 선언〉에 서명했을 뿐 아니라, 동성애 권리, 탈성장, 자본주의 체제의 영구 퇴장, 결혼 반대, 원자력 발전, 또 정신과 치료와 정신병원 입원도 반대했다.

"내 이름은 프랑수아즈 도본느이고, 나는 내 삶의 모든 것을 말해주는

세 단어를 발명했습니다. 남근주의자(phallocrate), 환경페미니즘(écoféminisme),

그리고 성(性)살해(sexocide)입니다."

– 프랑스 환경 페미니스트 프랑수아즈 도본느(Françoise d'Eaubonne · 1920~2005)

    미셸 푸코의 친구였던 그녀도 역시 수감자의 권리를 옹호하고 사형에 반대했다. 1976년 9월 6일, 도본느는 프랑스 지방 도시 프렌(Fresnes)[48]에서 '자신이 저지르지 않은 살인죄'로 20년 형을 선고받은 수감자 피에르 산나(Pierre Sanna · 수감번호: 645513)와 결혼했다는 사실을 〈리베라시옹〉 신문의 칼럼에 발표했다. "내가 속한 (부르주아) 계급에 대한 반란으로, 나는 그 계급에 대항해서 투쟁하고, '계급과 성의 억압'에 봉사하는 기관의 방향을 바꾸고 싶습니다. 나는 피에르와 결혼합니다. 왜냐하면, 그는 단 한 번도 고개를 숙이지 않았고, 자신이 처한 상황의 정치적 측면을 파악했기 때문에 단식 투쟁을 시도했지만, 별다른 성과도 없이 그만 건강을 해쳤기 때문입니다(르몽드)."

"페미니스트 의제는 여성의 동등한 권리에 관한 것이 아니다.

그것은 여성이 남편을 떠나고, 자녀를 죽이고, 주술을 행하고, 자본주의를 파괴하고,

레즈비언이 되도록 부추기는 사회주의, 반가족 정치 운동에 관한 것이다.

– 미국 목사 팻 로버트슨(Pat Robertson · 1930~2023)

Feminism

4부

페미니즘
앙가주망
(사회참여)

7장

사르트르
앙가주망

모든 인간은 실존주의자다

"무한한 공간의 영원한 침묵이 나를 두렵게 한다."

– 프랑스 수학자·철학자 블레즈 파스칼(Blaise Pascal·1623~1662)

때때로 실존주의는 철학이라기보다는 멜랑콜리한 무드(우울한 정서)
에 가깝다고 한다. "헛되고 헛되다, 설교자는 말한다. 헛되고 헛되다.
세상만사 헛되다."[1]라면서 인생무상을 강조하는 구약성서의 전도서,
감히 신이 자신을 가지고 노는 게임에 의문을 제기하고 겁먹은 의
인 욥, 영혼을 탐구하는 성 아우구스티누스(354~430), 또 무한한 공간
의 영원한 침묵에 경외감을 느낀 프랑스 철학자 블레즈 파스칼(Blaise
Pascal·1623~1662), 그리고 19세기 고뇌에 찌든 소설가들의 발자취에서
도 실존주의의 기원을 찾을 수 있다고 하지 않는가? 한마디로 시대
를 막론하고, 인생에서 불만, 반항 또는 소외감을 느낀 적이 있는 모
든 인간이 다 실존주의자인 셈이다. 그러나 우리는 현대의 실존주의

탄생을 1932년에서 1933년으로 좁힐 수 있다.

1933년 1월 파리의 어느 겨울날, 젊은 철학자 세 명이 사색의 산실인 카페 대신에, 몽파르나스 거리의 벡-드-가즈(Bec-de-Gaz) 바에 앉아 잡담을 나누며 하우스 특산품인 연노랑색 살구 칵테일의 달달한 맛을 음미하고 있었다. 지금은 문 닫은 이 벡-드-가즈 바에서 사회와 역사, 연애에 관해 이야기를 나누었던 그들의 진지한 대화 내용을 나중에 가장 자세하게 전한 사람은 보부아르였다.

호리호리한 체형의 그녀는 당시 25세 정도였고 남자친구 사르트르와 함께 있었다. 그리고 그 테이블에 동석했던 제3의 인물이 바로 사르트르의 에콜 노르말 쉬페리외르(École normale supérieure·고등사범학교)[2] 동기생인 레몽 아롱이다. 아롱도 두 사람과 마찬가지로 겨울 방학에 파리에 잠시 머무르고 있었다.

당시 사르트르와 보부아르는 프랑스 지방도시 르 아브르(Le Havre)와 루앙에서 각기 교편을 잡았던 반면, 아롱은 독일 베를린에서 유학

● 프랑스 철학자 레몽 아롱

하고 있었다. 영국 작가 사라 베이크웰(Sarah Bakewell)은《살구 칵테일을 마시는 철학자들(At the Existentialist Cafe)》(2016)³이란 책에서 아롱이 베를린에서 배운 당대의 신학문인 '현상학'을 이 호기심 많은 두 친구에게 소개한 일을 두고서, 바야흐로 실존주의의 태동이 시작된 '낭만적인' 역사적 순간으로 묘사했다.

바로 역사적인 그날, 아롱이 들려준 현상학 이야기의 골자는 이렇다. 추상적인 공리나 이론으로 시작하는 전통적인 철학자들과는 달리, 독일 현상학자들은 순간순간 '경험'한 대로 삶을 향해 그대로 직진한다는 것이다. 아롱은 사르트르에게 이렇게 설명했다. "친구여, 만일 현상학자라면 이 유리잔에 대하여 그대로 말할 수 있을 거야. 그것이 바로 철학이란다!"

사르트르에게 그것은 하나의 계시였다. 보부아르의 증언에 따르면 사르트르는 이 말을 듣고서 얼굴이 백지장처럼 창백해졌다고 한다. 그날부터 사르트르는 현상학의 창시자인 독일계 유대인 철학자 에드문트 후설과 후설의 제자인 마르틴 하이데거의 사상을 연구하고, 이른바 '사물 자체로의 복귀'와 '살아 있는 순수한 경험' 등에 몰두했다.⁴

사르트르도 바이마르 제국 말기인 1933년에 베를린으로 1년간 유학해서 후설의 사상을 연구했으며, 하이데거의 현상학적 실존주의의 영향을 받았다. 그는 물론 하이데거의 단순한 추종자가 아니며, 하이데거 자신도 사르트르의 사상에 대해서 자신이 책임질 수 없음(?)을 명시한 바 있다. 그러나 우리는 후설의 현상학이 하이데거의 현상학적 존재론을 거쳐 프랑스 철학자들에게 실존주의로 수용되는

과정을 이해하기 위해, 처음에는 사제 관계에서 동료로, 종국에는 개인적, 철학적 이유로 파경에 이르게 된 두 독일 철학자의 굴곡진 인생길을 따라가 보기로 한다.

후설의 경험주의와 하이데거의 《검은 노트》

———

"현재의 철학자들은 내부에서 사물을 연구하고 이해하는 대신

높은 곳에서 비판하는 것을 너무 좋아한다."

– 에드문트 후설(Edmund Husserl · 1859~1938)

———

현상학은 한마디로 '경험주의'다. 그래서 후설은 사물에 대한 해석에 시간을 낭비하지 말고 "사물 그 자체로!"라는 간명한 구호를 외쳤다. 후설의 현상학적 방법은 '판단 중지'와 '현상학적 환원'으로 구성되어 있다. 쉽게 말하자면 기존의 이론이나 견해 등에 의한 판단을

중지하고 근원과 토대로 파고드는 것이다.

후설의 현상학은 전통적인 철학에서 로고스(진리)를 얻기 위해 현상을 넘어서려 했던 것을 반대하며, 현상을 넘어서가 아닌 그 현상 자체로 경험하는 차원의 로고스를 탐구하고자 했다. 그 로고스는 수학 법칙이나 원리 같은 것이 아니라, 경험의 의미를 찾는 것이었고 후설에게 경험은 인간이 경험하는 '의식'이었다.

그러나 하이데거는 후설의 현상학의 문제를 탐구하다가 스승의 주제인 '의식'의 문제보다는 '존재'의 문제에 초점을 맞추게 되었다. 왜냐하면, 인간의 의식과 그 작용은 존재의 한 양태이기 때문이다. 즉, 하이데거는 현상학의 고유한 영역을 떠나서 존재자 그 자체, 즉 비(非) 현상학적인 개념에 자신의 탐구를 바쳤다.

그의 미완의 대표작《존재와 시간(Sein und Zeit)》(1927)에서 하이데거는 인간 실존, 즉 '현존재(Dasein)'[5]의 시간적, 역사적 성격에 대한 현상학적 분석을 통해 존재(Sein)에 접근하려고 시도했다. 그가 제시한 세계 내 존재, 내던져짐,[6] 기투, 시간과 공간, 언어, 기술과 도구, 배려함,

● 히틀러처럼 콧수염을 기른 하이데거(1960년)

돌봄, 불안, 죽음 등 일련의 존재론적 개념들은 실존주의, 인간학, 심리학, 사회학, 신학 등 다양한 분야에 풍요로운 지적 자양분을 공급해 주었다.

후설은 하이데거가 자신과 다른 길을 걷고 있음을 알면서도, 프라이부르크 철학 교수의 후임으로 그를 지명했다. 그러나 1928년 후설의 후임 교수로 취임한 하이데거는 과거에 스승에게 헌정했던《존재와 시간》속 헌정사를 삭제했을 뿐 아니라,[7] 후설이 히틀러의 치하에서 유대인으로서 겪은 박해와 죽음(병사), 그리고 그가 남긴 유고에 대해서도 철저히 냉담한 태도를 보였다. 물론 하이데거 본인은 자신의 반유대주의(anti-semitism)[8]에 관한 소문을 중상모략이라며 이를 강력히 부정했지만, 하이데거와 나치의 관계는 여전히 논란거리다.

하이데거는 친(親) 나치주의자였다. 그는 1933년 프라이부르크 대학교 총장에 취임할 때 학생들에게 "나치에 참여하라!"라고 연설했고, 1945년까지 나치 당적을 유지했다.[9] 그뿐만 아니라 그가 한 강의와 연설, 나치 고위층과의 관계, 자기 부인 엘프리드 페트리(Elfriede Petri Heidegger·1893~1992)에게 보낸 편지, 또 2014년에 출간된 하이데거의 비밀일기《검은 노트(Schwarze Hefte)》를 통해서 우리는 그의 친나치 행적을 확인할 수 있다.[10]

그의 친 나치 행각은 실로 다양하게 이루어졌는데, 그중 가장 고약한 짓이 바로 동료 교수를 반나치 인물로 고발한 것이었다. 하이데거에게 나치 운동은 위대한 독일 민족이 도약할 수 있는 일생일대의 기회였다. 그는 합리적인 근대 계몽주의 철학이 초래한 '비인간화'에 반대했고, 미국 자본주의와 소련 공산주의 모두를 이러한 '합리화의 산물'로 보고 거부하면서, 그 대안을 독일 민족정신의 부흥을 추구하는 나치즘에서 찾았다.

그의 《검은 노트》의 속내를 들여다보면, 그가 나치의 반유대주의에도 크게 공감했음을 알 수 있다. 그는 문제의 《검은 노트》에서 유대인들이 '뿌리 없음'을 육화한 존재라고 보고, 이들의 '공허한 합리성과 예측 가능성'의 정신을 맹렬히 비난했다. 또 '세계유대주의(Weltjudentum)'를 인간성을 말살하는 서구 근대성의 핵심 동인으로 지목하고 이를 비판했다.[11]

독일 패전 후 그는 독일 비(非)나치스화 청문회에서 한때 그의 연인이자 제자였던 한나 아렌트(Hannah Arendt·1906~1975)의 증언 등으로 처벌을 피했고, 이후 5년 동안 학문 활동을 금지당했다.[12] 그렇지만 하이데거는 자신의 총장직과 관련한 '정치 참여'를 딱 한 번 개인적으로 "그의 인생에서 가장 큰 어리석음(die größte Dummheit seines Lebens)"으

● 한나 아렌트

로 묘사했던 것 외에는 홀로코스트(나치 독일의 유대인 대학살)나 학살 수용소에 대해 아무것도 출판하지 않았고 사과하지도 않았다.

그런데 여기서 한 가지 흥미로운 사실은 하이데거가 '뿌리 없는 상태'를 자주 언급했다는 점이다. 그러나 독일 유대인들은 일반적으로 독일 사회에 잘 통합되어 있었고, 특별히 뿌리가 없는 것도 아니었다. 오히려 뿌리 없음은 하이데거 본인의 특징이라고 할 수 있다.[13] 그는 울창한 검은 숲(Schwarzwald)의 토양에 깊은 뿌리를 둔 보수적인 가톨릭 공동체에서 태어나 가톨릭교회에서 교육을 받았다. 그는 예수회 수련자가 되었지만, 건강상의 이유(심장 결함)로 인해 거절당했는데 그때부터 그는 정말 뿌리를 뽑기 시작했다! 그는 '철학'을 위해서 신학 연구를 포기했다.

1917년에 개신교도인 엘프리드 페트리와 결혼했는데, 처음에는 그의 친구가 주례한 가톨릭 의식으로, 그리고 일주일 후에는 장인 장모가 참석한 가운데 개신교 의식으로 각각 두 번의 결혼식을 올렸다.

• 하이데거 가족(부인과 두 아들)

첫째 아들을 낳은 후 그는 가톨릭 제도와의 '단절'을 선언했다.[14]

물론 사르트르와 보부아르의 공개적인 '계약혼'만큼은 아닐지라도, 그의 결혼 생활도 대단히 개방적이었다. 흔히, 결혼한 사람이 배우자 외의 다른 이성을 공개적으로 만나는 결혼 풍속을 '개방혼(open marriage)'이라고 하는데, 이 부부도 자유분방한 결혼 방식을 일찍 실천했던 셈이다. 하이데거는 그의 제자였던 아렌트나 엘리자베스 블로흐만(Elisabeth Blochmann·1892~1972) 같은 지적인 여성들과 깊은 내연관계를 맺었다.[15] 그의 아내도 남편의 이런 불륜 사실을 잘 알고 있었고 그녀도 역시 질세라 맞바람을 피웠다.

지난 70년 동안 하이데거 추종자들은 그의 난해하고 심오한 철학 세계가 단순한 성격상의 약점이나 순간적인 기회주의와는 별개로 존재한다는 것을 증명하기 위해 엄청난 노력과 수고를 기울였다. 적어도 《검은 노트》(2014)가 출간되기 전까지는 그의 반유대주의적 경향이 그의 철학 사상의 핵심이 아니라, 단지 그의 개인적 특성에 남

● 독일 교육학자 엘리자베스 블로흐만

아 있는 '오점'에 불과하다며 그를 두둔하는 자들이 많았다.

심지어 그의 나치 입당도 프라이부르크 대학의 '자율성'을 확보하기 위한 명목상의 입당이라고 이를 변호하는 주장까지도 나왔다. 특히 한나 아렌트나 자크 데리다[16] 같은 유대인 사상가들은 그들 자신이 하이데거에게 엄청난 사상의 빚을 졌다고 공공연히 말하고 다녔다. 앞서 얘기한 대로 하이데거는 탈나치화 작업을 통해 정직처분만 받았다. 사실상 그는 감옥에 가야 마땅했지만, 그를 몹시 추앙하는 프랑스 철학자들의 일방적인 지지 덕택에 감옥행을 피할 수가 있었다.

그렇지만 하이데거는 그들에게 특별히 감사의 표시를 하지는 않았다. 다만 그의 사후에 발표된 〈슈피겔과의 인터뷰(Der Spiegel Interview with Martin Heidegger)〉(1976년)에서 하이데거는 "프랑스 철학자들은 생각하기 시작하면 독어로 말한다."라고 언급했을 뿐이다.[17] 실제로 하이데거는 철학이란 학문은 오직 그리스어와 독어로만 가능하다고 말한 적이 있다!

2014년에 일부 프랑스 철학자들은 심지어 하이데거의 《검은 노트》의 출판을 어떻게든 중단시키려고 시도하기도 했다. 그의 연인이었던 한나 아렌트는 유대인이었고, 자기 아내의 친구이자 동급생이었던 블로흐만도 역시 유대인 부모 한 명을 두어 나치 당국으로부터 심한 박해와 고초를 겪지 않았던가?

일부 추종자들은 한나 아렌트가 나치에 적극 협력하던 스승 하이데거에게 깊은 환멸을 느껴 그를 떠났다가 다시 청문회에서 그를 위해 증언했던 사례를 들면서[18] 그를 감싸려고 했다. 그러나 전쟁이 끝난 후에도 하이데거는 여전히 "정신과 역사에서 독일인을 말살하려는 유대인의 복수 충동"을 한탄해 마지않았다.

그런데 설상가상으로 《검은 노트》의 출시 이후, 그의 형제인 프리츠와의 서신도 공개되고 말았다. 수년 동안 서신 공개를 보류해 온 그의 상속인이 모두 공개하라는 여론의 압력에 그만 굴복했다. 이 서신은 그가 분명히 어떤 사람인지를 보여준다. 이른바 '해체주의의 선조'격인 하이데거는 그의 서신에서 민족(Volk), 히틀러 총통(Führer), 영속적인 독일인 '희생자' 의식, 세계유대주의, 볼셰비즘의 위협, 또 미국의 퇴락에 대한 열렬한 믿음을 표명했다.

하이데거의 나치 활동을 두고서 단지 인간적인 과오일 뿐 그의 철학적 성취까지 더럽히지는 않는다는 옹호론자들에게는 불쾌할 수도 있지만, 충격적인 사실은 아니었다. 하이데거는 나치 당원일 뿐만 아니라 나치이기도 했다. 그는 고고하고 형이상학적인 반유대주의자도 아니었다. 그는 단지 유대인을 정말 싫어했을 뿐이다.[19]

결국, 그의 반유대주의는 광적인 나치 시대에 채택된 단순한 정치

● 아우슈비츠 수용소에 도착한 유대인들(1944년 5월)

적 행동이나 회피 전략이 아니라, 평생에 걸친 오롯한 '헌신'이라는 것이 분명해졌다. 대량 학살에 대한 하이데거의 입장은 복잡하면서도 끔찍할 정도로 단순하다. 하이데거에 따르면, 홀로코스트는 (나치가 저지른 반인륜적인 범죄가 아니라) 유대인의 '자멸 행위'였다. 하이데거는 독일인들이 '2차 대전의 진정한 희생자'라고 선언하고, 심지어 점령된 전후 독일을 '하나의 단일 강제수용소'로 묘사했을 정도였다.

이쯤 되면, "소르본의 내 동료들, 나치에 협조한 하이데거나 읽고 앉아 있었던 원숭이들!"이라면서 사르트르를 비롯한 프랑스 지식인들의 위선을 뼈아프게 꼬집었던 유대인 노장철학자 블라디미르 장켈레비치의 착잡한 고뇌의 일성을 다시 한번 돌이켜보지 않을 수 없다.

앞서 설명한 대로 사르트르가 현상학을 알게 된 것은 에콜 노르말의 동기생인 레몽 아롱을 통해서였다. 1932년 사르트르는 베를린 주재 프랑스 문화원의 강사로 있던 아롱으로부터 처음으로 후설의 현상학에 관해 전해 듣고, 이듬해에 프랑스 문화원의 장학생으로 베를린에 유학하여 현상학을 좀 더 깊이 연구했다.

이러한 분위기 속에서 태어난 것이 그의 '자아 극복'의 노력과 '상상력'의 실험이었다. 1935년에 그는 상상력에 대한 실험을 위해 친구였던 정신과 의사 다니엘 라가슈(Daniel Lagache)로부터 메스칼린 주사를 맞았다.[20] 이 메스칼린은 "사물을 보는 새로운 방식이 필요하다."라는 후설의 명령과 분명 연관이 있는 도구였다. 현상학이 모든 이론, 범주 및 정의를 제거하고 인식된 대로 순수하게 현실을 설명하는 것을 목표로 한다는 점에서, 의사와 예술가(문학가)의 콜라보로 이루어지는 메스칼린 실험은 어떤 의미에서 볼 때 현상학의 전위학이었다.

사르트르의 이 기묘한 환각 여행에 대하여, 보부아르는 마치 좀비 영화를 찍는 촬영기사처럼 생생하게 그 현상에 대한 해설을 제공했다. 바로 그의 시야 너머에서 랍스터(바닷가재) 같은 생물들이 몇 주 동안 그를 따라다니며 괴롭혔다는 내용이다.

1971년에 사르트르는 "메스칼린을 복용한 후 항상 내 주위에 게가 보이기 시작했습니다."라고 회상했다. "내 말은 그들이 나를 따라 거리로, 교실로 들어갔다는 뜻입니다."라고 덧붙였다. 그는 그들이 상상의 물체라는 것을 알면서도 그들에게 직접 말을 걸었고, 강의 중에는 정중하게 조용히 해달라는 요청까지 했다고 한다. 결국, 환각에 시달리던 그는 젊은 정신분석학자 자크 라캉에게 심리 치료적 도움을 요청했고, 이러한 갑각류의 무수한 출몰 현상에 대하여 두 사람은 그것이 '혼자가 되는 것에 대한 두려움'이라고 용두사미 격의 결론을 내렸다.

어쨌든 사르트르는 그 후유증으로 말미암아 반년 동안 우울증 증세로 괴로워했고, 갑각류에 대한 공포는 평생 그를 따라다녔다고 한다.[21]

참여문학 〈레 탕 모데른〉 창간
― 문학과 저널리즘 사이에서

실존은 본질에 앞선다

사르트르는 베를린에서 1년 동안 철학을 공부한 후 파리로 돌아와서 현대의 가장 중요한 사조 중의 하나인 '실존주의'를 탄생시켰다. 그

의 말년과 사후에 사르트르의 영향력은 많이 퇴색되었지만, 1960년
대까지만 해도 "실존은 본질에 앞선다."라는 그의 명제를 이해하지
못하면 지성인 대열에 끼지도 못했을 만큼 사르트르의 인기와 영향
력은 실로 막강했다.

1945년 전쟁이 끝났을 때 사르트르는 프랑스어권 세계에서 가장
유명한 지식인으로 떠올랐다. 그는 자신의 명성을 정치적 '책임'으
로 간주했다. 이른바 실존주의의 교황 사르트르와 위대한 여사제 보
부아르는 그들의 '신전'을 필요로 했고, 그것은 1945년 10월 그들이
'참여 문학(littérature engagée)'[22]이란 개념을 전제로 만든 월간지 〈레 탕
모데른〉의 탄생으로 구현되었다.[23] 물론 안주인인 보부아르가 훨씬
더 헌신적으로 일하게 될 테지만, 사르트르가 〈레 탕 모데른〉호의 선
장(디렉터)을 맡았다.

그는 창간호에서 그 출범 동기를 온 천하에 알렸다.[24] 그것은 모든
불의와 결별하고, 무고한 장 칼라스(Jean Calas·1698~1762)와 알프레드

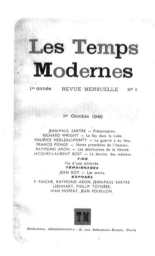

● 〈레 탕 모데른〉의 표지. 피카소는
표지의 디자인을 제의했으나, 엄격한 단순성을
선호했던 보부아르는 이를 거절했다.

드레퓌스(Alfred Dreyfus·1859~1935)를 위해 정의의 십자군 전쟁을 벌였던 볼테르와 에밀 졸라처럼 '행동하는 지식인'으로서의 역할을 공고히 한다는 것이었다.[25] 이른바 '뉴저널리즘(New Journalism)'은 1950년대 후반 뉴욕에서 등장한 것으로 알려져 있다.[26] 그러나 〈레 탕 모데른〉은 이미 1940년대 후반 파리에서 '문학과 저널리즘의 경계'를 무너뜨린 최초의 작품이라고 할 수 있다. 특히, 1945년 10월 문제의 창간호는 프랑스뿐만 아니라 세계의 저널리즘과 정치계에도 커다란 충격을 안겨주었다.

〈레 탕 모데른〉의 창간호에는 미국 흑인 작가 리처드 라이트의 〈불과 구름(Fire And Cloud)〉이 게재되었다. 라이트는 미국 남부의 린치 폭도에 대한 깊이 있는 묘사로 프랑스 독자들에게 강렬한 충격을 안겨주었고, 서정적이고 폭력적인 언어로 미국의 인종차별을 예리하게 조명했다.

사르트르는 반전주의자답게 〈전쟁의 종식〉이라는 제목의 기사로 창간호를 마무리했다. 다음 호에서는 부조리극의 거장 사무엘 베케트(Samuel Beckett·1906~1989), '프랑스의 가장 위대한 무명작가'로 불린 비올레트 르뒥(Violette Leduc·1907~1972), 누보로망 작가 나탈리 사로트(Nathalie Sarraute·1900~1999), 보리스 비앙 외에도, 일평생 도덕적, 지적, 성적 위반을 골고루 체화했던 악명높은 작가 장 주네(Jean Genet·1910~1986)[27] 등이 참여했다.

새로운 아이디어의 실험실과 재능 에이전시가 하나로 합쳐진 이 〈레 탕 모데른〉은 한마디로 실존주의의 인큐베이터였다. 이 좌익 잡지는 인도차이나와 북아프리카의 문제를 최초로 보고했으며, 과도

한 열정과 비상한 용기로 반식민주의 운동을 수용했다.

〈창작과 비평〉 창간, 사르트르 방식의 참여문학

우리나라에서도 이러한 '사르트르식 참여문학'이 1966년 백낙청과
염무웅 등이 만든 〈창작과 비평〉이라는 문학동인지를 통해 널리 퍼
져 1990년대까지 맹위를 떨쳤다고 본다. "김일성 만세/한국의 언론
자유의 출발은 이것을/인정하는 데 있는데// 이것을 인정하면 되는
데//이것을 인정하지 않는 것이 한국/언론의 자유라고 조지훈이란
시인이 우겨대니// 나는 잠이 올 수밖에……" 이 무책임한 염원의 시
〈김일성 만세〉의 저자인 김수영으로 대표되는 1960년대 참여문학은
1970~80년대 김지하의 민중시와—성추행 파문으로 출판계에서 사
실상 퇴출된—고은의 선동적인 민족문학론으로 이어졌다.
　이처럼 1960년대 한국 문학계를 뜨겁게 달구었던 참여문학과 순
수문학 간의 논쟁[28]에서 고 이어령 선생은 〈누가 그 조종을 울리겠는
가!〉라는 조선일보 기고문을 통해 참여문학가들은 '오도된 사회참

여론자'이며, 참여문학은 문학을 '정치 활동의 시녀'로 전락시키는
것이라며 문학의 과도한 정치화에 대하여 경종을 울린 바 있다.

실존주의 앙가주망

그렇다면 이 참여문학의 원조 격인 사르트르에게 실존적 자유를 토
대로 한 행위(실천)를 의미하는 '앙가주망(engagement)'이란 무엇인가?
그것은 직접 사회 문제에 참여해서 조금씩 세계를 변화시킴으로써
자기 선택의 범위를 확장시키는 것이며, 그의 '행위주의(activism)'의
요체를 이루는 핵심 개념이다.

"상황을 변화시킴으로써 자기를 해방시켜라!" 이 매력적인 구호가
사르트르의 앙가주망으로 대변되는 실존주의적 윤리학의 궁극적 목
적이며, 그를 날카로운 사회 비판과 사회 참여로 투신하게 한 원동력
이기도 했다. 현실에 스스로를 던져 넣는 일종의 '자기 구속'을 통해,
인간이 비로소 자유로운 존재가 된다는 그의 역설적인 주장은 지성
계를 강타했다.

그러나 나치 점령 기간 중 적극적인 저항에 거의 참여하지 않았던
사르트르가 이러한 지적 실천의 '유산'을 재빨리 선점한 것은 어쩌
면 뒤늦은 회한의 발로이거나 일종의 기선제압 행위로도 볼 수 있다.

사르트르는 인간 존재의 고유한 '무의미함'을 애도하는 동시에, 개
별 인간 존재의 '자유'를 찬양하는 이중적인 철학 운동인 실존주의
의 주창자가 아닌가? 그러나 그의 철학의 이중성보다는 오히려 성격
이 그의 이중성을 더 잘 설명해 줄지도 모른다.

진실을 말하는 것은 보통 사람들이 하는 일이다. 그러나 비범해지고자 하는 그의 충동이 삶의 원동력이었기에 그에게는 중요한 모든 것에 대해 진실을 말하는 것, 즉 '세상을 있는 그대로 보는 것'이 천성적으로 금지되어 있었다. 이를테면 3주 안에 350페이지 분량의 원고를 쓸 수 있을 만큼 그에게는 비옥한 정신과 날카로운 혀와 펜의 재능이 있었다. 인생의 목표가 철학의 거장인 헤겔의 수준 내지는 경지에 오르기 위해서? "물론 그 상승은 너무 힘들지도, 너무 길지도 않으리라!" 이렇게 스스로 평했을 만큼 사르트르는 최고의 자신감에 넘쳐 있었다.

그러나 그는 또한 까치였다.[29] 철학자의 타고난 영악함 내지 패기만만한 자만심은 그가 깨닫고 있든 그렇지 않은 간에 그를 사악하게 만들었다. 가령 베를린 유학 시절에 나치당의 권력 상승을 목격했던 아롱은 모든 '전체주의' 체제에 대한 혐오감을 키웠던 반면, 1939년 철학을 공부하던 독일에서 프랑스로 돌아온 그는 세상을 향해 히틀러의 독일과 프랑스 사이에 뚜렷한 차이가 없다고 말했다! 그래서 그는 20세기에 오히려 '문명의 반대자들'을 돕고 부추기는 행동을 하

● 막시밀리앵 드 로베스피에르

는 어리석은 지식인의 가장 눈에 띄는 단일 사례가 되었다. 마치 냉혈한 독재자 로베스피에르(Maximilien de Robespierre·1758~1794)처럼 지독한 순결을 지녔던 그는 악마의 옹호자가 이상주의적일 수 있고, 심지어 자기희생적일 수도 있다는 것을 보여준 살아 있는 증거였다.

———

"압제자로부터 억압받는 자를 변호하고, 그들을 착취하고 짓밟는 강자에 맞서

약한 자를 변호하는 것은 이기주의와 부패로 더럽혀지지 않은 모든 사람의 의무입니다.

지원이나 방어자가 없는 불행한 사람들이 어떻게 그렇게 많을 수 있는지 모르겠습니다.

내 인생의 임무는 고통받는 사람들을 돕고 다른 사람들의 고통을 기뻐하는

사람들을 보복의 연설을 통해 추적하는 것입니다. 내 미약한 노력이

성공으로 이어지고 내 헌신과 희생의 대가로 내 명성이 압제자들의 범죄로

더럽혀지지 않는다면, 나는 얼마나 행복할까요? 나는 싸울 것입니다."

– 막시밀리앵 드 로베스피에르(Maximilien de Robespierre·1758~1794)

———

우리는 프랑스 지식인하면 으레 떠오르는 이미지가 세상의 모든 고민을 혼자 간직한 채 우수를 머금은 표정으로 프랑스산 골루아즈(Gauloises) 담배를 피워대고, 검은 에스프레소 커피를 마시고, 두고두고 생각할 거리를 남기는 촌철살인의 경구를 무심하게 툭 내뱉는 모습이라고 할 수 있다. 보부아르 역시 사르트르와 함께 노천카페의 의자에 걸터앉아 커피를 마시면서 세상을 개조하는 진보적인 사상에 푹 빠져들지 않았던가?

에밀 졸라의 열정적인 드레퓌스주의(dreyfusisme)[30]에서부터 여권신장을 위한 보부아르의 운동과 프랑스 감옥의 을씨년스러운 풍경을 개

선하기 위한 미셸 푸코의 작업에 이르기까지, 이처럼 프랑스 지식인들은 프랑스 사회에서 '대중 담론'을 형성하는 데 지대한 공헌을 했다. 무의미와 부조리, 비이성과 반종교 시대의 20세기 실존주의 운동에 대하여 마치 '공동소유권'을 지닌 것과 진배없는 사르트르와 보부아르는 〈레 탕 모데른〉의 사무실, 편집 회의, 활발한 공개 강연 등을 통해서, 강의실을 넘어 막강한 문화 권력과 영향력을 행사하는 지적 참여의 토대를 굳건히 수립할 수 있었다.

보부아르는 일요일 오후 편집 회의를 "가장 고귀한 형태의 우정"이라고 칭했다. 물론 보부아르의 경우에는 어린 제자와의 성 추문 등 피치 못할 개인적 사정도 있었지만, 이 시점에서 두 사람은 모두 가르치는 것을 포기했다. 그래서 이제는 일반 대중들도 파리와 프랑스 지역의 수많은 신문 가판대와 서점에서 사르트르와 보부아르라는 이름을 쉽사리 접할 수 있게 되었다. 1971년에 보부아르는 〈레 탕 모데른〉지의 디렉터가 되었다. 그녀는 사르트르와 함께 미국, 중국, 러시아, 쿠바 등 많은 국가를 여행하면서 피델 카스트로, 체 게바라, 중국 공산당 지도자 마오쩌둥과 같은 거물급 공산주의 인물들을 만났다.

칼라스 사건, 사형제도 폐지 운동

———

"오늘 당신의 삶을 바꾸어라. 미래를 놓고 도박하지 말고, 지체 없이 지금 행동하라."

– 시몬 드 보부아르

———

사르트르가 실질적으로 주조해 낸 시대적 키워드, 프랑스 앙가주
망의 계보를 이해하기 위해 그 악명 높은 '장 칼라스 사건'을 알아보
기로 한다. 이 사건은 1762년, 구교인 가톨릭과 신교인 프로테스탄트
의 대립이 극심했던 시기에 친 가톨릭 성향이 강한 프랑스 남부 툴루
즈 지방에서 발생했다.

64세 상인 장 칼라스의 장남, 마크-앙투안(Marc-Antoine)이란 청년이
위그노(프랑스 개신교도)라는 이유로 변호사가 될 수 없는 자신의 처지
를 비관한 나머지 자살한 비극에서 비롯되었다.[31]

그런데 그는 죽기 전에 새로 산 옷을 친구에게 자랑하는 등 자살을
결심한 사람답지 않은 행동을 했다. 이처럼 석연치 않은 그의 죽음은
광기 어린 대중들에 의해, 아들의 가톨릭 개종을 막기 위해 가족이
살인했다는 괴소문으로 변질되어 삽시간에 퍼져나갔다. 18세기 프
랑스의 사법 제도는 범죄 용의자에 대한 '보호 장치'를 거의 제공하

● 장 칼라스의 체포

지 않았기 때문에 이런 소문은 전염병만큼이나 치명적일 수 있었다.

결국, 가톨릭교도들의 모함으로 모범적인 가장이었던 장 칼라스에게는 사형(거열형)[32]이 선고되었고 그의 가족은 추방, 재산 몰수 등 말 그대로 온 가족이 풍비박산이 나고 말았다. 칼라스는 얼굴이 하늘로 향한 채 바퀴에 묶여 두 시간 동안 모진 고문을 당했지만, 개종을 거부하고 끝까지 자백도 거부했다. "나는 무죄로 죽는다!"라면서 그는 절규했다. 그 후 그는 교살당했고 그의 시신은 타오르는 장작더미 위에 던져졌다.

철학자, 극작가, 타고난 선동가이자 그 시대의 가장 위대한 논쟁가인 볼테르는 이 부조리한 사건에 집착하게 되었고, 국가, 교회, 법정에서 그가 '오점'이라고 생각하는 해악을 근절하기 위해 3년간 십자군 전쟁을 벌였다. 때마침 같은 해에 그의 숙명적인 라이벌인 장 자크 루소가 사회가 어떻게 타락하는지에 대해 고찰하면서《사회 계약론(Du Contract Social)》(1762)을 출간했을 때, 볼테르는 저자 루소에게 이

• 1762년 3월 9일 툴루즈에서 바퀴에 부스러진 칼라스의 잔인한 죽음

렇게 썼다고 한다. "장 자크는 글을 쓰기 위해서만 글을 쓰고, 나는 행동하기 위해 글을 씁니다."

여담이지만 사르트르도 역시, 에콜 노르말의 동기생인 레몽 아롱과 탁월함과 경쟁심으로 얽혀 있었다. 사르트르와 마찬가지로, 아롱은 1905년에 태어났고 1924년에 에콜 노르말에 입학했다. 당시 에콜 노르말의 학생이 된다는 것은 일생 동안 출세가 보장되는 '구별의 배지'를 지니고 다니는 것과 마찬가지였다. 제1차 세계 대전 이전에 에콜 노르말은 앙리 베르그송(Henri Bergson·1859~1941)과 에밀 뒤르켐(Émile Durkheim·1858~1917), 제2차 세계 대전 이후에는 자크 데리다와 미셸 푸코 같은 저명한 학자들을 배출했다. 그리고 전간기에 에콜 노르말 생도 중 가장 뛰어난 인물은 사르트르와 아롱이었다.

1945년에 메를로-퐁티가 "사르트르에게는 내 생각을 말하지 않도록 조심한다. (안 그러면 걔가 표절하니까!)"라고 말했다고 아롱은 기술한 적이 있다. 사르트르는 생애 말년의 인터뷰에서 자신은 누구에게도 영향을 받지 않았으며, 아마도 약간은 폴 니장(Paul Nizan·1905~1940)[33]의 영향을 받았다고 말했다. "유대 관계를 맺은 동료인 니장은 맞지만, 확실히 아롱은 아닙니다."라고 그는 강하게 부인했다.

참고로 사르트르의 절친이었던 니장의 풍자적인 평론집《집 지키는 개들(Les Chiens de garde)》(1932)은 부르주아 문명을 비판한 것이며, 소설《음모(La Conspiration)》(1938)는 파리를 무대로 혁명을 기도하는 지식계급 청년들을 표현했다. 특히 "나는 스무 살이었다. 나는 아무도 그 시절이 인생에서 가장 아름다운 나이라고 말하지 못하게 하리라 (J'avais vingt ans. Je ne laisserai personne dire que c'est le plus bel âge de la vie)."라는 첫 문

장은 68년 5월 학생 시위의 가장 영향력 있는 슬로건 중 하나였다.

당시 68세의 철학자 볼테르는 사람들에게 직접 호소함으로써, 불의에 맞서 싸우는 도구로서의 '여론의 힘'을 확립하는 데 크게 공헌했다. 칼라스 사건에 대한 볼테르의 적극적인 개입은 '사형제도'를 폐지하는 세계적인 운동의 첫걸음마인 동시에 프랑스 지식인의 현실참여라는 앙가주망의 시초가 되었고, 무엇보다 종교적 '톨레랑스(tolérance·관용)의 중요성을 일깨우는 계기가 되었다.

볼테르는 칼라스 가족을 변호하고 종교적 불관용의 문제를 철학적 관점에서 고찰했으며, 그 결과 세상의 모든 칼라스를 위한 책, 유명한 《관용론(Traité sur la tolérance)》(1763)이 탄생하게 된다. 비록 볼테르는 '혁명가'는 아니었지만, 칼라스 사건에서 (동정) '여론'을 형성해 나가는 과정에서 자신과 동료 철학자들이 사실상 역사를 만들어 가고 있다는 사실을 깨달았다.

볼테르는 억울하게 죽은 장 칼라스를 위해 싸움을 조직하고 자신의 폭넓은 인맥을 동원하고, 흔쾌히 자금까지 지원했으며, 심지어 사

● 비운의 장 칼라스

실을 윤색하거나 왜곡하는 것도 주저하지 않았다. 예를 들어, 볼테르는 사망한 칼라스의 나이에 5년을 떡 하니 추가했다. 그 이유는 노쇠한 아버지가 개신교 신앙을 버릴 계획을 세운 아들의 '배교'를 막기 위해 죽였다는 음모설을 풍자하는 데 상당한 도움이 되었기 때문이다.

오랫동안 상류층 귀족의 사랑을 받았던 볼테르는 이제 민중의 옹호자가 되었다. 그는 귀족처럼 '상속'이 아니라 '투자'로 부자가 된 자수성가형 인물이다. 한때는 프랑스 복권 게임을 했고, 일종의 노환으로 시력이 흐려지면서도 하루에 커피를 무려 40, 50잔씩 마시면서 미친 듯이 오랜 시간 일했다. 한 고위 정부 관리는 볼테르에게 "세상이 알아서 움직이도록 그냥 내버려두시오."라면서 물러나도록 충고했지만, 볼테르는 거절했다.

그는 영장도 없이 칼라스 가족을 체포한 치안 검사 다비드 드 보드리그(David de Beaudrigue)란 자를 '악당'이라고 불렀고, 동조한 재판관들을 '야만적인 드루이드 사제'[34]와 '검은 법복을 입은 암살자들'이라고 조롱했다. 그는 불어, 영어, 독일어 및 네덜란드어로 팸플릿과 기타 고발장을 손수 작성하는 등 노익장의 건재를 과시했다.

결국, 볼테르의 투쟁은 빛나는 승리를 거두었다. 1765년 3월 9일, 억울하게 유죄 판결을 받고 죽은 지 3년이 된 날에 장 칼라스는 드디어 만장일치로 무죄 판결을 받았다. 그러나 이미 죽은 칼라스의 생명을 회복시킬 수 없었던 프랑스 정부는 그의 명예를 회복시켰다. 볼테르는 장 칼라스의 결백을 입증한 뒤 이렇게 말했다. "의견이 세상을 지배한다. 그리고 결국에는 철학자가 사람들의 의견을 지배한다."

———

"의견이 세상을 지배한다. 그리고 결국에는 철학자가 사람들의 의견을 지배한다."

– 프랑스 철학자 볼테르

———

시간이 흐르면서 그의 영향력은 유럽을 넘어 미국으로 확장되었고, 미국 건국의 주역들인 벤자민 프랭클린(Benjamin Franklin·1706~1790)과 토머스 제퍼슨(Thomas Jefferson·1743~1826) 같은 인물들이 그의 저서를 읽고 존경했다.

1778년 볼테르는 파리 귀환으로 열렬한 환영을 받았고,[35] 사람들은 그를 가리켜 '칼라스의 남자(l'homme aux Calas)'라고 칭송해 마지않았다. 그는 권위 있는 코메디 프랑세즈 극장에서 벤자민 프랭클린을 만났다. 당시 현장에 있었던 존 애덤스(John Adams·1735~1826)의 증언에 따르면, 그것은 하나의 역사적인 명장면을 만들었다. 군중들은 무대 위에서 두 사람이 서로를 껴안고 서로의 뺨에 입을 맞추자 "솔론과 소포클레스가 서로 포옹하는 것을 바라본다는 것은 얼마나 매력적인 일인가!"라면서 환호성을 질렀다고 한다. 볼테르는 그해 말 83세의 나이로 사망했다.

칼라스 사건의 경우, 재판 기록이 공개되었을 뿐 아니라 보존되어 후대의 학자들에게 칼라스의 장남 마크-앙투안이 과연 어떻게 죽었는지 재검토하고 다시 논쟁할 기회를 제공했다. 영국의 공리주의 철학자 제레미 벤담(Jeremy Bentham·1748~1832)도 칼라스 사건을 인용하면서 사형제도의 부분적 폐지의 타당성을 논했고, 미국 역사가 린 헌트(Lynn Hunt)의 저서 《인권의 발명(Inventing Human Rights)》(2007)에 기록된 바와 같이 이 사건은 '고문 반대 운동'의 활성화에도 이바지했다.

―――

"모든 사람이 그들 자신이 행하지 않은 모든 선행에 대해 유죄다."

– 프랑스 철학자 볼테르

―――

필자는 한 칼럼에서 조국 교수를 "지식인으로서 현실 참여를 통해 사회 개혁에 이바지하는 앙가주망(검찰개혁)을 실천했다는 이유로 정치적 박해를 당하는 볼테르"와 동일시하고, 또 비리의 온상인 조국 가족을 비운의 장 칼라스 가족의 처지에 비유하는 것을 읽고 놀란 적이 있다.[36] 게다가 성별, 나이, 국적, 시대적 상황도 판이한 정경심 교수를 '한국판 장 칼라스'에 비유하면서 그녀를 위해 변론해 줄 볼테르는 과연 어디 있는가라는 글 기고가의 물음표에는 그만 실소를 금하지 않을 수 없었다.

구태여 멀리 있는 18세기의 볼테르의 망령을 소환할 것이 아니라, 바로 현재 그녀의 남편 아닌가? 어떻게 조국 같은 이중인격자를 위대한 철학자 볼테르와 비교할 수 있냐며 성토하려는 것은 아니다. 볼테르는 "나는 도덕성이 없지만, 매우 도덕적인 사람이다."라는 아리송한 말을 남겼다. 이른바 프랑스 '에스프리(esprit·정신)'를 가장 잘 대변하기로 정평이 나 있는 철학자 볼테르는 단 한 번도 결혼한 적이 없었고, 오늘날 대한민국에서 태어났더라면 필경 입시 비리에 연루될 소지가 다분한 아이도 한 명 없었다.

　그는 명목상 '총각'으로 죽었지만, 그의 개인적인 삶은 정부, 애인 및 장기 연인의 회전문이나 마찬가지였다. 그는 뛰어난 작가이자 과학자인 기혼여성 샤틀레 후작부인(Émilie du Châtelet·1706~1749)과 16년 동안 낭만적인 연인 관계를 유지했으며 나중에는 18세 연하의 조카인 마리 루이즈 미뇨(Marie-Louise Mignot·1712~1790)(볼테르 친누나의 딸)와 비밀리에 헌신적인 동업 관계, 실제로는 부부 연을 맺었다![37] 잘 알려지지 않은 사실이지만, 1729년 볼테르는 수학자 샤를 마리 드 라 콩다민(Charles Marie de La Condamine·1701~1774) 등 여러 명과 환상적인 팀을 이루어, 프랑스 국민 복권의 유리한 허점을 파고들었다. 정부는 매달 대회를 위해 막대한 상금을 내놓았지만, 계산 오류로 인해 지불금이

● 볼테르의 동거녀 마리 루이즈 미뇨

그만 유통되는 모든 복권 티켓의 가치보다 훨씬 더 컸다고 한다. 이를 염두에 두고 볼테르와 라 콩다민 및 다른 도박꾼 신디케이트는 반복적으로 시장을 장악하고 막대한 상금을 챙길 수 있었다. 덕분에 볼테르는 거의 50만 프랑에 가까운 횡재를 얻어, 평생 동안 문학 경력에만 전념할 수 있었다.

사르트르의 대선배인 볼테르도 역시 거의 신기에 가까운 다작의 작가였다. 그는 50편 이상의 희곡, 과학, 정치 및 철학에 관한 수십 편의 논문에다, 러시아 제국에서 프랑스 의회에 이르기까지 모든 것에 관한 여러 권의 역사서를 정력적으로 저술했다. 또한, 약 20,000통에 달하는 방대한 서신과 시를 후세에 남겼다.

그는 이러한 엄청난 성과를 유지하기 위해 하루에 최대 18시간 동안 글을 썼고, 심지어 침대(병상)에 누워 있는 동안에도 비서들에게 자신의 구술을 받아 적도록 했다. 1770년대에 스위스 페르네(Ferney)에 거주하는 동안, 볼테르는 스위스 시계공들과 제휴해서 그의 사유지에서 시계제조업에 착수했다. 70대의 볼테르가 매니저 겸 금융가로 활동하면서 시계제조업은 곧 마을 전체의 산업으로 성장했고, 페르네 시계는 유럽 최고의 시계들과 경쟁하게 되었다.[38]

그는 바티칸 주재 프랑스 대사에게 "우리 시계는 아주 잘 만들어졌습니다. 아주 멋지고 아주 좋고 저렴합니다."라고 선전했다. 볼테르는 '기업'을 페르네 경제를 지탱하는 방법으로 보았다. 그는 방대한 상류층 인적 네트워크를 이용하여 잠재 구매자들을 물색했으며, 결국 러시아의 예카테리나 대제와 프랑스의 루이 15세와 같은 최상의 VIP 고객들에게 자신의 상품을 판매하는 데 성공했다.

놀랍게도 도박과 기업활동에 이어, 철학자 볼테르는 프랑스 정부의 스파이로도 짧은 경력을 쌓았다. 1730년대 후반에 그는 "통치자는 국가의 첫 번째 종복"이라고 선언했던 프리드리히 2세(1712~1786)와 활발히 서신을 주고받았고, 나중에는 프로이센 군주를 직접 만나기 위해 여러 차례 독일을 여행했다.

1743년에 볼테르는 프랑스 궁정에서 실추한 그의 명성을 회복하기 위해, 자신의 새로운 '친분'을 이용하려는 잘못된 계획을 꾸몄다. 정부 정보원으로 일하기로 계약을 맺은 후에 그는 몇 통의 편지를 통해서, 프리드리히 2세의 외교 정책과 재정에 대한 비밀 정보를 프랑스 궁정에 제공했다. 그러나 볼테르는 자신이 곧 '형편없는 스파이'임을 증명했고, 프리드리히 2세가 그의 동기를 의심하게 된 후부터 그의 계획은 빠르게 무너졌다.

그럼에도 두 사람은 친한 친구로 남아 있었고, 심지어 둘이 '연인' 사이 아니냐고 수군거리는 자들도 있었다.[39] 마치 권력자에게 아부하는 '어용 지식인'처럼 볼테르는 1750년에 프로이센으로 이주하여 상수시(Sanssouci) 궁정에서 탄탄한 개인적 입지를 다졌다. 참고로 1747년 프리드리히 2세가 포츠담에 세운 여름 궁전 '상수시'는 불어로 '걱정이나 불안이 없다'는 뜻이다. 다른 유럽 왕실들과 마찬가지로 프리드리히 2세의 일상어는 독어가 아니라 불어였고, 독일문화를 경멸하기로 유명했다.

그러나 볼테르가 프로이센 과학 아카데미 원장을 통렬하게 공격한 후, 1752년에 그들의 관계는 마침내 틀어졌다. 프리드리히 2세는 볼테르를 맹렬히 비난하고 그가 쓴 풍자적인 팸플릿을 공개적으로 불

• 상수시 궁정의 복도를 거니는 프리드리히 2세와 볼테르

태우라고 명령했다. 프리드리히 2세와 함께 '철학과 권력의 동맹'이
라는 플라톤적 이상 실현을 꿈꾸었던 볼테르는 1753년에 궁정을 영
원히 떠났고, "나는 16년 동안 (프리드리히 대제에 대해) 열광했지만, 그는
나의 오랜 병을 고쳤습니다!"라고 친구에게 말했다.

볼테르는 프랑스 부르주아는 너무 작고 비효율적이며, 귀족은 기
생적이고 부패하며, 평민은 무지하고 미신적이며, 교회는 왕의 탐욕
에 대한 '균형추'로서 이따금 유용한 정적이지만 억압적인 세력으로
보았다. 볼테르는 민주주의를 신뢰하지 않았고, 오히려 대중의 어리
석음을 퍼뜨리는 것으로 간주했다.

———

"민주주의는 결코 오래가지 않는다는 것을 기억하시오.

그것은 곧 스스로를 낭비하고, 지치게 하고, 스스로를 죽입니다.

자살하지 않은 민주주의는 아직 없었습니다."

– 미국 정치가 존 애덤스(John Adams·1735~1826)

———

당시 사회구조와 극도로 높은 문맹률을 감안할 때, 볼테르는 깨어 있는 계몽 군주만이 '변화'를 가져올 수 있으며, 신민의 교육과 복지를 개선하는 것이 왕의 합리적인 이익이라고 오랫동안 생각했다. 프리드리히 2세에 대한 실망과 환멸로 인해 어느 정도 철학 경로를 바꿨지만, 그는 어디까지나 점진적인 개혁가이지 결코 기존 체제를 송두리째 뒤엎는 급진적인 혁명가는 아니었다. 물론 귀족과 성직자에 대하여 가차 없이 비판을 가했지만, 귀족의 친구이며 자수성가형 기업가였던 볼테르[40]는 아이러니하게도 사르트르와 보부아르가 거의 일평생 증오해 마지않았던 부르주아 계급의 이해를 대변하는 철학자로도 볼 수 있다.

사실상 '실존주의 선언문'이나 다를 바 없는 사르트르의 〈레 탕 모데른〉의 창간호 서문으로 돌아가 보자. "부르주아 출신의 모든 작가는 '무책임'의 유혹을 알고 있습니다. 저는 개인적으로 플로베르가 파리 코뮌을 막으려는 단 한 줄의 글도 쓰지 않았기 때문에, 코뮌에 가해진 (무자비한) 탄압에 개인적으로 책임이 있다고 생각합니다. 사람들은 아마도 그의 일이 아니라고 말할 것입니다. 그러면 칼라스 재판은 볼테르의 일이었습니까? 드레퓌스 사건에 대한 비난은 졸라의 일이었습니까? 우리는 〈레 탕 모데른〉에서, 우리가 살고 있는 시대의 힘찬 고동을 놓치고 싶지 않습니다. 우리의 의도는 우리가 살고 있는 사회에 영향을 미치는 것입니다."

앙가주망의 표본 〈드레퓌스 사건〉

프랑스 지식인의 역량, 에밀 졸라의 변호

아마도 사르트르가 주장하는 진정한 앙가주망의 표본으로는 행동하는 지식인의 표상인 에밀 졸라가 최적화되어 있다고 볼 수 있으리라. 진실과 정의를 중시한 도덕주의자이자 이상주의적 사회주의자인 에밀 졸라는 1898년 유대인이란 이유로 스파이 누명을 쓰고 종신형을 선고받은 드레퓌스 대위를 위해, 〈나는 고발한다(J'accuse)〉는 장문의 글을 클레망소의 신문 〈로로르(L'Aurore·여명)〉에 기고했다. 졸라는 이 유명한 공개서한을 통해 드레퓌스의 무죄를 주장하고, 드레퓌스에게 간첩죄를 뒤집어씌운 수구적인 군부세력의 부패를 통렬히 비판했다. 졸라의 이 같은 고발문은 여론과 대중매체, 또 국가의 정체성을 형성하는데 프랑스 지식인의 새로운 역량을 보여준 최고의 선언

• 로로르지의 1면에 실린
  〈나는 고발한다〉(1898년 1월 13일)

문으로 평가받고 있다.

그러나 졸라의 공개서한이 발표되자 오히려 반유대주의가 폭발했고, 그때부터 프랑스 사회는 국론이 분열되어 거대한 논쟁의 소용돌이 속으로 휘말리게 되었다. 파리와 프랑스령 알제리 등에서는 성난 군중들이 "졸라를 죽여라! 유대인을 죽여라! 군대 만세!" 따위의 구호를 외치며 유대인 상점을 약탈하거나 유대인에게 테러를 가하는 등 곳곳에서 폭동이 발생했다. 언론에서는 각종 비방이 난무했고 결투도 많이 발생했으며, 각계각층의 지도자들도 '인권'과 '국익'이라는 대전제 사이에서 극렬한 논쟁을 벌였다.

드레퓌스의 유죄를 주장하는 반(反)드레퓌스파(재심반대파)에는 왕당주의자, 민족주의자, 로마가톨릭 교회 및 반유대주의 진영이 있었고, 드레퓌스의 무죄를 주장하는 친(親)드레퓌스파(재심파)에는 공화주의자, 프로테스탄트(개신교도), 반성직주의자(anti-clericalist)[41] 및 사회주의자들의 동맹이 있었다.

반드레퓌스파들은 이 사건을 독일의 지지를 받는 '유대인 사회주

● 자연주의 소설가·저널리스트 에밀 졸라

의자'들이 프랑스를 굴복시키기 위해 꾸민 음모로 파악했던 반면에, 친드레퓌스파들은 공화국이 보수적인 군사 귀족들에 의해 위협받고 있다면서 공화국의 위기를 주장했다. 특히 로마가톨릭 교회가 드레퓌스에 대한 적대감을 보이자, 많은 반성직주의자들이 친드레퓌스 진영으로 대거 몰려들었다.

그리고 졸라 자신은 '명예훼손죄'로 기소되어 징역 1년 형과 벌금 3,000프랑을 선고받았지만, 투옥을 피해 자신이 입은 옷과 신문지에 싸인 잠옷만 가지고 영국으로 도망쳤다.[42] 당시 졸라의 이러한 도주는 일단 보수층의 승리로 받아들여졌다. 주요 언론에서는 "자신이 유죄라는 것을 아니까, 몰래 야반도주한 거 아니냐?"라면서 더욱 목청을 높여 졸라를 비난했다.

특히, 프랑스 민족주의자 에르네스트 쥐데(Ernest Judet·1851~1943)가 발행하는 보수 일간지 〈르 프티 주르날(Le Petit Journal)〉[43]에서는 〈졸라의 아버지와 아들〉이란 수상쩍은 제목의 기사를 보도했다. 여기서 쥐데는 60년 전 졸라의 아버지가 장교였던 시절에 '도둑'이었다면서, '그 아버지에 그 아들'이라는 식으로 졸라와 그 가족의 비방에 열을 올렸다. 그러나 후일 역사가들은 그 당시 참모부 2호실에서 쥐데에게, 졸라 아버지에 대한 거짓 문서를 의도적으로 제공했다는 사실을 밝혀냈다.[44]

어쨌든 졸라는 이 일로 인해 많은 팬을 잃었고, 이전에 받았던 레지옹 도뇌르 훈장도 박탈당했으며, 금전적으로도 많은 손실을 입었다.

졸라가 모든 망명객의 은신처인 런던에 피신해 있는 동안 프랑스에서는 무혈 언론 전쟁의 거대한 서막이 올랐다. 친 드레퓌스 언론은

● 드레퓌스를 풍자하는 캐리커처

악마의 섬 죄수에 대한 진실, 이성, 정의에 도달하는 것을 강조했던
반면, 드레퓌스 반대자들은 스스로를 군대와 국가 안보의 수호자로
여겼으며 프랑스를 파괴하려는 '유대인 신디케이트'가 드레퓌스 사
건의 배후에 있다고 믿었다.

　이 과열된 언론 전쟁은 새로운 스타일의 저널리즘이 프랑스와 미
국을 포함한 세계의 여러 지역에서 번창하기 시작했을 때 발발했다.
고속 인쇄기 덕분에 신문을 대량 인쇄할 수 있었고, 파리에서는 거의
100개의 신문과 저널들이 독자들을 놓고 경쟁했다. 새로 발명된 그
래픽 프로세스를 통해 신문 및 기타 출판사는 포스터, 만화, 캐리커
처, 연재만화, 그림엽서 등 수많은 선전물을 대량 생산할 수 있었다.

　한 유명한 포스터는 드레퓌스를 '반역자(traître)'라는 라벨이 붙은
칼이 그의 몸을 찌르는 뱀 같은 괴물로 묘사했다. 또 다른 포스터에
서는 졸라를 인간 돼지로 악마화하고, 그가 프랑스 지도에 '국제적

똥(caca international)'을 칠하는 장면을 풍자적으로 그렸다. 포스터의 우측 상단의 제목에는 '돼지들의 왕', 또 좌측 하단에는 '항문'과 (바보, 똥 고집쟁이 등을 의미하는) '당나귀 머리'라는 신체적 비속어들이 적혀 있다.

1899년 6월 3일, 마침내 '진범'인 에스테라지의 자백이 파리 신문에 실린 날, 정부는 드레퓌스를 악마의 섬에서 다시 데려와 새로운 군법회의에 참석시키기로 결정했다. 드레퓌스는 4년 반 동안이나 감옥에 갇혀 있었다.

드레퓌스의 두 번째 군법정은 아마도 세계 최초의 대규모 미디어 행사였을 것이다. 많은 국가에서 온 수백 명의 언론인, 사진가, 유명인 외에도 일반인들도 이 역사적인 재판을 목격하기를 원했다. 취재하는 기자들은 최초로 영화 촬영까지 시도했지만 허용되지는 않았다.

1899년 9월 9일, 대통령 에밀 루베(Emile Loubet · 1838~1929)는 '정상을 참작해서' 공식적인 특사를 내렸으나 그것은 바로 '민사재판'을 통

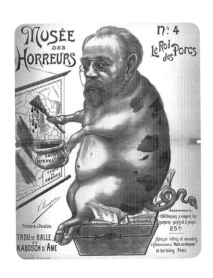

● 돼지 졸라가 프랑스 지도에
  국제적 똥을 칠하고 있는 장면

해서였다. 드레퓌스는 몹시 낙담했지만, 대통령의 사면을 그대로 받아들이기로 했다. 그것은 그가 반역죄를 저질렀다는 것을 사실상 시인하는 것을 의미했다.

그렇지만 당사자인 드레퓌스에게 그것은 '죽느냐 사느냐?'의 문제였고, 그는 무엇보다 악명 높은 악마의 섬으로 다시 돌아갔을 때 자신의 생존 가능성을 두려워했다. 그러자 그의 결백을 믿고 그의 석방을 위해 함께 싸웠던 친드레퓌스파들은 깊이 낙심했다. 샤를 페기(Charles Peguy·1873~1914) 같은 시인은 "우리는 그를 위해 죽을 각오까지 했지만, 드레퓌스는 그러지 않았다!"라면서 실망감을 감추지 못했다.

이 드레퓌스 사건에 과몰입하다 보니까, 불어의 앙가주망보다는 오히려 순우리말인 '오지랖'에 해당하는 진풍경이 벌어진 셈이다. 물론 드레퓌스를 옹호하는 신문들도 "내게 명예 없는 자유는 아무런 의미가 없다!"라며 허탈해 하기는 마찬가지였다.

1906년에 드디어 드레퓌스 사건은 파기되었다. 그러나 군부가 드레퓌스의 '결백'을 공식적으로 인정하고 사과한 것은 백 년이 지난 후의 일이다. 드레퓌스는 군대에 다시 복직했고 레지옹 도네르 훈장을 받았다. 본인의 의지와는 상관없이 역사적 인물이 된 그는 제1차 세계 대전에 참전했고, 75세의 나이를 일기로 파리에서 사망했다.

이 세기의 드레퓌스 사건에서 드레퓌스 본인보다 더 중요한 역할을 담당했던 졸라는 1902년 파리의 자택에서 그만 미궁 속에 질식사했다. 1923년에 진범 에스테라지도 역시 영국의 하펜덴에서 몰락해서 사망했다.

자유와 혁명의 프랑스, 뿌리깊은 반유대주의

"항상 죽을 각오를 하고 있는 사람만이 참으로 자유로운 인간이다"

– 고대 그리스 철학자 디오게네스(B.C.412?~B.C.323?)

이 드레퓌스 사건의 사회적 여파로 우리는 첫째 반유대주의의 기승[45]과 둘째 '제4 권력'[46]으로서 언론의 역할이 미증유로 강화되었다는 점을 들 수 있다. 프랑스 정치 생활에서 언론이 최초로 중대한 영향을 행사했는데, 그것은 에밀 졸라처럼 신문을 하나의 '혁명적 표현수단'으로 활용한 작가와 소설가들의 역량에 힘입은 바가 크다.

드레퓌스 사건은 그야말로 엄청난 후폭풍을 몰고 왔다. 전 유럽의 유대인들은 거대한 충격과 공포에 휩싸였는데, 그 이유인즉 드레퓌스처럼 국가에 충성을 맹세하고 군대에 복무했던 자도, 다시 말해서 프랑스문화에 완전히 동화된 인물조차도 공정한 재판을 받지도 못하고 맹렬한 반유대주의적인 증오의 희생물이 되었기 때문이다. 특히 유대계 오스트리아 기자 테오도어 헤르츨(Theodor Herzl·1860~1904)에게 이 사건은 '동화주의(Assimilationism)'[47]가 결코 반유대주의에 대한 방어책이 될 수 없다는 것을 적나라하게 보여준 사건이었다.

그는 원래 시온주의(Zionism)[48]를 반대했으나 드레퓌스 사건 이후부터 그것을 옹호하게 되었고, 오직 유대 국가의 창설만이 반유대주의 문제를 근본적으로 해결할 수 있다고 믿게 되었다. 보불전쟁의 패배 이후, 프랑스에 남아 있던 긴장과 악화된 감정의 앙금을 그대로 여과

없이 보여준 이 드레퓌스 사건은 자유와 혁명의 본고장인 프랑스에서 얼마나 반유대주의의 뿌리가 깊은지 그 위력을 제대로 보여준 사건이었다. 이 사건은 이른바 세속성(laïcité)의 원리[49]에 근거한 1905년 '교회와 국가분리법'의 제정에도 크게 기여했다.

흔히 이 드레퓌스 사건을 '졸라의 사건'이라 부르기도 한다. 만일 그의 고발장이 없었다면, 진실과 정의를 위해 대대적으로 동원된 친드레퓌스파 지성인들과 전통주의적 우파인 샤를 모라스(Charles Maurras·1868~1952)를 중심으로 한 반드레퓌스파의 대립, 즉 '좌파 대 우파,' '보편주의 대 민족주의' 등의 첨예한 대결도 없었을 것이다.

결과적으로 졸라의 고발장에 강한 인상을 받은 장 조레스(Jean Jaurès·1859~1914)와 사회주의자들이 대의에 적극 동참하면서부터, 드레퓌스 사건은 이른바 '사회주의자들의 시험장'이 되었다.

사실 졸라의 입장에서 본다면, 드레퓌스 구명 운동에 뛰어드는 것은 아무런 실익도 없고, 또 여태까지 쌓아놓은 문학적 업적과 명성을

● 사회주의 지도자 장 조레스

다 허물어뜨릴 수 있는 모험이기도 했다. 졸라가 이 사건에 뛰어들게 된 동기는 물론 부당하게 형을 선고받은 한 개인을 변호하기 위해서였지만, 그는 그것이 바로 시대적 소명을 다하는 지성인의 진정한 책무라고 판단했기 때문이다. 그래서 졸라는 〈나는 고발한다〉에서 "내가 수행하고 있는 행위는 진실과 정의의 개화를 앞당기기 위한 하나의 혁명적 수단일 뿐"이라고 장중하게 선언했다. 그는 프랑스가 '야만주의'로 전락하고, 국가음모로 불의를 지원하고, 소수 인종 차별 세력을 조장하고 있다는 사실에 상처를 받고 몹시 분노했다.

지식인들의 사회 참여, 앙가주망 계보

———

"진실은 전진 중이며 누구도 그것을 멈출 수 없다."

- 프랑스 소설가 에밀 졸라

———

졸라의 런던 망명은 그의 인생에서 특별한 에피소드다.[50] 1898년 크리스마스의 계절에, 당시 세계에서 가장 위대한 작가는 아니었지만, 프랑스에서 가장 유명한 작가였던 그는 파리의 혼란에서 벗어나 런던 남부에 있는 작은 호텔에 머무르고 있었다. 영어도 할 줄 몰랐던 그는 싫어하는 호텔 방구석에 틀어박혀 고국인 프랑스로 돌아가고 싶어 했다.

을씨년스러운 겨울 런던에 머무는 동안에 그는 아내와 정부와 두 자녀뿐만 아니라, 친구와 지지자들의 방문을 받았다. 졸라가 영국에 있는 동안 만난 몇 안 되는 방문객 중 한 명이 퀸스 호텔에 온 조레스라는 사실은 그리 놀라운 일이 아니다.

졸라는 몸서리치는 외로움을 느끼면서, 자신의 삶의 세 가닥인 '사랑, 문학, 정치'를 서로 조화롭게 연결시키기 위해 고군분투했다. 거의 모든 작가가 그러하듯이 그도 복잡한 애정의 삶을 살았지만, 조강지처인 알렉상드린 졸라(Alexandrine Zola·1839~1925)와 그에게 두 명의 자녀를 낳아준 정부 잔 로즈로(Jeanne Rozerot·1867~1914)에게는 상대적으로 충실한 남편이었다.

세탁부 출신의 그의 아내는 파리의 하층 계급에서 온 여러 인물의 특징과 이야기로 졸라에게 많은 소설적 영감을 주었다. 둘 사이에는 아이가 없었다. 어느덧 50대에 접어들었을 때, 졸라는 인생의 의미에 대해 고민하게 되었다. 그러나 "내 아내는 거기에 없습니다."라고 그는 친구 에드몽 드 공쿠르(Edmond de Goncourt·1822~1896)[51]에게 속내를 털어놓았다고 한다.

그리고 졸라는 밝은 눈, 윤기 나는 검은 머리에 매우 날씬한 허리를 지닌 하녀 잔 로즈로를 유혹하기 위해, 엄격한 다이어트를 통해 살을 빼고 자전거를 타고 시골을 여행하며 몸을 단련했다. 그들은 1888년 12월 11일에 연인이 되었다. 당시 그는 48세, 잔은 21세였다.

그러나 그는 1894년 7월에 이렇게 인간적인 고백을 했다. "나는 행복하지 않습니다. 이 공유, 이 이중생활을 강요당하고 결국 절망에 빠지게 됩니다. 나는 내 주변의 모든 사람을 행복하게 만드는 꿈을 꾸었지만, 그것은 불가능하다는 것을 알 수 있습니다."

그는 영국에서 약 11개월을 보냈다. 영국의 모든 것을 사랑했지만

● 에밀 졸라와 잔 로즈로(1893년)

요리만큼은 정말 싫어했던 18세기의 유명한 망명객 볼테르와 마찬
가지로, 그도 영국 요리에 대해서는 결코 참지 못했다. 그러나 그는
점차로 영어에 익숙해졌고 또 취미로 사진을 찍고 소설을 집필하기
도 했다.

드레퓌스가 재심을 받을 것이 확실해진 후에야 졸라는 프랑스로
돌아갔다. 드디어 드레퓌스는 풀려났지만, 졸라가 혐오했던 것은 모
두에 대한 사면, 즉 법률상의 '임시방편'이었다. 1902년 9월 29일 그
는 침대에서 일산화탄소 중독으로 사망했다.

그는 자신을 프랑스의 소용돌이 한가운데로 내던졌고, 자신을 완
전히 헌신했으며, 자신의 인기와 부를 희생했다. 어떤 사람들이 주장
하듯이 사망 원인으로 지목되는 그 '막힌 굴뚝'이 만일 의도적인 것
이었다면, 그는 궁극적인 대가를 톡톡히 치른 셈이다. 즉, 무고한 사

람을 변호한 대가로 목숨을 잃은 것이다.[52] 그는 또한 사회주의 운동
에서 반인종주의(반유대주의)에 대한 명확한 방향을 제시했던 최초의
위대한 인물 중 하나였다.

그러나 인권에 대한 최고의 선언문으로 평가받는 〈나는 고발한다〉
등 '공개담론의 기관차' 역할을 했던 정의의 사도 졸라는 사생활 면
에서는 전혀 다른 인물이었다.

사실 그는 인간적으로 매우 나약했다. 그는 자신의 어린 정부인 잔
에게 아이들을 위해 많은 것을 약속했지만, 아이들을 위해 거의 아무
것도 하지 않았다. 그는 항상 그의 아내인 알렉상드린을 두려워했다.
그녀는 매우 기만적인 성격인 데다가 남편을 교묘하게 조종하는 여
성이었다. 졸라가 사망한 연후에야 그녀는 비로소 두 사생아 자녀가
졸라의 성을 갖는 것을 허락했다.

졸라의 성격은 이처럼 우유부단하기 이를 데 없었지만, 그는 생전
에 자녀 교육에 깊은 관심을 보였고, 아이들과 함께 있지 않은 것에

• 졸라의 조강지처인 알렉상드로 졸라

대하여 많은 죄책감을 느낀 자상한 아버지이기도 했다.

앞서 설명한 대로 지식인들의 이러한 사회참여를 앙가주망이라 부르며, 볼테르에서 졸라에 이르기까지 프랑스 지식인의 앙가주망 전통을 철학 용어로 고도로 정치화시킨 사람은 바로 사르트르다. 이른바 '예술을 위한 예술'을 반대하는 선언문《문학이란 무엇인가?(Qu'est-ce que la littérature?)》(1948)에서, 사르트르는 더욱 급진적인 방향으로 기울었다.

"사회참여 작가는 말이 행동이라는 것을 알고 있다. 그는 세상을 밝히는 것이 세상을 바꾸는 것을 의미하며, 세상을 밝히는 유일한 방법은 세상을 바꾸려는 계획을 세우는 것임을 알고 있다. 그는 말이 장전된 권총이라는 것을 알고 있다." 이처럼 저항 영웅으로 변신함으로써 그는 거의 평생을 앙가주망을 나타내는 선택을 했다.

프랑스 태생의 미국 교수 존 게라시(John Gerassi·1931~2012)는 〈레 탕 모데른〉(1945)이 출범한 이래 사르트르는 불의를 비난하고, 세상의 모든 비참한 사람들을 구제하기 위해 그 어떤 지식인보다 열심히 일했다고 썼다. 사르트르에 따르면, 지식인은 부르주아 계급과 프롤레타리아트 계급 사이에 존재하는 '중간층'이다. 그리고 이 지식인에게 부여된 의무는 부르주아 계급의 착취를 폭로하고 프롤레타리아트 계급의 이익을 전적으로 옹호하는 데 있다.

과거에 칼라스와 드레퓌스를 위해 영웅적으로 싸웠던 볼테르나 졸라와 마찬가지로 사르트르도 '타자기를 든 하이에나'라는 자신의 별명에 걸맞게, 인도차이나 전쟁 참전을 거부한 후 투옥된 공산주의자 앙리 마르탱(Henri Martin·1927~2015)을 위해 누구보다 격렬하게 투쟁했다.

반식민주의 투사, 앙리 마르텔 스캔들

앙리 마르탱은 인도차이나 전쟁[53] 당시 '앙리 마르탱 사건'의 중심에 있었던 인물로 반식민주의 투사이자 프랑스 공산당 활동가였다. 오늘날까지도 프랑스 좌파 진영에서는 그를 반식민주의 운동의 역사에 한 획을 그은 인물로까지 높이 평가하고 있다. 문제의 마르탱 사건은 1950년대 초 제1차 인도차이나 전쟁 당시 프랑스 제4공화국 (1946~1958) 치하에서 발생한 정치·군사적 스캔들이다.

어린 시절 천식으로 몸이 허약했던 마르탱은 신비한 이웃 노파의 집에서 대부분의 시간을 보냈다. 젊은 시절부터 공산주의와 노동운동의 전선에 뛰어들었던 그 노파의 입을 통해서, 그는 '자신의 계급'의 진정한 역사, 즉 프롤레타리아의 신화적이고 신성한 역사를 배웠다고 한다.

이처럼 급진적 정치에 대한 비공식적인 교육을 연마한 마르탱은

● 앙리 마르탱

일찍부터 자연스럽게 프랑스 공산당에 가입했다. 그는 무엇보다 공산주의적인 '대의'를 우선시했다. 제2차 세계 대전 중에 그는 의용유격대(FTP)에 들어가서, 나치로부터 프랑스를 해방시키기 위한 레지스탕스 운동에 참여했다.

또 젊은 공산주의자 마르탱은 '반파시스트 투쟁'의 일환으로 1945년에 프랑스 해군에 입대하여, 태평양 전역에서 일본 제국군에 맞서 싸우기 위한 5년간의 계약을 맺었다. 그는 해군의 2급 기관실 정비공 선원으로 프랑스령 인도차이나에 자원했으나, 막상 그곳에 도착해 보니 프랑스군은 항복한 일본군과 싸우고 있는 것이 아니라 베트민(ViệtMinh·월맹)[54]의 게릴라들과 싸우고 있는 것이 아닌가? 그만 아차 싶었던 그는 베트남 저항군과의 싸움을 거부하고 계약해지를 요청했으나 헛수고였다.

1947년 말 그는 우여곡절 끝에 다시 프랑스로 돌아와 툴롱 무기고에 배치되었다. 그는 자신의 신념을 공유하는 소규모 군인 그룹을 창설하고, 1949년 7월부터 전단지를 배포하는 방식으로 비밀스러운 투쟁을 이끌었다. 1950년 3월, 그는 전쟁에 반대하는 시위 도중에 군함을 파괴하는 사보타주(sabotage) 혐의로 현장에서 체포되어, 유죄 판결을 받고 1953년까지 복역했다.[55]

당시에 앙리 마르탱이란 이 무명의 청년은 2차 대전, 인도차이나 전쟁 및 알제리 내전에 참전했던 역전의 사령관 마르셀 비제르(Marcel Bigeard·1916~2010)나 간호사 주느비에브 드 갈라르(Geneviève de Galard·1925~)와 같은 우파의 영웅들과 맞설 수 있는 '좌파 영웅'으로 급부상했다.

● 주느비에브 드 갈라르

    참고로 유서 깊은 귀족 가문 태생의 주느비에브 드 갈라르는 간호사가 되기 위해 국가시험에 합격했고, 프랑스 공군 소속의 간호사가 되었다. 전쟁이 한창 중인 인도차이나에 스스로 지원했던 그녀는 지옥 같은 전장에서 환자들을 치료하는 살신성인의 모습으로 '디엔비엔푸의 천사'로 불리며 모든 프랑스 군인들의 존경을 받았다. 군인들의 배려로 그녀는 개인 벙커를 사용할 수 있었다고 하며, 그녀의 헌신에 감동한 지휘부는 무전으로 상부에 레지옹 도뇌르 훈장을 신청해서 그녀에게 수여했다. 디엔비엔푸 전투가 베트남의 승전으로 끝난 후 베트남에서도 그녀의 지위와 기개를 인정했고 결국 살아남아 고국 땅을 밟았다.

    마르탱은 1953년 8월에 조기 석방될 때까지 프랑스 대중의 폭넓은 지지를 받았다. 사실상 프랑스 국민은 그가 '제국주의 투쟁의 국가적인 상징'으로 부상하기 전까지는, 반제국주의나 인도차이나 전쟁을 둘러싼 찬반논쟁에 별다른 관심이 없었다. 이 투옥사건으로 말미암아 마르탱은 일약 유명인사가 되었다. 특히 반전 시위자들과 좌파 지식인들 사이에서 그는 민중적 대의 및 문화적 아이콘이 되었다. "앙리 마르탱을 석방하라.", "베트남에 평화를!" 그의 석방을 요구하는 공산당의 대대적인 캠페인은 지식인과 예술가들의 총동원으로 이어졌다.

프랑스 공산당과 좌파 지식인들은 프랑스를 무자비한 압제자, 식민자로 기소하는 동시에, 인도차이나 전쟁을 일으킨 '더러운 손'에 관한 포스터를 공개적으로 선전했다. 우리는 여기서 반전주의의 온화한 얼굴 속에 가려진 전체주의적 위험성을 지적한 영국 작가 조지 오웰(George Orwell·1903~1950)의 촌철살인의 경구를 되새겨 들을 필요가 있다. 오웰은 모든 폭력은 죄악이라고 여기는 수많은 평화주의자가 성작 소련의 군국주의 예찬을 반박하지 않는 위선도 아울러 비판했다.

———

"반전주의는 객관적으로 친(親)파시즘이다. 이것은 초보적인 상식이다.
한쪽의 전쟁 노력을 방해하면, 자동으로 다른 쪽의 전쟁 노력을 돕게 된다.
현재 전쟁과 같은 전쟁을 벗어나는 실질적인 방법도 없다.
실제로는 '나와 함께하지 않는 사람은 나를 반대하는 사람'이다."

– 영국 작가 조지 오웰(George Orwell·1903~1950)

———

좌파 지식인의 선봉장은 단연 사르트르였다. 그는 마르탱을 위한 '연대'를 옹호하는 책 《앙리 마르탱 사건(L'Affaire Henri Martin)》(1953)을 쓰기 시작했고, 당시 보수 총리였던 앙투안 피네(Antoine Pinay·1891~1994)[56]가 독재정권을 세웠다고 악명 높게 비난하기도 했다.

좌파의 구루(스승)인 사르트르 외에도, 마르탱 지지자 가운데 가장 주목할 만한 인물로는 좌파 지식인이자 가톨릭 사상가인 장 마리 돔나크(Jean-Marie Domenach·1922~1997)와 그의 잡지 〈에스프리(Esprit·정신)〉, 또 20세기 예술을 탄생시킨 예술 세대 중 가장 '르네상스 형 인간'[57](팔방미인형)에 가깝다는 시인 장 콕토(Jean Cocteau·1889~1963) 등을 들 수 있다. 프랑스 공산당 전문 연구가인 필리프 로브리외(Philippe Robrieux·1936~2010)는 이 앙리 마르탱 사건이 드레퓌스 사건의 기억을 불러일으키는 동급의 사건이라며 격찬해 마지않았다.

파리에서 발행되는 대중적인 공산주의 잡지 〈르가르(Regards·시선들)〉는 마르탱을 지지하는 두 가지 버전의 잡지를 발행했다.[58] 프랑스 시인 자크 프레베르(Jacques Prévert·1900~1977)는 영화 〈천국의 아이들〉(1945)의 시나리오 작가이자, 우리에게도 친숙한 이브 몽탕(Yves Montand·1921~1991)[59]이 부른 유명한 샹송 〈고엽(Les Feuilles Mortes)〉의 작

● 앙리 마르탱을 석방하라는 구호를 외치는 시위자들

● 피카소가 그린 마르탱

사자이기도 하다. 그는 마르탱을 기리기 위해 자신의 시 〈들리나요, 베트남인들이여!〉를 헌정했다. 프랑스 언론인이자 시인 레몽 라비뉴 (Raymond Lavigne·1922~2014)는 앙리 마르탱 시집(1951)을 출판했고, 프랑스 작곡가 세르쥬 니그(Serge Nigg)도 마르탱을 위한 칸타타를 작곡했다.

또한, 연극계에서도 앙리 마르탱을 열렬히 옹호했는데 가장 중심적인 극이 〈툴롱의 드라마〉다. 제국주의의 희생자 마르탱의 체포, 재판, 투옥 과정을 둘러싼 그의 생애를 극적으로 묘사했다. 화가 앙드레 푸즈롱(André Fougeron·1913~1998)은 죄수복을 입은 마르탱의 스케치를 그렸고, 또 현대 '팝 아트'[60]의 선구자인 페르낭 레제(Fernand Léger·1881~1955)는 〈앙리 마르탱의 초상화〉라는 작품을 남겼다. 세상에서 가장 비싼 그림을 팔기로 유명한 미술계의 거장 피카소도 역시 공산당 기관지 〈뤼마니테(L'Humanité)〉의 특별호에 '인간 해방의 전사'인 마르탱의 잉크 초상화를 아주 예쁘장하게 그렸다.

1952년 8월 2일, 당시 프랑스 대통령 뱅상 오리올(Vincent Auriol·1884~

1966)은 앙리 마르탱의 석방을 조용히 발표했다. 누구도 예상치 못했던 대통령의 뜻밖의 사면은 대중들이 프랑스의 식민주의노선에 대하여 점점 더 동요하고 반대의 목소리를 높여가는 가운데 나왔다. 즉, 그의 조용한 석방은 당시 첨예화된 정치적 긴장과 갈등을 완화하려는 조치의 일환이었다.

1953년 8월 2일 이른 아침 마르탱은 드디어 3년여의 자유 박탈 끝에 교도소 문턱을 넘어섰다. 이미 수많은 활동가들이 인도차이나 전쟁에 반대하는 불법시위로 투옥됐지만, 앙리 마르탱의 경우에는 군사 규제에 반하는 단순한 정치 활동으로 징역 5년이라는 중형을 선고받아서 사람들의 이목을 더욱 집중시켰던 사건이었다. 그는 베트남이 승리하는 그날까지 프랑스 제국주의와 식민주의에 맞선다는 명분을 내세워, '조국'을 상대로 한 전쟁을 계속 이어나갔다. 그리하여 1956년 '베트남의 국부'로 평가받는 호치민 대통령이 자유 독립 도시 하노이에서 또 다른 프랑스 여성 공산주의자 레이몽드 디엔(Raymonde Dien·1929~2022)[61]과 함께 그를 아주 반갑게 영접했다고 한다.

마르크스주의에 인본주의적이고 실존주의적인 요소를 추가했다는 이유로 공산당으로부터 그동안 배척을 당했던 사르트르는 마르탱 사건에 기여한 공로를 인정받아서 이제는 공산당 내에서 자신의 입지를 회복할 수 있었다. 사르트르의 《앙리 마르탱 사건》은 1953년 후반에 출판되었다. 여기서 사르트르의 언어는 보편적 정의를 수호하라는 외침보다는 드레퓌스 사건의 언어로 회귀했다. "우리는 지금 선택해야 한다! 우리는 공개적으로 국가권력의 전횡을 비난하든지, 그게 아니라면 그와 자발적으로 '공범(共犯)'이 되어야 한다. 왜냐하면, '우리의 이름으로' 마르탱이 감옥에 갇혀 있는 것이고, 그의 유죄 판결은 바로 우리 정의의 문제이기 때문이다!"

사르트르는 마르탱의 투쟁을 프롤레타리아의 본질적인 투쟁으로 보았다. 그는 마르탱이란 평범한 인물을 위대한 계급투쟁의 보루로 내세움으로써, 결국 사람들로 하여금 그의 '편'을 들도록 종용했다. 그는 마르탱을 프롤레타리아의 공동 적인 나치와 부르주아 계급에 대항해서 투쟁하는 훌륭한 레지스탕스 전사로 윤색했다.

또한, 그는 한 발 더 나가서 억압받는 민중의 '적'인 프랑스 부르주아 계급을 인도차이나 전쟁의 '압제자'로 몰아세웠다. 사르트르는 프랑스 대중들의 눈물샘을 자극하기 위해서, 마르탱이란 인간을 마치 '정치적 볼모'처럼 이용했던 셈이다. 사르트르는 당시 프랑스 국제 관계를 이처럼 '인간화'시킴으로써 마르탱에 대한 사람들의 연민을 최대한 끌어냈다. 그래서 마르탱에 대한 연민은 프롤레타리아 계급에 대한 연민과 더불어, 부르주아 계급에 대한 악의적인 선동과 평행선을 이루고 있었다.

동료여행자, 정치에 협력

사르트르는 앙리 마르탱 사건으로 공산주의자들과 훨씬 더 가까워졌다. 그러는 사이 그는 진정한 '동료여행자'가 되었다. 이 동료여행자라는 용어는 정치 조직의 이념에 지적으로 공감하고, 비록 그 해당 조직의 공식 구성원은 아니나 그 조직 정치에 협력하는 자를 가리킨다. 볼셰비키 혁명가이자 소련 정치가인 아나톨리 루나차르스키(Anatoly Lunacharsky·1875~1933)가 '포푸치크(poputchik·같은 길을 가는 사람)
라는 용어를 주조했고 나중에 레온 트로츠키(Leon Trotsky·1879~1940)가
이 용어를 대중화했다. 그것은 1917년 러시아혁명의 목표에 철학적
으로 공감하지만 소련 공산당에 가입하지 않은 러시아 지식인(작가, 학
자, 예술가)들을 가리키는 용어였다. 비록 스탈린의 집권 동안에 소련의
정치 담론에서 이 포푸치크란 용어는 사라졌지만, 서구 세계에서는
소련과 공산주의에 동조하는 사람들을 식별하기 위해 이 동료여행
자(fellow traveler)라는 영어 용어를 채택했다.

초기에 소위 '앙가주망의 대명사'로 통하는 〈레 탕 모데른〉이 과연
어떤 노선을 취했는지는 불분명했다. 그렇지만 프랑스 공산당이 자
금 지원을 약속한 이상, 1940~50년대의 〈레 탕 모데른〉은 공산당과
자연 가까울 수밖에 없었고, 공산당에 대한 '정중한 비판'과 가장 지
지적인 '동반자' 관계 사이를 오락가락했다. 물론 사르트르는 '동료
여행자'라는 명칭에 걸맞게, 프랑스 공산당에 한 번도 가입한 적은
없었다. 그러나 그는 프랑스에서 가장 잘 알려진 '공산주의자' 중 한
명이었고, 소련과 그 정책들을 지지하는 목소리를 꾸준히 냈다.

사르트르와 보부아르 외에도 그들의 친구인 아롱과 메를로-
퐁티, 초현실주의 작가 미셸 레리스(Michel Leiris·1901~1990), 역사가
알베르 올리비에(Albert Ollivier·1915~1964), 문학평론가 장 폴랑(Jean
Paulhan·1884~1968) 같은 좌파 지식인들이 〈레 탕 모데른〉에 참여했고,
앙드레 말로와 알베르 카뮈는 각기 다른 이유로 참여를 거부했다. 그
런데 사르트르와 대척점에 서 있던 인물이 바로 레몽 아롱인데, 초창
기 〈레 탕 모데른〉의 편집위원회 명단에 그의 이름이 버젓이 있는 것

을 보고 약간 의아해하는 독자들도 있으리라.

아롱은 적어도 2차 대전까지는 사회주의자로서 '좌파 가족의 일원'이었다. 그러나 1930년에서 1933년까지, 멀고도 가까운 이웃 나라 독일에서 살았던 놀라운 경험은 그에게 사상의 전환점을 제공했다.

아롱은 독일에서 최초로, 그리고 다시 돌아온 프랑스에서 유럽이라는 거대한 땅덩어리가 심연으로 하강하는 것을 직접 목격했다. 그래서 이처럼 전체주의의 부상에 직면한 '자유 민주주의'의 전제 조건들을 깊이 성찰하게 되었다.[62] 당시 소련을 '조국'으로 삼는 공산주의자들과는 달리, 프랑스 '애국자'이자 계몽주의적 이상에 헌신했던 세속적 유대인 아롱에게 나치의 국가 사회주의 등장은 역사상 비합리적인 힘에 대한 중요한 교훈을 가르쳤을 뿐만 아니라, 서구 문명의 자유주의 제도와 그 가치의 취약성을 상기시켰다.

아롱은 대중 운동의 근본적인 우매성, 정치의 비합리성, 그리고 그런 포퓰리즘 정치를 하기 위해서는 대중의 우매한 정열을 이용해야 하는 간계의 필요성 등을 간파했다. 1939년 6월, 아롱은 프랑스 철학협회에서 〈민주주의 국가와 전체주의 국가(États democratiques et états totalitaires)〉라는 제목의 중요한 강의를 진행했다. 그는 두 가지 유형의 국가, 즉 민주주의와 전체주의 국가의 차이점을 설명하고 '평화주의'[63]의 한계를 보여주면서 궁지에 몰린 자유주의적 민주 체제의 생존 조건들을 강조했다.

그는 이처럼 전체주의가 부상하는 동안, 지배적인 평화주의 및 좌파적 지적 환경의 흐름에 반대하는 열렬한 '자유주의 옹호자'가 되었다. 그래서 제2차 세계 대전 중 사르트르가 점령 중인 파리에 머물

렀을 때, 아롱은 드골 장군을 따라 런던행을 선택했고 그곳에서 〈자유 프랑스(La France libre)〉지의 편집장이 되었다.

그러나 프랑스 수정주의 역사가 프랑수아 퓌레(François Furet·1927~1997)가 언급했듯이, 1940년에 런던으로 향했던 소수의 사람 중에서 레몽 아롱만은 예외였다. 그는 홀로 '드골주의자'가 아니었다. 아롱은 드골을 존경하고 항상 위기가 있을 때마다 그를 지지하는 글을 썼지만, 드골을 비판하는 데 한 치의 주저함도 없었다. 따라서 드골과 아롱 두 사람의 평생 우정은 상호의 짜증과 존중이 번갈아 나타나는 것으로 특징지어진다.[64]

———

"프랑스는 지식인의 낙원으로, 프랑스 지식인은 혁명가로 통한다."

– 프랑스 사회학자 레몽 아롱, 《지식인의 아편》 중에서

———

1945년에 사르트르와 아롱은 다시 만나 〈레 탕 모데른〉지를 창간했지만, 곧 결별의 수순을 밟았다. 아롱은 공산주의에 맞서 싸웠고, 1947년에는 보수적인 〈르 피가로〉지의 칼럼니스트가 되었다. 그렇지만 그는 마르크스주의에 경도된 프랑스의 지적 생활의 중심에서 주변부로 밀려나게 되었다. 그는 마르크스주의에 대한 훌륭한 감정가였다. 아롱에 의하면, 공산주의는 세속 종교의 관점에서 정의되며 지식인 사이에서 행해지는 '매력'은 지식인의 양심의 가책에 따른 결과일 뿐이다. 그는 사르트르와 메를로-퐁티를 향해 이 사람들은 부수는 것만 생각하지 실제 인간이 어떻게 살아가며 평화를 유지하는지는 관심이 없던 자들이라고 갈파했다.

"어떤 면에서, 모든 사회학자는 마르크스주의자와 유사하다.

왜냐하면, 그들은 자신을 제외한 모든 사람의 계정을 결산하려는 경향이 있기 때문이다."

– 프랑스 사회학자 레이몽 아롱

1952년 5월 28일 프랑스 공산당은 한국에서 복무한 매튜 리지웨이 (Matthew Ridgway·1895~1993) 장군이 유럽 연합군 전략 본부(SHAPE) 장으로 임명된 것에 항거하는 시위를 벌였다. 그러나 시위는 경찰에 의해 폭력적으로 진압되었고 두 명의 사상자가 발생했다. 공산주의자들은 리지웨이가 한국전쟁에서 생물학무기를 사용했다고 비난했지만, 이 비난은 사실상 거짓이었다. 그러나 미군이 이의를 제기했음에도 불구하고 리지웨이는 따가운 비판 대상이 되었다. 공산주의 언론은 그를 '리지웨이 페스트(Ridgway la peste)' 또는 '미생물 장군'이라고 부르며 마음껏 조롱했다.

당시 사르트르는 로마에 있다가 그 소식을 듣고 파리로 즉시 귀환했고, 〈공산주의자와 평화〉라는 장문의 글을 썼다. 엄격한 분석과 분노의 폭발이 번갈아 나타나는 그의 텍스트는 마치 끓어오르는 폭포의 급류와도 같았다. "프롤레타리아는 모든 착취를 종식하고, 새로운 사회를 탄생시킬 수 있는 유일한 역사적 주체다. 그러나 노동계급은 그 자체로 존재하지 않으며, 공산당 덕분에 그리고 공산당을 통해서 비로소 진정한 프롤레타리아가 된다. 그러므로 우리는 공산당과 프롤레타리아를 따로 구분할 수 없으며, 그런 정책을 채택하는 것이 앞으로 나아갈 유일한 길이다. 프롤레타리아가 역사적인 사명을 갖고 있는데, 공산당이 그것을 배신한다는 것을 믿을 수 있는가? 우리는 한쪽이 다른 쪽을 지지하는 것을 보면 알 수 있다."

———

"(공산)당과 함께 무엇을 하고 싶은가? 경주용 마구간?

칼을 자르는 데 전혀 사용하지 않는다면 매일 칼을 가는 것이 무슨 소용이 있는가?

당은 결코 수단에 지나지 않는다. 목표는 단 하나, 힘이다."

- 장 폴 사르트르

———

반전 평화운동에 가담한 사르트르는 1952년 11월 소련의 지배를 받는 전선조직인 세계평화회의에 참석하기 위해 비엔나로 갔다. 이 제는 소련과 편의를 위한 '결혼'이 필요한 시점이었다. 이 저명한 철 학자의 참석은 주최 측이 전혀 예상하지 못했던 명성을 안겨주었다. 그러나 이 대회를 이정표로 만든 것은 사르트르가 연단에서 한 말보 다는 단순히 그가 참석했다는 사실 때문이었다.

사르트르가 이처럼 소련 공산주의에 편승했을 때, 그것은 일련의 단절을 촉발했다. 첫 번째는 사르트르와 카뮈 사이였다. 그 이전에도 두 사람은 다투었지만, 언제나 근본적인 원인은 공산주의 문제였다. 카뮈는 노동계급 출신이었고 공산주의자였기 때문에 부르주아적 죄 책감도 없었고, 인류의 구원이 프롤레타리아에게 달려 있다는 환상 아래서 일하지도 않았다. 그는 앙가주망 이론보다는 '도덕적 명령' 에 더 관심을 두었다.

1952년 〈레 탕 모데른〉 5월호에 실린 프랑시 장송(Francis Jeanson · 1922~2009)의 카뮈의 〈반항하는 인간(L'Homme révolté)〉(1951)에 대한 가

차 없는 서평은 사르트르와 카뮈 간에 돌이킬 수 없는 논쟁을 불러일으켰다. 〈알베르 카뮈 혹은 반항적 영혼〉이라는 제목의 서평에서 장송은 카뮈가 부조리라는 가공되지 않은 (미숙한) 사실을 가치로 전환시켰고, 이것은 '부조리주의'로 빠지는 일종의 패배주의와 동일한 것이라고 비판했다. 또한, 마르크스이론이 논리적으로 스탈린주의에 도달할 수밖에 없다고 주장하는 카뮈의 '반항하는 인간'은 위대한 실패작이라고 공격했다.

1952년 6월 30일 카뮈는 〈레 탕 모데른〉에 17페이지가량의 편지를 보냈다. 그것은 장송의 '서평'에 대한 답변이지만, 카뮈는 장송이 아니라 그의 스승이자 〈레 탕 모데른〉호의 선장인 사르트르 앞으로 직접 보냈다. "나는 나 자신을 보는 것에 지치기 시작했고, 더욱이 시대의 투쟁을 거부하지 않은 전직 투사들이 극장 좌석을 역사의 방향으로 돌리는 것 이상을 한 적이 없는 비평가들로부터 끊임없이 '효율성'에 대한 교훈을 듣는 것에 지치기 시작했습니다."[65] 사르트르는 〈레 탕 모데른〉의 8월호에 거기에 대한 답변을 실었고 이 일로 인해 두 사람은 영원히 결별하게 되었다.

사르트르의 제자인 장송은 마르크스주의자였다. 그 당시에 사르트르도 역시 그 방향으로 확연히 가고 있었지만, 그는 아직 자기 정체성을 밝히지는 않았다. 그러나 나중에 사르트르는 그 일을 회상하며 이렇게 썼다. "모든 반공주의자는 개다. 나는 그 길에서 벗어날 방법을 찾을 수 없었고 앞으로도 그러하리라. 10년 동안 고민한 끝에 한 계점에 이르렀고, 마지막 빨대 하나만 필요했다. 교회의 언어로 표현하자면 이것이 바로 나의 '개종'이다. 그것이 나에게 심어준 원칙의 이름으로, 인문주의와 인문학의 이름으로, 또 자유, 평등, 우애의 이름으로 나는 부르주아에게 오직 나와 더불어 사라질 증오를 맹세했다."[66]

그러나 만일 카뮈가 개라면, 사르트르는 사실상 '돼지'였다고 비아냥거리는 것이 작금의 현실이다. 당시 카뮈는 "대중은 이제 당이 필요하다."라는 레닌식 주장을 하는 사르트르를 참을 수가 없었다. 그는 특히 사르트르가 스탈린의 반유대주의를 비난하지 못한 것을 비판했다. 카뮈는 공산주의가 이데올로기적인 목적 달성을 위해서는 대량살상마저 서슴지 않는다면서, 완전히 반공주의적인 입장으로 돌아섰다. 카뮈는 정치적 폭력 일체를 거부했고, 공산주의를 '문명의 질병' 내지는 '현대의 광기'로 여겼다. 그에게 소련의 강제수용소와 나치의 아우슈비츠는 모두 동일한 기제의 집단 폭력일 뿐이었다.[67]

이러한 카뮈에 대하여, 좌파의 수장인 사르트르는 그를 프랑스 지식계에서 영구 파문시켜버렸다. 그 이후 1960년 카뮈가 교통사고로 세상을 떠날 때까지 두 사람은 만나지 않았다. 대신 사르트르는 카뮈의 죽음에 대한 비보를 듣고 두 사람 사이의 회복되지 못한 우정을 기리며 추도사를 바쳤다. 이 두 사람을 가까이에서 지켜본 보부아르는 이렇게 썼다. "실제로 그들의 우정이 갑작스럽게 폭발했던 것은 오래전부터 이 우정에는 대단한 그 무엇이 없었기 때문이다."

———

"공식 저술가인 한 소련 시민이 나에게 이렇게 말한 적이 있다. (만인의 행복인) 공산주의가 지배하는 날, 인간의 비극은 인간의 유한성으로 시작될 것입니다."

— 장 폴 사르트르

———

1950년 6월 25일에 시작된 한국전쟁은 사르트르를 더욱 공산당과 가까워지게 만들었다. 반면에 《휴머니즘과 공포(Humanisme et terreur)》 (1947)라는 책에서 '진보적 폭력'이란 개념을 주조해 낸 메를로-퐁티 조차도 이제는 북한군의 대남침략으로 인해 프랑스 공산당과의 모든 타협을 전면적으로 거부하게 되었다. 그렇지만 사르트르는 냉전이 과열된 지금 한쪽 '편'을 드는 것이 필요하고, 그냥 수수방관한 자세로 담장에 앉아 있을 수만은 없다고 강렬하게 느꼈다. 결국, 메를로-퐁티도 〈레 탕 모데른〉을 떠났다.

그동안 사르트르는 옛날 동지들과 사상적 견해의 차이로 결별을 거듭해 왔지만, 아마도 가장 고통스럽고 심각한 단절은 〈레 탕 모데른〉의 진정한 정치적 '두뇌'였던 메를로-퐁티와의 관계였다.[68] 명망 높은 콜레주 드 프랑스(Collège de France)[69] 교수로 선출된 메를로-퐁티는 〈레 탕 모데른〉과 작별 인사를 했다. 그것은 우호적인 이별일 수도 있었지만, 메를로-퐁티는 공교롭게도 1955년에 출판된 《변증법의 모험(Les Aventures de la Dialectique)》(1955)에서 마르크스주의와 자신의 관계에 대한 심층적인 조사를 단행했다. 그런데 책의 절반이 '사르트르와 극단적 볼셰비즘'에 관한 것이었다.[70]

메를로-퐁티는 "사르트르가 공산주의는 절대 오류가 없다고 선언했지만, 공산당 가입을 거부했던 그의 입장을 옹호할 수 없다."라면서 그를 비난했다. 그런데 그때 메를로-퐁티에게 답장을 보내서, 그가 우익 신문인 〈로로르〉의 주장을 그대로 차용하고 부르주아의 편에 섰다고 소리 높여 비난한 사람은 사르트르가 아니라 다름 아닌 보부아르였다!

이제 메를로-퐁티가 떠난 그 자리를 채운 사람들은 마르셀 페쥐 (Marcel Péju·1922~2005)[71]와 보부아르의 연하남 애인 클로드 란츠만이었다. 그리고 향후 4년 동안(1952~1956) 사르트르는 이 '새로운 협력자들'과 더불어 전적으로 충성스러운 '동료여행자'였다.

———

"아침에 사무실로 출근하는 길에도 내 앞, 그리고 내 뒤엔 다른 남자들이 출근하고 있다. 그들을 본다. 나는 감히 그들에게 미소를 짓는다. 나는 사회주의자이고, 그들이 내 삶과 노력의 목적이지만 그들은 아직 그것을 모르고 있다고 생각한다."

– 장 폴 사르트르

———

● 피라미드 앞에 선 〈레 탕 모데른〉의 가족들: 클로드 란츠만, 보부아르와 사르트르(1967년)

좌파주의 시대

모든 평론가가 미국의 베트남 전쟁이 미국, 독일, 이탈리아, 일본, 프랑스 등지에서 68운동이 출현하게 된 근본적인 이유 중 하나라는 데 동의한다. 사르트르는 마치 약방의 감초처럼 거의 모든 단계에 참여했다. 1967년에 그는 베트남에서 미국이 저지른 전쟁 범죄를 고발하는 자칭 '러셀·사르트르 법정'의 의장직을 맡았다.[72] 참고로 러셀 법정, 혹은 러셀·사르트르 법정은 1966년 영국의 철학자 버트런드 러셀이 베트남 전쟁에서 일어난 전쟁 범죄를 고발할 목적으로 주최한 사설 모의법정이다. 사르트르와 보부아르를 비롯해서, 이탈리아 정치인 렐리오 바소(Lelio Basso · 1903~1978), 유고슬라비아 정치인 블라디미르 데디예르(Vladimir Dedijer · 1914~1990), 미국의 좌익 활동가 랄프 쇠언만(Ralph Schoenman), 폴란드 마르크스주의 작가 이삭 도이처(Isaac Deutscher · 1907~1967) 등이 함께 참여했다.

"전쟁은 누가 옳은지를 가리지 않는다. 단지 누가 남았는지를 가릴 뿐이다."

— 평화주의자 버트런드 러셀(Bertrand Russell · 1872~1970)

당시 사르트르는 영향력을 상실한 것이 사실이다. 클로드 레비스트로스(Claude Lévi-Strauss · 1908~2009),[73] 푸코, 라캉, 그리고 언어학자들이 구조주의를 성공적으로 이끌었던 프랑스에서 실존주의와 마르크스주의는 더 이상 유행하지 않았다. 이제는 앙가주망보다 '과학성(scientificité)'이 더 큰 필수적 요소로 작용했다.

사르트르는 이러한 새로운 좌파문화의 풍토에 맞서 고군분투했지만, 젊은 세대들에게 별로 인기를 얻지는 못했다. 그러나 5월의 뜨거운 함성은 그에게 다시 '복수'할 기회를 안겨주었다. 그는 비록 68운동을 고무시킨 주동자는 아니었지만, 다시 전투적인 지지자가 되어 연단, 언론, 심지어 공장 정문 앞에서까지 반란을 확산시키는 데 도움을 주었다.

그는 또다시 극단으로 치달았다. 그는 〈누벨 옵스〉에서 "한 번도 항의한 적도 없고," 따라서 그의 생각으로는 도저히 "교사가 될 자격이 없는" 자신의 옛 동무 레몽 아롱을 맹렬히 비난했다. 그는 혁명을 두려워하는 공산주의자들을 거세게 비난했고, 또 좌익급진주의자들과 똑같이 선거를 얼빠진 짓이라고 비난했다.

68운동 당시 교육부 장관이었던 에드가 포르(Edgar Faure·1908~1988)가 주도한─대학 구성과 거버넌스를 혁신하여 자율적이고 개방된 국립연합 대학체계를 구축하자는─교육 개혁안이 통과되었을 때, 그는 '참여'를 거부했을 뿐 아니라 그것을 '사이비 개혁' 내지는 단순하고 완전한 '신비화' 전략이라고 매도했다.

그렇다면 사르트르는 학생들에게 과연 어떤 가이드라인을 제공했을까? 1969년 3월 17일 〈누벨 옵스〉와의 인터뷰에서 그는 학생들에게 스스로 목을 매달거나 너희들 자신을 팔지 말라고 경고하면서 무엇보다 총 '단결'을 촉구했다. 사르트르는 갈등이나 위기를 해결하기보다는 '부정적인 힘'을 보존하고, 그동안 그들을 통치했던 '노인네들'에 맞서 전쟁을 벌이라는 둥 오히려 세대 간의 갈등을 부추겼다.

한편, 진정한 혁명세력인 노동자계급을 집결시켜 가능한 한 빨리 드골 정권을 전복시키라고 선동했다. 63세의 사르트르는 여전히 화난 청년이었다. 그것이야말로 극성스러운 좌파의 전성시대였다! 그는 극단적인 슬로건을 지지하고, 극좌파에 해당하는 프롤레타리아 좌파(Gauche prolétarienne·GP)의 마오주의자[74]들과 함께 연대했으며, GP의 편집자들이 체포된 후에는 거리로 뛰쳐나가서 행인들에게 그들의 신문인 〈인민의 대의(La Cause du Peuple)〉를 판매하는 열성을 보였다. 여기에는 물론 그의 사상적 동지이자 평생 소울메이트인 보부아르도 기꺼이 두 팔을 걷고 나섰다.

사르트르는 좌익일간지인 〈리베라시옹〉을 후원한 다음에, 자신이 그곳의 편집장이 되었다. 그는 또한 서독 적군파(RAF)의 지도자인 안드레아스 바더(Andreas Baader·1943~1977)를 방문해서는 그의 열악한 투옥 조건을 비난했다. 당시 바더와 적군파 수감자들은 지속적인 인공

• 거리에서 극좌파 신문 〈인민의 대의〉를 배포하는 사르트르와 보부아르

조명을 갖춘 방음장치의 독방에 감금되어 있었는데, 사르트르는 그
것을 "나치와 같은 고문"이 아니라, "또 다른 고문, 즉 심리적 혼란을
초래하는 고문"이라고 말했다가 오히려 역풍을 맞았다.

문제의 테러리스트 바더는 언론인 출신인 울리케 마인호프와 함께
극좌 테러 조직인 독일 적군파를 창설했으며, 극좌적 테러 활동을 이
끌었던 자였다. 1972년 5월에 그는 적군파를 이끌고 5월 공세를 일
으켜 테러 활동을 자행하다가 프랑크푸르트에서 총격전 끝에 체포
되었고, 1977년 슈탐하임 재판에서 종신형이 선고되었다. 그는 동년
10월, 수감 중인 감방에 밀반입한 권총으로 자살해서 34세의 짧은
생애를 극적으로 마감했다.

사르트르가 이 적군파 지도자인 바더를 방문했던 사건은 세계적인
센세이션을 일으켰다. 그러나 그것은 오랫동안 프랑스 스타 철학자
의 큰 실수 중 하나로 여겨졌다. 파리에서 온 이 저명한 방문객이 혹
시라도 '연대의 물결'을 불러오기를 기대했던 바더와 그의 동료들에
게 사르트르의 비판은 적합했을지 몰라도, 대중들의 반응은 그야말

• 테러리스트 안드레아스 바더

로 싸늘하기 이를 데 없었다.

게다가 철학자는 텔레비전 세트와 작은 도서관을 갖춘 새로 건설된 슈탐하임의 감방을 직접 본 적이 없다는 소문이 재빠르게 퍼졌다. 오늘날에는 이미 그때 반쯤 실명했던 사르트르가 빈약한 방문 객실을 바더의 감방인 줄로 착각했다고 믿는 일부 전문가들도 있다. 당시 언론들은 일제히 적군파 수감자들의 고통을 보도하는 대신, 바더와 마인호프 및 기타 RAF 간부 구성원들이 그들의 감금 기간에 누린 '특권'에 대해 썼다. 그리고 몇 년이 지나서야 이 두 사람이 충돌했었다는 사실이 밝혀졌다.

면담 후 자타가 공인하는 세계적인 대학자 사르트르는 바더가 '멍청이'라고 불평했던 반면에, 대학중퇴자인 바더는 공범들에게 보내는 비밀 메시지에서 사르트르가 자신을 이해했었는지조차도 몰랐다고 썼다. 연변의 민중 시인 김승종이 프랑스 철학자에게 바친 "허위 깨고 늘 약자 위한 외길 지킨 민중의 지지자!"라는 고결한 헌사가 무색하리만큼, 노년의 사르트르는 혈기왕성한 테러리스트인 그에게 감화는 고사하고 단지 피로하고 노쇠한 인상만을 남겨주었다.

바더가 이런 시큰둥한 반응을 보였던 것은 그 당시 면담이 그의 기대에 부응하지 못했기 때문이라는 설이 있다. 사실상 자신의 기자회견 때와는 달리, 사르트르는 적군파에 대해 더 비판적이고 냉철한 견해를 취했다. 그는 바더가 진실로 무모한 싸움(테러)을 포기하도록, 반복적으로 그를 설득하려고 시도했던 것이다. 그러나 그의 이러한 '균형' 감각은 매우 한시적이었다. 1972년 뮌헨 올림픽 참사 때, 또다시 사르트르는 무고한 이스라엘 선수들에 대한 팔레스타인 테러 공격을 정당화하는 기행을 보였다.[75] 물론 그렇다고 해서 그가 친 팔레스타인주의자도 아니었다.

《유대인 문제에 대한 성찰(Réflexions sur la question juive)》(1946)의 저자였던 사르트르는 유대 국가 이스라엘이 성립된 이래, 이스라엘 국가의 정당성을 줄기차게 옹호해 왔다. 마오주의자 친구들의 반유대주의에도 불구하고 사르트르는 결코 자신의 견해를 바꾸지 않았다. 1967년 '6일 전쟁'(제3차 중동전쟁)[76] 직후, 〈레 탕 모데른〉은 〈이스라엘 사람들이 말하는 것〉과 〈팔레스타인 사람들이 말하는 것〉이라는 특별판을 발행했다. 사르트르 자신이 평소에 즐겨 말했듯이, 그는 '양쪽 모두의 친구'였다.

이처럼 갈등의 골이 깊어질 대로 깊어진 이스라엘·팔레스타인 분쟁에서 양쪽에 완전한 진실이 있다는 것을 거부하는 사르트르의 양비론 내지는 양시론적 입장은 그를 더 인간적으로 만들었다. 1976년, 가장 유명한 상인 노벨상을 포함하여 모든 명예를 거부했던 남자는 예루살렘 대학교에서 명예 학위를 받았다.

———

"세계 문제를 마치 자기 문제인 양 온통 뒤집어쓰고 고민한 사나이.

문학은 오직 실천을 위해서 있어야 한다는 행동파.

자유가 주는 고뇌와 괴롬 온몸으로 밀어내며 프로메테우스처럼 살았던 철학자."

— 연변 시인 죽림 김승종

———

1952년 프라하에서 열린 '슬란스키 재판'[77]에 참석한 공산주의 지식인 장 카나파와 소련의 반유대주의를 비난하는 몇 편의 글을 싣기는 했지만, 사르트르와 〈레 탕 모데른〉의 가족들은 공산당의 사랑을 듬뿍 받을 만큼 열성적인 동맹자들이었다. 1954년 소련 여행을 마치고 돌아온 사르트르는 프랑스 공산당과 가까운 일간지인 〈리베라시옹〉에 소련 정권을 찬양하는 일련의 기사 6편을 게재했다.

사르트르는 비록 소설 쓰기를 중단했지만, 총성 없는 전쟁인 '글쓰기'를 전부 포기한 것은 아니었다. 그는 여전히 무대 공연을 위해 희곡을 집필했으며, 그에게 희곡은 공산주의 대의에 봉사하는 유용한 수단이었다. 가령 사르트르의 희곡 《악마와 신(Le Diable et le Bon Dieu)》 (1951)은 16세기 독일 농민전쟁 시대를 배경으로 인간과 신의 대립을 그린 작품으로 정치적 현실주의의 교훈으로 해석될 수 있다. "반드시 싸워야 할 전쟁이 있고, 나는 그것에 맞서 분연히 싸우리라!" 극의 주인공 게츠(Gœtz·피에르 브라쇠르 분)가 그의 마지막 장광설에서 끓어오르는 열변을 토했듯이, 늙은 청년 사르트르의 피 끓는 심장은 온 세상을 다 불태울 정도로 충분한 화력을 갖추고 있었다.

사실상 〈레 탕 모데른〉은 시위보다 더 많은 것을 제공할 수 있었고,

● 프랑스 배우 피에르 브라쇠르
(Pierre Brasseur·1905~1972)

그 기조는 프랑스 공산당이 원했던 좌파의 재통합과도 상당 부분 일치했다. 그러나 1956년 가을, 소련 탱크가 헝가리 봉기를 가혹하게 진압하자,[78] 공산당과의 '공모'는 더 이상 존립의 근거를 잃고 말았다. 이 헝가리 봉기를 통해 사르트르는 공산당 외부(외연)에 존재하는 매우 실제적인 프롤레타리아 군상을 제대로 발견할 수 있었다고 허탈하게 토로한다. 이제 '공산당=노동계급'이라는 낡은 방정식은 산산조각이 나버렸다.

당시 공산주의자들이 내놓은 공식 해명은 "소련이 파시스트 반혁명 시도를 진압했다."라는 것이었다. 그러나 이번에는 사르트르가 거짓말을 거부했다. 그는 좌파 지식인들과 반공주의자들이 공동으로 작성한 청원서에 서명한 다음 〈렉스프레스(L'Express)〉지와 긴 인터뷰를 가졌는데, 이는 당과 거리를 두는 연극적인 방식이었다. "나는 그들이 더 이상 파시즘에 관한 이야기로 우리를 협박하거나 기만하는 일이 없도록 할 것을 분명히 천명합니다." 이것은 결정적인 전환점이었고 사르트르는 다시는 '동료여행자'가 될 수 없었다.

그러나 그는 그제야 비로소 소련의 만행을 깨달았다는 것인가? 그것도 참 오래도 걸렸지만, 수차례 소련을 방문했던 사르트르가 소련에 대한 호의적인 견해를 완전히 바꾸려면 그 후로도 10년이 더 걸렸다. 1968년 소련이 '프라하의 봄'을 분쇄하자 그도 명백히 공산당을 반대하는 입장을 취했다. 그는 이것을 소련 사회주의의 무자비하고 지속적인 '쇠퇴'의 추가 증거로 보았다. 이도 물론 전략적 변화였지만, 그렇다고 해서 완전한 180도 방향 전환은 아니었다. 왜냐하면, 사르트르의 입장은 언제나 주야장천 사회주의, 반(反) 부르주아, 반미,

반자본주의, 그리고 무엇보다도 반제국주의였기 때문이다.

생애 마지막 5년 동안 사르트르의 입장은 상당히 바뀐 것처럼 보였다. 이제 많이 허약해질 대로 허약해진 데다 거의 실명한 그는 오랫동안 소련 체제를 반대했으며, 동구의 반체제 인사들에 대한 지지를 표명해왔다. 그러나 1975년에 그는 〈누벨 옵스〉와의 인터뷰에서 평소의 호전성을 다시금 보여주었다. 그는 프랑스에 "즉각적인 희망은 없다."라고 보았고, 좌파 공동 강령의 '선거주의'를 강력하게 비난했다. 그렇지만 이제 좌파는 분명히 '퇴조' 현상을 보이고 있었고, 극좌파인 프롤레타리아 좌파도 제풀에 해체되고 말았다.

그러나 일흔 살이 되어도 사르트르는 결단코 포기하지 않았다. 1961년 메를로-퐁티가 파리에서 사망했을 때, 사르트르는 자신을 무정부주의의 지체자 중 한 명에서 구해준 이가 바로 메를로-퐁티였다고 술회한 적이 있다. 그는 자신을 영원한 '무정부주의자' 또는 '자유주의적 사회주의자'라면서 무척 자랑스러워했다. 인간이 정말로 망가진 건지 아니면 혁명이 그를 진정한 인간으로 개조한 건지는 알 수 없지만, 그는 자신의 마음을 바꾸지 않았다. 그러나 혁명이 낳은 윤리적 난제들은 여전히 해결되지 않은 채로 남아있었다. 소련, 중국, 캄보디아, 쿠바 등 공산주의 혁명이 승리하는 곳마다 감옥은 가득 차고 자유는 폐지되었다. 사르트르는 그것을 알고 있었고, 중국이나 다른 곳으로부터 어떤 도움도 기대하지 않았다.

그 후 몇 년 동안 사르트르의 이미지는 켜켜이 먼지가 쌓여 서랍 속에 방치된 빛바랜 사진처럼 희미해져 갔다. 1979년에 신문들은 일제히 그가 하노이의 공산주의 정권의 압정(壓政)을 피해 도망친 베트남

난민들의 대의를 호소하기 위해, 레몽 아롱과 함께 앙드레 글뤽스만에 의해 엘리제궁으로 불려갔다고 보도했다. 소위 '바가지 머리'가 트레이드 마크인 글뤽스만은 베르나르-앙리 레비와 함께 반(反)전체주의적 철학인 '신(新)철학(nouvelle philosophie)'의 양대 기수가 되었던 인물이다.

이 일이 있기 바로 4년 전인 1975년에 글뤽스만은 파시즘과 공산주의 사이의 '유해한 가족' 관계를 폭로한 저서 《요리사와 식인종(La Cuisinière et le mangeur d'hommes)》(1975)을 출판했다. 프랑스 역사가 미셸 비녹(Michel Winock)은 이 책을 가리켜 "우리 지성사의 상징적인 전환점"이라고 묘사했다. 글뤽스만은 공산주의가 스탈린에 의해 전체주의 체제로 변형된 것이 아니라, 그 핵심이 전체주의 체제였다고 주장한 최초의 전후 좌파 중 하나였다. 그는 스탈린 공산주의를 '인간의 얼

● 당시 대통령 지스카르 데스탱이 기다리고 있는 대통령 관저 엘리제궁으로
글뤽스만의 호위를 받으며 들어가는 사르트르와 레몽 아롱

굴을 한 야만'이라고 비판했다. 그는 이처럼 반스탈린주의를 거쳐 반공주의자가 됐지만, 우파로 돌아섰다기보다는 좌우를 넘어선 인물이란 평가를 받는다. 그러나 그도 나이가 들어가면서 미국의 신보수주의자 같은 우파로 변신해서 "68년 5월은 우리가 기념하거나 혹은 파묻어야 할 역사적 유물"이라고 비판적인 견해를 밝혔다.

글뤽스만은 1956년에 프랑스 공산당의 당원이었으나, 소련의 헝가리 부다페스트 침공을 비판했다는 이유로 쫓겨났다. 이후 극좌파 그룹 프롤레타리아트 좌파에 들어가 마오주의자로 68운동에 깊숙이 개입했다가, 1974년에 솔제니친의《수용소 군도》를 읽고 지적 전환을 감행했다.[79]

1979년, 당시 42세의 글뤽스만은 좌파의 사르트르, 우파의 레몽 아롱이 만나는 엘리제궁 모임을 주선해서, 베트남 보트 피플[80]의 구제

● 베트남 보트 피플(1984년)

작전에 동참했다. 글뤽스만의 영감을 받은 이 중요한 만남의 순간은 극단적인 이데올로기 갈등의 종식과 그 부조리에 대한 인식 내지는 각성을 나타내는 것이다. 그것은 사르트르가 평생 동안 지탱했던 세계관인 마르크스주의의 종말을 상징적으로 의미했다.

그렇다면 왜 프랑스 좌파들은 이렇게 선회하는 데 그토록 오랜 시간이 걸렸던 것일까? 프랑스 공산주의자들은 레지스탕스에서 핵심적인 역할을 했을 뿐만 아니라, 파시즘과는 달리 공산주의는 지상의 지옥이 아니라 "내일을 노래한다."라면서 인간을 구원하는 '해방 이데올로기'인 척했기 때문이다.[81] 그렇지만 실존주의의 거장 사르트르의 경우는 예외였다. 그는 설령 행동하는 지식인이었는지는 몰라도 하나도 '회개하지 않는 지식인'이었다. 그의 적들이 말했듯이 그는 '구제할 수 없는 이상주의자'였기 때문에 언제나 혁명을 절대적인 명령으로 신봉했다. 그는 그것을 '도박'이라고 명명했지만, 독실한 기독교 신자였던 파스칼과는 달리 자신은 신이 아닌 '인간'에게 내기를 걸었노라고 호언장담했다.

프롤레타리아트 좌파의 전 지도자였던 베니 레비(Benny Lévy·1945~ 2003)[82]와의 대화에서 사르트르의 마지막 선언은 그저 놀라울 따름이다. 카이로의 유대인 가정에서 태어난 베니 레비는 마오주의에서 유대교로, 또는 마오쩌둥에서 모세에게로라는 이색적인 여정으로 유명한 인물이다. 그는 자신의 유대인 신앙을 재발견했고, 그의 이러한 개종은 자신의 스승인 사르트르마저도 전혀 예기치 못했던 종교적인 기반으로 이끌었다. 그리하여 거의 일평생 무신론을 지지했던 보부아르는 자신의 남자 친구가 이처럼 말년에 유대교에 집적대는 것을 보고 서글픈 분노를 금치 못했다고 한다.

그러나 사르트르는 자신의 혁명적 이상에 대해서만큼은 끝까지 충실했다. 그는 베니 레비와의 인터뷰에서 "우리는 왜 오늘날의 섬뜩한 세계가 기나긴 역사적 발전의 한순간에 불과한지, 왜 희망이 항상 혁명과 반란의 지배적인 힘 중 하나였는지, 그리고 왜 나는 여전히 이러한 희망에 기초하여 미래를 생각하고 있는지를 설명해야 합니다"라고 힘주어 말했다.

20년 후, 〈르푸앵(Le Point)〉지[83]는 사르트르의 정치적 기록(앙가주망)을 "틀렸다는 것에 대한 열정"이라고 요약했고, 이 말은 곧 유행이 되었다. 즉, 사르트르에 대한 최종적인 평가는 그가 항상 틀렸던 사람이라는 것이다.[84]

그래도 〈누벨 옵스〉의 창시자인 장 다니엘은 "레몽 아롱과 함께 옳은 것보다는, 차라리 사르트르와 함께 틀린 편이 낫다(Plutôt avoir tort avec Sartre que raison avec Aron)!"라고 푸념했다고 한다. 현실정치에 대하여 신중한 '참여 관중(spectateur engagé)'임을 자처했던 아롱과[85] 함께 침울함 속에서 옳은 것보다는, 거침없고 활기차고 열성적인 사르트르와 함께 틀리는 편이 낫다는 것이다.[86] 소련의 악명 높은 강제 노동수용소의 기억에도 불구하고, 사람들의 뇌리에 사르트르는 항상 억압받는 사람들의 구세주였으며, 아롱은 '끔찍한 자본가'를 대표하는 인물로 각인되어 있었기 때문이다. 사르트르는 아롱보다 훨씬 더 많은 제자를 거느리고 있었고, 당시 많은 사람이 아롱과 함께 옳은 것보다는 차라리 사르트르와 틀린 쪽을 선호했다.

하지만 21세기에 들어 아롱의 복권과 사르트르의 추락이 시작되었다. 그것은 이른바 새로운 밀레니엄 시대의 좌파의 위기로부터 기인한다. 소련은 몰락했고 공산주의 지식인들은 길을 잃었다. 그들은 이제 총체적 혁명(양)보다는 '분자적 혁명(molecular revolution)'(질)을 주장했다.[87] 이러한 상황 속에서, 그들이 그동안 배척해 왔던 아롱을 되돌아보는 것은 자연스러운 방향이었다.

오늘날 장 다니엘의 농담은 좌파들의 어리석음의 정점으로 곧잘 인용되고 있다. 왜 그렇게 많은 사람이 아롱과 옳은 것보다 사르트르와 잘못된 것을 선호했을까? 물론 대중들 사이에서 레몽 아롱의 탄생 100주년은 사르트르의 탄생을 기념하는 열정을 불러일으키지는 못했다. 그러나 사르트르는 항상 틀렸고 아롱은 항상 옳았다.[88] 이는 사르트르의 진보 사상의 '완패'를 의미한다.

8장

보부아르의

앙가주망

보부아르와 정치적 앙가주망

공산주의 포옹한 보부아르

20세기 중반 프랑스의 정통 마르크스주의에 대해 비판적인 자세를 취하기는 했지만, 보부아르도 마르크스주의자였다. 사르트르와 마찬가지로 보부아르도 역시 단순한 사상가가 아니라 행동가였다. "지금까지 철학자들은 세상을 다양한 방식으로 진단만 했다. 그러나 진정으로 중요한 일은 세계를 변화시키는 것이다."라는 칼 마르크스의 어록대로 보부아르는 철학이 세상을 숙고하는 것이 아니라, 세상과 '관계'를 맺어야 한다는 확고한 믿음을 표방했다.

　그러나 아무리 정치에 무관심했던 시기였다고 해도 보부아르는 제2차 세계 대전 중에 나치로부터 생존의 위협을 받거나 체포되는 유대인들에 대해서는 비교적 냉담한 편이었다. 최악의 상황은 의심할 여지 없이 유대인 비앙카 람블랭에 대한 태도였다. 1940년 3월 10일, 드디어 람블랭이 사르트르로부터 이별 통고를 받자 보부아르는 냉소적으로 "그녀는 강제수용소와 자살 사이에서 망설인다.", "나는 당신과의 이별이 기뻤어!"라고 글을 썼다. 사르트르와 보부아르 두 사람은 베르코르(Vercors)에 숨어 지내던 람블랭을 그냥 내버려둔 채, 그녀가 어떻게 되었는지 알아보려고도 하지 않았다.[1]

자서전은 그 자체로 문학 장르다. 그녀는 자서전에서 항상 모든 것을 말하지는 않겠노라고 선언했다. 보부아르는 그 기억의 작업에서 의식적으로 책략과 기교를 사용했는데, 스위스 언론인 미셸 콩타(Michel Contat)는 그것을 가리켜 '매우 통제된 성실함'이라고 완곡하게 표현했다. 그녀는 분명히 독자들의 오해를 사지 않기 위해서 자신의 말을 걸러내고 또 어떤 것들은 숨겨야 할 필요성이 있었다.

예를 들자면 1960년대에는 그녀의 동성애가 이해되지 않았을 터이고, 그래서 그녀는 그것에 대해 아무런 말도 하지 않았다. 보부아르는 그녀의 작업이나 가치관에 상충하는 많은 개인적 논쟁들에 직면해서 종종 '성적 일탈자'로 낙인찍혔다.

보부아르가 회고록을 집필하기 시작했던 것은 아무래도 소중한 친구 자자의 죽음에 대한 죄책감이 컸던 것 같다. 첫 번째 자서전《단정한 소녀의 회고록》(1958)에서 보부아르는 부유한 가톨릭 상류층을 대표하는 자자의 부모가 메를로-퐁티와 결혼하는 것을 막아서 딸을 살해했다고 맹렬히 비난했다.

그러나 자자는 병으로 죽기 3주 전부터 행방이 묘연해진 보부아르를 병원에서 필사적으로 찾았다고 한다. 보부아르는 당시 처음으로 성관계를 가졌던 남자 친구 사르트르를 만나기 위해, 병실에서 무기력하게 죽어가는 친구를 그냥 방치했던 셈이다. 그녀는 자신의 잘못을 느꼈고 이 중압감에서 벗어나야만 했다! 그래서 젊은 나이에 안타깝게도 세상을 떠난 친구 자자는 보부아르의 회고록 문학 사업의 '시원'이라고 할 수 있다.

정치에 비교적 무관심했던 보부아르가 이른바 '정치적 의식화'에 본격적으로 눈을 뜬 시기는 자신의 처녀작 《초대받은 여자》(1943)에서 《타인의 피(Le Sang des autres)》(1945)의 집필 기간 사이라고 알려져 있다. 그 후 그녀는 개인주의적인 도덕에서 사회참여적인 앙가주망 이론으로 성큼 옮겨갔다.

그녀를 이런 방향으로 거침없이 몰아넣은 것은 의심할 여지 없이 좌익 잡지 〈레 탕 모데른〉의 출범과 전후 공산주의자들과의 조우 덕분이었다. 소위 실존주의 패션은 파리 6구의 매혹적인 생 제르맹 데 프레 거리와 문학 카페들과 재즈 바를 새로운 올림퍼스 신전들로 변모시켰다. 프랑스 문화계에서는 사르트르와 보부아르를 모두 스타로 만들어, 보부아르는 '그랑드 사르트뢰즈(la grande Sartreuse)', 즉 위대한 여자 사르트르라고 불렀다.

사르트르가 앙가주망 작가로서 그러한 엄청난 영향력을 누릴 수 있었던 것은 타의 추종을 불허하는 명성, 또 매혹과 혐오라는 어울리지 않는 양가감정의 절묘한 결합 덕분이었다. 1945년부터 생 제르맹 데 프레 거리에는 자유와 해방의 향기가 맴돌았다. 보부아르도 역시 추운 겨울에는 아침부터 난방이 잘되지 않는 호텔을 떠나서 생 제르맹 데 프레 거리의 상징인 '카페 드 플로르'에서 진한 에스프레소 커피나 적포도주의 묵직한 산미를 음미하면서 저술 작업에 몰두하는 상투적인 카페 지식인이었다.

이처럼 실존주의는 전후 재발견한 삶에 대한 타는듯한 목마름, 또 부르주아 전통의 순응주의를 깨고 사르트르와 보부아르 양인이 구현하고자 했던 디스토피아적 자유세계에 대한 독특한 열정에서 비롯되었다. 무엇보다 실체가 모호한 앙가주망이 그 핵심이다. "인간이 자신의 행동에 대해 자유롭고 책임이 있다."라는 실존주의라는 거센 유행의 불길은 곧 생 제르맹 데 프레 문학 집단을 빠르게 넘어서, 기존의 도덕적 질서를 깨뜨리는 세대의 닻이 되었다. 차분하고 음전해 보이는 인상과는 달리 보부아르는 급진적인 대의를 기꺼이 포용했다.

보부아르는 알제리 독립을 지지하는 〈121 선언문〉에 서명하는 등 '탈식민지화'를 적극 지지했고, 쿠바의 경험에서 취사 선택적인 교훈을 얻었으며, 또 낙태를 옹호하기 위해 용기 있게 싸웠다. 또한, 많은 동시대 사람들과 마찬가지로 그녀의 정치 성향도 점점 더 왼쪽으로 표류했다.

● 밝은 표정으로 인터뷰에 응하는 보부아르

사르트르는 1952년 공산당의 동료여행자, 즉 '길동무(compagnon de route)'가 되었고 보부아르도 충실하게 그를 따랐다. 그녀도 거리에서 마오주의자의 신문인 〈인민의 대의〉를 배포했던 것처럼 공산당을 지지했다. 1954년에 보부아르는 〈레 탕 모데른〉에 다음과 같은 중요한 기사를 썼다. "진실은 하나이고 오류는 다양하다. 우파가 이런 다원주의를 공언하는 것은 우연이 아니다. (이러한 오류투성이의) 다원주의에 맞서는 진리는 오직 하나, 마르크스주의뿐이다." 실존주의에 이어 그녀는 다시 한번 뜨거운 열정으로 새로운 대의를 포용했다. 당에서 추방된 전(前) 공산주의자 클로드 루아(Claude Roy·1915~1997)는 1986년 4월 18일 〈누벨 옵스〉에 게재한 보부아르의 부고 기사에서 "보부아르의 강점과 약점은 절대적으로 '절대적'이라는 점"이라고 의미심장하게 적었다.[2]

1950년대까지 보부아르는 정기적으로 중국과 소련의 공산주의 정부를 옹호했으며, 미국과 서유럽 대부분에서 실행되는 자본주의를 일상적으로 비판했다. 1950년대와 60년대에 보부아르는 공산주의 이론과 공산당을 지지했고 그녀의 정치 활동도 증가했다. 1955년에 사르트르와 보부아르는 소련과 중국을 방문하라는 공식 초청을 받아들였다. 이 여행은 두 공산주의 국가의 중요한 홍보 행사였다. 그들의 목표는 프랑스 좌파 학계와 노동 지도자들, 그리고 다른 서구 국가의 좌익활동가들에게 널리 호소하는 것이었다.

보부아르의 여행 에세이 《대장정(La longue marche)》(1957)은 그녀가 직접 목격한 중국의 정치 문화적 상황을 상세히 기록하고 있다. 이 책이 출판되자 보부아르는 이 한 작품으로 인해서, 미국의 많은 서점과

• 중국 베이징을 방문한 사르트르와 보부아르(1955년)

대학에서 빠르게 퇴출됐다. 이 책은 아마도 스타일과 내용 면에서 그녀의 최악의 책으로 기록될 것이다. 보부아르 본인도 주로 돈을 벌기 위해 이 책을 썼다고 미국의 연인 알그렌에게 인정했다.

　그녀는 중국 공식 방문 중에 공산주의의 놀라운 성취를 칭찬하면서 중국 공산주의 혁명의 문제점에 대하여 애써 눈을 감았거나, 아니면 그녀가 본 것만큼 중국 전체가 잘 지내고 있다고 믿을 정도로 순진했다는 것이 명백하다. 다른 프랑스 급진주의자들이 소련과 중국 공산당을 비판하기 시작하는 동안 보부아르는 전 세계에서 가장 확고부동하게 공산주의를 지지했다. 그녀는 그들의 독재적이고 군국주의적인 성격에 전혀 관심을 두지 않은 것 같았다.

　소련에 대한 충성심 덕분에 사르트르와 보부아르는 대부분의 서구 여행자들에게 알려지지 않은 자유의 수준으로 사회주의 공화국 전역을 여행할 수 있는 특별한 특권을 얻었다. 60년대와 70년대 초반에 걸쳐 그들은 발트해 지역, 흑해 휴양지인 크림반도, 코카서스 산

● 한 중국 공산주의 지도자가 대장정의 생존자들에게 연설하고 있는 장면(1930년대)

악 지역, 모스크바와 레닌그라드(현 상트페테르부르크) 도시 등을 방문했다. 그들은 또한 소련 외부에 있지만 공산주의 국가이고 피델 카스트로가 통치하는 쿠바를 방문했다. 결국, 사르트르와 보부아르는 1968년 체코 '프라하의 봄'에 대한 소련의 무력 개입에 반대하는 집회를 펼쳤을 때 그만 정권의 미움을 샀다. 체코슬로바키아 국민은 독립을 원했고 두 사람은 이를 지지했다. 이 범죄(?) 때문에 그들은 소련의 적이 되었다.

여자의 몸에 있는 남자의 두뇌

요즘은 사르트르를 걷어내고, 보부아르의 독자적인 삶과 철학을 오롯이 파고드는 것이 대세라면 대세다. 그럼에도 불구하고 여태까지 앙가주망의 계보를 이야기하면서 전적으로 '사르트르적 시점'에서 설명해 왔는데, 그것은 앙가주망의 주동자가 사르트르였다는 것 외에도, 두 사람이 대체로 이론상 '일심동체'라는 암묵적인 전제하에 이루어진 것이다.

1965년의 전설적인 여름, 두 사람의 소비에트 리투아니아 방문기를 일례로 들어보자. 그들의 리투아니아 여행에 사르트르의 연인이었던 통역사 레나 조니나도 함께 동행했다. 40년 후, 사르트르의 생애 최고의 사진을 찍어 유명해진 당시 26세의 젊은 리투아니아 사진작가 안타나스 수트쿠스(Antanas Sutkus·1939~)의 증언에 따르면 이 두 여성에게는 눈에 띄는 유사성이 있었다. 그녀들은 같은 스타일의 비옷을 입고 심지어 같은 종류의 머리 터번까지 착용했다고 한다.

수트쿠스의 회상에 따르면 보부아르는 연적인 조니나를 진심으로 대했다. "두 여성은 서로 유쾌하게 이야기를 나누었습니다. 비가 오면 조니나는 보부아르의 어깨를 살포시 안고 비옷을 덮어주었습니다." 그는 미소를 지으며 이렇게 덧붙였다. "아, 프랑스식 사랑이여! 여기 리투아니아에서는 아직도 그런 관용을 찾는 것이 불가능할 것입니다."[3] 리투아니아 방문 시 동시대인들에게 가장 큰 인상을 준 사람은 단연 사르트르였다.

노벨상을 거절한 그는 당대 최고의 유명 인사였다. 사르트르만큼 인터뷰를 많이 하지 않았던 보부아르는 거의 말을 하지 않았고, 결과적으로 그녀의 존재감은 별로 드러나지 않았다. 보부아르는 인터뷰에서 프랑스 문화에서 여성의 지위를 언급하는 단 하나의 질문에만 답할 기회가 있었다.

보부아르는 "프랑스에는 여성 작가의 오랜 전통이 있으며, 최근에는 많은 여성이 예술가, 촬영감독, 영화감독으로 사회에 진출하고 있습니다. 일반적으로 여성은 사회적, 문화적인 삶에서 점점 더 큰 영

● 리투아니아의 휴양지 니다의 백사장을 거닐고 있는 보부아르와 사르트르.
이 흑백 사진은 사르트르의 사상을 가장 잘 표현한 우수한 작품으로
평가받고 있다(리투아니아 사진가 수트쿠스 작품)

향력을 누리고 있습니다. 하지만 여성의 처지와 노동을 완화하기 위해서는 아직도 해결해야 할 문제가 많습니다."라고 말했다. 그렇지만 당시 보부아르가 찬양했던 소련의 체제는 비록 여성을 평등하다고 선언했지만, 실제로 여성의 이류 지위는 매우 명백했으며 프랑스에 비할 바가 아니었다.

한편 리투아니아 작가인 미콜라스 슬루키스(Mykolas Sluckis · 1928~2013)도 "그녀는 남편(사르트르)의 신념을 열정적으로 지지합니다."라고 수차례나 언급했다. 그렇다면 보부아르는 사르트르 사상의 충실한 시녀였을까? 보부아르는 사르트르의 철학적 사상을 지지했다. 어느 날 보부아르의 연인이었던 비앙카 람블랭이 그녀에게 이렇게 물었다. "사르트르가 당신이 믿었던 이론을 바꾸면, 혹시 불쾌하지는 않나요?" 그러자 보부아르는 이렇게 대답했다. "나도 그걸 바꾸고 있는데? 내 삶에 변화를 주고 좋아요."

보부아르의 이러한 농담은 가장 중요한 것, 이 두 사람 관계의 '상호보완성'을 암시하고 있다. 즉, 사르트르는 창조자였고, 보부아르는 명석한 분석력으로 모든 것을 하나씩 논의했다. 아마도 이러한 상호보완적인 조합이 그들을 끝까지 '하나'로 묶어준 것이리라.

보부아르를 "여자의 몸에 있는 남자의 두뇌"라고 즐겨 말했던 사르트르가 오히려 그녀의 '지성'을 모방했다는 설도 있다. 우리는 이같은 역설적인 주장이 보부아르를 추종하는 페미니스트들을 얼마나 기쁘게 했는지 상상할 수는 있지만, 별로 신빙성은 없다고 본다.

그렇지만 보부아르의 역할이 단지 '보조'에 그쳤다는 것도 맞지는 않는다. 둘의 관계는 좋은 의미에서의 '경쟁(émulation)' 내지는 상호보완적인 관계라고 할 수 있다. 예를 들면, 사르트르가 독일의 포로수용소에서 하이데거를 해독하고 있는 동안, 보부아르는 파리 국립 도서관에서 방금 불어로 번역된 헤겔의 정신현상학을 연구하고 있었다. 그들은 레몽 아롱의 조언에 따라 후설과도 친숙해졌는데, 이것이 바로 3H, 즉 헤겔·후설·하이데거와 동화되는 두 사람만의 유니크한 콜라보 방식이기도 했다.

1945년 10월 29일 사르트르의 〈실존주의는 휴머니즘이다(L'existentialisme est un humanisme)〉(1945)가 발표된 지 두 달 후인 1945년 12월 1일에 보부아르는 〈레 탕 모데른〉지 3호에 〈실존주의와 국가 지혜〉[4]를 처음으로 게재했다. 여기서 보부아르의 텍스트는 사르트르의 실존주의를 옹호하는 진정한 신앙 고백이었다.

우리는 두 사람 사이에 존재했던 생각의 전후와 사르트르를 완전히 이해하기 위해 보부아르를 읽어야 할 필요성, 혹은 보부아르를 이해하기 위해 사르트르를 읽어야 하는 그 반대의 경우도 충분히 고려할 수 있다. 보부아르는 무엇보다 그들의 관계를 '위험'에 빠뜨리는 것을 가장 두려워했다. 사르트르와의 초기 계약을 존중하고 그와 '균형'을 맞추는 것을 워낙 중시하다 보니 보부아르에게는 다분히 순종적인 일면이 있었다. 그래서 그녀는 종종 그와 '균형'을 이루지 못하는 행동을 하곤 했다. 일단 사르트르가 뭔가를 하도록 허용하면, 그녀도 역시 그것을 할 수가 있었다. 적어도 보부아르는 사르트르가 늙고 병들기 전까지는 주도권을 잡는다거나 독자적인 노선을 추구하려는 시도는 하지 않았다.

예를 들자면, 사르트르가 1965년에 알제리 태생의 유대인 학생 아를레트 엘카임을 입양하자, 보부아르도 몇 년 후에 실비 르 봉을 양녀로 입양했다. 또 사르트르가 미국에서 돌로레스 바네티와 진지하게 사랑에 빠졌을 때, 그녀도 이에 뒤질세라 미국 작가 넬슨 알그렌과 사귀었다. 그녀는 실제로 알그렌과 사랑에 빠졌지만, 그녀가 과연 미국에서 도대체 무엇을 할 수 있단 말인가? 그녀에게 실존주의 그룹에 대한 멤버십이나 소속 관념은 그만큼 중요했던 것이다.

그래서 그녀는 미국행 대신에 파리의 안정성을 선택했다. 1952년에 보부아르는 〈레 탕 모데른〉 팀에 막 합류한 클로드 란츠만과의 동거 관계를 시작했다. 그녀는 44세였고, 그는 27세의 청년이었다. 보부아르는 "다시는 다른 사람의 따뜻함 속에서 잠을 자지 않을 것"을 상상하면서 란츠만의 제안에 굴복했다.[5] 그러나 누구와 사귀거나 살든지 간에 두 사람은 항상 공식적인 여행은 원칙적으로 함께했다.

사르트르와 보부아르의 쿠바 여행

사르트르와 보부아르는 1960년 카스트로의 초청으로 쿠바를 여행했고 거기서 공산주의 영웅 에르네스토 체 게바라(1928~1967)를 만났다. 그가 죽은 지 벌써 50년이 훌쩍 넘었지만, 오늘날도 많은 사람이 그를 '사회 정의를 위한 전사'로 기억한다. 그 많은 유명인, 정치인, 활동가에게 체 게바라는 여전히 억압과 폭정에 맞서 싸운 일종의 착한 사마리아인이다. 그러나 불행하게도 그가 동성애자들의 간수이자 근절자였다는 사실을 아는 사람은 그리 많지 않다.

1959년 쿠바에서 피델 카스트로가 집권한 뒤 공산주의 사회를 건

• 쿠바에서 체 게바라와 만나는 보부아르와 사르트르(1960년)

설하는 과정에서, 체 게바라가 제시하고 추진했던 사상 중 하나가 바로 '신(新)인간' 개념이었다. 이 개념은 자본주의에 대한 체 게바라의 '혐오'에서 비롯되었으며, 〈쿠바의 인간과 사회주의〉(1965)에 관한 그의 노트(일기)에서 최초로 설명되었다.[6] 그는 사회주의하의 개인이 훨씬 더 완전하다고 믿었고, 그래서 국가는 모든 남녀에게 사심 없고 협력적이며 비물질적인 가치와 반자본주의적인 교육을 주입해야 한다고 주장했다.

그 결과, 문제의 '신인간' 개념에서 벗어난 사람은 누구나 '반혁명가'로 간주되었다. 체 게바라가 '성적 변태'라고 불렀던 게이 남성들의 경우가 그러했다. 체 게바라와 카스트로는 모두 동성애를 '부르주아적인 타락'으로 여겼다. 1965년 인터뷰에서 카스트로는 "그런 성격의 일탈은 전투적인 공산주의자가 되어야 한다는 우리의 개념과 충돌한다."라고 설명했다.

카스트로의 쿠바 혁명(1959년)이 성공한 후, 아르헨티나 출신의 체 게바라는 서열 2위의 지도자로 숙청 운동을 이끌었다. 원래 쿠바 혁명의 초기 지도자들은 새로운 쿠바를 위한 민주적 또는 민주적 사회주의의 방향을 선호했다. 그러나 친소 강경파의 주축이었던 체 게바라의 파벌이 승리를 거두었다. 1960년에 체 게바라는 과나아카비베스 반도[7]에 쿠바 최초의 강제수용소를 설립했다. 쿠바 정부는 나치 시절의 아우슈비츠 수용소의 모토인 "일하면 자유로워진다."를 "일하면 사람이 될 것이다."로 바꿨다. 그는 쿠바 혁명의 첫 총살대를 주재했고, 쿠바의 강제노동수용소의 시스템을 구축했다. 이처럼 그 자신을 죽이고 다른 많은 사람을 죽이는 것이 바로 그의 상상력의 중심이었다. 체 게바라는 〈둘, 셋, 많은 베트남〉을 호소하는 유명한 에세이에서 '순교'를 언급했고, 다음과 같은 오싹한 문구를 작성했다. "적에 대하여 굽히지 않는 증오는 인간을 타고난 한계 이상으로 밀어붙여, 그를 효율적이고 폭력적이며 선택적인 냉혈한 살인 기계로 만든다. 이것이 바로 우리 병사들이 되어야 할 모습이다."

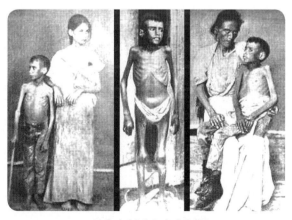

● 쿠바 강제수용소의 희생자들

알바로 바르가스 요사(Álvaro Vargas Llosa·1966~)[8]는 동성애자, 여호와의 증인, 아프리카계 쿠바 성직자 및 혁명적 도덕에 반하는 범죄를 저지른 사람들이 그들의 '반사회적 행동'을 교정하기 위해 이러한 수용소에서 강제노역에 종사했다고 주장했다. 그들 중 많은 사람이 죽었고, 나머지 생존자들은 고문을 당하거나 강간당했다. 게다가 체 게바라는 인종 차별적 견해를 옹호했다. 그는 일기에서 흑인을 "목욕에 대한 애착이 부족하여 인종적 순수성을 유지해 온 아프리카 인종의 훌륭한 예"라고 언급했다. 그는 또한, 백인 유럽인들이 아프리카계 인들보다 우월하다고 생각했으며 멕시코인들을 "문맹의 인디언 무리"로 묘사했다. 체 게바라의 사촌인 아르헨티나 대학교수 알베르토 베네가스 린치 2세(Alberto Benegas Lynch, Jr.)는 〈나의 사촌, 엘 체〉라는 글에서 체 게바라가 어떻게 연쇄 살인범에게 공통으로 나타나는 특성인 '동물 고문'을 즐겼는지를 구체적으로 설명한 바 있다.

사람들을 살해하고 고문했다는 그의 기록은 실로 광범위하다. 체 게바라는 유무죄와 상관없이 사람들을 죽였다고 말했다. 1962년 쿠바 관영 신문인 〈레볼루시온(Revolución)〉도 그가 "극도로 긴장된 시기에 우리는 나약하게 나아갈 수 없다. 시에라 마에스트라(Sierra Maestra·쿠바의 산맥)에서 우리는 그들이 완전한 유죄인지를 알지 못한 상황에서 많은 사람을 총살형에 처했다. 때때로 혁명은 많은 조사를 수행하기 위해 멈출 수가 없다. 오직 승리할 의무가 있다."라고 말했다고 보도했다.

그는 자신의 일기장에서 잔악한 학살에 대하여 제법 시적이고 낭만적인 면모를 드러냈다. "나는 밤하늘에 총총히 인쇄된 것을 물끄

러미 바라본다. 나는 귀신 들린 자처럼 울부짖고, 바리케이드나 참호를 공격하고, 피 묻은 무기를 빼앗고, 분노에 사로잡혀 내 손에 들어오는 모든 적을 학살하리라!" 그는 적에게 정보를 유출했다고 인정한 농민을 자신이 어떻게 쏴 죽였는지도 썼다. "그는 잠시 숨을 헐떡거리다가 숨졌다. 인간을 처형하는 것은 추악한 일이지만 또한 모범적인 일이다."

수천 명이 쿠바 정권에 의해 살해됐고, 여기에는 체 게바라와 관련된 사망자도 많았다. 그의 명령으로 살해된 사람들을 수년간 기록해온 《체 게바라의 잊혀진 희생자들(Che Guevara's Forgotten Victims)》(2020)의 저자인 마리아 웨를라우(Maria Werlau)는 "그는 최소한 124명의 살인에 직접 책임이 있습니다."라고 폭스뉴스에 말했다.[9]

다른 연구자들도 1957년부터 1959년까지 쿠바에서 체 게바라에 의해 죽임을 당한 희생자 216명을 기록했다. 그는 단지 의심만으로도 생명을 끊을 수가 있었다. 그가 언급했듯이 혁명은 많은 조사를 수행하기 위해 멈출 수 없었고, 또 승리할 의무가 있었기 때문에 재판도 필요치 않았다. 체 게바라에게 죽음은 혁명의 필수조건이었다. 그는 인간의 생명을 전혀 고려하지 않았다. 그는 동성애 혐오적이고, 인종 차별적이며, 자신이 우월하다고 선언한 사회를 달성하기 위해 그야말로 수단과 방법을 가리지 않았던 대량학살자였다.

체 게바라에 대한 숭배는 우리 시대의 도덕적 불감증을 보여주는 사례다. 이른바 '혁명의 상징'인 체 게바라의 티셔츠, 바(술집), 포스터 등의 식을 줄 모르는 인기는 그의 음산한 실체를 가리고 있다. "청춘이라는 새는 날아가면 다시는 돌아오지 않아."라는 명대사로 유명한 월터 살레스(Walter Salles) 감독의 영화 〈모터사이클 다이어리(The Motorcycle Diaries)〉(2004년)는 체 게바라 우상화의 심장부에 우뚝 서 있다. 그러나 체는 '자유의 적'인데, '자유의 상징'으로 통한다. 그는 쿠바의 불공정한 사회주의 체제를 수립하는 데 공헌했던 인물이지만, 사회 정의의 상징으로 남아 있다. 그는 마르크스레닌주의의 버전으로 낡고 경직된 라틴 아메리카 사상을 지지했음에도 불구하고, 자유 사상가이자 낭만적인 반란자로 열렬히 추앙받고 있다.

앞서 설명한 대로 종교인, 동성애자, 체제 비판적 작가는 물론이고, 장발한 청년, 심지어 미국 록 음악을 듣는 사람들도 숙청 대상이 됐다. 체 게바라는 자신을 '금욕적인 이상주의자'로 묘사하지만 실제로는 물질 재부를 탐하여, 쿠바에서 가장 사치스러운 저택에서 산 것으로 알려져 있다. 이처럼 쿠바 혁명은 너무나 낭만화되어 실제 모습을 알 수 없는 지경까지 이르게 됐다.

2010년에 드디어 독재자 피델 카스트로는 쿠바 혁명 동안에 동성애자에 대한 박해를 인정했다. 1960년대와 70년대에 걸쳐 쿠바는 공개적으로 게이 남성들을 기소나 재판도 없이 강제노동수용소에 보냈다. "그들은 크나큰 불의, 너무도 크나큰 불의의 순간이었습니다!" 카스트로는 멕시코 일간지 '라 호르나다(La Jornada)'의 기자에게 말했다. 그러나 "누군가 책임이 있다면 그건 바로 접니다."[10]

———

"혁명은 익었다가 떨어지는 사과가 아니다. 반드시 떨어지도록 해야 한다."

– 혁명가 에르네스토 체 게바라(1928~1967)

———

● 체 게바라와 피델 카스트로

체 게바라는 전체주의자였다. 그는 재앙 외에는 아무것도 이루지 못했다. 그는 1967년 볼리비아에서 단 한 명의 볼리비아 농민도 모집하지 못한 게릴라 운동을 이끌다가 그만 살해당했다. 그럼에도 불구하고, 그는 수만 명의 중산층 라틴 아메리카인들이 대학을 떠나서 그들 자신의 게릴라 반란을 조직하도록 영감을 주는 데 성공했다. 그런데 이러한 반란은 수십만 명의 죽음을 초래하고, 라틴 아메리카 민주주의의 대의를 후퇴시킨 것 외에는 아무것도 달성하지 못했다. 이것이 가장 큰 비극이다. 그러나 사르트르는 체 게바라를 가리켜 "우리 시대의 가장 완벽한 인간"이라고 추켜세우지 않았던가? 그의 지적 동반자인 보부아르 역시 체 게바라와 함께 기꺼이 앉았으며, 수십만에서 2,000만 명에 이르는 추정 사망자가 발생했던 마오쩌둥의 문화 혁명을 축복했다! 그녀는 비슷한 시기에 베트남 공산당을 적극적으로 지지하기 시작했다.

알제리 여성 부파샤 성폭력 사건

가장 중요했던 순간은 바로 알제리 전쟁이다. 보부아르는 "지식인으로서 나의 의무는 인간을 억압하는 모든 것에 항의하는 것"이라면서 알제리 전쟁을 주로 언급했다. 1962년에 그녀는 튀니지 태생의 정치가·페미니스트 활동가인 지젤 알리미(Gisèle Halimi·1927~2020)와 함께, 프랑스인에게 성고문을 당한 젊은 알제리 여성 자밀라 부파샤(Djamila Boupacha·1938~)에 관한 책의 서문을 썼다.[11] 부파샤는 알제리 국민해방전선(FLN)[12] 운동에서 테러리스트로 활동하다 검거돼 혹독한 고문을 당했다.

1938년 2월 9일 알제리 수도 알제에서 태어난 부파샤는 FLN활동 혐의로 프랑스 당국에 체포될 당시 겨우 22세였다. 부파샤는 알제리의 베니 메수(Béni Messous) 대학 병원에서 수습생으로 일했다. 처음에 그녀는 FLN의 목표에 충분히 '공감'했지만, 적극적으로 참여하지는 않았다. 그러나 자신의 실력에도 불구하고, 그녀는 단지 '무슬림'이라는 이유로 훈련 자격증을 취득할 수 없다는 통지를 받았다.

이러한 좌절은 그녀가 알제리의 프랑스 식민지 체제를 거부하는 데 중요한 역할을 했다. 그녀는 FLN에 합류하여 병원에서 의료용품을 훔치기 시작했고, 나중에 그녀의 임무에는 중요한 연락 업무, 정보 수집, 알제리 저항군 보호(피신처 제공) 등이 포함되었다.

결국, 1960년 2월 10일 프랑스군은 부파샤의 집을 급습하여 그녀를 체포·구금했다. 부파샤는 FLN 전사들과 협력하여 알제의 카페에 폭탄을 설치한 혐의로 기소되었지만, 이러한 혐의는 고문을 통해 그

● 자밀라 부파샤(1963년)

녀로부터 얻은 '자백'에 근거한 것이다. 그녀는 모진 고문과 강간을 당했고, 맥주병이 그녀의 질에 삽입되어 처녀성을 잃게 되었다. 나중에 이러한 심각한 관행을 알게 된 프랑스 시민사회는 그야말로 공포와 경악을 금치 못했다. 하지만 그녀의 고문은 이것에만 국한되지 않았다. 전기작가 베어는 부파샤가 겪었던 추가적인 고통을 간결하게 설명했다. "그녀의 몸에서는 담배 연기가 사방에서 품어져 나왔고, 음식과 수면도 박탈당했으며, 전기봉에 의해 충격을 받았다."[13]

알제리 전쟁에서 프랑스군이 이처럼 성폭력을 가한 이유는 무엇인가? 거기에는 여러 가지 동기가 있다. 물론 욕망도 하나의 구성 요소이기는 했지만, 성별로 인해 '성적 대상화'되고, 대상화된 여성 피해자에 대한 예속과 굴욕이 중요한 목적이었다. 인종차별도 역시 고문을 정당화하고, 아랍인을 진정시키는 요소 중 하나였다.

원래 군부대에서는 여성으로부터 혁명 활동에 대한 정보를 수집하려는 목적으로 '심문'이란 미명하에 성고문이 자행되는 경우가 많았다. 아이오와 대학의 역사학도 라이언 쿤클(Ryan Kunkle)의 주장에 따르면, 프랑스 군대의 강간은 남성이 여성의 순결을 지키고 옹호해야 하는 알제리 사회에서 통용되는 이른바 '성의 가치'를 전복시키기 위한 '무기'로 사용되었다.

실제로 강간은 알제리 여성에게 신체적, 정신적 트라우마를 통해 심리적인 피해를 입혔을 뿐만 아니라, 처녀성 상실로 인해 그녀를 공동체로부터 버림받은 존재로 만들었다. 더욱이 이러한 순결의 상실은 여성을 성범죄로부터 보호하지 못한 알제리 남성의 명예와 남성성을 손상시켰다. 따라서 프랑스군 장교들은 성고문과 강간을 통해 많은 알제리 여성 민족주의자들과 그 공동체에 치명적인 타격을 입힐 수 있었다는 것이다.[14]

부파샤 재판과 알제리 독립

철학자이자 신비주의자인 소르본 대학의 동급생 시몬 베유(Simone Weil·1909~1943)가 기아에 허덕이는 중국을 위해 뜨거운 눈물을 흘렸듯이, 보부아르도 역시 자서전에서 알제리에서 있었던 혹독한 고문을 생각하면서 잠 못 이루는 밤을 보냈다고 술회했다. 보부아르는 무엇보다 여성의 신체가 전쟁에서 이처럼 '억압'의 대상 내지는 기제로 사용되는 것을 강조했다. "프랑스가 알제리 여성을 상대로 성고문과 강간을 가한 것은 성별에 따른 예속과 굴욕을 통해 식민지 억압을 유지하려는 의도였습니다." 물론 프랑스군이 채택한 고문 정책은 이미 대중에게도 알려져 있었지만, 보부아르의 앙가주망은 일종의 '차별화' 전략으로 특징지어진다. 여성사가 주디스 수르키스(Judith Surkis)가 지적했듯이, 보부아르는 "대중들의 무지보다는 그들의 무관심에 비방의 근원을 두었다."[15] 보부아르는 끔찍한 관행에 대하여 적어도 분노를 일으키지 못하는 여론의 '불감증'을 공격하기로 작정했던 것이다. 그녀는 프랑스 군대가 알제리인에게 자행한 과잉 행위에 대해 침묵하는 프랑스 시민사회를 통렬하게 공격했다. 보부아르는 "과연 그들의 침묵은 식민지에서 일상적으로 자행되는 무자비한 행위에 대한 '동조'를 의미하는 거냐?"라며 반문을 제기했다. 그녀는 프랑스 정부의 행동에 반대하지 않는 것은 아랍 반군에 대한 고문을 지지하는 것과 도덕적으로 동일하다고 주장하면서 프랑스 식민정책을 맹렬히 비난했다.

"그러한 책임 포기는 프랑스 전체, 당신, 나, 우리 모두에 대한 배신이 될 것입니다. 따라서 모든 시민은 '집단적으로 범죄하는' 국가의 구성원이 됩니다." 그리하여 보부아르와 알리미는 부파샤가 겪었던 성폭력을 최대한으로 극대화시키면서, 프랑스 군대의 고문 사용에 반대하는 여론을 집결시키는 데 성공했다. 두 여성은 여성 인권에 대한 정치적 옹호를 통해서, 부파샤라는 한 개인을 '집단'의 문제로 보도록 유도했다. 보부아르는 이 부파샤 사건을 성고문의 구체적인 사례로 활용하여 프랑스의 일반적인 '인종 말살' 범죄와 연결시켰다. 결론적으로 두 여성은 이 알제리 분쟁을 '식민지 여성에 대한 프랑스 남성의 억압'으로 몰고 갔다. 알리미는 자신의 회고록에서 보부아르와 함께 대중이 '태평한 무관심'에서 충격을 받도록 일부러 대중의 동정심을 불러일으킬 수 있는 가장 효과적인 방법을 물색했노라고 회고했다. 두 여성의 전략 전술에는 ① 부파샤의 '무죄'를 선고받고 ② 프랑스의 고문 관행에 맞서 '여론의 무기'를 사용한다는 두 가지 목표가 명시되어 있었다.

이 부파샤 사건의 중요성은 고문자들을 상대로 소송을 제기한 부파샤 본인의 결정에 있다. 그녀는 자신이 FLN에 가입했다는 사실이나 알제리 독립에 대한 헌신을 '부인'하지는 않았지만, 고문을 통해 얻은 자백이 군사 재판소에서 받아들여져서는 안 된다고 주장했다. 부파샤는 변호사 지젤 알리미와 협력하여 자신의 고문 사건을 재판에 회부하여, 프랑스와 알제리 등지에서 스캔들을 일으키고 대중의 폭넓은 관심을 끌었다. 알리미는 "그녀는 테러 공격을 저지른 적이 없었지만, 곧 저지르려고는 했습니다."라면서 부파샤의 무죄를 주장했다.

1960년 6월, 보부아르와 알리미의 지속적인 노력의 일환으로 수립된 '자밀라 부파샤 위원회'는 대중의 분노를 '조장'하는 데 중요한 역할을 했다. 52세의 보부아르가 의장직을 맡았고, 사르트르 외에도 공산당의 '동료여행자'이자 초현실주의 시인 루이 아라공(Louis Aragon·1897~1982)과 그의 배우자인 러시아 태생의 프랑스 작가 엘자

● 피카소가 스케치한 부파샤 초상화

트리올레(Elsa Triolet·1896~1970), 프랑스 철학자 가브리엘 마르셀(Gabriel Marcel·1889~1973),[16] 주느비에브 드골-앙토니오즈(Geneviève de Gaulle-Anthonioz·1920~2002),[17] 카리브해의 조그만 섬 마르티니크 태생의 정치 외교학자 에메 세제르(Aimé Césaire·1913~2008) 및 프랑스 민속학자 제르멘 티용(Germaine Tillion·1907~2008) 등 '반식민주의'를 지지하는 주로 좌익계 인사들이 회원으로 가입했다. 이 위원회는 알제리 관할권에서 해당 사건을 제거하기 위해 대대적인 캠페인을 벌였다. 이 캠페인은 성공을 거두어, 1960년 12월에 드디어 프랑스로 사건이 이관되었다. 또한, 위원회는 진실을 가능한 한 널리 전파하기 위한 '무기' 역할을 할 가공할 만한 책《자밀라 부파샤: 자유주의 프랑스 견해에 충격을 준 젊은 알제리 소녀의 고문 이야기》(1962)를 제작하는 데 만장일치로 동의했다. 재판 기간 중에 부파샤는 공산주의 언론인 헨리 알레그(Henri Alleg·1921~2013),[18] 사회주의 정치가 앙드레 필리프(André Philip·1902~1970) 및 피카소와 같이 저명한 좌파 인사들로부터 열렬한 격려와 지원을 받았다. 그러나 프랑스가 고문을 비난하는 세 개의 국제 문서에 서명했고, 결과적으로 드골이 알제리에서 여전히 고문이 사용된다는 사실을 반복적으로 부인했다는 점을 고려할 때, '혁명과 인권의 나라' 프랑스에서의 '고문 사용'을 이처럼 대대적으로 홍보하고, 그것을 어디로 튈지도 모르는 공개 담론의 현장으로 끌어들인 처사는 아무래도 국익 차원에서 충분히 지탄받을 만한 행동이라고 생각한다.

어쨌든 이 부파샤 재판을 통해서 보부아르와 알리미는 떠오르는 페미니스트 운동의 주역이 되었다. 두 여성은 여론을 선동하려는 목표를 충분히 달성했고, 해외로부터 자신들의 대의를 지지하는 수천 통의 편지를 받았다. 이로써 부파샤는 고문받는 알제리 여성들의 아이콘이 되었다. 이런 식으로 알리미는 변호사로서 자신의 법적 의무를 뛰어넘어, 부파샤 사건을 조작하여 광범위한 페미니스트 정치를 장려했다. 드디어 샤를 드골이 이끄는 프랑스 정부는 알제리의 자결권을 인정했다. 1830년 7월 5일 프랑스의 알제 침공에 항복하여, 프랑스 식민통치가 시작된 지 132년 만의 일이다. 1962년 3월, 에비앙 평화 협정[19]에 따라 알제리 전쟁이 공식적으로 끝났고, 부파샤는 다른 모든 전쟁 포로들과 함께 석방되었다. 그러나 이 합의를 통해 그녀를 잔인하게 고문했던 가해자들도 역시 '기소 면제'를 받았다.

———

"야생동물은 결코 스포츠를 위해 죽이지는 않는다.

그러나 인간은 자기 동료의 고문과 죽음을 그 자체로 즐기는 유일한 동물이다."

- 영국 사학자 제임스 안소니 프라우드(James Anthony Froude · 1818~1894)

———

부파샤 지원을 거절한 보부아르

1962년 5월 3일 자 〈르몽드〉는 그동안 알리미의 집에 피신해 있던 화제의 주인공 부파샤가 FLN(알제리 국민해방전선) 프랑스 연맹에 의해 격리된 후 알제리로 강제 이송되었다는 소식을 전했다. FLN 측은 "그동안 개인적인 목적을 위해 선전 활동을 벌였다!"라고 주장하면서 변호사 알리미를 맹렬히 비난했다. FLN은 알제리의 젊은 여성 활동가가 구축해 놓은 '상징적 일류 무기에 대한 통제권'을 잃는 것을 절대로 받아들일 수가 없었던 것이다. 부파샤가 FLN에 의해 프랑스에서 강제로 끌려간 후, 알리미는 보부아르에게 즉각 이러한 사실을 알리고 지원을 요청했다. 그런데 놀랍게도 보부아르는 애당초 자신이 지지했던 제3세계 정부(알제리)에 대한 '침묵'을 고수하고, 그 문제에 더 이상 개입하지 않기로 결정했다. 그러나 가부장제의 식민화 구조를 주야장천 비판해 왔던 보부아르가 FLN과 부파샤 사이의 억압적인 주종관계에 대하여 갑자기 침묵 모드로 돌변한 것은 '위선'이다.

자밀라 부파샤는 그녀의 '순교'를 통해 알제리 민족주의자들의 '기억의 쟁점'이 되었다. 그녀는 투쟁의 상징적 인물이며, 건국될 알제리 국가의 건국 신화로 자리매김하게 된다. 독립 이후 알제리에서 부파샤는 아이콘으로 남았다. 그리하여 부파샤는 독립 이후 알제리 정부의 '공식 특사'가 되었으며, FLN의 다른 여성들과 함께 미래를 내다보는 젊은 용기와 역사적 진실성 사이의 융합, 또 범아랍주의와 사회주의의 조화로운 결합의 살아있는 상징으로 활동했다.

그러나 그녀는 이처럼 아이콘의 지위에 올랐지만, 거기에서 결코 빠져나올 수가 없었다. 알제리 민족주의 지도자들의 관점에서 볼 때, 여성에게 자행되거나 범해지는 폭력은 단지 '예외적인' 측면에서 유용할 뿐이다. 페미니스트 사가인 크리스텔 타로(Christelle Taraud)가 지적했듯이, 독립한 알제리 국가는 부파샤를 FLN이 수립한 일당 (독재) 정권의 정치적 정당성을 확립하는 데 적합한 '상징'으로 사용했다.[20] 예를 들어, 1963년 3월 부파샤는 알제리 독립 이후 처음으로 영국을 방문한 공식 대표단이자, 엘리자베스 여왕의 손님 4명 중 한 명이었다.

그러나 2005년에 부파샤는 인터뷰에서 단지 여성이 필요했기 때문에 자신이 그 대표단에 '선택'되었다고 말했다. 알제리의 공공 이미지를 개선하고 성별 역할을 수행하는 것이 진지한 정치에 참여하는 것보다 더 중요했기 때문이다. 그러나 그녀는 자신이 국가에 봉사해야 할 책임이 있다고 느꼈기 때문에 참여했고, 민족주의 투쟁에 대한 기여의 일환으로 자신이 '알제리의 상징'이 되는 것을 그대로 묵인했다. 부파샤는 독립을 위해 노력했으나 그 노력을 인정받지 못한 다른 수많은 여성들을 인용하면서, "우리보다 더 많은 고통을 겪은 여성들도 많지만 우리는 그들을 모릅니다."라고 의미심장하게 말했다. 그리고 그녀도 역시 조국 해방에 결정적인 역할을 했던 다른 많은 민족주의 운동가들처럼 대중 앞에서 서서히 사라져버렸다.

알리미의 주장에 따르면, 그녀는 보부아르에게도 역시 실제 인물이라기보다는 그저 상징적 존재에 불과했다. 알리미는 보부아르가 부파샤라는 한 개인보다는 자신이 지지하는 '대의'나 취사선택적인 이념에 훨씬 더 많은 관심을 기울였다고 불평해 마지않았다.[21]

343인 선언-낙태와 피임의 선언문

1968년 진정한 페미니스트 운동가로 시작

보부아르는 알제리 독립을 지지하고 고문당한 알제리 활동가 자밀라 부파샤 사건에 대한 글을 공동으로 기고했다. 또 다른 중요한 사건으로는 1967년 러셀 재판에 참석하여 미국의 베트남 개입을 맹렬하게 비판했던 일이다. 모두 '인권'을 옹호하기 위해 행동하는 앙가주망 작가 보부아르의 작품이다.

그러나 보부아르의 진짜 정치적 의지는 페미니즘이었다. 1960년대 이전에 보부아르는 여행과 관련해 엄청난 정치적 활동을 벌였다. 그녀의 전기작가인 디어드리 베어는 1960년대 보부아르의 공적 생활이 '정치적 여행기'의 형태를 띠었고,[22] 페미니즘 원칙과 목표에 대한 공개 지지 선언으로 정점에 이르렀다고 관찰했다.

보부아르가 자신의 공동 여행가이자 정치 참여의 '중심'에 있었던 사르트르와는 별도로 활기찬 대화, 회의, 인터뷰를 시작했던 것은 바로 이 시기였다. 보부아르 자신이 가장 놀랐던 것은 모든 계층의 여성들이 '페미니즘과 여성의 삶을 변화시키기 위한 노력'에 대한 그녀의 견해를 경청하기 위해 그녀를 찾았다는 사실이다. 저명한 학자와 작가에서 일반 여성들에 이르기까지, 보부아르는 자신의 청중이 이처럼 다양하다는 사실에 무척 놀랐다.[23] 비록 공통점이 거의 없었지만 끈

● 비행기에서 내리는 보부아르와 사르트르

끈한 '연대감'을 느꼈던 그 여성들과의 관계를 이해하려면, 보부아르는 자신이 그 놀라운 변화를 어떻게 인식했는지를 말해야 했다.

1949년에 출판된《제2의 성》의 기원으로 돌아가 보자. 전쟁 기간부터 루앙 고등학교의 동료 선생 콜레트 오드리(Colette Audry)가 보부아르에게 페미니즘 문제를 거론했지만, 그녀는 별다른 관심을 보이지 않았다. 보부아르의 주장에 의하면, 자신이 처음으로 여성이라는 것이 과연 무엇을 의미하는지에 대하여 궁금해한 것은 1946년의 일이었다. 이 질문을 통해서 그녀는 비로소 자신이 살고 있는 세상이 '남성의, 남성에 의한, 남성을 위해' 만들어졌다는 사실을 깨달았다고 한다. 페미니즘 운동이 아직 실질적으로 존재하지 않았던 시기에 보부아르는《제2의 성》에서 가부장적 사회의 '생존'인 결혼제도를 신랄하게 공격하고 동성애를 옹호했다. 그녀는 동성애가 더 이상 고의적인 변태가 아니라 '치명적'이라고 말했으며, 후일 태아의 생명권보다는 여성 개인의 자율권을 강조한 '낙태권'을 강력히 옹호하게 된다. 그래서 일명 '낙태의 어머니'로도 불리는 보부아르는 프랑스에서 안전한 피임법과 낙태법을 통과시키는 데 직접적으로 기여했다.

———

"나는 낙태를 지지하는 모든 이가 이미 태어났다는 것을 주목하게 되었습니다."

— 미국 대통령 로널드 레이건(Ronald Reagan·1911~2004)

———

보부아르의 저서《제2의 성》은 제2물결 페미니즘에 대한 청사진으로 간주된다. 보부아르는 결코 철학자로 불리기를 원치 않았지만, 실존주의 철학을 페미니즘과 혼합해서 사회에서 여성을 이야기하고 여성의 평등과 자아감이 어떻게 '억압'에 의해 영향을 받는지를 설명했다는 점에서 매우 혁명적이었다.

보부아르에 의하면 여성의 유일한 소유물은 자신의 '몸'뿐이며, 여성은 남성을 위해 그 몸을 사용하도록 교육받는다. 보부아르는 헤겔과 사르트르가 각각 '자아'와 '타자'를 정의하는 철학을 빌려와서, 여성이 사회의 '이등 시민'으로 끊임없이 개념화되고 있음을 가정했다. 남성이 지배하는 세상에서 남성은 주체이고 절대자이며, 여성은 타자일 뿐이다. 그녀는 단지 여성이라는 이유만으로 열등하며, 사회의 타자로서의 지위를 감수해야 한다. 남성들은 이 기준을 더욱 강화하기 위해 처음부터 여성에게 '복종'을 강요하며, 성적, 물질적, 경제적 관점에서 자기표현을 허용하지 않는다.

이처럼 남성들의 이해관계에 따른 전통적인 도덕과 가치체계 속에서 여성들은 정신이 아닌 '육체,' 이성이 아닌 '감성,' 완전함이 아닌 '결여' 상태에서, 또한 합리성이 아닌 '비합리성'에 근거해서 주체가 아닌 타자로서 남성과 관계를 해야만 했다. 그래서 보부아르는 여성들이 '동성애'에 의지하는 이유가 억압받지 않고 평등한 관계에서 성적, 개인적인 성취를 추구하기 위해서라고도 설명했다. 보부아르는 이와 동일한 취지에서 여성들이 함께 뭉쳐야 할 필요성을 강조했다. 남성이 자신의 관계를 정의하도록 내버려두기보다는 사회에서 여성의 타자성이 젠더화된 열등감이라는 사회적 구성물에 맞서 '동지애'로 서로를 묶는다는 것을 증명해야 한다는 것이다.

보부아르는 '모성'이나 '여성성'이 선천적으로 내재되어 있다는 생각을 과감하게 '해체'하고, "여성은 태어나는 것이 아니라 만들어진다."라는 기발한 구호를 통해서 여성들이 그동안 사회에서 세뇌되고 반복적으로 억압당해 왔다는 것을 보여주고자 했다. 그것은 모든 사람이 자신을 정의할 권리가 있고, 자신의 감각이나 육체를 '자유의 도구'로 마음껏 사용할 수 있다는 실존주의적 해방의 믿음에서 근거한다. 그러나 사회적 약자인 여성에게는 경제적, 정치적, 성적으로 자신을 해방시킬 수 있는 기회가 주어지지 않았기 때문에, 보부아르는 향후 사회의 법과 제도 및 프로젝트는 반드시 양성평등의 필요성을 반영해야 한다고 주장했다.[24] 물론 이 단계에서 보부아르는 오늘날 젠더 이데올로기에 입각한 '성평등(gender equality)'의 개념이 아닌 남녀평등을 주장했지만, 보부아르의 이러한 해체 작업은 원작자의 의도와는 상관없이 현대 젠더 및 여성 연구, 페미니즘, 퀴어 이론의 기초가 되었다.[25] 여성은 태어나는 것이 아니라 만들어진다는 사고방식은 오늘날 아동들의 '성전환'을 허용하는 것을 대중적으로 수용하도록 추진하는 데도 사용된다. 한마디로 "타고난 성은 중요치 않다. 성은 바꿀 수 있다."이다. 이른바 '생물학적 성(bio-sex)'이 아니라, 사회적인 학습과 환경으로 성이 결정된다는 '젠더 이론'의 원조 격인 셈이다.[26]

1968년 5월부터 보부아르는 진정한 페미니스트 운동가가 되었다. 《제2의 성》의 말미에서 그녀는 여성 해방을 사회주의 혁명에 맡겨야 한다고 주장했지만, 68년 이후 여성 해방은 여성 자신들의 몫이 되었다. 1960년대에 페미니스트들이 그녀에게 접근했을 때만 해도 보부아르는 페미니스트의 대의에 동참하지 않았으며 오히려 냉담한 편이었다. 그러나 보부아르는 뒤늦게나마 소련이나 중국에서 사회주의의 발전이 자본주의 국가에서보다 여성들의 삶을 실제로 더 좋게 만들지는 못했다는 점을 인정했다. 소련 여성들은 일자리나 정부 직책을 맡았지만, 여전히 퇴근 후에 집안일과 아이들을 돌보는 사람들이었다. 중국 여성을 전문으로 하는 뉴질랜드 인류학자 엘리자베스 크롤(Elisabeth Croll·1944~2007)도 인민공화국 초기 수십 년 동안 출판된 중국 여성의 삶에 대한 모든 기록이 학대받은 아내와 딸에서 독립적인 사회주의 노동자로 성장했다는 표준적인 서술을 천편일률적으로 따랐다는 점을 관찰했다.

보부아르는 이것이 바로 미국 페미니스트들이 논의하고 있는 '주부'와 '여성'의 역할에 관한 문제의식을 반영한다고 인식했다. "여성들은 드디어 오랜 침묵을 깨고 목소리를 내기 시작했다." 이 우아하고 격조 있는 문구는 보통 학자들이 여성사를 기술할 때 쓰는 상투적인 레퍼토리다. 그러나 이제 페미니즘은 여성 투쟁의 '자율성'이라는 명분을 내세워 그 어느 때보다 급진적인 방식으로 쓰이게 된다. 더 이상 양보하거나 타협할 여지가 없다. 이것이 바로 보부아르가 전할 메시지였다.

나는 낙태를 했습니다 – 낙태의 자유 요구

1971년 4월 5일, 보부아르는 프랑스에서 낙태와 피임에 관한 법을 바꾸려는 선언문을 작성했다. 그리고 보부아르를 포함한 343명의 저명한 여성 인사들은 불법 낙태를 통한 여성 신체의 단속 방식을 바꿔 달라는 호소문에 공동으로 서명했다. 원래 이 선언문의 아이디어는 프랑스 사회민주주의 주간지 〈누벨 옵스〉의 저널리스트인 니콜 뮈크닉

• 68 포스터: 아름다움은 거리에 나 줘버려!

(Nicole Muchnik)과 장 모로(Jean Moreau)에 의해 시작되었다. 거기에 모로코 태생의 프랑스 페미니스트 작가 안 젤랭스키(Anne Zelensky)까지 가세하여, 이 세 사람은 보부아르에게 선언문을 작성해 달라고 제안했다.

"페미니스트 운동은 68년 5월을 기대하지 않았지만,

그로 인해 새로운 생명력이 생겼습니다."

– 프랑스 페미니스트 활동가 안 젤랭스키(Anne Zelensky · 1935~)

명석한 보부아르는 대번에 그것이 가져올 파급력을 알아보았다고 한다. 이번에도 스타 지식인인 보부아르와 함께 최종 버전을 쓴 인물은 페미니스트 변호사인 지젤 알리미였다. 〈343인 선언문(Manifeste des 343)〉이라 불리는 이 글은 〈누벨 옵스〉의 톱 1면을 장식했다. 이 선언문의 취지는 가부장적 지배하에서 여성의 몸이 여전히 자유롭지 않다는 점을 많은 대중에게 널리 상기시키기 위함이다. 50년이 지난 지금도 이 선언문은 출산이나 낙태 경험이 전무했던 보부아르가 집단

● 프랑스 페미그룹
'쇼아지르(Choisir)'의 창시자
지젤 알리미(2009년)

적 상상력 속에서 표현하고 싶어 했던 것, 즉 페미니스트 투쟁에 단호하게 헌신하는 '전투적인 여성상'을 제대로 구현하고 있다. 〈누벨옵스〉에 실린 선언문은 다음과 같다.

"프랑스에서는 매년 100만 명의 여성들이 낙태를 하고 있습니다. 비밀을 지켜야 하는 여성들은 (목숨을 잃을 정도로) 위험한 상황에서 수술을 감내해야 하지만, 의료 감독하에서라면 그것은 가장 간단한 절차 중 하나입니다. 사회는 수백만 명의 여성들을 침묵시키고 있습니다. 나도 그들 중 하나임을 선언합니다. 나는 낙태를 했음을 선언합니다. 우리는 피임에 대한 자유로운 접근을 요구하는 것처럼 낙태의 자유도 요구합니다."

이 선언문은 서명자들이 자칫 형사 기소될 수도 있는 '용감한 시민 불복종' 행위였기 때문에 페미니스트 행동의 진전에 필수적인 것으로 자체 평가되고 있다. 지젤 알리미의 경우에는 자신이 무려 세 번이나 낙태를 경험했다고 밝혔다! 343명 여성은 불법 낙태 사실을 공개 선언함으로써, 자신들이 이처럼 법을 어겼으니 처벌해달라는 말로 항의를 표시했다. 그러나 검찰은 처음부터 사법 처리를 포기했다. 왜냐하면, 당사자의 진술만 존재할 뿐이지 과연 언제 어디서 낙태 행위가 발생했는지를 정확히 알 도리가 없기 때문에 사실상 형사처리 대상이 되기는 어려웠다. 물론 당사자들도 역시 당국이 불법 낙태의 사실을 입증하기 어렵기 때문에, 자신들을 기소하지는 못할 것이라고 정확하게 진단했다. 어쨌든 사회적으로 성공한 여성들도 이렇게 불법 낙태를 했다는 사실이 알려지면서 이제는 일반 시민들도 낙태에 대한 편견과 진실에 직면하지 않을 수 없었다.

당시 프랑스에서는 매년 수십만 명의 여성들이 불법 낙태를 했다. 교육받고 유복한 중산층 여성들은 유산이 합법인 외국에서 그나마 시술을 받을 수가 있었지만, 지식 없이 길을 헤매는 대다수의 빈곤층 여성들은 낙태를 위해 어떤 위험이라도 감수해야만 했다. 해마다 300여 명이 수술로 사망했으며, 의료진이 아닌 비전문가에 의해 중절 수술이 행해지는 경우가 80% 이상이었다. 참고로 프랑스에서 과거에 불법 낙태를 제공했던 여성들을 '프즈 당쥬(faiseuses d'anges)'[27]라고 한다. 19세기에 등장한 이 모순적인 어법의 영어식 버전은 '엔젤 메이커(angel maker)'다. 왜 그토록 은밀하고 완전히 불법적인 방식으로 낙태를 시행하는 여성들이 하필이면 엔젤 메이커란 말인가? 여기서 '천사'라는 기이하고도 서글픈 표현은 이 순수한 존재(태아)들이 일단 죽으면 반드시 천사가 될 낙원으로 간다는 믿음 때문이라고 한다.

이 잔인한 엔젤 메이커들은 태아를 죽이기 위해 자궁에 비눗물을 잔뜩 주입하고, 강압적인 마사지를 행하거나 혹은 자궁 경부에 뜨개바늘을 밀어 넣는 식의 매우 위험천만한 불법시술을 자행했다. 그래서 산모에게 치명적인 결과를 가져오는 병변, 감염, 출혈 등 심각한 합병증이 자주 발생했다고 한다. 대부분의 서구 국가에서는 '의료 개입'이 된 낙태가 합법화되면서 이러한 음성적인 활동들은 자취를 감추었다.

프랑스 역사에서 낙태는 나폴레옹 보나파르트 통치 기간인 1810년부터 '범죄'였다. 프랑스 국가는 낙태를 기소했으며, 비록 짧은 기간이지만 비시 정권기에는 낙태를 '사형'에 처해질 만큼 중죄로 다스렸다.[28] 1920년에 낙태를 합법화한 소련과 달리, 프랑스 공산당은 이 전선에서 거의 아무것도 하지 않았다. 여성의 '선택' 문제에 관해 공산당은 전통적인 가톨릭교회의 입장과 거의 대동소이했다. 초기에는 사회당도 역시 계급투쟁의 제단에서 여성 투쟁의 핵심이 되는 문제들을 오히려 전복시키는 역방향의 실천을 계속해 나갔다. 1920년에는 낙태와 피임에 관한 모든 정보를 금지하는 법을 제정했고, 위반 시에는 징역형도 부과했다. 또한, 1923년에 낙태를 "조국에 대한 범죄"로 간주하고 형법에 추가하는 법안을 추가하여 더욱 엄격해졌다. 1차 대전 이후에도 프랑스 공산당은 전후 프랑스에서 매우 영향력 있는 정치 세력임에도 불구하고 '1920년 법'에는 반대하지 않고 피임 자유화에 대한 반대를 계속했다.

이에 대해 맨체스터 대학의 우르슬라 티드(Ursula Tidd)는 다음과 같이 기술했다. "1930년대와 1940년대에 프랑스 공산당은 이혼과 혼외 성관계에 반대했다. 이는 공산당이 제2차 세계 대전 이후 여성 당원과 여성 수가 가장 많은 영향력 있는 당이었기 때문에 의미가 있다."[29] 그렇지만 1965년에 당시 좌파 대선후보였던 프랑수아 미테랑이 자신이 당선된다면 피임을 합법화하겠다고 선언하면서 이 문제가 다시 정치적 의제로 떠올랐다. 이후 거의 모든 후보가 이 문제를 공약으로 내걸었고, 정부도 더 이상 이 문제를 피할 수 없었다. 결과적으로 1967년 12월 28일 샤를 드골 정부는 피임의 합법화를 입법화했다. 그러나 그것이 발효되기까지 5년이 더 걸렸다. 이 5년의 기간은 보부아르가 여성 문제에 대한 활동을 펼치는 데 가장 중요한 시기

중 하나였다. 그동안 보부아르는 지식계에서 '사르트르의 동반자'로
보였지만, 이 시기는 보부아르 협회와 행동주의에 의해 그녀에게 독
자적인 사명이 부여되는 시기였다. 그녀는 페미니즘 정치를 추구하
면서 사르트르의 전반적인 영향력으로부터 독립했다. 이처럼 드골
정부를 뒤흔들고 잠시나마 프랑스 전체를 완전히 정체 상태에 빠뜨
린 1968년 5월 시위 이후에 보부아르의 본질은 완전히 바뀌었다.[30]

여성의 독립, 제1조건은 페미니스트

1960년에 보부아르는 페미니스트 운동에 참여하라는 제안을 거절
했지만, 1972년 알리체 슈바르처와의 인터뷰에서는 페미니즘을 적극
수용했다. 그녀는 이제 여성의 삶에서 '일'이 독립을 달성하는 데 가장
중요한 첫 번째 조건이라고 믿는 페미니스트 가운데 한 명이었다. 마
르크스주의적 실존주의자로서 그녀는 사회 문제를 해결하기 위해서
는 사회 발전이 필요하다고 믿었지만, '사회 발전이 세계 여성의 삶
을 향상하지 못하고 여성 문제는 어디에서나 똑같다'라는 현실을 자
각하면서부터 페미니즘 운동에 적극적으로 참여하게 되었다. 보부아
르는 자기 어머니가 살았던 단조로운 삶과 여성의 사회적 성공을 방
해하는 자녀 양육의 부담을 원치 않았다. 여성은 자신의 몸 안에서 자
라고 있는 존재를 자신이 창조했다고 생각하지만, 정작 태아는 자신을
잉태한 몸에 전혀 '무관심'하다면서 보부아르는 이렇게 주장했다.
　"여성이 아기를 만드는 것이 아니라 아기가 그 내부에서 스스로를 만
드는 것이다." 그러면서 보부아르는 임신에 대해서도 이렇게 말했다.

"태아는 여성 몸의 일부이자 여성을 착취하는 기생적 존재다." 태아에 대한 그녀의 이러한 냉소적인 생각이 '낙태 찬성'으로 자연스럽게 이어졌을 것이라 본다. 그녀는 모성 본능 같은 것은 아예 없다고 주장하면서, 가부장제 아래에서 구축된 모성의 신화라는 것을 과감하게 해체시켜 버렸다. 개인의 자유, 책임, 주관성을 중시하는 실존주의적 믿음에 따라, 합법적인 피임과 낙태를 통해 진정한 삶의 길을 선택할 수 있는 자유, 또 철학이나 문학 같은 창의적인 위대한 지적 활동을 위해 구태의연한 생물학적 재생산을 거부할 권리를 적극적으로 옹호했다. 요컨대, 그녀의 목표는 모든 여성 동지들에게 타자성에 의존하지 않는 충만함을 지닌 진정한 '주체'의 지위를 부여한다는 것이다. 그러나 모성을 여성의 신체적, 정신적 '예속'으로만 몰고 가려는 보부아르의 해석이 혐오스러운 것도 사실이다. 혹자는 보부아르가 모성에 대하여 항상 부정적인 견해만 취한 것은 아니라고 두둔하지만, 1972년 알리체 슈바르처와의 인터뷰에서 보부아르는 여전히 결혼과 자녀에 대한 생각을 '노예'가 되는 것에 비유했다.[31]

343인의 매춘부 선언문

"계획되지 않은 임신을 예방하려면 사려 깊은 교육 프로그램과
효과적인 피임법에 대한 접근이 중요하다."

– 미국 작가 · 방송인 크리스틴 앤더슨(Kristen Anderson · 1984~)

〈343인 선언문〉은 정부 최고위층에까지 울려 퍼지는 논쟁의 씨앗이 되었다. 보부아르와 알리미 양인의 도움으로 집필하고 프랑스의 미녀 배우 카트린 드뇌브(Catherine Deneuve·1943~)에서 프랑수아즈 사강에 이르는 유명 인사들의 서명을 받은 이 선언문은 전국적으로 빠르게 퍼져나갔다. 그 선언문에는 카트린 드뇌브 외에도 영화감독 아그네스 바르다(Agnès Varda·1928~2019), 고루한 관습을 거부하고 파격적인 사랑과 글쓰기로 삶을 뜨겁게 채웠던 소설가 마그리트 뒤라스(Marguerite Duras·1914~1996), 패션디자이너 소니아 리키엘(Sonia Rykiel·1930~2016) 등 유명한 여성들이 포진되어있었는데 그들 모두 낙태 시술을 받았다고 공개적으로 인정했다.

이 여성들이 일반적으로 '창녀'·'매춘부'·'암캐'로 번역되는 '살로프(salope)'가 되는 데는 불과 며칠밖에 걸리지 않았다. 가열된 논쟁에 기름을 붓는다는 의미에서, 이 선언문은 더욱 자극적이고 선정적인

● 리즈 시절의 카트린 드뇌브

〈343인의 매춘부 선언문〉으로 제목이 변경되었다.

그러자 좌파 성향의 풍자 주간지 〈샤를리 에브도(Charlie Hebdo)〉의 1면에는 남성 정치인들을 조롱하는 풍자 만화가 실렸다. "낙태 선언문에 나오는 343명의 매춘부를 임신시킨 사람은 누구입니까?" 343명의 여성은 당시 프랑스 공화국을 지배했던 가부장제의 끔찍한 위선과 실태를 고발하기 위해 스스로를 창녀, 암캐, 혹은 매춘부의 한 명으로 지칭하고 나섰다. "실수로, 우연히, 원하지도 않고 자유롭게 되지도 못한 채 임신하는 지옥을 어떻게 말할 수 있을까요?"라고 그녀들은 이구동성으로 성토했다. 이 페미니즘 순교자들은 낙태의 권리를 무고한 생명인 태아에게 가해지는 '폭력'이나 '살인'이 아니라, 기본적인 '인권'일 뿐 아니라 당당한 공개 토론의 주제로 간주했다. 그녀들 중 상당수가 파리 상류사회의 주요 인사였지만, 일반 여성들도 여기에 하나둘씩 동참하기 시작했다.

〈343인 선언문〉 서명자 중 한 명인 클로딘 몽테이유(Claudine Monteil·1949~)는 당시 22세였다. 20대에서 70대에 이르기까지 많은 유명 인사가 포함된 그룹에서 그녀는 가장 어린 서명자였다. 2021년에 그녀는 스페인의 멀티미디어 통신사인 에페(EFE)에게 당시 〈누벨 옵스〉에 게재된 선언문의 영향력이 당시에 서명했던 여성들의 기대를 훌쩍 뛰어넘었다고 평가했다. "우리는 그것이 역사적이 될 것이라고는 상상하지 못했습니다. 우리는 그것이 논의되기를 바랐어요. 그런데 그 놀라운 쾌거는 모든 사람이 그것에 대해 논평하도록 강요했다는 것입니다. 70대, 80대 나이 든 여성들이 손녀들에게 자신도 낙태의 경험이 있다는 사실을 알리기 시작했으니까요. 그 영향력은 상징적으

● 클로딘 몽테이유

로 매우 강력했습니다."라고 말했다.[32]

　이처럼 '시민 불복종' 행위로 선언문에 서명하는 것은 '재생산권'을 대중 담론으로 끌어들이는 매우 효과적인 단계임이 입증되었다. 이 여성들은 목소리를 높여 낙태 시술을 둘러싼 사회적 낙인과 수치심에 저항했고, 국가가 여성들의 신체적 자율성을 보장하는 조치를 취할 것을 강력하게 요구했다. 지하에서 성행하는 불법시술을 그렇게 공개적인 방식으로 선언함으로써 서명자들은 누구도 '변화'에 대한 요구를 무시할 수 없도록 만들었다고 자부해 마지않았다. 실제로 이 343인의 선언으로 인한 충격파는 정치권 전반에 울려 퍼졌고, 특히 1972년 '보비니 낙태 재판'은 프랑스 언론에서 전국적인 관심을 끌었다.

낙태 권리는 시민 불복종 행위

노동자 계층의 10대 소녀 마리-클레르 슈발리에(Marie-Claire Chevalier)는 같은 반 남자 친구에게 잔인하게 강간당했다. 그녀는 임신한 후 어머니의 도움을 받아 어찌어찌 불법 낙태를 시도했지만, 열악하고 비위생적인 환경으로 인해 그녀는 생명을 위협하는 심각한 출혈을 겪고 병원에 입원했다. 그런데 후안무치하게도 강간범인 남학생이 낙태 사실을 폭로한 후 그녀는 체포되어 투옥되었고, 이는 가톨릭 당국과 여성 인권 운동가들 사이에 본격적인 갈등의 장을 마련했다.

이 낙태 재판에서 보부아르와 변호사 지젤 알리미는 낙태의 '도덕성'(?)을 증언했고, 또 다른 여성들이 낙태 시술을 받을 수 있도록 도운 자신들의 '경험'을 발표했다. 그렇게 또다시 의기투합한 두 여성은 피고인에 대한 대중의 동정심을 유발했으며, 결국 재판을 승소로 이끌었다. 가톨릭 국가에 거주하는 유대계 무슬림 여성으로서 하층민과 소수자 여성의 권리를 박탈하는 인종적, 경제적 요인들을 직접 경험했던 알리미는 재판 과정에서 낙태법이 특히 가난한 여성들을

• 1972년 프랑스에서 열린 획기적인 보비니 낙태 재판 중 거리 시위에 참여한
앙가주망 작가 보부아르

부당하게 기소한다고 주장했다. 1973년 그녀의 저서《보비니 재판(Le procès de Bobigny)》(1973)에서 알리미는 마리-클레르 슈발리에의 낙태 권리를 용감한 시민 불복종 행위라며 적극 옹호했다.

튀니지 태생의 프랑스 인권변호사 지젤 알리미가 페미니스트로서 입장을 처음 밝힌 것은 불과 12세였다. 때는 1939년, 무슬림이 다수 인 튀니지 수도의 어느 가난한 유대인 집에서 그녀는 부모님의 규칙 을 어기고 8일간 단식 투쟁을 벌였다. 그녀는 자신을 두 형제와 동등 하게 대하고, 식사를 강요하지 말고, 종교적 열정을 강요하지 말고, 또 책을 읽도록 허용할 것을 요구했다. 딸을 낳은 것에 실망했다고 자주 푸념을 일삼던 그녀의 아버지는 마침내 굴복했고, 그날 밤 그녀 는 일기장에 이렇게 썼다.

"나는 나의 첫 번째 작은 자유를 얻었다."

● 변호사 지젤 알리미와 마리-클레르 슈발리에

알리미가 15세였을 때, 그녀의 어머니는 딸보다 나이가 두 배나 많은 부유한 석유 상인과 그녀를 강제로 중매결혼을 시키려고 했다. 알리미는 2019년 프랑스 일간지 〈르몽드〉와의 인터뷰에서 이렇게 말했다.

"제가 거절하자 어머니는 '하지만 그 사람은 차가 두 대나 있잖니!'라고 말했어요." 당찬 그녀는 부모에게 도전한 후, 한 단계 더 나아가 그들의 신(神)에게도 도전했다. 어느 날 아침, 시험을 보러 가던 알리미는 합격할 것이라고 확신했지만, 독실한 유대인들의 문설주에 붙어 있는 성스러운 양피지인 메주자(mezuza)[33]에 키스하는 것을 거부했다. 그럼에도 그녀는 시험에 떡하니 합격했을 뿐만 아니라 가장 좋은 결과를 따냈다. 그녀는 더 이상 하나님의 도움이 필요하지 않다고 생각했고 평생 무신론자가 되었다.[34]

1971년 사르트르와 보부아르의 '친구'가 된 알리미는 가톨릭이 압도적으로 많은 프랑스에서 여성의 낙태권을 위해 본격적으로 투쟁하기 위해 '쇼아지르(Choisir·선택하세요)'라는 페미니스트 협회를 공동 창립했다. 그녀의 성은 1956년 결혼한 폴 알리미(Paul Halimi)에게서 따온 것이며 이혼 후 그녀는 1961년 사르트르의 개인 비서인 클로드 포(Claude Faux)와 재혼했지만, 변호사이자 작가로서 알리미라는 이름은 그대로 유지했다. "클로드 포(두 번째 남편)와 사르트르는 내가 아는 유일한 '남성 페미니스트'였습니다."라고 그녀는 의미심장하게 말했다.

알리미는 1980년대 프랑수아 미테랑 대통령 시절에 3년 동안 사회주의 국회의원을 지낸 것을 포함해 향후 70년 동안 프랑스에서 가장 유명하고 반항적인 인권 및 낙태 권리 변호사 중 한 명이 되었다. 그녀는 프랑스에서 낙태를 합법화하고, 강간에 대한 프랑스 법률을 강화하고, 사형을 폐지하는 데 중요한 역할을 했다.

이미《제2의 성》에서 낙태 문제를 둘러싸고 가톨릭과 부르주아 계층의 도덕적 위선을 통렬하게 비판했던 보부아르도 역시 성격 증인[35]으로 출석한 재판에서 여성이 신체적 자율성을 통해 진정한 정치적, 사회적 '평등'을 달성할 수 있도록 하는 낙태를 강력하게 옹호했다. 그녀는 여성을 억압하기 위해 낙태 금지법이 제정됐다고 증언하면서, 한술 더 떠서 가부장적 사회의 통제 방식이 이 '여성 억압'에 달려 있다고 주장했다. 여성이 아이를 낳을 시기를 자율적으로 선택할 수 있다면 모든 수준에서 진정한 평등을 달성할 수 있고, 또 여성이 자신을 남성의 직업적 경쟁상대로 당당히 제시할 수 있을 거라고 주장했다.

낙태 선택은 내가 하는 거야!

———

"나는 어릴 적부터 내가 아프리카계 미국인이고 여성이라는 이유로

많은 이가 나를 이등 시민으로 대할 것이라고 배웠다."

— 미국 래퍼 퀸 라티파(Queen Latifah·1970~)

———

보부아르는 낙태 금지법이 모든 사회계층의 여성을 억압한다는 사실을 인정했지만, 항상 가장 소외된 계층에서 선택된 소수의 여성을 기소함으로써 사회경제적 불평등을 강화했다고 선언했다. 보부아르

● 피에르-오귀스트 르누아르(Pierre-Auguste Renoir·1841~1919)의
젖먹이는 어머니를 그린 〈모성(Maternité, dit aussi l'Enfant au sein)〉(1885년)

는 이 보비니 재판에서도 자신이 낙태한 적이 있다고 잠시 주장했지만, 학자들은 결코 그런 일이 발생하지 않았다는 것에 동의한다.[36] 보부아르는《제2의 성》의 상당 부분을 '모성'이라는 주제에 할애했지만, 평생을 그것을 피하며 살았다. 모성에 대한 그녀의 태도는 변함없이 흔들리지 않았다. 그녀는 결코 어머니가 되고 싶지 않았으며, 먼저 '작가'로서 자기 재능의 대부분을 소비했다. 급진적 페미니스트로서 그녀는 여성에게 모성의 역할을 완전히 피하거나 그 시기를 매우 신중히 선택하라고 촉구하면서, 계획된 삶을 살기 위해서 모성은 자연분만이 아니라 가급적 '인공 수정'을 통해 수행되어야 한다고 반복해서 주장했다. 결코, 생물학적 어머니가 아니었던 보부아르는 이렇게 '낙태 운동의 어머니'가 되었다.[37]

보부아르의 소설《타인의 피(Le Sang des autres)》(1945)에서 여주인공 엘렌 베르트랑(Hélène Bertrand)은 제2차 세계 대전 영웅 장 블로마르(Jean Blomart)를 위한 자기희생의 행위로 낙태를 겪는다. 처음에 그는 다가오는 그녀를 거부했다. 그렇지만 그녀가 다른 남자와의 무모한 관계로 인해 임신하게 되었고 그녀의 낙태 시술 후에 그들은 연인 관계를 형성했다. 엘렌 베르트랑은 낙태실의 비위생적인 환경을 묘사하지만, "아, 믿을 수가 없어요. 기분이 너무 좋아!"라고 외친다. "선택은 내가 하는 거야!" 여주인공의 자신의 '결정'에 대한 이러한 확신은 소위 제2물결 페미니즘에서 주장하는 '프로초이스(pro-choice)',[38] 즉 선택 지지의 도래를 예고하는 것이었다. 참고로 낙태 찬성론자들이 '낙태 지지' 대신에, 프로초이스라는 용어를 선호하는 이유는 낙태 찬성을 가리고, 여성의 선택권 옹호를 전면적으로 내세우기 위함이다. 즉, 태아의 생명과 죽음에 관한 무거운 논쟁은 슬쩍 피하면서, 가령 낙태 반대자들이 낙태를 반대하는 것이 아니라, 마치 여성의 선택권을 반대하는 것처럼 보이게끔 만드는 것이다. 전형적인 이중화법이다. 그러나 일반적으로 '선택'을 지지하는 사람들은 낙태를 어려운 상황에서 벗어나는 방법으로 간주하고, 또 '강제 낙태'[39]를 반대하기 때문에 스스로를 낙태 찬성이라고는 생각하지 않는 경향이 있다.

한편 프로초이스의 상대어인 '프로라이프(pro-life)'[40]는 말 그대로 생명 지지다. 프로라이프 진영도 낙태 반대라는 직설적인 표현 대신에 생명 지지를 채택한 이유는 낙태란 용어가 '태아 살해'의 범죄성을 은폐하는 표현이기 때문이라고 한다. 정확히 표현하면 '태아 살해 반대'인데, 이 역시 듣기에 불편한 용어라서 생명 지지 쪽을 택했

• "낙태는 선택이 아니라 무게(중압감)"라는 구호를 외치는
프로라이프의 시위 장면(2022년)

다. 여기에는 낙태를 여성의 '행복추구권'이자 '자기 결정권'의 영역
이라고 주장하는 좌파 진영의 논리를 짐짓 외면하기 위한 목적도 있
다. 낙태 대신 '생명'을 내세우면 이를 반대하는 쪽은 '생명 반대'로
몰리는 일석이조의 효과도 있기 때문이다.

낙태자유법 통과(1974년)

알리미와 보부아르의 발언은 법정과 프랑스 전역으로 울려 퍼졌다.
비록 〈343인 선언문〉과 보비니 재판의 승리가 하루아침에 여성 해방
을 가져온 것은 아니지만, 적어도 여론의 변화를 반영하고 일련의 급
속한 사건을 촉발하는 효과가 있었다. 1973년에는 331명의 프랑스
의사들이 나서서 그동안 '낙태를 시행했음'을 인정하고 생식권[41]에

● 시몬 베유(1984년)

대한 지지를 선언했다. "우리는 낙태의 자유를 원합니다. 그것은 전적으로 여자의 판단입니다. 우리는 그녀에게 자신을 방어하도록 강요하고 죄책감의 분위기를 지속시키며 지하 낙태를 지속하도록 허용하는 모든 존재를 거부합니다."(1973년 선언문). 이처럼 일련의 선언문 발표로 인한 충격파는 대중의 흐름이 바뀌고 있다는 신호였다. 이제 국회의원들도 여성 풀뿌리 운동에 대응하여 곧 낙태를 국회에서 논의할 문제로 삼았고, 1974년 12월과 1975년 1월, 당시 프랑스 보건부 장관 시몬 베유(Simone Veil·1927~2017)의 주도로 낙태를 자유롭게 허용하는 것을 비범죄화한 '베유법'의 길이 마침내 열리게 되었다.[42]

1974년 11월 29일 국회에서 '284 대 189'로 법안이 통과되기 전 사흘간 토론 끝에 '살인 행위', '괴물', '프랑스가 유아용 침대 대신 관을 만들고 있다' 같은 과격한 문구가 나왔다. 심지어 낙태 반대론자들은 낙태를 나치의 안락사에 비유했다. 한 국회의원은 이 법안이 매년 히로시마 폭탄 테러보다 두 배나 많은 사람을 죽일 것이라고 주장하는가 하면, 두 번째 의원은 대량 학살을 선택했다는 이유로 홀로코스트 생존자인 시몬 베유를 질책했다.[43] 또 다른 의원은 "장관님 배아를 화장실 오븐에 던지시겠습니까?"라며 야유했다.

베유는 낙태 합법화 법안을 국회에 제출하는 역사적인 연설을 했다. "저는 확신을 가지고 이렇게 말합니다. 낙태는 '예외'로 남아야 하며, 절박한 상황에 대한 '최후의 수단'이어야 합니다. 예외의 성격을 잃지 않고, 사회가 이를 장려하는 것처럼 보이지 않고 어떻게 이를 용인할 수 있습니까? 나는 여성들의 신념을 공유할 것이며, 거의 남성들로만 구성된 이 의회 앞에서 그런 일을 한 것에 대해 사과드립니다. 어떤 여성도 함부로 낙태하지 않습니다. 여성들의 말을 들어야 해요. 그것은 언제나 비극입니다." 이 법안은 결국 좌파들의 압도적인 지지 덕분에 통과됐지만,[44] 베유는 자신의 차와 집에 그려진 나치의 낙서의 모욕을 묵묵히 견뎌야만 했다. 2004년에 베유는 수십 년 전의 신랄했던 논쟁을 회상하면서 다음과 같이 말했다. "내가 얼마나 많은 증오를 불러일으킬지 전혀 몰랐습니다. 그 방에는 위선에 가득 찬 남성들이 너무도 많았고, 그들 중 일부는 자신의 정부나 애인들이 낙태할 수 있는 곳을 비밀리에 찾았으니까요!"

국가가 아닌 '여성'이 결정해야 한다! 그러나 우리는 법이 유지하는 관점의 순진함과 위선에 대하여 의문을 제기할 수 있다. 왜냐하면, 이 법은 ① 가족과 결혼을 성(性)으로부터 분리하여 재정의하는 것, ② 삶과 죽음에 대한 통제로부터의 해방, ③ 여성의 절대적인 자유를 주장한 급진적 페미니스트 등 사회를 변혁시키려는 사람들과 비극적인 합병증이나 그 숫자가 부풀려진 불법 낙태의 결과에 충격을 받은 사람들 간의 우발적 합의에 기초하여 채택되었기 때문이다.

"프랑스에서는 매년 100만 명의 여성들이 낙태를 하고 있습니다." 그러나 〈343인 선언문〉에서 불법 낙태 여성 100만 명 운운은 사실상 공중에게 충격을 주기 위해 상당히 부풀려진 숫자다. 베유법의 목적이 여성의 낙태를 '단념'시키는 것이라는 사실은 여전히 남아 있다. 그러나 그 효과적인 설득을 가능케 하는 모든 안전장치와 수단은 체계적으로 제거되었다.

따라서 베유법은 당시 입법자의 명백한 의지와는 반대로, 소위 여성의 자율권(선택권) 보호라는 미명하에 낙태권만 미증유로 강화되었다. 그러니까 돌이킬 수 없는 곤란한 상황에 처한 여성들을 구제하기 위해 찬성 투표를 던졌던 이들은 결과적으로 속은 셈이다. 이 법의 피해자는 1975년 이후 낙태된 800만 명 이상의 태아들, 또 낙태가 훨씬 쉽기 때문에 아기를 키우는 데 더 이상 도움이나 지원을 받지 못한 여성들뿐만 아니라 사회 전체였다. 오늘날 프랑스에서는 세상에 나오기도 전에 연령층의 20% 이상이 지워진다. 그러니까 태어난 사람들은 '생존자'다. 인구나 공중 보건에 미치는 영향과는 별도로, 이러한 현실은 가장 연약하고 가장 무고한 사람(태아)들에 대한 이러한 파괴적인 폭력에 의해, '집단 무의식'이 영향을 받기 때문에 모든 가족과 사회적 관계에도 심각한 결과를 초래한다. 그러나 오늘날 프랑스에서는 베유법이 절대적인 지지를 받고 있으며, 이에 감히 도전하는 주류 정치인은 거의 없다고 해도 과언이 아니다.

여성 낙태권 중요성

"낙태를 허용하는 국가는 국민에게 사랑을 가르치는 것이 아니라

원하는 것을 얻기 위해 폭력을 사용하도록 가르치는 것입니다."

— 마더 테레사(Mother Teresa · 1910~1997)

배유법은 프랑스 사회에 어떤 변화를 가져왔을까? 이런 법적 문제는 '사고방식'과 깊은 관련이 있다. 이 법을 받아들이려면 사고방식의 변화가 필요했고, 법은 더 많은 사고방식을 변화시킬 수 있는 방법이기도 하다. 물론, 1975년 이후에 모든 사람이 합법적인 낙태가 좋은 것이라고 확신한 것은 아니며, 오늘날에도 대부분 종교를 믿는 일부 프랑스 시민들은 낙태를 반대하고 있다.

이 법이 일으킨 변화는 더 많은 시민이 여성 낙태권의 중요성을 인식하도록 만들었다는 점이다. 법이 통과되기 몇 달 전인 1974년 9월에는 프랑스 시민의 48%가 낙태에 찬성했지만, 2014년에는 시민의 75%가 이 의견에 동의했다. 더욱이, 낙태는 여성의 생명이 위험할 때만 수행되어야 한다고 생각하는 의견이 24%였지만 현재는 단지 6%에 불과하다.[45]

프랑스 사회에서 가장 큰 변화는 그것이 당시에는 완전히 금기시됐던 일이었고, 이제는 더 이상 그렇지 않다는 점이다. 당시 낙태는 가족들에게 엄청난 '수치'였다. 원치 않는 임신을 해서 낙태를 해야만 했던 많은 소녀들이 가족들로부터 완전히 거부당했고, 가족들은

그것을 완전히 수치스러운 일로 여겼다. 아무도 이러한 비밀 낙태를 언급하지 않았다. 물론 그것이 법적으로 금지되어 있기 때문이기도 했지만, 완전한 금기사항이었기 때문이다.

성과 관련된 주제에 관하여 도덕은 여전히 매우 중요했고, 여기에는 삶의 민감한 문제도 포함되어 있어 사생활뿐만 아니라 공적 영역에서도 이를 더욱 금기시하게 되었다. 그런데 "나도 낙태를 했었다."라고 공개적으로 까발린 343 여성들의 선언문이 가져올 사회적 파장은 불 보듯 뻔한 일이었다. 그러나 사건에 대한 또렷한 기억, 즉 베유법과 거기에 따른 투쟁은 시몬 베유의 인상적인 모습으로 요약될 수 있다. 모두가 그녀의 모습과 연설을 기억했다. 낙태권에 있어 가장 중요한 인물이 누구인지 프랑스 시민에게 물어보면 그들은 보부아르가 아니라 시몬 베유라고 대답할 것이다.

좌파의 바이블 〈레 탕 모데른〉의 폐간(2018년)

자나깨나 행동의 중요성 강조

좌파의 바이블로 알려진 〈레 탕 모데른〉이 74년 만에 드디어 문을 닫았다. 2018년 7월 5일, 마지막 수장(디렉터)인 클로드 란츠만의 사망으로 프랑스 발행인 갈리마르사는 〈레 탕 모데른〉을 폐간하기로 결정했다. 1986년 보부아르가 사망했을 때, 란츠만이 그녀의 지휘봉을 이어받았다. 과연 누가 사르트르로부터 보부아르, 그리고 란츠만에 이르는 그 세 명의 지적 거물들에 견줄 수가 있겠는가?

란츠만은 그의 가족이 유대인 출신이지만 1952년 이스라엘을 발견하고 이스라엘에 본능적인 애착을 갖기 전까지, 종교나 문화적으로 유대인 교육의 어떤 음영도 받지 않고 자랐다. 란츠만이 보부아르와 사르트르를 처음 만난 것은 1952년의 일이었다. 철학을 전공한 청년 언론인 란츠만은 곧 그들의 친구가 되었고, 〈레 탕 모데른〉의 편집위원회에 합류했다. 제2차 세계 대전 당시 고등학교 시절 레지스탕스 운동에 가담했던 그는 무엇보다 장장 9시간이 넘는, 나치에 의한 유럽 유대인 학살을 다룬 기념비적인 다큐멘터리 영화 〈쇼아(Shoah)〉(1985)로 세계적인 유명세를 떨치게 되었다.

란츠만은 1952년부터 1959년까지 보부아르와 함께 살았다. 1959년에 둘은 헤어졌음에도 불구하고 그는 보부아르가 사망할 때까지 그녀와 매우 가깝게 지냈다. 1958년에 그는 좌익 대표단의 일원으로 북한을 방문했다. 방문이 끝날 무렵 그는 현지 간호사와 사랑에 빠졌고, 당국에 의해 불법 연애로 적발이 되었다. 그러나 그 강렬한 로맨

● 클로드 란츠만(2014년)

스의 추억을 절대로 잊지 않았던 그는 2017년에 한국전쟁 당시 미군의 폭격으로 상처를 입은 북한 간호사의 모습을 담은 기록영화 〈네이팜탄(Napalm)〉(2017)[46]을 만들었다. 1963년에 그는 프랑스 여배우 주디트 마그르(Judith Magre·1926~)와 결혼했으나 1971년에 이혼했다. 바로 동년에 그는 독일계 유대인 작가인 안젤리카 슈롭스도르프(Angelika Schrobsdorff·1927~2016)와 결혼했으나 두 번째 이혼을 했고, 1995년에 도미니크 프티토리(Dominique Petithory)와 세 번째 결혼을 했다. 그는 두 자녀의 아버지였다.

생전에 란츠만도 여러 성 추문 사건에 연루되어 공개 비난의 대상이 되었다. 2012년에 란츠만은 텔아비브 공항의 한 보안 직원을 성희롱한 혐의로 공항에서 잠시 제포되어 심문을 빈은 적이 있다. 이 여직원의 증언에 따르면, 프랑스행 비행기에 오르기 전 보안 검색대를 막 통과한 란츠만이 갑자기 그녀를 붙잡고 강제로 키스를 했다고 한다.[47] 바로 다음 날, 란츠만은 〈르몽드〉에 게재된 기사에서 이 사건에 대해 서둘러 해명했다. 2017년 10월 18일 미투운동이 시작될 무렵, 네덜란드 언론인 조이스 루드낫(Joyce Roodnat·1925~)은 〈쇼아〉에 대한 인터뷰를 하기 위해 그의 집을 방문했을 때, 그가 동의하지 않은 신체 접촉을 가했다고 폭로했다. 그녀는 네덜란드 TV 채널 NPO에서도 그에 대한 비난을 반복했으며, 다른 두 명의 여성 언론인도 란츠만으로부터 유사한 성추행을 당했다고 주장했다. 독일 언론인 나타샤 프룬델(Natascha Freundel)도 란츠만이 그녀에게 강제로 키스하려 했다는 사실을 다음과 같이 설명했다.

"인터뷰 후에 84세 노인인 그가 자신의 입술을 내 입에 대었습니다. 정말로 역겨웠어요!"[48]

란츠만의 죽음은 사르트르에서 보부아르, 그 자신에게로 이어지는 역사의 마법진(魔法陣)을 깨뜨렸다. 〈레 탕 모데른〉은 사르트르가 수장이었던 1960년대에 가장 큰 영향력을 발휘했다. 이때 구독자가 20만 명이 넘었다. 어찌 보면 사르트르의 삶은 정치적으로 헌신적인 앙가주망 지식인의 삶 그 자체였다. 그는 본인이 일일이 기억하지도 못할 수많은 선언문에 부지런히 서명했고, 정기적으로 공개 연설을 했으며, 정치적 주제가 있는 책의 서문을 참 많이도 썼다.[49] 알제리 전쟁 (1954~1962) 기간에 〈레 탕 모데른〉은 프랑스에 맞서 궁극적으로 성공적인 전투를 벌인 알제리 국민해방전선(FLN)을 강력하게 지원했다. 〈레 탕 모데른〉은 프랑스군의 광범위한 고문을 맹렬히 비난하고, 샤를 드골 정부에 반대했으며, 탈영과 징집에 대한 저항을 지지하고 독려했다. 또한, 1958년부터 1962년까지 전쟁과 고문을 비난하는 프랑스 군인들의 증언을 빼곡히 수록했다.

알제리 전쟁이 한창이던 1957년부터 공산주의자 프랑시 장송은 FNL에 자금을 수송하기 위해 '장송 네트워크'를 만들어, 자신의 반식민지주의적 이상을 몸소 실천했다.[50] 장송에 대한 재판이 열렸을 당시 사르트르는 마침 브라질에 있었다. 그는 그곳에서 파리 법원에 편지 한 통을 보냈는데, 이 편지는 사실 파리에서 〈레 탕 모데른〉의 팀원인 란츠만과 페쥐가 대신 쓴 것이다. 전화 통화에서 자신의 입장을 분명히 밝힌 사르트르는 그들에게 백지 위임장을 주고 장송과의 완전한 '연대'를 표명했다. "장송이 나에게 여행 가방을 들고 가거나 알제리 무장세력을 보호해 달라고 부탁했다면, 나는 주저 없이 그렇게 했을 것입니다." 이는 엄청난 반향을 불러일으켰고, 〈로로르〉지는 그 발언을 '폭탄'이라고 불렀다. 그러나 드골은 다양한 기관이나 조직의 반항과 격렬한 항의에도 불구하고, 볼테르를 감옥에 가둘 수 없다는 이전 논리대로 사르트르에 대한 법적 조치를 거부했다.[51]

사르트르는 자나 깨나 자신의 철학을 실천하기 위한 '행동'의 중요성을 강조했고, 그에 따라 독자들은 실존주의적 기반에서 식민주의, 인종 차별, 성차별 등 온갖 사회악에 맞서 투쟁하도록 영감을 받았다. 그는 이 모든 악을 자본주의의 근본적인 병폐라고 생각했다.

사르트르의 지론에 따르면, 무려 3,000년 동안 백인은 보이는 특권과 보이지 않는 특권을 동시에 누려왔다. 범아프리카 저널 〈아프리칸 프레즌스(African Presence)〉에 기고한 서문 〈흑인의 존재〉(1947)에서, 사르트르는 세계에서 유럽인의 지위를 앙시앵레짐(구제도) 기 프랑스 귀족의 지위에 비유했다. 그는 그들을 '신권(神權)을 가진 유럽인들'이라고 부르며 유럽에서 왕정 제도가 전복된 것처럼, 프랑스 식민 이데올로기에 맞서 만들어진 '네그리튀드(négritude·흑인성)'의 문화운동이 장차 옛 식민 질서를 전복시킬 정치 세력으로 확장될 것이라고 예언적으로 발표했다.[52] 가령 사르트르는 흑인 남성과 사귀었기 때문에 스스로를 관대하고 이해심이 많다고 생각하는 대도시 프랑스인의 '위선'을 신랄하게 꼬집었다.[53] "그러나 식민지에 있는 사람들은 어떻습니까? 착취와 불행은 어떻습니까?" 그는 이렇게 힐난했다. 그는 구체적인 '억압'에 집중했으며 봉급, 쇠고기 가격, 대도시를 위해 식민지가 창출한 부에 대해 언급했다. 이처럼 '제국의 범죄'에 대한 사르트르의 철두철미한 반대는 그를 프랑스 문화에서 금기시되는 인물인 동시에 떠오르는 구원의 스타로 만들었다.

　그는 초기에 엘리트 흑인 지도자들로부터 많은 호응을 얻었다. 카리브해에서 가장 아름다운 섬 마르티니크 출신의 정치 외교학자·시인 에메 세제르(Aimé Césaire·1913~2008)는 "나는 억압받는 종족에 속합니다."라고 공개적으로 선언했다.[54] 세제르는 1958년 자신의 희곡 《그리고 개들은 침묵했다》(1958)에서 식민지 권위에 반항한 노예 후손에 대한 이야기를 통해, 흑인 해방의 '폭력'을 보편적인 해방 과정에 통합하는 변증법을 시작했다. 그의 시에는 흥건한 폭력, 절단, 피의 이미지가 포함되어 있지만, 그러나 세제르의 궁극적인 목표는 혁명이 아니라 자기 갱신이었다. 1956년까지 그는 많은 프랑스 초현실주의자들처럼 공언된 공산주의자였지만, 나중에는 마르크스주의가 마르티니크를 식민지화했던 지배적 문화에 속해 있다는 이유로 거부하게 되었다.

● 에메 세제르(2003년)

"나의 네그리튀드는 돌이 아니다. 그 귀머거리는 낮의 소란에 맞서 던져진다.

나의 네그리튀드는 지구의 죽은 눈 위에 죽은 액체로 인한 백혈종이 아니다.

나의 네그리튀드는 탑도 아니고 대성당도 아니다. 그것은 흙의 붉은 살에 뿌리를 내린다.

하늘의 뜨거운 육체에 뿌리를 내린다. 올곧은 인내로 불투명한 굴종을 뚫고 나간다."

— 에메 세제르의 시

〈레 탕 모데른〉은 처음부터 많은 특별호를 출판했다. 1946년 특별호에는 미국에 대한 사르트르의 묘사가 포함되는데, 이는 많은 프랑스인이 이 나라에 대해 품고 있던 '환상' 내지는 '신화'를 가차 없이 무너뜨리려는 시도였다. 1955년 클로드 란즈만은 〈좌파(La Gauche)〉 특별호에서 사르트르의 마르크스주의 철학을 설명했다. 특별호 〈헝가리 반란(La révolte hongroise·1956~1957)〉에서는 소련의 탄압을 비난했다. 1967년 제3차 중동 전쟁(6일 전쟁) 당시, 〈이스라엘·아랍 분쟁〉 특별호에는 이스라엘인과 아랍인 모두의 기사를 실었다. 1977년에는 모로코 문학 평론가 압델케비르 카티비(Abdelkebir Khatibi·1938~2009)가 이끄는 북아프리카 작가들이 〈마그레브(Du Maghreb)〉 특별호를 출판했다.

불어로 '근대' 혹은 '현대'를 의미하는 〈레 탕 모데른〉은 독특한 목소리를 세상에 널리 알리기 위해, 찰리 채플린(Charles Chaplin·1889~1977)의 1936년 코미디 영화 〈모던 타임즈(Modern Times)〉[55]에서 그 이름을 따왔다. 초기에 〈레 탕 모데른〉은 주로 좌편향의 정치적 스펙트럼을 지닌 재능 있는 작가와 철학자들의 다양성에 의존했다. 이 저널은 특히 여성, 외국 작가, 반체제 인사 및 독창적인 재능의 목소리에 관심

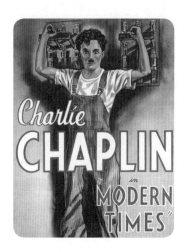

●〈모던 타임즈〉영화 오리지널 포스터

을 기울였다.

"평화는 새로운 시작이지만 우리는 고통스러운 삶을 살고 있습니다. 전쟁은 모든 사람을 환상 없이 죄다 발가벗겨 놓았어요. 그들은 이제 오직 자기 자신에게만 의지할 수 있고, 아마도 이것이 전쟁으로부터 나온 유일한 좋은 것일 것입니다.", "우리는 1848년의 혁명[56]에 대한 발자크의 무관심과 파리 코뮌(Paris Commune)[57]을 이해하지 못하고 두려워한 플로베르의 실패를 유감스럽게 생각합니다. 우리는 그들을 위해 후회합니다. 거기에는 그들이 영원히 놓친 것이 있었습니다. 우리는 우리 시대의 어떤 것도 놓치고 싶지 않습니다. 작가에게는 증언할 책임뿐만 아니라, 우리 주변 사회에 특정한 변화를 가져오도록 도울 책임이 있습니다."(사르트르)

그는《잃어버린 시간을 찾아서》의 작가 마르셀 푸르스트(Marcel Proust·1871~1922)의 '자기 관여'[58] 혹은 자아도취를 비판하고, 돈 걱정 없이 온전한 예술 활동에 전념할 수 있었던 사실주의 작가 귀스타브 플로

● 사실주의 문학의 선구자 귀스타브 플로베르

베르(Gustave Flaubert·1821~1880)를 '재능있는 연금생활자'로 표현했다.

좌파난독증 보부아르, 멜루자 대학살에 침묵

"우리는 비앙쿠르를 절망해서는 안 된다(Il ne faut pas désespérer Billancourt)."

- 장 폴 사르트르

〈레 탕 모데른〉은 사르트르와 보부아르의 정치적 편향을 냉혹하게 따랐다. 냉전이 수십 년 동안 대중 담론을 '블록정치'로 얼어붙게 만들었듯이, 〈레 탕 모데른〉도 역시 세계에 대한 글로벌한 이해를 제공한다는 그 원래 취지가 무색하리만치 오랫동안 '좌파적 난독증'에서 헤어 나오지를 못했다.

가령 '멜루자(Melouza) 학살'은 알제리 전쟁 중인 1957년 5월 28일에 알제리의 민족주의 정당인 FLN이 라이벌 정당인 '알제리 민족 운동(MNA)'을 지지한다는 구실로 멜루자 마을 주민 374명을 상대로 저질렀던 대규모 범죄다. 그런데 FLN은 선전 전단지를 통해 프랑스군이 대신 학살을 자행했다고 맹비난을 했다. 이 멜루자 학살 사건은 알제리 전쟁이 단순히 '프랑스(억압자) 대 알제리 독립군(피억압자)'의 이원적 대립 구도가 아니라 '내전'적 성격을 띠고 있음을 잘 보여준다. 그런데 이 참혹한 멜루자 학살의 배후가 FLN이라는 사실이 알려졌을 때, 〈레 탕 모데른〉은 좌파의 다른 출판물들과는 달리 '침묵'을 고수했다. 사르트르는 극단적인 입장으로 인해 자신의 신념을 끝까지 따르지 못하는 '존중하는 좌파'와는 거리를 두고, 〈121인의 선언(Manifeste des 121)〉(알제리 전쟁 불복종 권리 선언)[59]을 지지하게 되었다. 사르트르나 보부아르가 이처럼 멜루자 학살의 진상(眞相)에 대해 끝까지 침묵했던 것은, 두 사람이 무엇보다 우선시하는 알제리의 '민족해방'이니 '반식민지 연대'에 대한 좌파적 난독 증상을 보여주는 전형적인 사례다.

참여 지식인 클로드 란츠만도 역시 〈레 탕 모데른〉의 마지막 수장으로서, 또한 이스라엘의 수호자로서 셀 수 없이 많은 논란의 중심에 섰다. 그는 무려 66년 동안 〈레 탕 모데른〉의 회원으로 활동했고, 32년 동안 이 좌익 잡지를 감독했다! 1987년 2월, 〈레 탕 모데른〉의 보고서(487호)에서[60] 란츠만은 대다수 역사가들이 '카틴(Katyn) 학살'에 대하여 소련의 책임이 없다는 데 동의한다고 썼다. 그는 폴란드인들의 시체 주변에서 독일군 탄약과 연발 권총들이 발견되었다고 주장함으로써 학살 책임자에 대한 오랜 논란을 불러일으켰다.

프랑스 역사학자·철학자인 장-프랑수아 레벨(Jean-François Revel·1924~2006)은 그의 저서 《쓸모없는 지식(La connaissance inutile)》(1988)에서 "우리는 비앙쿠르를 절망해서는 안 된다."라는 사르트르의 유명한 어록을 상기시키면서, 란츠만이 그의 사부인 사르트르와 똑같은 친소비에트 노선을 따르고 있다고 비판했다. 이른바 현대 파리 엘리트들의 숨 막히는 편협한 '지역주의'에서 완전히 벗어나 '보편적' 관점을 유지했던 레벨은 '과거에 대한 고의적인 무지'는 '현재의 위조'로 이어진다고 엄중히 경고했다.

그로부터 2년 후인 1990년에 미하일 고르바초프(Mikhaïl Gorbatchov·1931~2022)가 소련의 치안기관 NKVD(내무 인민 위원부)[61]가 카틴 대량 학살에 관여했음을 공개적으로 인정하면서 독일인들은 확실히 '무죄'를 선고받았다!

구 소련이 50년을 숨겨온 비밀, 카틴 학살 사건의 전모는 다음과 같다. 2차 대전이 한창이던 1940년 4월 어느 날, 러시아 서부 스몰렌스크 인근 카틴 마을의 숲에서 수천 발의 총성이 울려 퍼졌다. 숨진 사람들은 인근 포로수용소에 갇혀 있던 폴란드인들이었고, 이들에게 총구를 겨눈 건 소련 군인들이었다. 죽은 이들 대부분은 폴란드의 명망 있는 지식인과 정치인, 군인과 성직자들이었다. 학살의 참혹한

• 카틴 학살: 1943년 4월 독일군이 발굴한 카틴 숲의 폴란드 장교 집단 무덤

현장은 독일군이 1943년 4월 카틴 숲에서 머리 뒤쪽에 총살 흔적이 보이는 시신 4,200여 구를 발굴하면서 세상에 알려졌다. 당시 독일은 카틴 숲 학살 사건을 소련군의 잔인한 소행이라면서 나치 정권의 정당성을 알리기 위한 선전 도구로 이용했다. 그러나 소련 측은 곧바로 공사장에서 일하던 폴란드 포로들이 나치에게 붙잡혀 살해당한 것이라고 반박했다.

카틴 숲 사건의 진실이 밝혀진 건, 1990년 고르바초프가 "카틴 숲 학살에 소련군이 개입됐다."라고 입을 열었을 때였다. 이후 공개된 문서에 담겨진 내막은 너무나 충격적이었다. 1940년대 소련의 독재자 이오시프 스탈린은 "폴란드가 다시는 독립하지 못하도록 폴란드 엘리트들의 씨를 말려야 한다."라면서 비밀경찰에게 폴란드 주요 인사들을 비밀리에 살해할 것을 지시했다. 그렇게 해서 총 2만 2,000여 명에 달하는 폴란드인들이 카틴 숲과 그 인근 지역에서 아무도 모르게 피살당했다.

한편 이스라엘 옹호자인 란츠만은 2000년 이스라엘군의 총격에 12세의 팔레스타인 소년 모하메드 알 두라(Mohammed Al Durah)가 안타깝게 목숨을 잃은 사건[62]에 대하여 놀랍게도 〈르 몽드〉에서 다음과 같이 반응했다. "이 사건이 개인적으로 나를 불쾌하게 만드는 것은 이 죽음이 프랑스 TV 채널의 '아랍' 카메라맨에 의해 생방송으로 촬영되었다는 것입니다."[63]

2011년에 란츠만은 '아르키(harkis·알제리 원주민 보충병)'에 대한 〈레 탕 모데른〉 특별호를 냈으며, 그들을 "인문주의자 파퐁(나치부역자)의 개들"이라고 불렀다. 알제리 독립전쟁(1954~1962) 당시 프랑스 쪽에 가

● 총알이 쏟아질 때 어린 아들을 보호하
려고 노력하는 아버지 자말 알 두라의
영상은 아부 라마(Abu Rahma)가 근무
하던 뉴스 채널인 〈프랑스 2〉에서 방
영되었다.

담하여 활동한 알제리 출신 군인을 '아르키'라 부른다. 따라서 독립
을 갈구한 알제리인들에게 아르키는 '배신자'라는 의미를 내포한다.

그 이듬해 란츠만은 〈레 탕 모데른〉에 60페이지 분량의 기소장을
게재하여 프랑스 철학자 미셸 옹프레(Michel Onfray·1959~)와 철 지난 논
쟁을 벌였다. 문제의 주인공 옹프레는 알베르 카뮈에게 헌정된 자신
의 책《자유의 질서(L'Ordre Libertaire)》(2012)에서 '좌파 니체주의'라는
주제를 다루었다. 옹프레는 그가 보기에 위대한 좌파 니체주의자인
카뮈를 몹시 존경했다. 그는 전임자들의 사상을 바탕으로 자신의 번
지르르한 광택(명성)을 쌓는 사르트르와 같은 지식인들과는 달리, 카뮈
는 자신의 세기에 참여하고, 여행한 길을 평가하고 인간의 진실을 결
정하는 독창적인 사상가라고 극찬했다. 그래서 란츠만은 〈레 탕 모데
른〉의 창시자인 사르트르에 대해서는 공격의 날을 세우고, 오직 카뮈
의 영광을 위해 출판된《자유의 질서》를 작심하고 비판했던 것이다.

사르트르를 정말 사랑했지만, 그만큼 돌려받지 못했다

2018년에 란츠만도 세상을 떠났다. 그는 파리 자택에서 며칠간 투병

생활을 하다가 사망했는데 향년 93세였다. 그런데 그는 죽기 전에 보부아르에게서 받은 300여 통의 편지 중 112통을 선별해 예일대학에 팔았다! 그는 그 이유가 (돈 때문이 아니라) 보부아르가 입양한 딸 실비 르봉(77)과의 갈등 때문에 편지를 공개했노라고 〈르몽드〉지에 밝혔다. 실비 르봉은 보부아르의 '동반자'였으며 여전히 그녀의 문학 집행자로 남아 있다. 란츠만은 실비 르봉이 "그녀와 나 사이의 서신을 제외하고, 보부아르의 모든 편지를 출판할 것"이라는 사실을 깨닫기 전까지는 이를 전혀 공개할 의도가 없었다고 말했다. 그는 "실비 르봉이 자신의 어머니의 삶에서 날 빼버리고 싶어 해서 역사학자들이 이 편지들을 연구하게 하려고 예일대에 팔았다."라고 설명했다. 이어 "내가 죽고 난 뒤 이 편지들을 아는 사람이 없을까 봐 두려웠다."라고도 덧붙였다.

물론 보부아르의 열정적인 연애편지들이 공개된 것이 이번이 처음은 아니다. 1940년대 중후반에 보부아르가 사랑에 빠졌던 미국 소설가 알그렌에게 쓴 편지는 이미 책으로 묶여 출간된 바 있다. 란츠만은 보부아르가 처음 자신의 집(스튜디오)에 들인 애인이었고 둘은 7년이라는 세월을 동거했다. 사망하기 1년 전인 2017년 말에 란츠만은 〈르피가로〉지의 기자에게 자신은 에마뉘엘 마크롱(Emmanuel Macron·1977~)에게 투표할 것이라고 말했다. 왜냐하면, 미래의 대통령이 나이 든 여성과 함께 살고 있다는 사실이 그 자신의 희귀한 과거, 즉 연상의 여인 '보부아르와의 사랑'을 떠올리기 때문이라고 설명했다. "나는 처음부터 그녀의 베일에 가려진 목소리, 파란 눈, 얼굴의 순수함, 그리고 콧구멍의 순수함(?)을 좋아했습니다."라고 그는 말했다.

과거의 어느 날 저녁 젊은 청년 란츠만은 양손에 용기를 내어 보부
아르에게 전화해서 그녀를 영화관에 초대했다. 보부아르가 "어떤 영
화를 보려고?"라고 묻자, 그는 "아무 영화나(N'importe lequel)"라고 대답
했다. 이 '아무거나'라는 대답은 자신의 본래 의도가 영화 관람이 아
니라는 것을 보부아르에게 넌지시 알리는 방법이었다. 결국, 란츠만
은 영화를 보는 대신에 당시 노트르담 근처에 있던 보부아르의 스튜
디오에서 달콤한 저녁과 밤을 보냈다.

　　그는 보부아르가 유일하게 '너(tu)'로 지칭한 연인이었다. 당시 사
르트르의 비서로 일했던 란츠만은 사르트르와 보부아르가 '우울증'
혹은 절망에 가까운 '실존적 불안'을 공유하고 있다고 보았다. 공개
된 편지에서는 17세 연하 연인을 향한 보부아르의 '광기 어린 열정'
이 절절히 묻어 나온다.[64] 〈르몽드〉가 발행한 보부아르의 편지에서
그녀는 이렇게 썼다. "나의 사랑하는 아이야, 너는 나의 첫 번째 절대

● 엘리제 궁에서 보부아르(중앙)와 란츠만(오른쪽 옆)(1982년)

적인 사랑이고, (인생에서) 단 한 번만 일어날 수도 있고 어쩌면 결코 일어나지 않을 수도 있는 사랑이야."[65] "이제 너를 보면 자연스럽게 떠오르는 말, '사랑해'라는 말은 절대로 하지 않을 거라고 생각했어. 나는 내 몸과 영혼을 다해 너를 숭배해. 너는 나의 운명, 나의 영원, 나의 생명이야."

한편 보부아르는 편지에서 사르트르와 성관계에 대해 불만을 토로했다고 한다. "사르트르를 정말 사랑했지만, 난 그만큼 되돌려 받지 못했어!" 그와의 육체적 관계는 정말 별거 없었다고 보부아르는 노골적으로 밝혔다.[66] 불후의 고전으로 평가받는 《제2의 성》에서 결혼을 여성을 노예로 삼는 '음란한 제도'라고 비난했던 작가가 1953년에 란츠만에게 보낸 편지에서 "너의 품에 안기면, 난 영원히 그곳에 머물 테야.", "나는 영원히 너의 아내야!"라고도 썼다.

40대 중반 여성 보부아르는 다행히 란츠만이 옆에 있어서 '나이'에서 자유로워졌다고 솔직히 회춘한 심정을 감개무량하게 털어놓았

● **란츠만과 보부아르**(1952년)

다. 1986년 보부아르가 사망할 때까지 그녀와 깊은 우정을 간직했던 란츠만은 그들의 사랑이 열정적이었고 엄청나게 '육욕적'이었다고 표현했다. "그녀는 페미니스트였지만, 여성스럽고 남자를 사랑했어요. 그것은 '대참사'였습니다!"라고 말했다.

보부아르가 죽고 나서 〈레 탕 모데른〉의 경영권을 이어받은 그는 보부아르와 마찬가지로 저널에 대해서도 열정적인 사랑을 유지했다. 2008년에는 1960년 쿠바에서 제작된 사르트르의 보고서 16편을 모두 출판했다. 당시 그는 "사르트르도 보부아르도 오늘날의 〈레 탕 모데른〉을 부끄러워하지 않을 것"이라고 자신 있게 말했다. 그는 사르트르가 자신의 젊은 비서(란츠만)와 파트너(보부아르) 사이의 사랑을 질투하지 않았다고 얘기했다. 그렇다면 과연 세 사람의 사랑이 어떤 것이었는지 묻는 기자의 질문에 란츠만은 "저희 셋은 난교 파티(partouze)를 하지는 않았어요.", "우리는 그 사람(보부아르)과 각자의 하루를 보냈어요."라고 웃었다. 란츠만은 그것이 매우 지적으로 풍부하고 '독특한' 관계였다고 설명했다.

보부아르는 그의 삶에 커다란 흔적을 남겼다. 보부아르가 죽은 지 30년이 지난 후에도 란츠만은 어린 시절 연인의 사진들을 엄청나게 많이 보관해서 자기 집의 서재 곳곳에 흩뿌려 놓았다. "왜요?"라고 기자가 물어보자 그는 이렇게 대답했다. "그녀는 내 인생의 중심이었고 나는 그래도 꽤 충실한 남자예요."[67] 그는 소년처럼 얼굴까지 빨개졌다는데, 93세 노인의 이런 순애보와 그의 말년을 얼룩지게 만든 일련의 성 추문 사건들은 그야말로 믿기 힘든 불협화음의 변주곡이 아닐 수 없다.

Feminism

5부

《제2의 성》은
여성진화의
백과사전

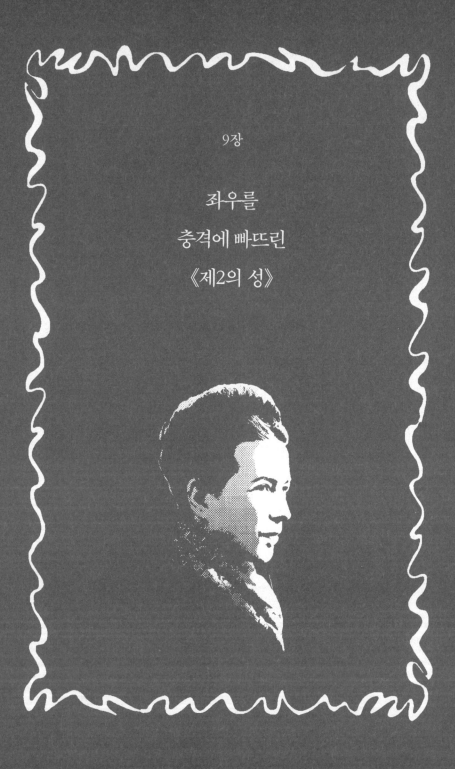

9장

좌우를
충격에 빠뜨린
《제2의 성》

모성(母城)은 근대의 발명품

20세기 전반에 아마도 여성 작가가 《제2의 성》과 같은 책을 출판한 다면, 분명히 긍정적이든 부정적이든시 간에 비판을 불러일으킬 것이다. 보부아르는 〈레 탕 모데른〉에 먼저 출간될 작품 일부를 실었는데 그것은 진짜 폭탄이었다. 이 대담한 페미니즘 텍스트는 즉시 스캔들을 불러일으켰다. 시대를 앞서 좌·우를 모두 충격의 도가니에 빠뜨린 《제2의 성》의 탄생기로 돌아가 보자. 보부아르는 1948년 8월 3일 대서양 횡단의 사랑인 넬슨 알그렌에게 영어로 이렇게 썼다. "이미 출판된 부분이 여러 남자를 미치게 만들었다는 말을 들었어요. 아마도 그들이 매우 민감한 부분을 찔린 것 같습니다." 보부아르는 남성이 직접적으로 혜택을 누린다고 생각한 부르주아 도덕성(위선)과 프랑스 규범을 신랄하게 공격했다. 그녀도 여성의 섹슈얼리티를 논하면서 자신이 해서는 안 될 말을 하고, 프랑스의 더러운 비밀(?)을 폭로하고 있다는 느낌이 들었다고 한다. 그녀는 자신의 회고록 《나이의 힘》(1963)에서 이렇게 썼다. "우파는 내 책을 싫어할 수밖에 없다. 그러나 나는 이 책이 극좌파에서 호평을 받기를 바랐다." 하지만 그것은 커다란 오산이었다.

저명한 프랑스 공산주의자 마르셀 푸르낭(Marcel Prenant)의 딸이기도 한 여성 철학자 자네트 코롱벨(Jeannette Colombel·1919~2016)은 "우리의 적은 남성이 아니라 자본주의"라면서, 보부아르의《제2의 성》을 비판했다. 그녀는 '구토의 철학'이라는 왜곡된 거울을 통해서 '프티 부르주아 여성'의 반응을 분석한다면서《제2의 성》에 대한 경멸을 거리낌 없이 표현했을 뿐만 아니라, "극악한 개인주의에 움츠러든 실존주의자(보부아르)의 모성애에 대한 거부"를 맹렬히 비난했다. 당시에 비평가들은 이구동성으로 그녀를 반(反)여성적, 반모성적, 반결혼적이라고 평가했다. 이처럼 좌파와 우파 모두를 동시에 충격에 빠뜨린 보부아르는 분명히 시대를 앞서간 사람임에 틀림이 없다.[1]

그러나 미국 페미니스트들이 남성을 '적'으로 간주하는 것과는 대조적으로 보부아르는 자신의 대표작《제2의 성》을 여성이 아니라, 남자친구인 자크 보스트에게 헌정했다! 1960년대 중반까지만 해도 그녀는 페미니즘을 "개인적으로 살고, 집단적으로 싸우는 방식"으로 정의했을 뿐만 아니라, 남성을 적으로 간주하는 모든 경향에 강력한 반대 의사를 표명했다. 그녀의 최초 동거남이자 마지막(?) 남자친구였던 란츠만이 농담 반 진담 반으로 지적했던 것처럼, 보부아르는 여자보다는 남자를 더 사랑했던 양성애자 페미니스트였다.

《제2의 성》에서 '모성'에 대한 사회·역사적 분석을 쓰기로 작정했던 보부아르는 아예 그것을 해체시켜 버렸다. 여성의 독립성, 평등, 합리성을 확립하기 위해 보부아르는 여성이 어머니로서 신성화되는 반면, 직장에서는 열등한 존재로 경멸적으로 배제되는 방식을 작심하고 맹렬하게 비판했다. 그래서 〈르몽드〉 기자이자 작가인 조지안 사비뇨(Josyane Savigneau)는 오늘날 책임 있는 위치에 있는 여성들이 대부분 "자녀가 없는 이 여성의 후손"이라고 선언한 바 있다.

보부아르는 이처럼 생물학적 모성에 대한 '거부'를 통해서, 자신의 필생 업적을 일구는 데 성공을 거두었다. 그녀는 '모성 숭배'에 대한 도전이 여성 해방에 필수적이라고 생각했고, 자신의 주장이나 이론을 관철하기 위해 일부러 고의적인 '선택'을 감행했다. 그것은 결국 모성에 대한 다른 긍정적인 견해들을 접하는 것을 방해했고, 그 후 수십 년 동안 보부아르의 이러한 해체 작업은 "모성이 과연 생물학적인 '본능'이냐? 아니면 사회적으로 '만들어진' 개념이냐?"라는 둥 모성을 둘러싼 여러 가지 소모적이고 살벌한 논쟁들의 시발점이 되었다. 이 모성의 실체는 도대체 무엇일까? 프랑스 철학자·역사학자인 엘리자베트 바댕테르는 《만들어진 모성》(1981)[2]에서 "모성은 근대가 발명한 역사적 산물"이라고 주장했다. 바댕테르의 유명한 가설에 따르면, 근대 이후 남성 중심의 가부장적 가치가 부각 되면서 남성의 사회적 지위가 크게 높아졌던 반면, 상대적으로 여성의 삶은 오히려 가정의 틀 속에 머물게 됐다. 그렇게 시장의 생존경쟁에 내몰린 남성에게는 안식을 제공해 줄 가정이 필요했고, 아내이자 어머니인 여성은 편안하고 따뜻한 안식처인 가정을 꾸리는 데 온 힘을 다해야 했다. 우리가 알고 있는 모성애의 신화는 그렇게 탄생했다는 것이다.

하지만 1963년 그녀의 어머니가 세상을 떠났을 때 보부아르는 아버지의 죽음과는 달리 깊은 슬픔과 상실감을 경험했다. 그래서 이러한 개인적인 경험이 모성에 대한 그녀의 태도에 변화를 가져왔고, 모성 관계의 복잡성에 대한 보다 미묘하고 공감적인 이해로 이어졌을 것이라 보는 이들도 있다. 그러나 《제2의 성》에서 모성애를 여성을 노예로 만들거나 세뇌시키는 수단으로 간주했던 보부아르는 노년의 인터뷰에서도 여전히 젊은 여성이 엄마 역할을 피하는 것이 가장 좋다는 견해를 피력했다.

이처럼 모성에 대한 보부아르의 거부와 분명한 혐오감은 여성이 출산 문제에 있어서 남성과 같이 되려고 노력해야 함을 시사하고 있다. 실제로 1960, 70년대에 특히 미국과 서유럽에서는 그런 일들이 발생하지 않았던가? 일부 여성은 30대가 될 때까지 아기를 갖지 않기로 결정했고, 취업 시장에서 '평등'을 추구하기 위해 아기를 전혀 갖지 않기로 한 여성들의 숫자도 기하급수적으로 늘어났다. 최근에는 일하는 여성 중에서 생물학적으로 아기를 낳는 사람도 있고, 동성애자 혹은 이성애자 커플의 일원으로 입양하는 사람도 있고, 다양한 이유로 대리모를 찾는 사람도 있는 등 저마다 각양각색이다. 우리나라에서도 엄마가 될 미래를 정답처럼 상정하지 않는 여성들, 또 우리 엄마들이 사회가 암묵적으로 강요한 '모성애 코르셋'에 갇혀 있다면서 모성의 의미를 '스스로 재정립한' 독립적이고 주체적인 여성들의 숫자가 갈수록 늘어나는 추세다. 우리는 그녀들을 모두 '보부아르의 딸들'이라고 부를 것인가?

《제2의 성의 오해》쓴 쉬잔 릴라르

비록 보부아르처럼 국제적으로 유명세를 치르지는 않았어도, 일과 가정을 모두 성공적으로 이끌었던 벨기에 작가 쉬잔 릴라르(Suzanne Lilar·1901~1992)를 여기서 소개하기로 한다. 엄마처럼 살지 않겠다면서 전통적인 현모양처도, 직장과 육아를 겸하는 '슈퍼맘'도 더 이상 원치 않는 우리나라의 대부분 젊은 여성 세대들에게 서슬 퍼런 독기나 열정, 악바리 같은 근성도 없는 릴라르의 비교적 순탄한 엘리트의 삶이 별다른 감흥을 불러일으키지 않을 것 같기도 하다. 그녀는 벨기에에서 고등교육을 받고 전통적인 성 역할에 도전한 신세대 여성이었다. 겐트 대학교에서 법학을 공부했고, 본질적으로 '페미니스트'인 릴라르는 벨기에에서 변호사가 된 최초의 여성이었다. 부유한 중산층 여성이자 두 아이의 어머니이며 주요 정치인의 아내였던[3] 그녀가 42세의 나이에《방탕아(Le burlador)》(1945)라는 극(드라마)을 통해 문학 경력을 시작한 것도 예사롭지는 않다. 그런데 이 품위 있고 교양

● 쉬잔 릴라르(1950년대)

이 넘치는 기혼여성이 자신의 등단작의 주제로 돈 후안 같은 난봉꾼의 낭만적인 사랑의 모험을 선택한 것도 이채로운 일이다. 그러나 《방탕아》는 여성의 관점에서 돈 후안 신화를 독창적으로 재해석한 작품으로, 릴라르는 심리학 분석에 매우 탁월하고 심오한 능력을 보여주고 있다.

1969년에 릴라르는 보부아르의 《제2의 성》에 대한 비판적 분석인 《제2의 성의 오해(Le Malentendu du Deuxième Sexe)》(1969)란 소책자를 저술했다. 여성의 권리와 사회 정의에 대한 열정적인 옹호자였던 릴라르는 자신의 글을 이러한 문제들을 해결하기 위한 플랫폼으로 사용했다. 물론 그녀의 글 속에는 급진주의나 사회 전복 같은 불온한 사상이 숨어 있지는 않지만, '여성 해방'은 지속적으로 반복되는 주제다. 그녀가 가장 좋아하는 색깔은 보라색이었는데, 그것은 강렬한 레드(紅)와 차분한 블루(靑)의 조합을 은은하게 연상시키는 절제의 상징이라고 할 수 있다. 남녀의 불협화음을 녹여 조화롭게 잘 섞는 것, 즉 플라톤적 '통일성'을 추구하는 것이 그녀의 일과 삶을 정의하는 방식이었다. 또 릴라르는 자신의 에세이 《부부(Le Couple)》(1963)에서 부부애와 여성의 지위에 대해 진지하게 성찰했다. 그녀에게 남녀의 사랑(에로스)이란? 단순히 최하위 수준의 저급한 욕정이나 정열이 아니라, 상호 욕망과 상호주의라는 개념에 깊이 뿌리를 두고 있다. 모름지기 사랑은 신성한 결합이다. 사랑은 완전성을 향한 노력 내지는 절대에 도달하려는 시도이다. 사랑은 수동적인 감정이 아니라, 두 남녀의 완전한 참여를 요구하는 적극적인 힘이다. 사랑은 상대방에 대한 깊은 이해와 수용을 포함하는 역동적이고 변혁적인 경험이다. 가부장제를 해체하고 "여자는 태어나는 것이 아니라 만들어지는 것"이라면서 여성성의 개념 그 자체를 거부하는 보부아르와는 달리, 릴라르는 무엇보다 우리 '여성의 몸,' 그리고 강제가 아니라 '자유롭게 선택하는' 결혼과 모성을 적극적으로 옹호했다.

———

"신은 모든 곳에 있을 수 없어 대신 어머니를 만드셨다"

– 영국 작가 러디어드 키플링(Rudyard Kipling·1865~1936)

———

보부아르에게 가정은 사랑의 보금자리가 아니라, 여성의 몸을 옥죄는 코르셋처럼 전형적인 '억압'의 한 형태로 남아 있다. 왜냐하면, 여성은 항상 타자로, 대상으로만 간주되기 때문이다. 《제2의 성의 오해》에서 릴라르는 보부아르가 모성과 전통적인 여성성을 거부하는 것은 여성의 삶의 경험에 대한 가치와 중요성을 부인하는 '여성 혐오'의 한 형태라고 주장했다. 그녀는 급진적인 프랑스 사상가가 여성을 자신의 고유성으로부터 '소외'시킨다고 비판했다.[4] 릴라르는 보부아르의 획기적인 작품인 《제2의 성》을 비평하고, 페미니즘과 사회 속 여성의 역할에 대한 자신의 관점을 다음과 같이 제시했다.

첫째, 보부아르의 모성 및 자녀 교육에 관한 비판이다. 보부아르는 《제2의 성》에서 결혼 제도와 성 불평등을 영속시키는 '모성'의 역할을 비판적으로 분석했다. 그녀는 전통적인 성 역할이 여성을 가사에만 국한시켜, 여성의 개인적, 직업적 발전의 기회를 제한하거나 박탈한다고 주장했다. 모성과 결혼에 대한 보부아르의 날 선 비판은 개인의 자유와 선택 의지에 대한 실존주의적 믿음에 뿌리를 두고 있다.

여기에 대하여 릴라르는 보부아르가 실존주의 철학과 자유와 주체성에 초점을 맞추다 보니, 전통적인 여성의 역할과 경험을 '평가절하'했다고 주장했다. 릴라르는 모성이 여성 정체성의 중요한 측면이며, 여성은 이러한 모성 본능을 수용해야 한다고 믿었다. 그녀는 또한 아이의 성격과 가치관을 형성하는 데 있어서 교육의 중요성을 강조했으며, 아이의 교육에서 어머니가 중심적인 역할을 담당해야 한다고 믿었다. 그렇지만 릴라르는 보부아르가 여성의 정체성을 정의하는데 너무 과도하게 모성을 강조했다고 비판했다. 모성이 물론 중요하기는 하지만, 보부아르의 모성에 대한 지나친 강조가 오히려 역설적으로 전통적인 여성의 역할과 기대를 강화시킨다고 본 것이다.

둘째, 릴라르는 여성의 '개성(individualité)'을 강조했다. 릴라르는 여성이 반드시 성별에 의해서만 정의되는 것이 아니라, 자신만의 고유한 경험과 욕구를 가진 '개인'으로 인식되어야 한다고 주장했다. 그녀는 자결권과 주체성이라는 페미니스트 원칙에 부합하는 여성의 개성과 자율성을 인식하는 것이 중요하다고 생각했다.

셋째, 릴라르는 젠더에 대한 보부아르의 '본질주의적' 접근 방식을 비판했다. 여기서 본질주의는 젠더와 관련하여 생물학에 뿌리를 둔 남성과 여성 사이에 본질적이고 불변의 차이가 있다는 믿음을 말한다. 릴라르는 '여성 억압'에 대한 보부아르의 분석이 너무 단순하며 인간관계의 복잡성과 남성과 여성이 상호작용하는 방식을 고려하지 않는다고 비판했다. 릴라르는 또한 여성을 남성 억압의 '수동적 희생자'로만 묘사하는 보부아르를 비판하고, 여성에게는 자신의 운명을 선택하고 개발하려는 의지와 능력이 충분히 있다고 강조했다.

그녀는 보부아르가 여성을 가령 애를 낳는 도구, 즉 생물학적 기능으로만 축소하고 여성 경험의 다양성과 복잡성을 무시했다고 주장했다. 이러한 릴라르의 비판은 젠더의 사회적, 문화적 구성을 강조하는 현대 페미니스트 관점과도 정확히 일치한다. 젠더에 대한 본질주의적 견해는 종종 전통적인 성 역할과 고정관념을 강화하며, 개인의 기회와 선택을 제한할 수 있다. 그래서 일부 비평가들은 보부아르의 작품이 오직 남성과의 관계로 정의되는 여성의 '경험'에만 초점을 맞춤으로써, 여성성과 여성성에 대한 본질주의적 개념을 영속화시킨다고 주장한다.

마지막으로 릴라르는 갈등보다는 '상호 동의'를 바탕으로 남녀관계의 통합과 조화를 옹호했다. 그녀는 젠더와 남녀관계에 대한 보부아르의 분석이 권력 역학과 갈등에만 너무 천착한 나머지, 상호 동의와 협력의 중요성을 인식하지 못했다고 보았다.

이른바 진정한 양성평등에 입각한 남녀의 '통합'을 추구하고, '갈등'을 경멸하는 릴라르의 사상은 실존주의적 투쟁으로서의 사랑 이론을 비판적으로 다룬 그녀의 저서 《사르트르와 사랑에 관하여(À Propos de Sartre et de l'Amour)》(1967)에서도 잘 드러난다. 예나 지금이나 파리에서는 이른 아침부터 카페의 스탠드바에서 공복에 식전주를 혼자서 들이켜는 사람들을 그리 어렵지 않게 볼 수가 있다. 그런데 잦은 음주로 모세혈관이 확장된 탓인지, 그들의 코는 거의 십중팔구 루돌프 사슴 코처럼 불그레한 편이다. 이 고독하고 환멸적인 몽상의 애주가들처럼 생 제르맹 데 프레의 카페에서 아침부터 술을 마시고, 공책에 낙서하고, 또 젊고 아름다운 여성들을 찾는 데 많은 시간을 허비했던

● 뜨거운 음료를 마시는 사르트르와 보부아르

바람둥이 철학자 사르트르는 사랑을 찬미하기보다는 오히려 우리 인간의 가장 높은 최상의 가치인 '자유'를 위협하는 부정적인 요소로 보았다.

　사르트르에게 사랑의 기쁨이란? 우리가 서로를 소유하고 있다는 사실에서 안정감을 느끼고, 타자 안에서 타자를 통해 우리 삶의 의미를 찾는 것이다. 그런데 문제는 이것이 신기루처럼 허망한 환상에 불과하다는 것이다. 사르트르에 따르면 낭만적인 사랑에는 전혀 안전한 것이 없다. 연인들은 관계를 맺는 것을 자유롭게 선택하기 때문에, 그들은 조만간 쉽사리 이별할 수도 있다. 이것이 사랑을 영원히 취약하게 만들며, 연인들을 사도마조히즘적 권력 게임의 악순환으로 몰아넣는다. 그들은 서로를 통제하려고 노력하고, 자물쇠가 암시하는 일종의 '소유'를 요구한다. 그 결과, 연인들은 자신이 원하는 소유물을 완전히 달성하지 못한 채 서로의 자유를 빼앗으려고 안간힘을 쓴다. 이것이 바로 사르트르가 사랑을 '갈등'이라고 결론짓는 이

유다. 실존적 자유의 옹호자로서 사르트르는 자신이 어떻게 살아야 하는지에 대하여 다른 사람들의 견해를 받아들이는 것을 일종의 어리석은 자기기만이라고 주장했다. 부르주아 규범을 따르지 않는 그는 우리 각자가 자기 삶의 선택에 책임이 있다고 강조했다.

즉, 자유로운 개인은 '불편한 우리'로 발전할 수 있는 관계에 자신을 가두어서는 안 된다는 것이다. 보부아르도 역시 약간 다른 뉘앙스를 보이기는 하지만, 사랑에 대하여 부정적이기는 마찬가지다. 《제2의 성》의 〈사랑에 빠진 여인(L'Amoureuse)〉의 장에서 그녀는 사랑이라는 단어는 "남녀 모두에게 전혀 같은 의미를 갖지 않는다."라고 기술했다. 우리 여성들은 사랑이 몸과 영혼의 완전한 헌신을 의미한다고 믿지만, 이기적인 남자들에게 자신이 사랑하는 여자는 난지 "하나의

● 이탈리아 화가 프란체스코 하예즈(Francesco Hayez·1791~1882)의 〈키스〉(1859년)

가치일 뿐"이다. 즉, 남성은 사랑의 영역에서 "주권이 있는 주체"로 군림할 수 있지만, 여성에게는 사랑이 삶 그 자체인 양 제시되어 왔다는 것이다.

———

"사랑은 여자에게는 일생의 역사이지만 남자에게는 한순간의 에피소드다."

— 스탈 부인(Germaine de Staël·1766~1817)

———

비록 살아생전에 사르트르와 보부아르처럼 널리 세간의 스포트라이트를 받지는 못했지만, 사랑의 역동성에 대하여 견고하고 긍정적인 믿음을 가졌던 릴라르는 사르트르식 실존주의 연애 방식을 도덕적으로 비판했다. 릴라르가 주창하는 사랑의 개념은 기독교 문화가 제시하는 청교도적 관점(금욕)을 넘어설 뿐만 아니라, 전후 서구 사회에 만연했던 지나치게 자유주의적이고 상업적인 에로티시즘(방종)으로의 전환도 훌쩍 넘어서는 것을 목표로 한다.

사랑은 너무 금욕적이고 정신적인 것만도 아니며, 본능과 쾌락추구 일변도의 육체적인 것도 아니다. 사랑에 있어서 릴라르는 육체적 욕망의 중요성을 강조하며, 그것이 인간 본성의 근본적인 측면이라고 주장했다. 그녀는 육체적 욕망이 결코 두려워하거나 억압해야 할 대상이 아니라, 인간 경험의 필수적인 부분으로 받아들여야 한다고 제안했다. 실제로 모든 인간의 내면에는 이처럼 육체와 정신의 조화로운 합일을 추구하는 진정한 사랑에 대한 열망이 존재하지 않을까? 그러한 점에서 볼 때, 이 릴라르 부부는 누구라도 한 번쯤 꿈꾸어 보았을 이상적인 관계를 유지했다. 그들은 부부애도 좋았을 뿐 아니라,

문학·문화·정치에 대한 상호 관심을 공유했으며 종종 자신의 작업과 아이디어에 대하여 함께 고민하고 토론했다. 그들은 또한 벨기에 문학 및 문화계에서도 활동했으며 브뤼셀에 있는 자택에서 많은 모임과 행사를 주최했다. 전반적으로 그들은 긴밀하고 지지적인 관계를 유지했으며 서로에 대한 깊은 사랑과 존경심을 공유했다. 두 사람 모두 자신의 일과 가족에 대한 열정을 지니고 있었으며, 각자의 직업에 대하여 서로를 따뜻하게 격려하고 지원했다. 그렇지만 전직 변호사이자 저명한 정치인의 아내, 또 비교적 늦게 등단한 성공한 작가로서 그녀는 무엇보다 '사회적 신뢰'를 유지하는 데 관심을 기울였다. 실제로 그녀는 너무 논란의 소지가 있는 분쟁에 휘말리거나 남편의 정치 활동에 방해가 되지 않도록 조심했다.[5]

벨기에가 공동체주의적 투쟁, 콩고의 탈식민지화 및 사회의 해방 과정에 연루되었을 때도, 릴라르는 자신의 작품 세계에서 '비역사적이고 분리된' 신고전주의를 선호했다. 전후에 진행된 벨기에 불어권 문학의 맥락에서 돌이켜보면, 그녀의 작품은 일종의 '심미적인 시대착오'로 특징지어진다. 즉, 예술의 새로운 물결인 '누보로망'[6]이 화두였던 시대에 신고전주의 문학으로 회귀한다는 것은 유행에 뒤떨어져도 한참 뒤떨어지는 것이었다. 그래서인지는 몰라도 그 당시에 보부아르나 사르트르에 대한 그녀의 도덕적 비판론이 가져온 사회적 반향이나 울림은 상대적으로 미약했다. 오늘날에도 과연 이런 책이 있었나 싶을 정도로 보부아르의 야심작인 《제2의 성》을 거론하면서, 거기에 대한 반론인 릴라르의 《제2의 성의 오해》를 기억하는 경우는 드물다.

그러나 자아에 대하여 초현실주의적 견해를 지녔던 릴라르는 시에

대한 명상과 아름다움을 전달하는 힘에 대한 에세이인《유추론자의
일지(Journal de l'analogiste)》(1954)의 집필 덕분에, 초현실주의의 아버지인
앙드레 브르통(André Breton·1896~1966)의 존경을 한몸에 받았다. 이처
럼 재능있는 작가였던 그녀가 만약에 보부아르처럼 결혼도 하지 않
고 돌볼 자녀도 없었더라면, 또 자신의 몸과 영혼을 기꺼이 실존주의
의 실험도구로 사용하는 대담한 전략적 선택을 감행했다면 모든 상
황이 크게 달라졌을까? 그러나 릴라르가 일생동안 50권이 넘는 책을
출판한 다작가였다는 사실을 고려한다면, 결혼과 자녀 양육이 여성
의 직업적 발전에 도전이 될 수는 있지만, 반드시 사회적 성공의 장
애물이 되는 것은 아니라고 본다.

　릴라르의《제2의 성의 오해》는 결코 오해가 아니라,《제2의 성》의
담론에 대한 정확한 비판과 이해를 담고 있다. 아마도 보부아르 본인
의 여성에 대한 오해라는 편이 맞지 않을까? 그러나 동서양을 막론
하고 '여성 차별'의 장구한 폐습이 너무도 뿌리 깊은 탓인지, 대부분
의 여성들은 정형화된 사랑과 통합의 원리보다는 마치 불모의 사막

● 20세기 초현실주의를 대표하는
　프랑스 시인 앙드레 브르통

에서 푸른 오아시스를 만난 것처럼 '타자성'의 개념과 여성이 남성과의 관계로 인해 '제2의 성'으로 전락한다는 보부아르식 발상의 전환에 환호해 마지않았다.

———

"제2의 성'을 읽지 않은 여자가 있는가? 그 책을 읽고 분발하지 않은 여자가 있을까? 그 결과 아마도 페미니스트가 되지는 않았을까?"

— 벨기에 태생의 프랑스 페미니스트 뤼스 이리가레(Luce Irigaray · 1930~)

———

보부아르의 이후, 우상화 작업
– 페미니즘의 성경을 쓴 여성

보부아르의 사상은 베티 프리던, 백인 여성 위주의 페미니즘 담론에 반기를 들고 '교차성 페미니즘' 운동을 주도한 벨 훅스(bell hooks · 1952~2021),[7] 주디스 버틀러를 포함한 여러 세대의 페미니스트 사상가

● 벨 훅스(2014년)

들에게 지대한 영향을 미쳤다. 그녀의 작품은 국경을 넘어 수많은 언어로 번역되어 전 세계 청중이 접할 수 있게 되었고 국제 페미니스트 운동에 지대한 공헌을 했다. 여성 억압에 대한 자세한 분석이자 현대 페미니즘의 근간이 되는《제2의 성》이 특히 제2물결 페미니즘 운동에 얼마나 많은 영향을 미쳤고 또 권위가 있는지를 설명하기 위해 그것은 종종 '성경'과도 비교된다.

물론 성경과 마찬가지로《제2의 성》도 처음부터 끝까지 읽는 대신에, 그 발췌문을 더 잘 아는 경우가 비일비재하기는 하다. 보부아르는 자신의 의지와는 상관없이 미국 페미니스트들의 의식을 고취, 발전시키는 데 중요한 역할을 했다. 사실 보부아르는 자신이 페미니즘의 성경을 쓴 여성이라고 얘기한 적도 없다. 그렇지만 슐라미스 파이어스톤(Shulamith Firestone · 1945~2012), 케이트 밀럿, 베티 프리던과 같은 제2물결 페미니즘의 주역들은 모두 보부아르에게서 자신들이 진 빚을 성실하게 인정해야 했다.

● 슐라미스 파이어스톤

예를 들어 베티 프리던은 자신의 1963년 문제작《여성의 신비》를 언급하면서,《제2의 성》을 통해 여성 문제에 대한 독창적인 분석을 이끌어 낼 수 있었다고 해명했다. 프리던의 또 다른 책《그것은 내 인생을 바꾸었다(It Changed My Life)》(1976)에는 보부아르와의 대화가 수록되어 있다. 당시 프리던은 1970년대 미국 페미니스트 그룹이 제기한 질문에 대한 답을 진중하게 모색하던 중이었다. 그녀는 이 대화의 서문에서 또다시 자신이 보부아르에게 상당한 빚을 졌다는 사실을 인정했다.

"내가 여성의 존재에 대하여 독창적인 분석을 할 수 있었던 것은 현실과 정치적 책임에 대한 접근법을 소개한《제2의 성》덕분이었다. 나는 그녀에게서 나 자신의 실존주의를 배웠다." 그러나 막상 대화를 나누었을 때 두 사람은 독립을 추구하는 여성들에게 모성의 가능성과 여성 자신의 이미지 향상을 위해 주부들에게 급여를 제공하는 문제 등에 대하여 완전히 동의하지 않았다. 특히 프리던은 보부아르가 실제 여성의 삶과 동떨어져 있다는 사실에 크나큰 실망감을 표명했고, 다음과 같이 결론을 내렸다. "나는 그녀가 부디 잘 되길 바란다. 그녀는 내가 계속 나아갈 길로 나를 출발하도록 만들었다. 신이나 여신은 없다. 우리는 우리 자신의 개인적인 진실 외에는 다른 어떤 권위도 필요하지 않으며 신뢰할 수도 없다."

종종 '보부아르의 딸'로 비유적으로 묘사되었던 케이트 밀럿도 역시《성 정치학(Sexual Politics)》(1969)에서 '파워성애자 나르시스트'인 영국 소설가 D. H. 로렌스에 대한 자신의 분석이《제2의 성》에 나오는 보부아르의 분석에 큰 빚을 졌다는 점을 인정했다.[8] 한때 '미국인 보부아르'로 묘사되었던 파이어스톤도 그녀의 주장이 비록《제2의 성》과 다름에도 불구하고, 보부아르에게 자신의 책《성의 변증법》(1970)을 헌정했다. 파이어스톤은 진보적인 남성들 주도의 사회 변혁이 여성 해방과는 아무런 관련이 없다는 것을 자각한 연후에《성의 변증법》을 저술했다. 그녀는 여성의 섹슈얼리티를 '출산'의 고통에서 자유롭게 만들고, 사회적으로 구성된 여성성과 남성성의 감옥에서 여성의 개성들을 해방하려면 사회의 급진적인 재편이 필요하다고 주장했다. 그녀는 페미니즘 혁명의 목표는 단순히 남성 특권의 철폐가 아니라, 성차별 자체의 철폐가 되어 성기의 차이가 더 이상 문화적 의미를 가지지 못하게 하는 것이어야 한다고 못을 박았다.

주디스 버틀러
– 섹스와 젠더의 구분을 거부

오늘날 서구에서 가장 강력한 젠더 이론가인 주디스 버틀러도 역시 생물학적 성인 섹스와 젠더를 구별하는 보부아르의 유명한 주장에 대한 비판으로 자신의 첫 번째 문제작《젠더 트러블》의 포문을 열지 않았던가? 버틀러는 강력한 '사회구성주의(social constructionism)'[9] 견해에 서 있다고 할 수 있는데, 보부아르의 진술을 더 급진적으로 밀고 나갔다. 생물학적 특성과 상관없이 젠더가 사회·문화적으로 구성된 것이라면, 젠더는 섹스에서 비롯한 결과물이 아니다. 이러한 사고의 연장선에서 버틀러는 기존 페미니즘의 섹스와 젠더 구분 자체를 거부하며 "섹스는 언제나 이미 젠더"라고 주장했다. 즉, 생물학적 성도

● 저메인 그리어

사회적 구성물이라는 것이다. 물론 보부아르가 영미 페미니스트 이론 세계에 미친 영향력은 미국에만 국한되지 않았다. 예를 들어, 호주 작기인 저메인 그리어(Germaine Greer·1939~)도 1970년 저서《여성, 거세당하다(The Female Eunuch)》에서《제2의 성》을 중요한 출처로 꼽았다. 참고로 케이트 밀럿의《성 정치학》, 슐라미스 파이어스톤의《성의 변증법》, 저메인 그리어의《여성, 거세당하다》는 '급진적 페미니즘의 삼대장'으로 손꼽힌다.

페미니즘의 대모로 소환

실제로 한 권의 책이 역사의 흐름을 바꿀 정도로 이렇게 막강한 영향력을 발휘한 사례는 드물다. 그러나 보부아르의 귀환, 즉 보부아르의 때아닌 유행 현상은 이론 자체의 위대성 때문이라기보다는 그것이 시류에 잘 맞아떨어지기 때문이다. 한물간 사르트르와는 달리, 파리 몽파르나스 묘지의 관속에 나란히 누워 있는 보부아르가 이처럼 현대 페미니즘의 대모로서 추앙받고 끊임없이 소환되는 이유는 무엇일까? 이는 여성주도의 글로벌 성 혁명이 21세기 문명을 강타하고 있는 현시점과 무관하지 않다고 본다. 비교적 보수 성향을 지닌 여성 진보학자 앤 가디너(Anne Babeau Gardiner·1938~2020)는 〈근대(Modern Age)〉의 한 기사에서 "현대 언어 협회 조사에 따르면, 최근 페미니즘 비평은 다른 어떤 학파보다 문학 교육에 지대한 영향을 미쳤다."라고 평가했다. 비록 보부아르의 《제2의 성》은 1949년에 출판되었지만, 그것은 그녀의 다른 저작 및 정치적 활동(앙가주망)과 더불어 1960년대에 구체화되기 시작한 급진적 페미니즘에 대한 열망의 원천이 되었다.

급진적 페미니스트들은 "여성은 태어난 것이 아니라 만들어지는 것"이라는 보부아르의 명제를 발판 삼아 꾸준히 젠더 개념을 발전시켰다. 1970년대 보부아르의 영향으로 생물학, 생리학, 인류학, 민족학, 철학, 역사, 문헌학 전문가를 포함한 특별 프로그램을 갖춘 '여성연구' 또는 '페미니스트 연구' 센터가 서양 대학 곳곳에 나타났다. 오늘날 보부아르의 책은 프랑스보다는 미국의 좌파와 페미니스트들 사이에서 더 많이 연구되고 있다. 그러나 주지하다시피 페미니즘의 성서로 통하는 《제2의 성》이 항상 긍정적인 평가를 받아온 것은 아니다. 그것은 이미 오래전에 지나간 순진한 '백인 페미니즘'의 부끄러운 유물로 일축된 적도 있었다.

노르웨이의 페미니스트 문학평론가인 토릴 모이(Toril Moi)는 보부아르에 대한 비평으로 유명하다. 모이는 《여성이란 무엇인가?》(1999)[10]에서 《제2의 성》을 중심으로 보부아르의 작업을 면밀하게 분석했다. 모이는 보부아르가 현대 페미니스트 사상 발전의 일등공신이라는 점을 높이 평가했다. 특히 '여성 억압'에 대한 보부아르의 분석과 '성 평등'에 대한 옹호의 중요성을 인식했다. 하지만 모이는 보부아르가 실존주의 철학, 자유와 주체성의 개념을 워낙 중시하다 보니, 여성 억압의 사회적, 역사적 맥락을 등한시하는 결과를 초래했다고 주장했다. 모이는 개인의 자유와 자율성에 대한 보부아르의 초점이 중요하기는 하지만, 여성 억압의 체계적이고 구조적인 성격을 다루지는 못했다는 한계점을 지적했다.

모이는 보부아르의 페미니즘이 '백인 중산층 여성'에게만 너무 치중된 나머지, 다양한 배경을 가진 여성들의 경험을 이해하는 데 있어 '교차성'의 중요성을 간과했다고 비판했다. 한편 모이도 역시 모성에 대한 보부아르의 지나친 강조가 오히려 전통적인 성 역할과 여성에 대한 본질주의적 견해를 강화한다고 주장했다. 이는 자녀를 아예 갖지 않거나 자녀 양육보다는 일과 사회적 성공을 우선시하는 현대 전문직업 여성들을 포함하여, 많은 여성의 경험과 선택의 다양성을 간과했다는 지적이다.

실제로 영미권 평론가들 사이에서는 《제2의 성》이 유색인종 여성, 유대인 여성, 노동계급 여성을 대상으로 하는 경우 배제적이고 인종·계급 차별적이며, 접근 방식에서 확실히 '교차적'이지 않다는 점에 상당한 합의가 있다. 참고로 여기서 '교차성(intersectionality)'이란 한 사람의 사회적 정체성에는 젠더, 인종, 성적 지향, 계급, 장애, 연령, 종교 등 다양한 억압이 상호교차적으로 작용하기에 이를 복합적으로 분석해야 한다는 이론이다. 교차성 이론은 1989년 미국의 흑인 여성 법학자인 킴벌리 크렌쇼(Kimberlé Crenshaw·1959~)가 처음으로 고

● 킴벌리 크렌쇼

안하고 체계화시켰다.[11] 이 이론이 등장하게 된 배경은 1970년대 흑인 여성들이 백인 여성 중심의 페미니즘에 이의를 제기하면서부터다. 크렌쇼는 교차성이 "다양한 형태의 불평등이나 불이익이 때때로 스스로를 복잡하게 만들고 전통적인 사고방식으로는 종종 이해되지 않는 장애물을 만드는 방식을 이해하기 위한 은유"라고 설명했다.

보부아르의《제2의 성》은 오직 성별에 근거하여 억압을 경험하는 '특권층', '백인', '이성애 여성'만을 주제로 가정한다는 비판이다. 교차성에 대하여 좀 더 부연 설명을 하자면, 지금 미국 보수주의가 이 교차성보다 더 미워하는 단어도 없을 것이다. 우파의 입장에서 볼 때, 이 교차성은 단지 '소수'라는 이유로 특별한 기준과 특별한 대우를 받는 것을 의미하며, 개인적 차원에서 유아론[12]을 조장하고 사회적 차원에서는 분열과 갈등을 일으키는 주범이다. 따라서 많은 보수주의자에게 교차성은 백인이 아닌 비이성애자를 최상위에 두는 '새로운 카스트 제도'로 간주된다.

여성해방 방안 제시 못했다

우리가 아무리 시대적 한계성을 고려한다고 해도, 사르트르와 보부아르가 오직 자신의 환경을 위해서만 글을 쓰는 '부르주아 지식인'이었다는 생각은 그들이 평생 직면했던 일관된 비판의 노선이다. 영국 인류학자 주디스 오켈리(Judith Okely·1941~)도 인류학적 페미니즘의 관점에서 보부아르의 작업이 '소규모 파리 지식계'의 제한된 경험에 기초하기 때문에, 다른 문화권에는 적용되지 않는다고 지적한 바 있다.[13] 물론 오켈리는 타자성 개념에 대한 보부아르의 선구적인 탐구와 가부장 사회 내 여성성의 구축을 인정했다. 그렇지만 오켈리는 보부아르의 실존주의적 틀이 여성이 직면한 사회적, 문화적 억압을 이해하는 데 중요한 렌즈를 제공했지만, 보부아르의 '본질주의적' 접근 방식이 다양한 문화적·사회적 맥락에서 여성들의 다채로운 경험을 설명하지는 못한다고 비판했다.

인류학자로서 오켈리는 생생한 현장 조사를 통해서 여성의 억압과 주체성의 경험이 반드시 보부아르의 틀과 일치하지 않는 다양한 공동체들을 만날 수가 있었다. 가령 오켈리는 특정 문화권의 여성들이 지역 사회 내에서 어떻게 상당한 권위와 자율성을 행사하는지를 면밀하게 관찰하면서, 보부아르가 여성을 '보편적으로 억압받는 인물'로 묘사한 것에 도전했다. 또 다른 보부아르 연구자인 앤 휘트마쉬(Anne Whitmarsh)도 보부아르가 비판만 일삼을 뿐이지, 지배적인 가부장 사회의 억압으로부터 여성을 해방시킬 수 있는 구체적인 방안을 제공하지 않는다는 이유로 《제2의 성》을 비판했다.[14] 즉, 억압을 이해하기 위한 이론적 틀(이론의 공룡화)은 제공하지만, 체계적 불평등을 해결하기 위한 현실적이고 전략적인 실천 방안을 제대로 제시하지는 못한다는 얘기다.

프랑스의 저명한 사회학자 피에르 부르디외(Pierre Bourdieu · 1930~2002)도 토릴 모이의 보부아르 전기에 대한 서문에서[15] 보부아르를 짧지만 강도 높게 비판했다. 부르디외는 보부아르가 사르트르에게 자신의 철학 능력을 위임했다고 주장해서 그녀를 추종하는 페미니스트나 좌파학자들의 원성을 샀지만, 부르디외가 가령 보부아르가 남녀 관계에 대한 자신의 분석 틀을 '사르트르와의 관계'에 직접 적용하지 못한다는 사실보다, 남녀 간의 '상징적 폭력'의 더 좋은 예는 없다고 지적한 것은 깊이 새겨들을 만하다. 사회구조와 문화 자본이 개인의 삶을 형성하는 방식에 초점을 맞춘 '문화 재생산' 이론으로 유명한 부르디외는 보부아르가 개인주의를 중시하다 보니, 더 넓은 사회적, 구조적 요인을 무시했다고 주장했다. 그는 보부아르의 실존주의적 관점이 너무 개인주의적이며, 사회구조가 개인의 삶을 제약하고

● 피에르 부르디외

형성하는 방식을 충분히 다루지 않는다고 비판했다.

사실상 보부아르 작품에 대한 그의 비판은 사르트르의 실존주의 철학과 그것이 프랑스 지적 생활에 미친 영향에 대한 더 넓은 비판의 확장으로 볼 수 있다. 부르디외도 역시 백인 중산층 여성으로서의 그녀의 '위치성'에 초점을 맞췄다. 그도 보부아르의 성 불평등 분석이 다양한 배경을 지닌 소외된 공동체 여성들의 경험을 적절하게 다루지 못했으며, 또 자신의 사회적 지위에 의해 제한되어 성 불평등의 복잡성을 완전히 포착하지 못했다고 인식했다.

여기에 대하여 마르크스주의 사회학자, 공공 사회학의 지지자인 마이클 부라워이(Michael Burawoy)는 부르디외의 주장이 아무런 근거가 없다고 비판에 가세했다. 부라워이는 부르디외가 마치 보부아르를 그녀 아래에 있는 사람들을 무시하는 철학자의 캐리커처(?)로 축소시켰다면서, 그를 '성차별주의자'라고 공격했다.[16] 부라워이의 분석에 따르면, 보부아르에 대한 부르디외의 평가는 경멸과 환원주의로 특징지어지며, 보부아르의 생각을 단순히 사르트르의 발산으로 일축함으로써 보부아르를 '침묵'시킨다고 주장했다. 그는 보부아르에 대한 부르디외의 이 같은 경멸적인 언사와 태도야말로 바로 '상징적 폭력'의 예라고 주장했다. 그는 보부아르의 목소리가 당연히 회복되어야 하고, 특히 성 담론에 관한 논의에서 보부아르의 생각이나 주장이 한층 더 부각 돼야 할 필요성을 강조했다. 즉, 그의 주장의 요지는 학문적 담론에서 특히 '페미니즘 이론'과 '젠더 연구'에 관한 보부아르의 기여가 결코 가려지거나 소외되어서는 안 된다는 것이다. 사실상 1940년대와 50년대까지만 해도 보부아르는 사르트르의 타자, 즉 그의 비서, 연인, 심지어 제자로까지 묘사되었다.

그러나 1965년에 《제2의 성》이 덴마크어로 번역되면서부터 보부아르의 새로운 이미지 구현을 위한 독자적인 길이 열리게 되었다. 이제는 그녀를 사르트르의 아류가 아닌, 독립적인 철학자와 페미니스트로 보게 된 것이다. 보부아르가 성공적인 낙태 운동을 위해 모성, 아니 '반(反)모성'에 관한 장을 여는 방식은 오늘날에도 여전히 놀랍도록 용감해 보인다. 모성은 기본적으로 '사기'다. 여성은 어머니가 되는 것이 자연스러운 운명이라는 생각을 어릴 적부터 주입받는 동시에 그 선택에 대한 통제력과 의지를 박탈당한다는 보부아르의 극단적인 수사(修辭)는 현재의 관점으로도 매우 파격적이다. 보부아르는 낙태처럼 부르주아 사회의 위선을 보이는 주제가 거의 없다는 점을 지적하면서, 낙태를 아예 '계급 범죄'로까지 규정하지 않았던가?

영국 옥스퍼드 대학의 프랑스학 전문가인 엘리자베트 팔레즈(Elizabeth Fallaize·1950~2009)는 보부아르의 이름이 20세기 페미니스트 목소리와 동의어가 되었고, 그녀의 삶과 글이 계속해서 열정적인 논쟁을 불러일으켰다고 높이 평가했다.[17] 영국으로 건너간 팔레즈는 자신이 보부아르를 연구 주제로 선택했을 때, 옥스퍼드 대학 측으로부터 보부아르와 같이 소소한 작가보다는 사르트르와 같은 진지한 작가를 연구하는 것이 어떻겠냐는 제안을 받았다고 한다.[18] 보부아르가 지닌 시대적 한계성이나 이론적 모호성, 또 이론과 실천 상의 괴리로 인한 여러 가지 반론 제기에도 불구하고, 여전히 많은 학자들이 보부아르의 책을 거대한 제2물결 페미니즘을 형성한 시원적 이데올로기로 여긴다.[19]

《제2의 성》은 여성 진화의 백과사전

미국의 산아제한 운동가 마거릿 생어(Margaret Sanger·1879~1966)는《제2의 성》을 "여성의 진화에 대한 백과사전"이라고 묘사했다. 미국 제2물결 페미니즘의 주자인 글로리아 스타이넘(Gloria Steinem·1934~)도 "다른 어떤 인간보다도 그녀는 현재의 국제여성 운동에 책임이 있다."라고 말했고, 보부아르와 적지 않은 견해차를 보였던 베티 프리던도 그녀를 "여성 역사의 진정한 영웅"이라고 불렀다. 결코, 자신의 아이를 갖지 않겠다는 결심에도 불구하고 보부아르는 이처럼 여러 세대 여성들의 '상징적인 어머니'가 되었다. 보부아르는 페미니즘의 역사적 변화를 반영할 수 있는 '거울'과도 같다. 그녀는 70년대 낙태를 위한 투쟁의 지도자로, 80년대 구성주의 페미니즘[20]의 창시자로, 또 90년대 퀴어 페미니즘의 전조로 등장했다. 이제, 그녀는 명실공히 '아마존의 여왕'이 될 것인가?[21]

● 글로리아 스타이넘(1975년)

나는 보부아르의 영웅화가 아니라면, 적어도 끊임없는 보부아르 망령에 대한 소환, 즉 현재화와 우상화 작업의 원인이 그녀의《제2의 성》에 대한 의도적인 '오해'에서 비롯되었다고 본다. 그러나 진짜 수양딸인지 '펨(femme)'[22]인지 구분이 안 갈 정도로 실비 르 봉과 친밀하게 보냈던 그녀의 노년기 상황은 잘 모르겠지만, 인생 절반 아니 3/4 이상을 여성보다는 남성을 더 사랑했던 양성애자 보부아르 본인도 이처럼 극도의 남녀 갈등과 분열이 파국으로 이어지는 것을 원하지는 않았으리라 본다. 이제 페미니즘은 모든 여성을 거대한 상상의 레즈비언 텐트로 끌고 가나?

———

"나는 아직 남자가 결혼과 직업을 병행하는 방법에 대해
조언을 구하는 것을 들어본 적이 없다"

– 미국 페미니스트 언론인·사회운동가 글로리아 스타이넘(Gloria Steinem·1934~)

———

독일 역사가이자 작가인 라이너 치텔만(Rainer Zitelmann·1957~)도《자본주의의 힘(The Power of Capitalism)》(2018)에서 보부아르와 사르트르를 그들의 개인적인 삶과 철학적 원칙에 대한 고수 또는 괴리에 초점을 맞춰 비판했다. 치텔만의 비판도 그들의 철학적 아이디어와 실제 행동 사이에 인식된 '위선'을 중심으로 전개된다. 치텔만의 비판의 핵심은 다음과 같다.

첫째, 실존주의와 개인 행동에 관한 것이다. 치텔만은 두 사람의 실존주의 철학이 개인의 자유, 자율성, 도덕적 책임을 강조했다고 주장한다. 그러나 치텔만은 그들의 철학적 원리와 개인적인 삶 사이에 상

● 라이너 치텔만(2019년)

당한 '모순'이 있다고 지적했다. 예를 들어, 보부아르는 여성 신체에 대한 '성적 대상화'가 여성 억압에 중요한 역할을 한다는 주장을 하면서도, 미성년자인 여제자들을 유혹하는 등 두 사람의 친밀한 관계망 속에 걸려든 타인들을 통제하고 조작하는 행위를 서슴지 않았다.

두 사람의 평판은 이미 《카스토르에게 보내는 편지(Lettres au Castor)》(1983)의 출판으로 인해 추락했다. 비록 보부아르가 1/3 정도의 분량을 삭제했을지라도, 사르트르가 카스토르에게 보내는 편지의 파급 효과는 대단했다. 평소에 소외된 타자를 위하고 여성의 성적 대상화를 반대한다는 두 철학자가 그들의 '정복대상'인 타자들과의 관계를 계산하고 속임수를 쓰는 방식에 대중은 엄청난 충격을 받았다. 기본적으로 사르트르와 보부아르는 '품위'에 대한 부르주아적 개념을 존중하기 위해 사실을 윤색하거나 치장하는 데 전혀 관심이 없었다.

품위에 대한 부르주아적 개념에 대한 '경멸'이 바로 핵심이었으니까 말이다. 생전에 보부아르는 둘이서 주고받은 편지들을 다음과 같이 설명했다. "그것은 즉각적인 삶의 필사본이었고, 자발적인(?) 작업이었습니다. 나는 이 편지들이 출판될 수도 있으리라고 생각했어요. 내가 죽은 후에 이 편지들이 출판될 것이라는 약간의 숨은 동기도 있었답니다. 나의 편지들은 한마디로 내 삶에 대한 간증과도 같으니까요."[23] 누군가 자서전을 가리켜 "노년 세대라는 변곡점에서 자기를 솔직하게 정리하고 성찰하는 정체성 재형성의 매체"라고 제법 거창한 의미를 부여하지 않았던가?

왜곡된 공적 페르소나, 페미니즘의 실험실

그러나 보부아르는 편지나 다이어리 또는 회고록의 형식으로 자신의 파란만장한 인생에 관한 글쓰기를 시작했을 때, 모든 것을 차마 다 말할 수는 없었다. 누구도 과거를 되돌릴 수는 없다. 그래서 보부아르는 자신이 기대하는 미래대로 그 의미를 다시 재협상할 필요가 있었다. 그렇지만 자신의 의도된 '생략'에 의해, 인생이 왜곡되는 부분이 있지 않았을까? 원래 왜곡이란 단어는 '비틀다' 또는 '고문하다'라는 의미의 라틴어 'torquere'에서 유래했다. 한 인간으로서 그녀는 수십 년간 자신의 '왜곡된 공적 페르소나'와 더불어 살았다. 그 결과 그녀의 인생은 비틀리고 고통스러운 것이었다.

그러나 그녀의 열혈 팬들이 《카스토르에게 보내는 편지》로 인해 겪었던 심적 고충이나 상심은 보부아르가 사망한 후 실비 르 봉이 출간한 《사르트르에게 보내는 편지(Lettres à Sartre)》(1990)로 인해 촉발된 스캔들에 비하면 그야말로 새 발의 피였다.[24] 생전에 보부아르는 이 편지들을 분실했다고 주장했지만, 그녀가 죽은 후 아파트 찬장에 숨겨둔 채로 발견되었다. 그녀의 사후에 공개된 거의 무삭제 본의 편지 내용은 추문 그 자체였다. 사르트르의 주변에서 누리는 특권적 위치를 사수하기 위한 그녀의 교묘한 처세술은 미덕의 가면을 쓴 《위험한 관계》의 악녀 메르퇴유 후작 부인의 위선을 그대로 닮아있었기 때문이다. 영미 언론은 그래도 상당히 우호적이었지만, 당시 대부분의 프랑스 언론이 폭력적인 풍자를 퍼부어댔다.

가령 〈리베라시옹〉의 기사 제목은 〈어머니 카스토르 앨범〉이었는데[25] 그것은 매우 비열하고 작은 계획과 술책들로 이루어진 남성우월적인 '여자 마초'[26]의 기만적인 삶을 연상시켰다. 〈누벨 옵스〉는 〈나의 아줌마의 펜〉이라는 보다 친근하고 애정 어린 제목의 기사를 냈지만, 보부아르를 시종 '시몬 아줌마(tante Simone)'라고 익살스럽고 우스꽝스럽게 불렀다.[27] 결국 《사르트르에게 보내는 편지》에서 나타난 보부아르의 말과 글, 그리고 음습한 속내는 마치 그녀 자신이 사르트르의 곁에서 어떻게 특권을 유지하기 위해 배후에서 조종했는지를 보여주는 것처럼 보였다. 결국, 실존주의의 신비로움으로 과대 포장된 이 계약혼 부부의 전설은 확실히 무너지고 말았다.[28]

그러나 아무리 둘 사이가 '대등'하지 않았고 보부아르가 상대적인 열세였다고 해도, 그래도 다른 여성들과 비교하면 보부아르는 거의 대적할 수 없는 자유를 행사했다. 그녀의 뛰어난 학업이나 지적 능력 때문에 사르트르는 그녀를 '남자'와 같은 방식으로 인식했다. 비록 둘의 대등함이 제한적이고, 제삼자가 종종 그 대가를 톡톡히 치르더라도 말이다. 그들이 계약혼을 빌미로 내세운 원칙인 '상호 투명성'이란? 그것은 상대방의 눈을 통해 그들의 인식을 풍부하게 하여 보부아르에게는 남성적인 관점을, 사르트르에게는 여성적인 관점을 제공했다. 그들은 그들 자신이 바로 '실험실'이었다. 지나친 낙관주의의 소산일지도 모르지만, 두 사람은 그렇게 함으로써 전통적인 남녀의 관계를 극적으로 변화시키고 극복할 수 있다고 믿었다는 것이다.

둘째, 보부아르의 페미니스트 입장에 대한 비판이다. 치텔만은 그녀의 개인적인 관계, 특히 사르트르와의 장기적 파트너십이 그녀의 페미니스트 이상과 일치하지 않는다고 보았다. 사르트르는 여성에 대하여 지칠 줄 모르는 욕망의 소유자였다. 그는 마치 손 인형극의 대명사인 기뇰(guignol)[29]의 전지전능한 '조종자'처럼 수많은 여성을 농락했다. 치텔만은 사르트르의 부정(不貞)행위에 대한 보부아르의 터무니없는 관용이 성평등과 독립이라는 페미니즘의 원칙과 모순된다고 주장했다. 그러나 사르트르와 끝까지 함께 있기로 한 보부아르의 결정이 심오하고 복잡미묘했으며, 반드시 페미니즘적 신념의 결핍으로 볼 수 없다고 주장하는 사람들도 있기는 하다.

사르트르는 그녀가 최초로 육체적 관계를 나눈 남성이었다. 당시 처녀였던 그녀가 사르트르에게 몸을 허락했던 이유는, 자신이 지적으로 그에게 굴복당했다고 느꼈기 때문이라고 한다. 보부아르는 후일 알그렌에게 보낸 서신에서, 사르트르와의 관계가 본질적으로 '절대적인 우애(또는 동지·fraternité absolue)'에 가까운 사랑이라고 표현했다. 사르트르는 그녀와의 성생활에 대하여 그다지 열정을 보이지 않았고, 보부아르는 전적으로 그 때문에 매우 불만족스러운 미완의 성생활이었다고 털어놓았다.

"그는 매우 따뜻하고 활력이 넘치는 남성이에요. 단지 침대에 있을 때만 빼놓고요. 난 경험이 부족했지만, 일종의 직감으로 알게 되었죠. 그래서 같이 잠을 잔다는 것이 차츰 무의미하고 온당치 않다고 생각했어요. 그래서 결국 우리는 거의 10년 만에 성생활을 포기하게 되었어요."라고 덧붙였다. 사르트르의 추억도 역시 그녀의 것과 크게 다르지 않았다. "여성들과의 성관계는 매우 의무적이었다. 나는 수컷이라는 성을 가졌기에 쉽게 발기하는 편이고, 자주 성행위를 가졌지만 커다란 쾌락을 느끼지는 못했다." (왜 공식 석상에서 이런 형편없는 고백을 하는지는 모르겠지만) 사르트르 그 자신이 여성과의 성교보다는 오히려 수음을 즐기는 편이라고 말했듯이, 그에게 성적 쾌락이란 상대방을 애무하는 것이었다.

사르트르는 여성을 지배했으며, 거기에 상호성은 없었다. 그런데도 이런 싹수없는 남성을 끝까지 변호하고 옹호하는 여자의 심리는 무엇일까? 앞서 언급한 대로 새로운 다이어리와 편지들이 속속들이 공개되면서, 보부아르의 인생과 그녀가 남긴 유산에 대한 재조명이 이루어지기 시작했다. 그녀는 《제2의 성》에서 여성의 삶이 에로틱한 플롯으로 축소되어서는 안 된다고 주장했지만, 그녀의 삶이 에로틱한 플롯으로 축소되지 않았던가? 과거에 그녀가 페미니즘에 대하여 언급했던 것들이 그녀 자신의 언행 불일치로 인해 그녀를 추종했던 많은 사람을 적잖이 실망시켰다는 것은 부인하기 어렵다.

한편 치텔만은 보부아르가 자신의 작업보다 사르트르의 경력과 지적 추구를 우선시했다고 비판했다. 그는 사르트르의 지적 동반자이자 후원자로서의 보부아르의 역할이 그녀의 페미니스트 기반을 약화시킨다고 평가했다. 그리고 보부아르가 정말 사르트르의 충실한 동지이자 연인이었는지도 사실상 미심쩍은 부분이 있다. 보부아르가 사르트르의 신체적 노쇠를 노골적으로 언급했던 것은 정말로 그럴 만한 가치가 있는 일이었는가? 그것은 일종의 복수심리가 아니었을까? 우리 속담에 여자가 한을 품으면 오뉴월에도 서리가 내린다고 했듯이, 보부아르의 책 《작별의 의식》(1981) 덕분에 사람들은 보기 딱한 사르트르의 말년의 처지를 알게 되었다. 평생 무절제한 생활로 인해 60년대 후반부터 건강이 나빠지기 시작했던 그는 생애의 마지막 10년을 무너져가는 육신의 고통과 굴욕 속에서 보냈다.

그가 세상을 떠난 이듬해에 발표된 그녀의 《작별의 의식》은 그 고통스러운 말년을 기록한 서글프고 잔인한 추억들의 행진이다. "사르트르는 어느 햇볕 화사한 일요일 오후 노천카페에서 수프를 들다가 그릇을 엎질러 바지와 구두를 더럽혔다. 다른 사람들은 깜짝 놀랄 수 있는 일이지만, 그동안 수없이 당해 온 나에겐 별로 당황할 것도 없다." 《작별의 의식》에서는 이처럼 사소하고도 어처구니없는 일들이 끊임없이 등장한다.

"카스토르! 내가 잃어버린 시력을 되찾을 순 없을까?" 언젠가 사르트르가 이처럼 절규하듯 외치는 소리를 듣고 밤새도록 운 일도 있다고 그녀는 회상하고 있다. "무엇보다도 나를 괴롭힌 것은 그가 육체와 함께 정신력마저 극도로 나약해졌다는 사실이다. 내가 읽어주는 요아킴 페스트(Joachim Fest·1926~2006)[30]의 저서 《히틀러》(2006~2007)를 들으면서 아무런 감동이나 감정을 나타내지 않을 만큼 그의 정신력은 거의 제로 상태나 다를 바 없었다." 보부아르에 따르면, 사르트르의 피폐해진 심신을 살뜰히 간호하면서 그의 말년을 동반해준 여인들은 자그마치 다섯 명이나 손꼽힌다. 연인이었다가 양녀가 된 아를 레트 엘카임 외에도 방다와 작가 보리스 비앙의 전처였던 미셸 등이 있다. 또한, 우파 성향의 학자인 치텔만도 역시 여성 문제에 대한 보부아르의 관점이 지나치게 결정론적이며, 자본주의 사회 내에서 여성의 '주체성'을 무시한다고 주장했다. 그는 보부아르가 여성을 가부장적 구조에 의해서만 억압받는 것으로 묘사한 것과는 반대로 자본주의가 여성의 발전과 권한 부여를 위한 기회를 제공한다고 반박했다.

셋째, 치텔만은 사회주의적 성향 대 개인의 부를 비판했다. 치텔만은 두 사람이 생전에 누렸던 개인적인 부와 여행, 고급 식사 및 기타 사치품 향유 등과 대조하여, 그들의 사회주의적 성향을 비판했다. 사르트르와 보부아르는 거의 일평생 사회주의 원칙을 옹호하고 부르주아적 가치를 그토록 맹렬히 비판했음에도 불구하고 물질적으로 편안한 생활을 누렸으며, 혁명 활동에 적극적으로 참여하지도 않았고 그들이 철학적으로 지지했던 긴축에 따라 생활하지도 않았다고 한다. 이미 지적한 대로, 전후 프랑스의 매우 독특한 문학 문화는 철학적인 진지함과 화려함의 결합으로 지적인 위신을 빛냈다. 당시 프랑스 문학과 철학은 세계 속에서 잃어버린 국가의 위상을 다시 회복하려는 엄청난 희망이었음에 틀림이 없었다. 그래서 사르트르와 보부아르 같은 스타 지식인들은 개성, 패션, 세계 이벤트, 스포츠 및 눈부신 비주얼을 다루는 화려한 전후 주간지의 페이지를 가득 채웠고, 문학 공화국은 상업적인 잡지와 저널, 라디오 프로그램, 그리고 TV 같은 새로운 매체에서 활로를 찾았다.

네스카페(Nescafé)[31] 같은 브랜드는 유명한 카페 애호가인 보부아르에게 그들의 커피를 추천해 달라고 요청했을 정도였다. 그러나 이처럼 자본주의의 단물을 빨면서도 확고한 반자본주의자였던 보부아르는 사회주의적 대안을 열정적으로 신봉했다. 그들은 낮에는 카페에서 체제 전복적인 글을 쓰고, 밤에는 그런 사상을 공유하는 작가, 철학자, 예술가들과 함께 어울려 술을 마시고 파티의 환락을 즐기는 파리 좌안의 지적 환경의 일부였다. 또 다른 보수성향의 학자 앨런 케이헌(Alan S. Kahan)은 《지식인과 자본주의》(2010)[32]에서 지식인과 자본주의의 관계를 '견원지간'에 비유했다. 소위 진보를 자처하는 지식인들이 자본주의에 대하여 이처럼 적대적인 이유는 무엇인가? 그들은 자본주의를 무시무시한 착취 시스템으로 간주한다. 그래서 이 부조리한 시스템 안에서는 오직 소수만이 부를 축적하는 반면, 대중은 점점 더 궁핍해지고 억압받는 상태로 추락한다고 믿기 때문이다. 참고로 케이헌은 7월 왕정을 무너뜨린 프랑스의 '2월 혁명'(1848)을 지식인들의 반자본주의 운동의 서막을 알린 역사적 사건으로 꼽았다.

보부아르가 작고했을 당시 미국 작가 필립 와일리(Philip Wylie·1902~1971)는 〈더 뉴욕타임즈〉에서 "우리 시대의 몇 안 되는 위대한 책 중 하나"라고 불렀던 《제2의 성》에 초점을 맞췄다면, 혁명의 나라 프랑스에서는 페미니즘에 대한 공헌보다는 그녀 자신의 지칠 줄 모르는 사회주의적 앙가주망에 초점을 맞추었다. 좌파 매체 〈르몽드〉로부터 연락을 받은 전 문화부 장관 자크 랑은 보부아르를 "억압받는 사람들의 대의를 옹호하는 데 결코 주저하지 않았던 관대한 인간"이라고 묘사했다. 클로딘 세르(Claudine Serre) 같은 에디터도 보부아르가 생애 마지막 날까지 "노예 생활에 반대하는 자유로운 여성으로 남아 있었고, 그 어떤 것도 그녀의 분노를 달래줄 수 없었습니다. 그녀의 앙가주망은 나이가 들어도 하나도 줄어들지 않았습니다."라고 기록했다.

보부아르의 작가적 재능과 앙가주망은 당시 여성들에게 영향을 주었고, 오늘날에도 계속해서 페미니즘에 영향을 미치고 있다. 그녀는 계급 억압과 젠더 억압에 동시에 맞서 싸우는 위대한 사회주의 운동을 구현하고 싶어 했다. 일평생 파트너였던 사르트르에 의해 종종 가려졌으나 1986년 그녀가 사망한 이후 20세기의 가장 중요한 사상가이자 현대 페미니즘의 선구자로서의 보부아르의 명성은 확고히 자리 잡았다. 오늘날 보부아르가 직면한 주요 문제는 방치보다는 '오해'다. 어떤 면에서 우리는 그동안 보부아르의 철학보다는 그녀의 열정적인 삶에 더욱 초점을 맞추었다. 왜냐하면, 보부아르는 정말 부도덕하게 느껴질 정도로 비정통적이고 해방적이며 자유분방한 영감을 주는 삶을 공유했고, 자신의 이러한 육체적 경험을 철학적으로 아주 자세히 설명하고 있기 때문이다.

물론 이것은 그녀의 페미니스트 실천의 한 차원이기도 하다. 그녀의 죽음 이후로 그녀는 명실공히 철학자로 인식되었다. 1980년대 후반, 학계에서는 과연 누가 누구에게 어떤 영향을 미쳤는지에 대한 논쟁이 있었다. 예를 들어 보부아르의 사상이 사르트르의 《존재와 무》의 기초라고 주장하는 다소 가혹한 페미니스트 수정주의 학자들도 있었으나 이제 보부아르 연구자들은 그녀가 자신의 모든 아이디어를 사르트르에게서 끌어냈는지, 아니면 그가 실제로 그녀가 생각한 모든 것을 복사했는지는 더 이상 문제가 되지 않는다고 한다. 오늘날

보부아르 연구는 완전히 꽃을 피우고 있으며, 마침내 그녀가 자신의
온전한 하루를 보내고 있고 철학자로서 제대로 인정을 받고 있다는
사실이 무엇보다 중요하기 때문이다.

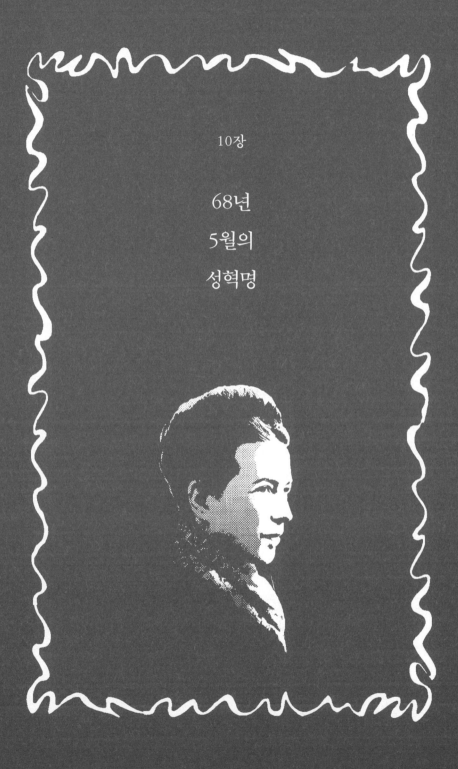

10장

68년
5월의
성혁명

여성해방론과 마르크스주의 – 거침없이 즐겨라!

김영길 목사는 〈성정치와 페미니즘〉(2018)에서 '성평등(gender equality)'을 주장하는 페미니즘, 이른바 젠더와 동성애를 조장하는 페미니즘은 순수 여성운동과는 전혀 차원이 다른 개념이라고 명시한 바 있다.[1] 즉, 1960년대 여성급진주의자들이 《제2의 성》의 저자인 보부아르를 멘토로 삼아 여성해방론과 마르크스주의를 도용하여 생겨난 것이 바로 현재 우리가 접하고 있는 기형적인 페미니즘이라는 것이다. 그는 "20세기 '물질적 평등'을 추구했던 프롤레타리아 혁명이 있었다면, 21세기에는 '성평등(젠더)' 혁명을 통해 기존 질서를 파괴하려는 신마르크스주의(신좌파) 사상이 있다."라면서 특히 동성애자·동성애 옹호자들이 자신들의 세계를 구축하는 논리로 보편적인 '인권' 개념을 도용하고 있다고 비판했다.[2] 한편 정일권 박사도 보부아르와 사르트르의 반(反)일부일처적인 폴리아모리 관계가 프랑스와 독일의 '68 성 혁명'의 폴리아모리의 모델로 작용했다고 주장했다.[3]

그러나 두 사람이 당대의 지적, 문화적 지형에서 영향력 있는 인물이었던 것은 맞지만, 그들의 파격적인 폴리아모리 모델이 1968년 프랑스와 독일에서 일어난 광범위한 성 혁명 운동에 직접적인 영향을 미쳤다고 주장하기는 어렵다는 반론도 만만치는 않다. 1960년대 성혁명은 사회 규범의 변화, 산아제한의 발전, 페미니즘과 마르크스주의 이데올로기, 광범위한 문화적 변화 등 다양한 요소들이 서로 복잡하게 얽힌 현상이기에, 68의 거대한 동인을 단지 그들에게만 귀속시키는 것은 다면적인 사회·문화적 현상을 지나치게 단순화시키기 때문이라는 이유에서다. 그러나 그들의 계약혼이라는 실험적인 관계가 반일부일처제와 대안적 관계 구조를 둘러싼 논의에 기여했다는 것은 거의 부동의 사실이 아닌가?

2002년에 젠더와 여성 전문의 프랑스 역사가 미셸 장카리니-푸르넬(Michelle Zancarini-Fournel·1947~)은 〈무브망(Mouvements)〉 저널의 창간호에서 "과연 68년 5월에 성 혁명이 일어났는가?"라는 문제를 제기했다. 장카리나-푸르넬의 이러한 문제 제기는 도발적이지만, 상당한 기시감(Déjà vu)이 드는 구태의연한 의제라는 생각이 든다. 장카리니-

● 미셸 장카리니-푸르넬

푸르넬은 이 사랑스러운 달이 성 혁명의 원년을 기념하는 달이라는 '신화'의 해체를 과감히 선언했다.

그런데 본인이 해체라고 선언하면, 역사가 그냥 해체되는 대상인가? 이른바 역사의 '주관성'을 신봉하는 포스트모던 역사학자들의 주장에 따르면, 역사는 인간의 '편견'에 영향을 받으며, 우리 집단(we-group)[4]이 믿기로 '선택'하지 않는 한 객관적이지 않다. 그들에게 역사는 객관적인 진리의 탐구가 아니라 '해석'의 과정이기 때문이다. 역사가 객관적이라는 생각은 신화다. 궁극적으로 과거를 해석하는 것은 결론을 내리는 개인의 주관에 달려 있다는 점에서 역사 연구는 과학이 아니다. 그리하여 그들은 역사를 역사기록물(사료)을 읽고 사건에 대한 하나의 진정한 해석을 만들어내는 명확한 일대일 과정으로 보기보다는 인간 행동에 선천적인 '편견'이 있다는 전제하에, 역사가 역사적 인물(과거)과 동시대 역사가(현재) 사이의 '대화' 혹은 '협력 과정'이라고 주장한다.

그 결과 오늘날의 역사는 과거 사건을 재구성하는 직접적인 과정과는 거리가 멀고, 발견한 증거를 역사가가 '해석'하는 데 의존하는 도전적이고 모순적인 학문이 되어버렸다. 설령 과거의 역사가 그런 식으로 발생하지 않았더라도, 사건에 대한 한 개인의 개인적인 해석이 '진실'이 될 수 있다고 믿는 허무맹랑한 상대주의의 시대가 되어버린 것이다.

1960년대 자유연애, 성 해방 운동의 실체는 과연 무엇이었을까? 사실상 68년 5월에 파리에서 열린 학생 봉기 동안 운동의 최고 지도자 중 한 명인 신좌파의 기수 다니엘 콩-방디트[5]는 성 문제를 '공적

영역'으로 끌어들이기를 열망했다. 이 운동의 초기 목표는 결혼, 산 아제한, 간통과 같은 성적이고 낭만적인 문제로부터 '국가를 분리' 하자는 것이었다. 이 운동은 19세기에 시작되어, 1960년대와 70년 대 초반에 히피족에 의해 발전되었다. 콩-방디트는 자신을 일약 스타로 만들어준 프랑스 청소년체육부 장관 프랑수아 미소프(François Missoffe·1919~2003)와의 공개 대결에서 젊은이들의 성 문제를 제기했다.

1968년 1월, 파리 교외의 빈민가에 있는 낭테르대학교의 수영장 개관식에서 그는 미소프 장관에게 공개적으로 시비를 걸었다.[6] 미소 프는 수영장 개관이야말로 드골 정부가 학생들을 어떻게 돌보고 있 는지를 보여주는 신호라고 주장하고 있었는데, 수영장 반대편에 서 있던 콩-방디트에 의해 연설이 중단되고 말았다. 장관은 남녀 모두 에게 개방된 수영장에 대한 아이디어에 반대하면서, "성적인 욕구불 만이 있다면 가서 찬물로 샤워를 하세요!"라고 말했다. 그러자 젊은 학생 대표는 미소프에게 말도 안 되는 소리라며 비난했고, 정부가 학생들을 돕기 위해 거의 아무것도 하지 않고 있다고 덧붙였다. 그런 다음 그는 청소년에 관한 장관의 최근 책을 공격했다. "나는 600페이지에 달하는 그 어리석은 내용을 읽었습니다. 그런데 당신은 젊은이들의 성적인 문제에 대해 단 한마디도 언급한 적이 없습니다." 이 일화는 수천 명의 학생들이 거리로 뛰쳐나가도록 동기를 부여한 그 당시 사회적 분위기를 잘 보여준다. 일반적으로 반란이 시작된 날짜는 3월 22일로 학생들이 낭테르 캠퍼스를 점거했고, 이 3·22 운동은 68년 5월 시위로 발전했다.

———

"거리는 집단이 거주하는 장소다"

— 독일 출신의 유대계 문예 비평가 발터 벤야민(Walter Benjamin · 1892~1940), 《아케이드 프로젝트》에서

———

1968년 5월 시위 당시에 학생대표였으며 오랫동안 트로츠키주의 투사였던 영화제작자 로맹 구필(Romain Goupil · 1951~)은 그 시절의 후끈했던 열기를 다음과 같이 생생하게 기억했다. "그 유명한 바리케이드의 밤의 믿을 수 없는 전투는 마치 1848년 혁명과 같았습니다. 우리는 혁명사의 영적 후손이었습니다." 68세대는 기존 공산주의와는 구별되는 '신좌파'를 노선으로 삼았다. 자본주의 체제에 대한 저항은 물론 노동해방이나 소수민족 및 여성해방, 성 해방을 구호로 내세웠다.[7]

그러나 장카리니-푸르넬은 그 한 달간의 치열한 대결 동안에 성이나 성과 관련된 문제들이 다시 구체적으로 논의된 적이 없었다고 주장했다. 그리고 나중에서야 그 문제들이 프랑스 수도에서 일어났던 획기적인 사건과 마치 조각 퍼즐을 맞추듯이 착착 연결되었다는 것

이다. 장카리니-푸르넬은 1968년 이전에는 성 문제가 콩-방디트 같은 낭테르 대학의 사회학과 학생들에게만 관심이 있었을 뿐, 대학 총회에서는 거의 논의되지 않았다고 지적했다.

또 사회 운동에서도 몇몇 여성 포럼을 제외하고는 거기에 대한 언급이 별로 없었다는 주장이다. 그녀는 이 혁명이 지배 관계를 폐지하기는커녕 오히려 규범을 '재정의'함으로써 지배 관계를 대체했다면서, 68년 성 혁명의 신화에 대한 의문을 제기했다. "거침없이 즐겨라!", "사랑을 하면 할수록 혁명을 일으키고 싶다. 혁명을 많이 할수록 사랑을 나누고 싶어진다." 1968년 5월 파리의 벽을 장식한 이 자유분방하고 호색적인 이미지(낙서)들이 이른바 68 성 혁명의 신화를 구축하는 데 기여했다는 것이다. 장카리-푸르넬은 "1968년 이후 수십 년 동안 등장한 표현과 이미지들을 그 당시 실제 관행들과 구별해

● "거침없이 즐겨라!" 68년 5월 파리 거리에서 벽의 낙서를 바라보는
프랑스 사진작가 앙리 카르티에-브레송

야 할 필요성을 역설했다.

장카리니-푸르넬은 1968년 5월을 급진적인 성 혁명의 '출발점'으로 인식하기보다는 지식계, 예술계, 정치계에서 이미 존재했던 성 운동과 사회적 변화를 강조했다. 그 푸르른 5월에 시위자들의 요구가 정치, 문화, 교육에 이르기까지 워낙 광범위하고 다양하다 보니 성 문제가 존재하기는 했지만, 그것이 결코 68의 주요 원동력은 아니었다는 것이다.

그녀의 이러한 가설에 대하여 또 다른 젠더 연구가인 실비 샤프롱은《보부아르 시대(Les années Beauvoir)》(2000)의 마지막 장에서 '5월의 딸들'에게 남겨진 작은 자리에 의문을 제기하면서, 프랑스 페미니스트 운동인 MLF[8]가 등장한 1970년을 진정한 "여성들의 68년 5월"로 제시했다. 1968년 5월의 여파로 인해 프랑스의 페미니즘 운동은 자신만의 공간과 의제를 스스로 개척해야 했고, 그 결실로 등장한 것이 바로 MLF를 위시한 여성해방운동이라는 것이다. 샤프롱도 역시 68의 중심적 의제가 남성이 주도하는 리더십, 노동권, 반권위주의 등 전통

● 젠더 전문가 실비 샤프롱

적으로 '남성적'이라고 인식되는 문제에 초점을 맞춘 것으로 간주했다.

그 때문에 68 운동권 내에서 페미니즘적 관심과 여성의 경험을 위한 공간이 상대적으로 부재했다는 얘기다. 가령 여성사·레즈비언주의 전문가이며 회고록《나의 MLF(Mon MLF)》(2018)의 저자인 마리-조 보네는 1971년에 이 운동에 합류했다. 프랑스 북부의 보수적인 가톨릭 가정에서 자란 그녀는 20대 초반에 MLF에서 '새로운 집'을 찾았으며, 이 MLF가 자신의 인생을 송두리째 바꿔놓았다고 회고했다. 보네는 "여성의 몸은 우리의 영역이고 남성의 힘에 의해 식민화된 영역입니다."라고 〈타임〉지에 말했다. "해방입니다. 우리는 우리 삶의 힘을 되찾고 있습니다." 이러한 해석은 주로 학생과 노동자의 권리 문제에 초점을 맞춘 1968년 5월 시위의 에너지와 행동주의가 나중에 여성해방의 영역으로 흘러 들어갔음을 암시한다.

그러나 1968년 5월이 성 혁명의 출발점이든지 아니든지 간에, 실제로는 그 연장 선상에서 모든 다양한 성들에 대한 긍정이 강조되었

● 마리-조 보네

● 이탈리아 최초의 동성애 단체인
Fuori!의 창립자인 스폴라토.

다. "개인적인 것이 정치적인 것"이라는 구호처럼, 정체성과 성적 지향이 급속도로 '정치화'되었다. 1971년에는 이탈리아의 혁명적 동성애 단일 전선 운동 Fuori(밖으로!),[9] 프랑스의 혁명적 행동을 위한 동성애 전선 FAHR[10] 및 독일 조직 HAW[11]이 연속적으로 창설되었다. 이러한 동성애 운동은 혁명적, 마르크스주의적, 그리고 자유주의적 관점에 기초한 '성적 해방'에 중점을 두었다. 물론 1970년에도 이성애는 여전히 섹슈얼리티의 정석으로 여겨졌는데, 이러한 관점이 레즈비언과 게이들의 왕성한 활동으로 인해 바뀌었다. 따라서 유럽 국가에 따라서 정도의 차이는 있었지만 '1968년'은 젠더 규범에 있어 분명한 '전환점'이 되었다. 프랑스 동성애 단체인 FHAR는 1971년 3월 파리에서 소수의 레즈비언과 동성애 남성 그룹에 의해 창설되었다. 그런데 이 급진적인 성향의 FHAR가 프랑스 최초의 동성애 단체는 아니었다.

동성애 해방운동과 페미니즘

1954년에 프랑스 역사상 최초의 동성애 단체인 '아르카디(Arcadie)'가 출범했다. 비교적 보수주의(?) 성향의 아르카디의 목표는 "동성애자를 더 큰 사회적 '관용'을 받을 자격이 있는 존경할 만하고 교양 있고 품위 있는 개인으로 제시하는 것"이었다. "너무 약하고 지식이 부족해서 스스로 존엄하게 살아갈 수 없는 성인 동성애자를 교육"하는 것을 최종 목표로 삼았다! 이 아르카디는 1950년대 중반 창설부터 1970년대 중반까지 정치·사회 조직으로서 프랑스 동성애자들의 삶에서 지배적인 역할을 했다.

이 아르카디의 창설자는 전 신학생이자 철학 교수였던 앙드레 보드리(André Baudry, 1922~2018)란 인물이었다. 보드리는 1943년 베르사유에 있는 로마 가톨릭 신학교에 입학했지만, 자신의 종교적 소명과 동성애 사이의 화해할 수 없는 갈등 때문에 사제직을 포기했다. 그는 1950년대 중반까지 파리의 가톨릭 사립학교에서 철학을 가르쳤다.

● 프랑스 최초의 동성애 단체
　'아르카디'의 창립자 앙드레 보드리

보드리는 동성애에 관한 연구 결과를 담은 ① 《킨제이보고서》(1948), ② 보부아르의 《제2의 성》, 자유주의 도덕관으로 널리 알려진 프랑스 가톨릭 작가 ③ 마크 오레종(Marc Oraison·1914~1979)의 신학 논문 《기독교 생활과 성 문제(Vie chrétienne et problèmes de la sexualité)》(1951)[12]를 읽고 나서 성 문제에 지대한 관심을 갖게 되었다. 이 아르카디에서 정기적으로 발행하는 잡지는 프랑스 외교관이자 작가인 로제 페르피트(Roger Peyrefitte·1907~2000)와 동성애자 시인 장 콕토의 지원을 받아 보드리가 직접 작성했다.

이 잡지에서 보드리는 성(性) 자체가 아니라, 의식과 자기 정체성의 한 형태로서 동성애를 강조했다. 그렇지만 아르카디는 즉시 미성년자 판매가 금지되었고, 비난의 대상이 되었다. 1955년에 보드리는 '미풍양속에 대한 모독죄' 혐의로 기소되어 유죄 판결을 받고, 40만 프랑의 벌금을 물었다. 그러나 이에 굴하지 않고 보드리는 전통적인 욕구를 지닌 전통적인 사회의 구성원으로서 동성애자에 대한 대중적인 이미지를 형성하려고 노력했다.

"동성애자들에 대한 대중의 적대감은 주로 그들의 '터무니없고 난잡한' 행동에서 비롯됩니다. 동성애자들은 자신들이 신중하고, 위엄 있고, 고결하고 존경받을 만하다는 것을 보여줌으로써 대중과 당국의 좋은 의견을 얻을 것입니다." 따라서 아르카디는 가령 동성애자들이 댄스 플로어에서 키스하는 등 낭만적인 애정을 노골적으로 표현하는 것을 금지했다. 이 점잖은 아르카디는 프랑스어권 유럽에서 가장 영향력 있는 동성애자 출판물이었으며, 가입자 수는 1,300명에서 10,000명 사이를 오갔다. 1975년에 보드리는 아르카디의 명칭을

'프랑스 동성애 운동(Mouvement Homophile de France)'으로 변경했다.[13] 아르카디와는 달리 급진적이고 혁명적인 동성애 단체인 FHAR를 소개하기로 한다.

1971년에 설립된 FHAR에는 공식 지도자가 없었다. 그러나 가장 유명한 대표자들로 기 호켕겜과 환경 페미니스트 프랑수아즈 도본느 등을 들 수가 있다. 우리나라에서도 번역 출간된 《동성애 욕망》(2013)의 저자인 기 호켕겜은 그의 스승인 르네 셰레르와 오랜 연인 사이였으며, 결국 에이즈로 사망한 인물이다. 호켕겜은 FHAR의 급진적인 게이 활동가이자 퀴어 이론의 선구자이며 에이즈와 정신성(spiritualité)에 초점을 맞춰 이러한 주제들을 좌파의 이상(理想)과 결합시킨 아나키스트 소설가였다.

또 다른 회원으로는 프랑스 페미니스트 사회학자 크리스틴 델피(Christine Delphy), 마리-조 보네, 다니엘 게랭 및 극좌파 활동가였던 로

● 사제지간이자 연인인 르네 셰레르와 기 오켕겜

랑 디스포(Laurent Dispot) 등이 있다. FHAR는 "여성과 동성애자 해방을 거의 고려하지 않았던" 68 봉기 이후에, 1970년대 동성애자들에게 급진적인 가시성을 제공했다고 자부해 마지않는다. 즉, 68년 5월 학생과 노동자들의 반란이 이제는 "방해받지 않고 즐기고, 낡은 세계를 전복시키려는" 또 다른 억압받는 계층인 성소수자들에게로 확산했다는 것이다.

그동안 낮은 인지도를 유지하면서 때로는 보수적이기까지 했던 오래된 동성애 집단인 아르카디와 전격적으로 결별하면서, 그들은 흔히 좌파와 극좌파들이 주장하는 대로 '부르주아'와 '이성애 가부장제' 국가의 전복과 국수주의적이고 동성애 혐오적인 가치의 전도를 획책했다. 1970년 어느 겨울 저녁, 프랑수아즈 도본느는 앙드레 보드리를 향해 이렇게 자극했다. "당신은 사회가 동성애자들을 통합해야 한다고 말하지만, 나는 동성애자들이 사회를 붕괴시켜야 한다고 주장합니다." 그녀는 곧 아르카디에서 배제되었지만, 몇몇 과격한 여

• 가부장적 자본주의와 지구 착취를
연결 시킨 환경 페미니스트이자
녹색 아마존 전사 프랑수아즈 도본느

성들은 '페미니즘의 디오게네스'란 별칭의 대담하고 호전적인 투사인 도본느를 따르기로 결정했다. 그들은 MLF에 연락하여 레즈비언으로 조직하고, 게이 남성들을 회의에 초대했다. 기 호켕겜은 다음과 같이 회상했다. "저는 약 30명 정도가 모여있는 작은 방에 도착했습니다. 모두가 자신의 삶과 꿈, 욕망, 그리고 누구와 왜, 어떻게 잠을 잤는지를 이야기했습니다. 그리고 그들이 어떻게 살아왔는지를 털어놓았습니다. 어떤 사람들은 미국에 가서 게이 해방 전선이 무엇인지를 보았습니다. 그들은 프랑스에서도 같은 일을 하는 꿈을 꾸었답니다."[14]

———

"아아, 나는 왜 레즈비언이 아닌가?"

– 환경페미니즘의 선구자·사보타주(노동쟁의)의 대가 프랑수아즈 도본느(1920~2005)

———

1969년 6월 28일 뉴욕의 '스톤월 폭동'[15]은 이른바 동성애 '혐오'에 맞서는 정치적 투쟁의 출발점이었다. 이미 설명한 대로 FHAR는 원래 MLF의 페미니스트와 아르카디 조직의 레즈비언 연합에 의해 형성되었고, 1971년 2월에 남성들이 합류했다. 그런데 1968년 5월, 두 명의 '동지(camarade)'[16]가 소위 '혁명적 남색 행동 위원회'[17]의 이름으로 소르본 대학의 벽에 8장의 포스터를 붙이고,[18] 동시에 오데옹 거리와 파리의 '컵(남자용 공동변소)'에 전단지 1,000장을 배포하는 일이 발생했다. 그래서 이 조직의 출범 시기를 좀 더 앞당겨, 1968년 5월 소르본 대학에 포스터가 공개된 시점으로 보려는 시각도 있다. 그들은 '에콜 데 보자르(École des Beaux-Arts·파리 국립고등미술학교)'에서 회의를 조직했는데,[19] 그중 하나가 바로 FHAR였다.[20] FHAR는 '정상적인' 사회에 동화되기를 거부하고, 보다 획기적인 개혁과 법률을 추진한 레즈비언과 게이 활동가들의 혼합집단에서 유래했다.

FHAR의 활동가 중 한 명이었던 알랭 프리크(Alain Prique · 당시 24세)는 FHAR를 "빅시스터 혹은 계모인 페미니즘 운동과 더불어 나온 68년 5월의 아이"라고 묘사했다.[21] 그들은 앙드레 보드리가 설교한 분별력과 존경심을 일부러 깨뜨림으로써, 프랑스 동성애 운동의 새로운 방향을 제시했다. FHAR에 합류한 새로운 동성애 운동가들은 1968년 5월의 좌익 투사들로부터 혁명적인 수사를 이끌어냈다. 그래서 비록 단명했지만, 오늘날에도 FHAR는 프랑스 LGBTI를 위한 '혁명적 관점의 토대'를 마련했다고 과분할 정도로 높은 평가를 받는다.

FHAR는 '모든 개인의 성적 자유'를 주장했으며, 극좌 신문 〈투(Tout · 모두)〉를 통해서 소통했다.[22] 1971년 4월, '혁명만세(VLR)!'의 운동가였던[23] 기 호켕겜은 다음과 같이 제안했다. "우리가 경험한 것을 전달하는 일련의 텍스트를 만들어 보겠습니다. 나는 〈투〉라는 좌익 신문에서 일하고 있습니다. 그들은 꽤 개방적인 사람들이고, 나도 그들을 잘 알고 있으며, 그들이 출판하는 데 동의하리라 생각하니

• 급좌익 잡지 〈투〉: 우리가 원하는 것은 모두!

다." 그리하여 기 호켕겜과 프랑수아즈 도본느, 피에르 안(Pierre Hahn) 등이 집필에 참여했다.[24] 그런데 이 월간지 〈투〉의 마지막 페이지에는 약방의 감초격으로 거의 모든 정치적 이슈에 끼어드는 행동하는 철학자 사르트르의 이름이 출판 디렉터로 버젓이 인쇄되어 있었다. FHAR는 다음과 같은 성명을 발표했다. "동성애자들은 '고통스러운 문제'에 지쳤습니다.[25] 그들은 치료에 집착하는 이 사회의 근간인 가부장적 가족을 해체하고 싶어합니다. 그러니 의사님, 부디 몸조심하세요!" 참고로 1960년 6월 프랑스 의회는 동성애를 알코올 중독이나 결핵과 마찬가지로 '사회적 재앙'으로 규정하는 〈미르게 수정안〉을 채택했고, 1960년 11월 25일, 동성애자들이 공개적으로 행한 불건전한 행위에 부과된 저빌도 두 배로 늘어났다.

　이러한 맥락에서 본다면, 프랑스에서 동성애가 '고통스러운 문제'로 간주되는 것이 그리 놀라운 일은 아니다. 하지만 당시에도 자유와 평등의 나라 프랑스는 세계에서 동성애자들이 가장 자유롭게 살 수 있는 국가 중 하나였다. 유럽에서 가장 자유롭고 실용적인 나라 네덜

● 파리 마레 지구

란드의 암스테르담에 자리를 물려주기 전까지, 파리는 오랫동안 '유럽 동성애의 수도'로 남아 있었다. 오늘날도 프렌치 시크함을 물씬 담은 우아하고 아기자기한 마레(Marais) 지구, 윤락가로 유명한 피갈(Pigalle), 낮에는 파리시민들의 휴식처이며 밤에는 '불륜의 숲'으로 잘 알려진 불로뉴 숲 등은 성소수자의 커뮤니티와 나이트 라이프가 활발한 것으로 알려져 있다.

1971년 4월 23일, 〈투〉 12호가 '우리 몸의 자유로운 처분'을 주제로 발행되었다. ① 자유로운 낙태와 피임, ② 동성애와 모든 성적 행위에 대한 권리, ③ 미성년 아동의 욕망의 자유와 충족에 대한 권리 등을 노골적으로 다루고 있다. 더욱이 FHAR의 행동가들은 보부아르를 필두로 343명의 여성이 서명한 '낙태 합법화' 청원서인 〈343인 선언문〉을 참조하여, 그들도 역시 낙태를 했노라고 공개적으로 선언했다. "우리는 343명의 매춘부보다 더 많습니다. 우리는 아랍인에 의해 망가졌어요. 우리는 그것을 매우 자랑스럽게 생각하며 다시 할 것입니다." 문제의 12호는 판매가 금지되었다. 그것은 '포르노그래피'라는 비난을 받았고, 명목상 출판물의 디렉터인 사르트르도 '음란죄'로 기소되었다.

그러나 사르트르는 이른바 '표현의 자유'를 옹호하기 위해 오히려 그것을 원했다. FHAR의 행동가들은 헌법위원회에 들러 표현의 자유에 대한 공격이 '위헌'이라고 선언했고, 1971년 7월에 조사는 그냥 흐지부지 종료되고 말았다. 〈343인 선언문〉을 패러디한 위의 도발적인 선언문은 1970년대 프랑스 동성애 해방 운동의 유명한 슬로건 중의 하나이다.

여기서 "아랍인에 의해 밍가졌다(enculé par les Arabes)."라는 아리송한 표현은 순우리말인 '비역' 혹은 '남색'을 의미한다. 그들은 이러한 비속한 성적 표현을 거침없이 사용함으로써 전통적인 성(이성애)에 도전하는 동시에, 프랑스 사회에 만연한 아랍인에 대한 고정관념과 편견에 맞서 투쟁했다. 그들은 성적 억압, 인종차별, 식민주의를 포함한 다양한 사회적 억압들에 대항하여 저돌적인 도전장을 내밀었다. "세계의 노동자들이여, 스스로를 애무하세요!", "레즈비언과 호모들이여! 자신을 감추려고 애쓰지 말고, 이성애자인 경찰들과 맞서 싸우시오!"

FHAR는 이성애주의와 동성애의 의료화를 비난했다. 1971년에 그들은 칸초네 국제 가요제로 유명한 이탈리아의 중세 도시 산네모에서 열린 성(性)과학 국제회의를 고의적으로 방해했다. 또한, 프랑스 공산당 지도자인 자크 뒤클로(Jacques Duclos· 1896~1975)가 그들에게 "가서 치료나 받으시오. 호모 집단들이여! 공산당은 건전합니다."라고 말한 것에 대하여 항의했다. 1972년 5월 프랑스 공산당은 동성애에

● 자크 뒤클로(1950년대)

대하여 매우 적대적이었다. 예를 들어 프랑스 좌파 정치가인 피에르 쥐켕(Pierre Juquin·1930~)은 〈누벨 옵스〉와의 인터뷰에서 다음과 같이 선언했다. "동성애나 마약은 노동 운동과 아무런 관련이 없습니다. 둘 다 노동자 운동의 '반대'를 대표하기도 합니다."[26]

이미 언급한 대로 자크 뒤클로는 FHAR 활동가들이 공산당이 동성애가 '성적 변태'라는 입장을 수정했는지를 물어보자 다음과 같이 퉁명스럽게 대답했다. "어떻게 호모인 당신들이 여기에 와서 우리에게 그런 질문을 하는 거요? 가서 치료나 받으시오. 프랑스 여성은 건강합니다. 우리 공산당도 건강합니다. 그리고 남자는 여자를 사랑하도록 만들어졌습니다."[27] 당시 우파 진영에서는 동성애를 '변태'로 간주했고, 좌파 진영에서 사회당(PS)은 이를 '사적인 영역'으로 축소하는 것을 선호했다. 반면에 '제2좌파'로 불리던 통합사회당(PSU)

● 2019년 파리 프라이드(동성애 퍼레이드).

은 동성애사에게 훨씬 더 개방적이었지만, FHAR의 혁명석 프로젝트를 공유하지는 않았다. 그러므로 FHAR는 논리적으로 '가장 극좌'를 향해 치닫고 있었다.[28] 1971년 5월 1일, 유럽에서 처음으로 동성애자들이 "정상(正常) 독재 타도!"라는 FHAR의 불온한 기치 아래, 파리 프라이드에 참가했다.[29] 화려한 화장을 하고 여성으로 변장한 남성들이 정치 시위의 코드를 싹 바꾸어버렸다! 그들은 '지배적인 이성애와 자본주의적 성욕'을 비난하고, 고의적으로 도발적인 행동을 취했다. 또한, 그들은 '불안과 혼돈의 70년대'를 사회적 타자(성소수자)들이 중심이 되어 근대사회가 제시한 권위적인 제도와 억압에 저항하며, 활발하게 '인권 운동'을 전개했던 영웅적인 시기로 포장하려는 경향이 짙다.

1972년 6월 '혁명공산주의자 동맹(LCR)'[30]은 정기 간행물인 〈루즈(Rouge)〉에 다음과 같이 발표했다. "우리는 부르주아 사회를 둘러싸고 있는 '배척'에 맞서 동성애자들이 이끄는 투쟁에 대하여 원칙적으로 적대감이 없습니다. 그러나 우리는 FHAR의 그로테스크한 전시를 무척 개탄스럽게 생각합니다. 마지막 시위 동안, FHAR의 동성애자들은 미친 사람들처럼 마구 행동함으로써 자신들이 부르주아 성적 억압의 피해자임을 자발적으로 드러내고 있습니다."

극좌정당인 '노동자 투쟁(LO)'[31]도 FHAR의 출판물 수준이 "소변기 낙서와 동등"하며, "소부르주아의 개인주의"를 반영한다고 비판에 가세했다. 설상가상으로 3년 동안 이어진 파리미술학교 보자르에서의 주간 모임은 극도의 혼란과 거대한 난교파티로 변질해 버렸다. 이처럼 남성들의 성적 조우 현장에서 벌어지는 문란하고 난잡한 행위

● 프랑스 화가 폴 들라로슈(Paul Delaroche·1797~1856)의 작품
〈보자르의 계단 강의실〉(1841~42년)

들과 게이 남성들의 압도적인 우세는 점점 페미니스트와 레즈비언 이슈를 상대적으로 멀어지게 했고 결국 그룹의 해체와 몰락을 가져 왔다.[32]

이로써 FHAR는 동성애자의 권리를 효과적으로 옹호할 수 없다는 것이 입증되었고, 1974년 겨울에 역사의 뒤안길로 사라졌다. 그러나 그 여파로 인해 이번에는 수도 파리뿐만 아니라 프랑스의 각 주요 도 시에서 또 다른 동성애 해방집단인 GLH가 결성되었고,[33] 뿌리 깊은 성차별주의와 남근주의에 맞서기 위해 여성해방운동(MLF) 내에서 도 '붉은 레즈비언(Gouines rouges) 집단이 탄생했다.[34] 비록 역사의 무대 에서 이처럼 황망히 사라졌어도, FHAR는 후세에 상당한 유산을 남 겼다는 후한 평가를 받는다. 1980년대 동성애 협회와 단체들은 아르 카디의 '사회적 관용' 요구와는 전적으로 차별화되는 FHAR의 혁명

적인 급진주의적 입장을 채택했고, 이 운동의 급진주의와 정치화는 1990년대 LGBT 운동에 영향을 미쳤으며, 부분적으로는 미국과 프랑스의 현재 퀴어 운동에도 상당한 영감을 주었다고 한다.

그렇다면 여기서 사르트르와 FHAR의 관계는 과연 어떤 것이었을까? 동성애에 대한 노학자의 취향이나 견해를 알기 위해서는, 무엇보다 개인의 자유를 강조하는 그의 실존주의 철학을 고려하는 것이 중요하다. 사르트르는 개인이 자신의 행동과 선택을 통해 삶의 의미를 창조한다고 믿었기 때문에, 온갖 사회적 규범이나 제약으로부터 개인의 해방을 옹호했다. 이런 의미에서 그는 일반적으로 동성애를 포함하여, 개인이 자신의 욕구와 방향에 따라 살 수 있는 권리를 적극 지지했다. 그러므로 FHAR와 그의 관계는 한마디로 '지지'와 '연대'의 관계였다. 실제로 양성애자였던 보부아르도 역시 전통적인 성 역할과 규범에 도전하는 《제2의 성》으로 거의 전 지구적인 유명세를 타지 않았던가?

물론 FHAR에 대한 보부아르의 직접적인 발언은 없지만, 해방과 사회 정의에 대한 보부아르의 폭넓은 철학적 입장은 FHAR의 목표 및 원칙과도 상당 부분 일치한다. FHAR의 일원이었던 프랑수아즈 도본느도 보부아르의 《제2의 성》에서 실로 많은 영감을 얻었다고 하지 않았던가? 다작의 작가이자 페미니스트, 환경 운동가, 또 거리낌 없이 '쾌락'을 즐기는 자유 사상가인 도본느는 자녀를 키우지 못했다고 비난하는 사람들에게 이렇게 천연덕스럽게 대꾸했다. "나는 아주 좋은 아버지였답니다."[35] 그녀의 이런 반응은 전통적인 성 역할과 기대에 도전하기 위한 의도적인 선택이라고 본다.

도본느는 자신의 글에서 보부아르의 실존주의 페미니즘의 틀을 확장하여, 특히 '타자로서의 여성'이라는 개념과 가부장적 사회가 여성을 억압하고 소외시키는 방식에 초점을 맞췄다. 그러므로 페미니즘의 거목으로 통하는 이 두 여성의 관계는 프랑스 페미니즘이라는 더 넓은 맥락에서 볼 때, 동일한 이념적 정렬 관계로 특징지어질 수 있다. 보부아르는 여성과 성소수자를 포함한 모든 억압받는 집단의 해방을 옹호했으며, 전통적인 권력 구조에 도전하고 '평등'을 증진하는 것을 목표로 하는 다양한 사회 운동을 지지했다. 따라서 보부아르는 프랑스 사회 내 개인의 동성애 권리와 해방을 옹호하는 FHAR의 목표에 공감했을 가능성이 높다. 그래서 결론적으로 사르트르와 보부아르 두 사람은 인생의 늘그막에도 변함없이 LGBTQ+ 권리를 포함한 다양한 사회 정의 운동을 노골적으로 옹호했다고 본다.

버틀러의 젠더 페미니즘

———

"여성에 대한 생각은 이성애 시스템에만 존재하기 때문에 레즈비언은 여성이 아니다."

— 레즈비언 페미니스트 모니크 위티그(Monique Wittig·1935~2003)

———

정일권은 '제2의 보부아르'라고 불리는 주디스 버틀러를 맹렬히 비판하면서, 현대 페미니즘의 대모로 추앙받는 보부아르의 소아성애적 기획과 사르트르의 폴리아모리(다자연애) 방식을 소환한 바 있다. 그는 여성 매거진 〈에비(Evie)〉를 인용하면서, 사르트르와 보부아르를 위시한 소위 68 진보지식인들이 소아성애적 철학을 전개한 소아성애자들이었다고 분석했다. 특히 푸코의 저작에 깊은 영향을 받은 버틀러는 '세대 간 섹스(intergenerational sex)'의 정당성과 합법성을 제안했다. 여기서 세대 간 섹스란? 기본적으로 성인들이 어린이들과 성관계하는 것을 가능케 하는 아카데믹한 전문용어라고 정일권 박사는 꼬집는다. 노년에도 10대 소녀와 관계를 갖는 등 평생 금기 없는 '프리섹스'를 추구한 것으로 잘 알려진 사르트르와 무고한 태아를 기생충에 비교한 낙태의 어머니 보부아르, 미셸 푸코, 자크 데리다, 롤랑 바르트, 질 들뢰즈, 펠릭스 가타리, 미셸 레리스 등 프랑스 68 포스트모던 좌파 철학자들 대부분이 '소아성애의 비범죄화'를 주장했다.[36]

로마 시대의 바카날리아(Bacchanalia) 축제를 연상케 하는[37] 거의 반이성(反理性)적인 광기의 집단에 준(准)하는 FHAR도 역시, 성인과 미성년자 관계의 억압(?)에 결사반대하지 않았던가? 그래서 FHAR 내에 '청소년 해방 전선'이 창설되었고, 그들은 "미성년자는 망하고 싶어 한다"라는 선정적인 구호를 시위의 슬로건으로 버젓이 내걸었다.

그들은 이른바 '정상성'에 대한 보고서에서 "미성년자들이 자신의 경험을 바탕으로 정서적, 성적 관계를 원하고 유지할 권리가 있다."고 주장했다. 여기서도 '망하다'라는 미심쩍은 표현은 비역을 의미한다. 사실 필자가 이 말의 뜻을 잘 몰라서 구글에서 찾아보았더니, 비역은 한자가 아니라 '남자끼리 하는 성행위'를 의미하는 순우리말이었다. 그러니까 놀랍게도 순수 우리말에도 이미 오래전에 동성연애가 존재했다는 얘기다. 김영길 목사는 〈성정치와 페미니즘〉(2018)에서 이런 성 정치를 "인간의 본능적인 성욕에 대한 문제에서 출발

● 대 얀 피터르 브뤼헐(Jan Brueghel the Elder·1568~1625)의
〈바카날리아(Bacchanalia·바쿠스축제)〉(1620년)

하여 쾌락을 통한 만족감을 찾고, 자기의 행복을 위해 기존 사회질서
에 대항하는 정치체계"라고 정의했다.

즉 성 정치란 정상적인 가정 질서를 파괴하며, 인간의 성적 욕구 분
출에 정당성을 부여하는 성 해방 사상이라는 것이다. "어떤 장벽이
당신에게 직면하더라도, 당신 자신을 자유롭게 하는 것은 당신의 힘
에 달려 있습니다. 당신이 원하기만 하면 돼요!"[38] 김영길은 이러한
성 정치의 사상적 출발점을 구조주의와 이를 해체하는 과정으로 보
고 있다. 여기에 퀴어 이론의 대가인 버틀러가 젠더 용어를 정리하면
서, 페미니즘과 젠더가 결합된 '젠더 페미니즘'이 본격적으로 개시
되었다고 본다.

이처럼 종교적 보수주의자들이 이구동성으로 '젠더'를 '악마 이데
올로기'라고 적대시하는 이유는 젠더가 생물학적 성(性)의 경계를 허
물어 이성애에 바탕을 둔 전통적 가족과 사회를 해체시킨다고 보기

때문이다. 만일 동성애가 '쾌락'이라면, 젠더는 '혼란' 그 자체이고 인간의 본질을 근본적으로 부정하는 개념이다. 미국 분석철학자인 제이 리처즈(Jay W. Richards)는 성 혁명을 "함께 가야 할 것들을 깨뜨리는 것"이라고 정의했다. 이른바 성 혁명은 결혼과 성, 성행위와 출산의 유기적인 통일성을 지적으로뿐만 아니라 기술적으로도 분리시켰다. 실제로 리처즈는 성과 출산의 분리를 현실화한 '피임약'의 출현 이전에는 성 혁명이 도저히 불가능했다고 주장했다.

그는 이 조그만 알약의 발명을 과거 프로테스탄트 종교개혁과 인쇄기 발명 및 그 보급 효과에 비유했다. 아닌 게 아니라 20세기 최고 발명품 중 하나로 꼽히는 피임약은 특히 서구에서 전통적인 가족구조를 해체하고, 여성의 권익 향상에 엄청난 기여를 했다. 이처럼 '성'과 '출산'이 분리됨에 따라, 결혼은 출산과 가족의 기초라기보다는 '애정 관계'로 더 많이 간주된다. 결혼 계약이 사업 계약보다 파기하기가 더 쉬워졌다는 우스갯소리가 나온다. 또한, 성 규제 완화로 원

● 낙태권을 위해 투쟁했던 노마 맥코비
(Norma Leah Nelson McCorvey · 1947~2017).
'제인 로(J'ane Roe)'라는 가명으로 더 많이
알려진 그녀는 '로 대 웨이드 사건'의 원고였다.

치 않는 임신이 늘어나면서 낙태를 합법화해야 한다는 요구가 1973년 미국 대법원에서 선고되었다(로 대 웨이드 사건).[39] 결혼을 통해 사람들이 짝을 짓는 것은 '남성과 여성의 상호보완적인 본성'이 있고 출산과 가족의 기초로 이해되는 경우에만 의미가 있는데, 만일 이러한 근거가 없다면 동성 두 사람이 서로 결혼하지 않을 이유가 없다.

이렇게 동성 결혼이 법령화되자 일부일처제의 논리는 무너졌다. 실제로 남성과 여성의 결합이 결혼과 가족에 필수적인 것이 아니라면, 인류를 남성과 여성으로 나누는 것을 공격할 수 있는 길이 열린 것이다.

리처즈는 2015년 미국 전역에서의 동성결혼 합법화를 선언한 '오버게펠 판결'[40] 이후에는 마치 모두가 '트랜스젠더주의'에 관해 이야기하기 시작한 것 같다고 언급했다. 이런 트랜스젠더의 급진적인 증가는 거의 전적으로 소셜 미디어에 의해 주도된다. 그는 성 혁명을 "기술을 통해 가능해진 독창적인 혁명적 아이디어의 논리적인 구현"으로 간주했다. 리처즈는 연령에 따라 이러한 변화를 이해하는 능력에 차이가 있다고 설명했다. 가령 미국의 베이비 붐 세대와 X세대는[41] 이러한 변화가 세상과 너무 '불연속적'이라고 생각하여 이를 제대로 이해하지 못하는 경향이 있지만, 반면에 Z세대는 푹 심취해 있다.[42]

미국의 많은 공립 학교와 심지어 사립학교의 젊은이들은 한동안 젠더 이데올로기의 폭격을 받아 왔기 때문에 새로운 아이디어가 그다지 이상하게 보이지 않는다. 실제로, 젠더 이데올로기는 아직 글을 읽을 수 없는 어린 아동들에게 주입된다. 리처즈는 어린아이가 현실을 탐색하기 위해 알아야 할 것 중에는 성인과 어린이의 차이, 소년과 소녀의 차이가 있기 때문에 이것은 정말 '급진적'이라고 말했다. 왜냐하면 "남성과 여성의 차이는 매우 기본적이기 때문에, 자기 결정권과 자율성의 목표를 달성하기 위해서는 어린아이의 신념을 '퀴어'하거나 불안정하게 만드는 것이 중요하다. 그러기에 성 혁명은 성을 해방시킨 것이 아니라 파괴한 것"이라고 그는 최종적으로 결론지었다.[43]

얼마 전에 작고한 독일 신학자 피터 바이어하우스(Peter Beyerhaus·1929~2020)도 그의 논문 〈젠더 이데올로기에 대항하라!〉(2014)[44]에서 '생물학적 혁명의 결과물'로서의 젠더 이데올로기를 프랑스 혁명(1789)과 볼셰비키 혁명(1917)에 이어 '세 번째 거대한 혁명'이라고 언급했을 정도로 젠더 이론 확산의 위험성을 엄중히 경고한 바 있다.《돌이킬 수 없는 피해: 우리 딸들을 유혹하는 성전환 열풍》(2020)[45]의 저자인 애비가일 쉬리어(Abigal Shrier)는 전환하려는 욕구를 '전염'이라고 부르며, 이를 섭식 장애 및 자해와 비교했다. 그녀는 성전환이 현재의 기하급수적인 속도로 계속 증가한다면 인구의 20%가 트랜스젠더가

● 애비가일 쉬리어

될 것이며, 그것은 이와 관련된 회사나 의사들에게 엄청난 돈이라고 설명했다. 또한, 트랜스젠더는 "몸이 의도하지 않은 방향으로 가도록 강제"하기 위해, 평생 이성 호르몬을 복용해야만 한다는 사실도 환기시켰다.

이미 언급했듯이 김영길은 현재 우리가 접하고 있는 왜곡된 페미니즘을 1970년대에 여성급진주의자들이 보부아르를 멘토로 삼아 여성해방론과 마르크스주의를 도용하여 잉태시킨 것으로 보고 있다. 그는 이러한 젠더 페미니즘의 첫 번째 특징으로 '낙인찍기'를 들었다. 가부장 제도의 폐해를 무조건 주장하면서 지배계급인 '남성의 타도'를 외치는 것, 즉 모든 남성을 잠재적 성범죄자나 여성 혐오자로 낙인을 찍고 마녀사냥을 하는 방식이다. 김영한도 〈젠더 이데올로기에 대한 비판적 성찰〉에서 문제의 젠더 이데올로기가 한 남자와 한 여자가 결합하여 이루는 일부일처제라는 결혼 제도를 해체하고, 그 대안으로 이른바 '성적 다양성'이라는 미명하에 동성애적, 레즈비언적, 성전환적, 혼음적인 형태가 모두 '동등한 가치'를 가지는 생활공동체를 제안한다고 주장했다. 또한, 여기에 대하여 비판하거나 반박하는 정상적인 이성애자들을 오히려 '동성연애 혐오자'로 취급·비난하고, '차별금지법'을 제정하여 이들을 사회구조적으로 억압한다고 비판했다.

두 번째는 '낙태 확산 운동'이다. 참고로 프랑스는 올해 세계 최초로 헌법에 '낙태권'을 보장하는 국가가 되었다.[46] 낙태는 출산과 마찬가지로 '선험적 권리'로서 여성의 배타적인 선택으로 간주되기 때문이라고 한다. 여론조사에 따르면 프랑스 국민의 약 85%가 이번 개

● 헌법 개정을 지지하는 침묵 집회에서 "내 몸, 내 자궁, 내 선택,"
"두 번 다시는 안 된다"라고 적힌 팻말을 들고 있는 프랑스 시민의 모습

헌을 지지했으며, 의회 내 우파 세력의 저항은 별다른 힘을 발휘하지 못했다. 극좌 성향의 마틸드 파노(Mathilde Panot·1989~) 의원도 "우리의 투표는 자신의 신체를 통제할 권리를 위해 싸우고 있는 전 세계 모든 여성에 대한 약속"이라고 치켜세웠다. 그러나 김영길은 낙태가 여성 자기 결정권에 따라 태아의 생명권보다는 여성 개인의 자율권만 강조한 무책임한 개념이라고 비판한다.

　세 번째로 동성애 옹호 운동이다. 김영길에 따르면, 페미니스트들은 결혼과 출산, 가정, 심지어 여성의 생식기마저 여성해방의 걸림돌이 된다고 여기어 낙태와 더불어 '성전환(transsexualism)', 즉 60년대 심리학자 존 머니(John Money·1921~2006)가 주창한 '젠더정체성(gender identity)의 개념을 페미니즘의 주요 강령으로 삼았고,[47] 이것을 90년대에 포괄적 젠더 개념으로 재정비하면서 '동성애 옹호'로 적극 부활시켰다는 것이다. "심지어 급진적 페미니스트들은 남자와의 성관계

● 존 머니는 미국 존스 홉킨스 대학교 교수로
재임하면서 인터섹스, 트랜스젠더 등
섹스와 젠더 문제를 연구했다.

를 거부하기 위해, 레즈비언으로 살라는 운동까지 펼쳤고, 그래서 페
미니즘과 동성애 운동은 같이 움직인다."라고 주장했다.[48]

　오늘날 미국의 젠더 연구 분야는 레즈비언들이 장악했는데 이들은
이성애자 여성을 '이등 시민'으로 취급한다. 즉, 적(남성)과 동침하면
서 남성 중심의 사회적 관행과 남성의 억압을 조장하는데 일조하고,
페미니즘의 명분에 충성하지 않는 덜 진화된 존재로 여긴다는 것이
다. 이 레즈비언 페미니스트들은 '이성애(hétérosexualité)'를 인간의 타고
난 본성이 아니라, 여성을 억압하고 소유하기 위한 가부장제의 '정
치적 제도'로 분석한다. 그 결과 미국 등지에서는 '젠더 감수성 훈련
(gender sensitive training)'[49]이라는 것을 실시하여 사회 곳곳에 혐오의 프레
임을 적용시켜, 남성 가해자의 논리로 '남성 잡기' 사냥을 펼쳐나갔
고, 요즘 우리가 접하는 '젠더 감수성(gender sensitivity)'이라는 개념도 여
기서 비롯된 것이라고 한다.[50]

　작가이자 신학자인 곽혜원도 역시 페미니즘의 사상적 변천사를 논
하면서[51] "서구 세계를 문명사적으로 뒤바꿔 놓은 '68혁명'을 결정적

분기점으로 여성들이 주축이 되어 성혁명을 강행하고 있으며, 이러한 성혁명으로 인해 남녀 고유의 성정체성은 물론, 양성(兩性)이 결합하여 이루는 결혼 및 가정도 급속도로 해체되고 있다."라고 우려해 마지않았다.[52] 곽혜원은 이른바 젠더주의가 강행하는 "패륜적 성혁명"의 핵심전략 및 주요 특징으로 ① 성별 해체의 젠더 주류화(gender-mainstreaming),[53] ② 성규범 해체의 성애화(sexualization), ③ 이성애적 결혼 및 가족제도를 해체하는 비혼화를 들고 있다.[54]

그녀는 21세기 문명에서 가장 경악할 동향으로 젠더이데올로기를 통해서 선천적으로 타고난 생물학적 성(sex)을 부정하고 사회 · 문화 · 심리적 성으로 간주되는 젠더로 임의대로 성별을 선택함으로써 남녀 고유의 성별을 해체화하려는 움직임을 들고 있으며, 성별 해체를 부르짖는 최선봉에 선 이를 주디스 버틀러로 꼽고 있다. 버틀러의 퀴어 이론은 사실상 많은 대학에서 '젠더학'이라는 명칭하에 정규 학과목으로 채택되었다. 여담이지만 퀴어가 도대체 무엇이냐고 물어보는 필자에게 한 프랑스 친구는 퀴어학이 동성애 연구와 젠더 연구를 말하고, 퀴어이론은 동성애와 트랜스젠더가 '정상'이라고 합리화하는 이론이라고 알기 쉽게 설명해 준 적이 있다. 보부아르가 "여성은 태어나는 것이 아니라 만들어진다."라고 하자, 버틀러는 "(섹스와 젠더는) 왜 하나가 되어야 할까요?"라고 덧붙였다. 버틀러는 보부아르의 진술을 더 급진적으로 밀고 나갔다.

만일 생물학적 특성과 상관없이 젠더가 사회·문화적으로 구성된 것이라면, 젠더는 섹스에서 비롯한 결과물이 아니다. 버틀러는 기존 페미니즘의 섹스와 젠더 구분 자체를 거부하면서, "섹스는 언제나 이미 젠더"라고 주장했다. 즉, 생물학적 성도 사회적 구성물의 결과라는 얘기다. 섹스도 이미 젠더라면, 젠더는 과연 어떻게 형성되는가? 버틀러는《젠더 트러블》에서 '젠더 수행성(gender performativity)'이라는 개념을 사용한다. 일정하게 규범화된 행동들을 반복함으로써 젠더가 구성된다고 주장했다. 이처럼 버틀러는 보부아르의 사회 · 역사적 구성물로서의 '여자 되기'를 완전히 탈본질화된 '젠더 하기'로 발전시켰고, 이를 통해 섹스 · 젠더의 전통적인 이분법을 해체하고 담론이 하나의 젠더나 주체를 구성하는 매트릭스를 계보학적으로 읽어냈다.[55]

이렇게 보부아르에서 버틀러의 고도로 난해한 작업을 거치면서, 페미니즘은 바야흐로 젠더와 동성애를 조장하는 치명적인(?) 페미니즘으로 이동하게 되었다는 것이다. 그런데 과연 이러한 젠더 이론이 여권 신장을 위해 출발한 페미니즘의 범주 안에 여전히 포함될 수 있는지는 의문이다. 이 젠더 이데올로기란 출생 시 지정된 성별과 일치하는지 여부에 관계없이 개인이 자신의 '성 정체성'을 결정하는 것에 관한 것이다. 곽혜원에 의하면, 젠더 이데올로기는 한 남성과 한 여성의 신성한 결합인 일부일처제 대신, 무수히 다양한 젠더 정체성을 가진 젠더 퀴어들의 '폴리아모리(다자연애)'를 옹호함으로써 성 규범 해체를 집중적으로 공략한다. 특히 '인권,' '성적 다양성'이라는 허울 좋은 명목으로 레즈비언적, 게이적, 양성애적, 트랜스젠더적, 퀴어적 LGBTQ 파트너십, 그외 온갖 비정상적 관계를 '이성애적 결혼을 대체하는 대등한 생활공동체' 혹은 평등한 '시민 결합'으로 미화하는 패륜적 성혁명을 강행한다는 것이다.

최초의 시민혁명이라는 프랑스 혁명이 '자유'와 '평등'이라는 세속적인 복음을 온 누리에 설파했을 때, 혁명가들은 이 추상적인 근대적 두 원리가 서로 상충한다는 사실을 미처 알지 못했다. 그리고 무엇보다 평등이라는 원리 속에 도사리고 있는 무서운 전체주의의 망령을 깨닫기도 전에 1789년의 혁명은 미완의 성공, 그러니까 결국 실패로 끝났다. 이전에 대학 시절 정치학 시간에 "자유만 강조하다 보면 미국 꼴 나는 거고, 평등만 일방적으로 강조하다 보면 구소련 같은 괴물이 된다."라고 하는 강의를 들었던 기억이 어렴풋이 난다. 그런데 분명한 사실은 사르트르나 보부아르가 거의 일평생 집착에 가까울 정도로 철석같이 믿었던 사회주의적 양심이나 소신과는 달리, 인류사에서 자유주의의 폐해보다는, 평등주의가 끼친 해악이 훨씬 더 크다는 사실이다. 만일 사회주의적 '신인류'의 창조라는 미명 아래 세상의 모든 권위와 기존 질서 내지는 도덕을 '불평등', '불의'의 잣대로만 간주하고, 그것을 몽땅 해체시켜버린다면 진짜 소는 누가 키우나? 전통적인 부모와 자식의 끈끈한 혈연관계도 정상적인 부부 사이도 온통 억압과 대립의 관계로만 상정한다면, 그 음울한 디스토피아의 가정 세계에서 과연 한 사람이라도 행복할 수 있을까?

이 책을 집필하면서 가장 충격을 받은 것은 《백래시》의 저자로 잘 알려진 수전 팔루디(Susan Faludi·1959~)가 '여성이 된 아버지'를 기록한 《다크룸》이란 책을 만났을 때였다. 그녀의 아버지는 76세에 성전환 수술을 받고 여성이 됐다고 한다. 그녀의 기억 속의 아버지는 마초(macho)적이고 폭력적인 전형적 가부장이었다. 그러한 그녀의 아버지가 폭력적이고 가부장적인 인물에서 트랜스 여성으로 변하는 것을 지켜보는 것은 팔루디에게 형언하기 어려운 복잡한 감정을 불러일

● 수전 팔루디와 아버지

으켰으리라. 그녀는 자신의 페미니스트 정체성을 형성하는 데 중요한 역할을 했던 아버지의 변화와 씨름하면서, 글을 통해 젠더, 정체성, 가족 역학의 복잡성을 탐구하고 우리 독자들에게 아버지의 성전환에 직면한 자신의 이해와 수용 여정에 대한 통찰력을 제공하고자 화제작《다크룸》을 집필했다고 한다.

그러나 아무리 동서양의 심성이 다르고 정서적 차이점을 고려한다고 해도, 이런 불행한 가정사는 보통 숨기고 싶은 것이 인지상정이 아닐까? 그래서 모든 것을 다 '선택적으로' 공개하고 싶은 욕구를 주체하지 못하는 보부아르의 경우에도 그렇지만, 이 '작가'라는 범상치 않은 직업이 비범해지려는 자아의 욕구로 자칫 개인의 삶을 거의 회복 불능으로 불행하게 할 수도 있겠다는 생각을 해 보았다.

인터넷에서 책 마무리를 위한 자료를 찾다가 한 평범한 미국 여성이 남편이 트랜스 여성으로 성전환 수술을 받는 바람에 가정이 파탄났다가 현재 다른 남성을 만나 재혼하고 행복해졌다는 기사를 읽었을 때는 나 자신도 이 기이한 트랜스 열풍에 대하여 제법 무덤덤한 경지에 다다랐나 보다 했다. 그러나 최근에는 독일이 의회에서 '성별자기결정법'을 통과시켰다는 얘기를 듣고 다시 섬뜩한 기분이 들었다. 이제 14세 이상 독일 시민은 법원의 허가 없이 자기 성별을 스스로 결정해 바꿀 수 있게 되었다. 이 성별자기결정법이 통과되기 전에 독일 법무부 장관 마르코 부시만(Marco Buschmann·1977~)은 이를 매우 의미 있는 결정이라며, "트랜스젠더의 자유와 존엄에 대한 문제로, 국가는 더 이상 이들을 '환자'로 대해서는 안 된다."라고 했다는데, 정말 어디서 많이 들어본 소리가 아닌가?

리사 파우스(Lisa Paus·1968~) 가족부 장관도 "독일 기본법은 인격의 자유로운 계발과 성 정체성에 대한 존중을 보장하지만, 성소수자들은 40년 이상 성전환법으로 인해 고통받아 왔다."라면서 이런 차별은 이제 막을 내리게 될 것이라고 거들었다.[56] 성적 다양성, 성평등 구현이라는 명제하에 진행되는 동성혼이나 트랜스젠더 관련 법제화 현상에 대하여 실체도 없이 무한정 두려움을 느끼는 것은 내가 성소수자의 자유와 존엄, 인권을 존중하지 않고, 그들과 더불어 사는 방법을 모르는 고리타분한 이성애자라서 그런 것인가? 그러나 아무리 내 정신과 사고를 현대 조류에 쿨하게 맞추어 보려고 해도, 적어도 여성인 나에게 있어서 남녀에게 주어진 최고의 찬사란 남성에게는 '남성답다'는 것이고, 여성에게는 '여성답다'는 것이다. 남성성과 여성성은 '사회적 구성물'이라고 주장하는 제3물결 페미니즘에 정말 동의하기 어렵다.

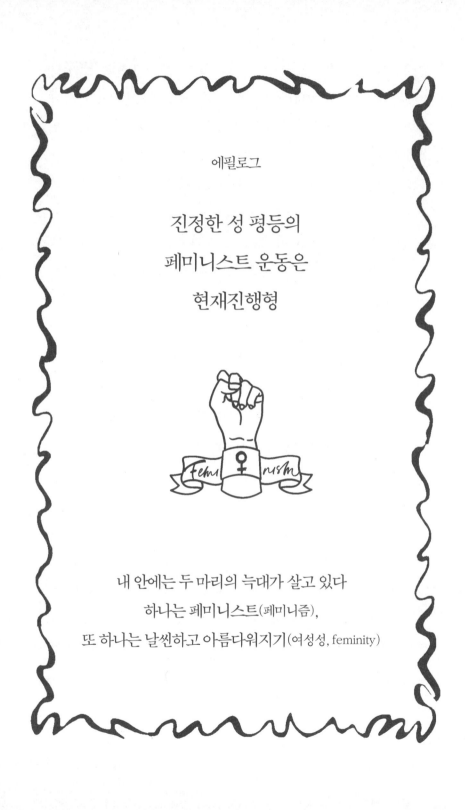

에필로그

진정한 성 평등의
페미니스트 운동은
현재진행형

내 안에는 두 마리의 늑대가 살고 있다
하나는 페미니스트(페미니즘),
또 하나는 날씬하고 아름다워지기(여성성, feminity)

미국의 웹 개발자 데이비드 카프(David Karp·1986~)가 창설한 텀블러
(Tumblr)[1] 사이트에 들어가면, 〈페미니즘에 반대하는 여성들〉이란 재
미있는 코너가 있다고 한다. "나는 페미니즘이 필요하지 않아요. 왜
냐하면, 나는 피해자가 아니니까요.", "나는 페미니즘이 필요하지 않
아요. 왜냐하면, 나는 스스로 선택할 자유가 있으니까요.", "나는 페
미니즘이 필요하지 않아요. 나는 평등을 믿으니까요." 젊은 여성들이
자신이 페미니즘이 필요하지 않은 이유를 이렇게 텀블러 사이트에
척척 올리는 것이다. 이에 대해 아일랜드 출신의 철학도 로라 맥과이
어(Laura Maguire) 같은 여성은 만일 페미니스트 운동이 없었더라면 이
런 철딱서니 없는 여성들은 투표권을 행사하지 못하고, 고등교육도
받지 못한 채 '가정'이라는 울타리에 영원히 갇혀서 자신의 경력을
제대로 추구하지 못했을 거라고 비난했다. 그녀는 만일 페미니스트
운동이 없었다면, 여성은 피임도 하지 못하고, 남편이 아내를 구타하
거나 강간하는 것도 여전히 합법이었을 거라고 한 번 더 일침을 가했
다. 즉, 젊은 여성 세대들에 의해 쉽사리 잊히기에는 페미니스트 운
동의 업적이 너무도 지대할뿐더러, 진정한 성평등이라는 페미니스

트 운동의 목표가 다 이루어진 것도 아니고 아직 현재진행형이다. 페미니즘이 필요 없다는 주장은 그야말로 어불성설이라는 얘기다.

《합리적인 생각을 멈추세요》[2]의 저자인 철학자 엘리노어 고든 스미스(Eleanor Gordon-Smith)가 영국 진보주의 성향의 〈더 가디언〉지에 쓴 칼럼을 읽고 자극을 받은 한 여성 독자가 이렇게 한탄했다고 한다. "내 안에는 두 마리의 늑대가 있습니다. 하나는 페미니스트가 되기를 원하고, 또 다른 하나는 날씬하고 아름다워지기를 원합니다. 나는 이 둘 사이에 끼이는 것이 너무도 지쳤어요." 페미니즘과 여성성 feminity 사이에서 고민하는 이 젊은 여성의 자조(自嘲) 섞인 넋두리를 풀어서 쓰자면, 대충 이런 것이 아닐까? "나는 남들이 보기에 좋은 모습을 유지하면서 깊은 만족감을 계속해서 얻고 있다. 하지만 미모와 매력에 대한 사회적 기준에 넘어가는 게 어리석게 느껴진다. 더 나쁜 것은 그것들을 영속시키는 것이 부끄럽다는 것이다. 페미니즘의 핵심은 잘 꾸며진 가게 앞을 부수는 것인데, 왜 나는 마네킹처럼 나를 전시해야 하는가? 여성을 물건처럼 취급하는 가부장적 자본주의 산업을 무너뜨리는 데 일조해야 할 중대한 시점에, 왜 나는 나 자신을 꾸미고 내 사진이 받는 '좋아요'를 모두 모으는 걸까?" 이런 걸 보면 페미니스트가 된다는 것이 결코 쉽지 않은 모양새다.

———

"우리는 상업적 오락과 표현의 자유라는 이름으로 여성의 신체가 벗겨지고, 묶이고, 강간당하고, 고문당하고, 절단되고, 살해당하는 모습을 보여주는 것에 변함없이 반대한다."

— 미국 저널리스트·페미니스트 수잔 브라운 밀러(Susan Brownmiller·1935〜)

———

그러면 우리는 지금 어디에 와 있는 걸까? 요즘 페미니즘에 대한 반동은 남성이 아니라, 젊은 여성들로부터 오고 있다는 사실에 주목할 필요가 있다. 몇몇 여성학자들은 그 이전 세대 여성들이 투쟁한 결과물로써, 현재 엄청난 특권을 누리고 있는 많은 여성이 페미니즘 운동으로부터 일정한 '거리'를 두고 싶어 한다며 불평을 토로해마지 않는다. 성 불평등의 뿌리와 복잡성을 이해하려면 이론과 지적 담론은 필수적이겠지만, 그러나 가까이하기엔 너무 멀고 '어려운' 페미니즘이라고나 할까?

오늘날 페미니즘 이론은 인류학, 사회학, 경제학, 여성학, 문학 비평, 미술사, 정신 분석 및 철학을 포함한 다양한 분야의 작업을 포괄하는 이론 또는 철학 분야로 확장되었다. 페미니즘의 모든 차이점과 경향에 상관없이, 페미니즘 이론이 '문학 비평' 분야에서 가장 중요한 이론이 되었다는 것은 거의 확실하다. 그런데 필자가 그동안 읽었던 페미니즘과 관련된 국내외 학술 저서나 논문, 칼럼 기사들은 마치 무슨 약속이라도 한 듯이 읽기 쉬운 게 별로 없었다. 일단 '어려워야 인정받는다'는 무슨 기준이라도 설정되어있는 것처럼 보였다. 그렇지만 학자나 작가가 지식을 '객관적'으로 알기 쉽게 상대방에게 전달한다는 본분(지식 서비스)을 망각한 채, 최악의 경우에는 본인이 미처 정리하지도 못한 생각의 무수한 파편들을 난해하고 해괴한 전문용어들로 포장해서 써 놓은 장문의 글을 읽는다는 것은 사실상 고역이다. 젠더 이론의 선구자인 보부아르조차도 말년에는 페미니스트 이론이 너무 난해하고 복잡해져서 일반 독자들이 선뜻 이해하기가 어렵다고 난색을 표명한 적이 있다.

최근 페미니즘은 인종, 국적, 계급, 학력, 종교 등에 따라 여성은 무수히 다양한 '위치성'을 지니며, 협상·교차하는 정체성을 지닌다는 점에 주목한다고 한다. 여성 간의 차이가 남녀 차이 못지않게 클 수도 있기 때문이라는데, 과연 우리 실생활에서도 정말 그러한가? 아무튼, 젠더 이론가들은 젠더 억압이 단순히 남녀의 문제가 아니라, 젠더가 무수히 다양한 차이들과 결합되어 조성되는 매우 복잡한 과정임을 인식하는 것이 중요하다고 주장한다. 그래서 젠더 기반의 억압이 사회에서 작동하는 방식을 이해하고 해결하려면, 여성보다 '젠더'에 초점을 맞추는 것이 필요하다고 역설한다. 그들은 젠더가 사회조직의 기본 측면이며, 젠더를 이해하는 것이 권력 역학과 사회구조를 이해하는 데 필요불가결하다고 믿는다. 그렇지만 젠더에만 초점을 맞추게 되면, 여성의 다양한 경험과 정체성이 모호해질 수 있다는 상투적인 우려의 멘트도 꼭 빼놓지 않는다.

나는 갑자기 '우물에 빠진 돼지'가 생각났다. 도무지 심연을 알 수 없는 젠더 이데올로기라는 거대한 바다에 풍덩 빠져서 허우적거리는 돼지가 자꾸 오버랩되는 게, 아무래도 나 자신이 무지의 소치로 '젠더 모독죄'를 저지르고 있는 게 아닌지 슬그머니 걱정도 된다. 나는 물론 젠더 이론의 신봉자가 아니어서 회개할 일은 없지만 말이다. 유물론 페미니즘의 선구자인 크리스틴 델피는 MLF의 공동 창립자일 뿐 아니라, 1981년에는 보부아르와 함께 〈누벨 퀘스티옹 페미니스트〉(Nouvelles questions féministes· 새로운 페미니스트 이슈)란 저널을 공동 창간했던 인물이다. 공개적으로 레즈비언인 그녀는 1985년 TV 인터뷰에서, "나는 페미니스트는 아니지만, 그러나……."[3]라는 멘트를 거의

● 크리스틴 델피

달고 살았던 과거의 시절을 회상한 바 있다. 그 용어에 대한 '사회적 낙인' 때문에, 그녀는 자신을 항상 (레즈비언) 페미니스트라고 밝히지는 않았다고 한다. 크리스틴 델피는 1941년 동네에서 약국을 운영하는 부모에게서 태어났다. 그녀의 삶과 사상을 다룬 다큐멘터리 영화 〈나는 페미니스트는 아니지만〉에서 어린 델피는 자신의 부모를 예리하게 관찰하면서 이른바 '초기 페미니스트 의식'을 함양시켰다. 약국 일은 매우 노동 집약적이고 고된 일이라고 한다.

그러나 점심 시간에 약사 부모가 식사하러 집에 돌아왔을 때, 델피는 아버지가 편하게 휴식을 취하고 신문을 읽는 동안에 어머니 혼자서 바쁘게 식사를 준비하고 설거지를 마친 다음 다시 부랴부랴 아버지와 함께 직장(약국)으로 복귀하는 모습을 유심히 지켜보았다. 델피의 어머니가 그러한 자신의 부조리한 일상을 비관해서 급기야 이혼까지 했는지는 알 도리가 없지만, 전업주부였던 필자의 어머니에게 가족을 위해 매일 밥상을 차리는 일은 평범한 일상의 행복이었던 걸로 기억한다. 그래서 '우리 엄마'하면 늘 떠오르는 것이 따뜻한 밥상이고, 나중에 깨달은 사실이지만 그런 엄마의 딸로 태어나서 진실로 행복했다는 것이다. 엄마가 집안일을 힘들어하기 시작했던 것은 암에 걸린 이후부터였다. 그렇지만 아무리 우리 엄마라고 해도 다시 태어난다면, 그런 전통적인 어머니의 희생적인 삶을 되풀이하지는 않을 것 같기도 하다.

미국심리학회(APA) 웹사이트에 실린 페미니즘을 주제로 한 대담에서 교육·심리학·소아과 교수 신시아 가르시아 콜(Cynthia Garcia Coll)은 학계에서도 여전히 동일한 '남성 모델'이 있다고 지적한 바 있다. 미국 대학에 있는 여성들은 정년 트랙 직위를 얻기 위해 가족계획을 미루기도 하지만, 아이를 갖는 경우도 많다. 그런데 심리학 연구에 따르면, 남성과 여성은 여전히 가정 내에서 '전통적인 기대'를 가지고 있는 것으로 나타났다. 그래서 만일 아이가 아프면 그 여성은 교직원 회의에 참석하지 못한다고 한다. 가르시아 콜은 그것은 '평등'이 아니라고 했다. 아이를 키우는 일이 여성의 일로 간주되고, 사회에서 가치 있게 여겨지지 않는 한 그것은 평등이 아니라고 주장했다.[4]

이러한 젠더 기반 억압을 영속시키는 사회적, 정치적, 경제적 구조에 도전하는 것이 페미니즘의 최대 과제라고 하지 않는가? 동서고금을 막론하고 남녀가 공존하는 세상에서 성 불평등과 여성 억압의 문제는 반드시 개선되어야 할 사항이라고 본다. 그러나 급진 페미니즘에서 제시하는 남녀 불평등과 성차별 해결책의 방향성은 근본적으로 문제가 있다고 본다. 결혼 생활 내에서 아내로서 겪는 억압과 차별, 엄마로서 겪는 출산과 육아의 어려움, 여성으로서 자아 정체성의

'상실'에 대한 해결책으로 페미니스트들은 비혼, 비출산, 이혼, 피임, 낙태 그리고 심지어는 '성적 자유'를 제시하고 있다. 그러나 이들이 제시하는 해결책은 결국 남녀의 갈등을 더욱 악화시켜 사회 혼란만 가중할 뿐 아니라, 도덕과 윤리적 가치를 훼손하고 더 나아가 인구 감소 현상을 불러온다. 다양한 사회적, 환경적 배경을 가진 여성들을 한 데 묶어 '피해자' 집단이라고 프레임을 씌우고, 모든 남성을 '억압자'로 몰아세우는 이분법적인 사고는 불필요한 사회적 갈등과 분열을 초래하는 결과를 가져온다. 그래서 서구에서는 급진적 외침에 대해 많은 여성이 공감하지 못했고, 1980년대 들어서 초기 페미니즘은 와해되기 시작했다.

그런데 델피의 어머니는 자기 딸이 어머니처럼 노예 같은 삶을 살지 않겠다면서, 이성애 결혼을 거부하고 독립적인 레즈비언 페미니스트로 환골탈태한 모습을 쌍수 들어 환영했을까? 필자가 프랑스와 한국의 모성이 참 다르다는 것을 실감했던 것은 유학 시절에 파리 국립 도서관에서 우연히 알게 된 40대 중반의 여성 변호사의 초대로 딱 한 번 저녁 식사를 했을 때였다. 나의 서투른 불어를 프랑스인과 연습한다는 훌륭한 교육적 취지하에 밤늦게 식사를 마치고 귀가하던 길이었다. 그 여성이 24시간 운영하는 대형 약국에서 피임약을 사 들고 오면서, 얼마 전에 이혼하고 곧장 새 남자친구를 사귀는 자신과 최근 남자친구가 생긴 15세의 딸을 위한 거라고 밝게 웃으면서 설명해주었을 때, 나는 마치 무언가 둔탁한 망치로 살짝 얻어맞은 듯 머릿속이 멍해졌다. 원치 않는 임신을 방지하기 위해 피임약을 사는 그녀의 합리적인 행동에 아무런 문제는 없었지만, 그것은 문화 충격이었다.

난 그때 68 이후로 성이 개방된 프랑스 사회의 음영을 보았다고 생각했다. 으레 페미니스트들은 성적 해방이 특히 생식권, 피임 및 낙태에 대한 접근권, 동의권 측면에서 여성 인권을 향상시키는 데 중요한 역할을 해 왔다고 강조한다. 성 해방운동은 가부장적 규범에 도전하고 여성의 성적 자율성을 옹호함으로써 여성의 신체와 성욕을 통제하고 규제하려는 억압적인 시스템을 해체하는 데 도움을 주었다는 것이다. 그러나 성해방은 여성들에게는 '양날의 검'이었다. 여성들이 사회적, 문화적 제약 없이 자신의 성적 취향을 자유롭게 표현할 수 있는 자율성을 확보했는지는 몰라도, 성폭력이나 괴롭힘, 착취의 위험도 덩달아 증가했다. 비교적 성평등이 이루어졌다고 하는 선진 사회에서도 폭발적인 이혼과 한부모 가정의 증가로 인해 많은 여성이 사회적으로 큰 불안을 안고 있으며, 많은 빈곤층이 발생하고 있는 것이 현실이다.

또한, 성 해방은 에이즈의 발견으로 도덕적 타격을 한번 크게 입지 않았던가? 사실상 에이즈의 주요 감염경로는 동성애 행위이며, 동성애와 에이즈의 밀접한 상관관계는 공공연한 비밀이다. 에이즈 바이러스의 공동 발견자인 뤼크 몽타니에(Luc Montagnier·1932~2022) 교수는 1991년 12월 1일 〈르몽드〉 신문에서 이렇게 설명했다. "우리는 남성용 콘돔의 역할을 너무 강조해 왔습니다. 그러나 '당신은 책임이 있습니다!'라는 주제로 캠페인을 진행하고 싶습니다. 모르는 파트너와 사랑을 나누지 마십시오. 평생 동안 성 파트너가 5명 미만이라면, 에이즈 전염병은 끝날 것입니다. 여성을 포함하여 항문 성교를 통해 감염될 위험이 훨씬 더 높습니다. 내가 이렇게 말하는 것은 도덕적이고

'동성애혐오'적인 입장이 아니라, 의료 데이터를 복원하는 것입니다."[5] 치료제가 없던 1980년대 초반까지만 해도 에이즈에 걸린다는 것은 곧 죽음을 의미했다. 그러나 이제는 에이즈 완치의 가능성까지 거의 목전에 두고 있는 상황에서도 결국 에이즈 퇴치의 확실한 해결 방안은 지혜로운 '성적 자제'라는 전문가의 메시지가 아닌가?

프랑스인에게 가장 존경하는 인물이 누구냐고 묻는다면, 몇 손가락 안에 드는 사람이 있다. 제2차 세계 대전 중에 레지스탕스로 활약했으며 전쟁 후 하원의원을 지낸 가톨릭 성직자인 아베 피에르(Abbé Pierre·1912~2007)[6]다. 그는 노숙자와 일거리가 없는 사람들을 위해 집을 지어주고, 그들이 한 가족처럼 공동체 생활을 하도록 도와주었다. 그가 스스로를 '말 없는 자들의 목소리'라고 정의했듯이 그는 인생의 황혼기까지 노숙자와 가난한 사람들을 옹호했다. 그런데 사람들의 존경을 이처럼 한 몸에 받았던 그가 에이즈 환자들을 돕는 공개 방송 중에 청중들로부터 야유를 받은 적이 있다. '신의(fidélité·정절)'가 성병에 대한 최선의 방어책이라고 말했다는 이유에서다. 인권의 나

● 아베 피에르

라 프랑스에서는 아픈 에이즈 환자들을 두고서, 감히 도덕적인 설교를 한다는 것은 환자들의 존엄성과 인격을 완전히 무시한 처사이기 때문이다.

———

"나의 빵을 위한 싸움은 물질주의일 수 있지만,

다른 사람의 빵을 위한 싸움은 이미 정신주의다."

– 아베 피에르

———

책을 마무리하기 위해, 친구가 얼마 전에 가르쳐 준 ChatGPT, 즉 AI에게 동성혼 법제화의 장점과 단점, 그리고 동성혼 부부의 아이 입양 문제 등을 물어보았다. 그랬더니 AI 대답이 한결같이 긍정적이고, 때로는 고무적이기까지 해서 놀라지 않을 수 없었다. "동성혼이 그렇게 좋은 거면, 너도 하지 그러니?"라고 물어보니, "미안합니다. 나는 AI입니다."라고 대답했다. 그런데 AI의 기계적인 대답이 틀리는 경우도 많아서, 그것을 사용하려면 반드시 팩트 체크는 필수사항이다. 게다가 특정 성향이 입력된 AI의 대답에 마냥 의존할 수는 없어서 하는 수 없이 관련 논문들을 찾아보았다.

가령, 동성 부모는 입양한 아동의 성 정체성과 성적 지향의 발달에 어떤 영향을 미치는가? 이 주제에 초점을 맞춘 연구에서는 부모의 성적 지향이 자녀의 정신 혹은 성적 발달에 영향을 미치지 않는 것으로 나타났다.[7] 아니 어떻게 이런 허무맹랑한(?) 연구 결과가 나올 수가 있지? 그렇지만 '인권'과 '성적 결정권' 옹호의 차원에서 동성혼을 적극 지지하는 학자들의 연구 결과에 따르면, 동성애 부모의 성적 지향은 현실적으로 아무런 문제가 되지 않는다고 한다. 오히려 그들은 보수적인 가족, 친구, 특히 특정한 종교 기관의 사람들로부터의 오명이나 '낙인찍기'가 문제라고 주장한다.[8] 이러한 사회적 낙인이 동성애 커플과 동성 부모와 자녀에게도 악영향을 미치며, 동성 부부가 가족을 이루는 여정에도 장애물이 된다는 것이다.[9]

그런데 그들이 보기에 더 큰 문제는 프랑스 가족의 토대가 흔들리고 있다며, 이를 다시 복원시켜야 한다고 주장하는 '극단적인' 보수 세력이 국민의 두려움을 이용하고 있다는 것이라고 한다. 프랑스의 가족사회학자인 프랑수아 드 생글리(François de Singly·1948~)는 이것을 사안 자체에 대한 견해라기보다는, 현재 프랑스인들이 느끼는 전반적인 불안감이라고 해석한다. 부모의 성적 취향이 '젠더 비순응'에 영향을 미치는가?[10] 그들은 분명히 "그렇지 않다."라고 이구동성으로 주장한다. 실제로 일부 연구자들은 동성애자 남성 부부가 키운 아이들이 이성애자 부부가 키운 아이들보다 오히려 젠더 순응 행동이 더 많다는 사실을 관찰했다.

따라서 이성애자가 아닌 커플에 의해 양육되는 것이 젠더 비순응과 더 큰 관련이 있는 것으로 보이지는 않는다고 주장했다.[11] 그렇다면 부모의 후생(복지)은 어떠한가? 이에 초점을 맞춘 연구는 거의 없지만, 기존 연구에서는 부모의 심리적 적응, 스트레스, 부부 관계 만족도 같은 후생 측면에서 이성애 커플과 동성애 커플(남성 또는 여성) 사이에 어떤 차이도 밝혀지지 않았다고 한다![12] 게다가 여성 동성애 부모의 생물학적 상태를 조사한 연구도 있다.[13] 부모와 자식 간의 '생물학적 유대'보다 '정서적 관여'가[14] 훨씬 더 중요하다며 내린 이 연구의 결론은 다음과 같다.

"세상에는 수많은 가족, 편부모, 공동 부모, 이성애 또는 동성애 부부, 다문화 가족이 있다. 이러한 가족들이 차별이나 낙인을 느끼지 않고 자신의 자리를 찾는 데는 '사회적 수용'이 무엇보다 큰 도움이 된다. 또한, 우리는 동성 부모 가족이 아동에게 전혀 해로운 발달 궤적을 초래하지 않는다는 것을 이해할 수 있다. 실제로 일반 대중은 잘 알지 못하는 주제에 대하여 잘못된 믿음과 두려움이 증가한다. 우리가 모르는 것은 무서울 수 있으며, 그러한 주제에 대한 잘못된 믿음은 실제보다 더 해로운 상황으로 이어질 수 있다."[15] 그래서 만일 동성애 커플의 관계가 깨어지면, 그건 당사자들의 탓이 아니라 우리의 사회적 수용이 미흡해서 일 수도 있다는 경고의 소리로도 들린다.

그러나 더 무서운 것은 이러한 동성혼의 '법제화'가 두려워했던 사람들의 '의식'을 급속도로 변화시킨다는 사실이다. 그래도 법이 통과된 다음 해인 2014년에는 10만 명에 달하는 사람들이 '일부다처제'와 '근친상간'을 조장하는 동성혼의 반대 시위에 나섰다. 그들은 특히 동성애 가정의 입양의 합법화를 반대했다. 모든 아이는 어머니와 아버지, 즉 양성에 의해 사랑받을 가치가 있으며, 아이들에게서 그 권리를 빼앗는 것은 '불의(injustice)'라고 주장했다.

즉, 동성결혼은 남성과 여성의 상호보완성을 무시하고 생물학적 섭리를 벗어나는 것이며, 동성 부모가 아이를 입양하면 아이에게 '정체성'의 혼란을 심어줄 수 있다며 반대의 목소리를 높였던 것이다. 그러나 2023년 2월부터 5월 사이에 실시된 퓨 리서치 센터의 여론조사에 따르면, 프랑스인의 82%가 동성혼을 지지했고, 14%는 반대, 4%는 모르거나 답변을 거부했다. 정치적 성향별로 지지도를 나누면, 정치적 스펙트럼의 '중심'(중도)에 있는 사람들이 86%로 가장 높았고, 좌파가 85%, 우파가 77%로 그 뒤를 이었다. 이제는 정치적 성향과 거의 무관하게 압도적인 다수가 '모두를 위한 결혼(동성혼)'을 찬성한다는 것이다. 프랑스 통계청(INSEE)에 따르면, 동성 부부는 전체 커플의 약 3%를 차지한다. 우리나라에서도 한 동성 부부가 체외 수정을 통해 아이가 태어났는데 두 한국 여성은 프랑스에서 생활한 '경험'이 아이를 갖겠다는 결심으로 이어졌다고 한다.[16]

한 독일 시민이 68 이후의 변화를 묻는 질문에 공개적으로 게이인 시장의 선출을 보는 것이라고 했다지만, 현대 프랑스 역사상 최연소 총리가 된 가브리엘 아탈(Gabriel Attal·1989~)[17]은 공식적으로 동성애자임을 밝힌 최초의 총리다. '미니 마크롱'이라는 별명으로 불리는 현재 35세의 총리는 심지어 2027년에 마크롱을 대신해 대통령이 될 수도 있다고 프랑스의 주요신문들은 추측하고 있다. 미국의 LGBT 잡지인 〈애드보킷(Advocate)〉에 따르면, LGBTQ+ 활동가들은 "프랑스는 LGBTQ가 보유한 최고 직위 중 하나인 최초의 총리를 임명함으로써 세계 도처에 강력한 성명을 보내고 있다."면서 아탈 총리의 임명을 환호했다고 한다. 아탈은 불과 10년 전만 해도 보건부에서 존재감이 작은 보좌관으로 일하던 사회당 당원이었다. 그는 마크롱의 친구이기도 한 유럽의회의원 스테판 세주르네(Stéphane Séjourné·1985~)와 '시민 협약(PACS)'[18] 관계를 맺고 있다. 〈르몽드〉는 "한 사람은 대통령의 귀에 속삭이고, 다른 한 사람은 총리의 이름으로 말한다."면서, 두 사람 모두 제5공화국 하에서 완전히 전대미문의 위치에서 국가 정상에 올

랐다고 강조했다.[19]

필자가 처음 유학하던 시절부터 지금까지, 이 육각형의 나라 프랑스는 우리 인류에게 놀라움과 경이를 선사하는 데 있어서 타의 추종을 불허하는 신기(神技)의 나라, 또 정말 종잡을 수 없는 '다양성과 포용의 나라'라는 생각이 든다. 프랑스 혁명 이래, 이 국가는 자유와 평등에 입각한 보편적인 인권사상과 지속가능한 미식의 즐거움을 전 세계에 전파하는 유례없는 공헌을 했다. 그러나 이 젠더와 해체중심의 기형적이고 폐쇄적인 세계관으로 인해 계속 '편 가르기'를 하고, 돌이킬 수 없는 갈등과 분열만 증식시키는 젠더 이데올로기의 사회적 구현(가령, 동성혼의 법제화)은 정말 아니지 않나 하는 생각이 든다. 프랑스의 그 위대한 문화와 역사에 상당한 애착을 가진 일인으로서, "나중에 그 어마어마한 사회적 비용을 어떻게 감당하려고 저러나."하는 우려감과 함께, '사슬에서 풀려난 프로메테우스'의 인류 개조라는 그 전대미문의 정치 실험을 멀리서 가슴 조이며 지켜볼 따름이다.

대학 때 기말고사 기간 중 누군가 도서관 테이블 위에 올려놓은 보부아르의《제2의 성》과《초대받은 여자》가 눈에 띄었던 기억이 난다. 클래식 라디오의 어느 여성 DJ가 "왜 지난날 우리는 유독 시험 기간에, 그런 책들이 미친 듯 읽고 싶었던 걸까요?"라고 반문했듯이, 다른 학생들처럼 도서관을 주로 '자습실'로 이용하던 저자에게 이같이 여유로운 독서는 한가로운 신선놀음 같았다. 그 풋풋했던 시절로 되돌아갈 수만 있다면, 그 보부아르의 책들을 꼭 읽을 것이다. 소녀적 감수성이 풍부했던 시절에 읽는 보부아르와 이제 나이가 지긋이 들어서 읽는 보부아르는 결코 비슷한 감정일 수가 없기 때문이다. 그때만 해도 보부아르에 대해서 무언가를 쓰게 되리라곤 상상하지 못했다.

책을 쓰면서 생각한 집필 주제는 '보부아르 좌파의 페미니즘 위선'이었다. 보부아르의 전기작가인 디어드리 베어가 그들의 몸과 영혼을 칭칭 감고 있는 '거만' 때문에 그들을 별로 좋아하지 않는다는 사실을 깨달았다고 후일에 고백했듯이, 저자의 경우에는 이 세기의 커플인 사르트르와 보부아르에 대한 '매혹'과 '혐오'의 감정 중에서 후자 쪽이 훨씬 강했던 것 같다. 그 이유는 한 시대를 풍미했던 이 좌파

듀오 지식인의 '위선' 때문이다. 언제부터인가 우리 사회에서도 위선이 최고 악덕(?)의 지위를 차지한 것처럼 보인다. 우리가 단순한 악인보다 위선자를 더 혐오하는 이유는 이제 세계어로 등극한 한국형 신조어인 '내로남불(Naeronambul)' 행태 때문이 아닐까 싶다.

'거만'과 '위선'은 마치 일란성 쌍둥이처럼 서로 밀접한 관련이 있다. 둘 다 자기기만이나 자신의 결격 사유에 대한 고의적인 무지를 수반하는 반면, 다른 사람에게는 특정 이미지나 이중 잣대를 투사하기 때문이다. 거만함은 위선을 가능케 한다. 거만한 개인은 자신이 도덕적으로 우월하다고 믿으며, 자신의 모순이나 이중성을 정당화한다. 자신을 '예외적' 존재라고 여기고, 자신의 행동이 어떤 방식으로든 비판을 받지 않는다고 생각한다. 이런 태도는 다른 사람에게 자신에게는 적용하지 않는 기준을 적용하기 때문에 위선의 토양을 만든다. 넓은 의미에서 위선은 특정 신념, 미덕 또는 원칙을 주장하거나 지지하는 것처럼 하면서 그러한 숭고한 이상과 모순되는 행동을 하는 행위를 가리킨다. 일반적으로 도덕적 불일치가 수반되며, 개인이 옹호하는 것과 개인적으로 실행하는 것 사이에 현격한 차이가 있다.

보부아르가 '실존적 자유의 실천'이라는 미명으로 사르트르와 주기적으로 공모해서 벌였던 미성년 소녀(제자)들과의 부적절한 관계를 단순히 인간적인 과오나 개인적 일탈로 치부해서는 안 된다. 이는 국제적인 명성을 지닌 사회운동가인 보부아르가 나이가 들어가면서 열렬히 포옹하고 옹호했던—자율성, 동의, 개인 존엄성에 대한 존중 같은—페미니스트 원칙을 훼손하기 때문에 더욱 그렇다. 많은 프랑스 좌파 지식인들도 마찬가지다. 그들은 평등과 사회 정의, 사회 약자와 소외 계층 보호에 초점을 맞추지만, 그중 상당수는 엘리트주의적이거나 착취적이고 가부장적인 행동에 관여하지 않았던가? 물론 위선이 좌파 지식인들의 전유물이라는 이야기는 아니다. 그러나 '앙가주망'을 내세우는 참여지식인의 경우에 위선은 공적 입장과 사적 행동 사이에 단절이 있을 때 나타난다. 특히 '평등'과 '정의'의 이상이 높은 도덕적 기준에 따라 유지될 수 있는 좌파 집단에서 두드러진다. 그들은 혁명이나 급진적인 사회 변화를 옹호하지만, 자신이 지지하는 바로 그 체제의 '억압적' 결과는 애써 무시하거나 축소한다. 가령, 사르트르나 보부아르가 개인의 자유가 보장되는 민주주의 사회에 살면서 장구한 세월 동안 사회주의나 공산주의의 이름으로 인권을 침해하거나 시민을 억압하는 정권을 옹호했던 것은 명백한 위선으로 볼 수 있다.

책의 집필을 보부아르 좌파의 위선에 초점을 맞추다 보니, 시대적 조류를 역행하는 어리석음을 범했다. 요즘 보부아르는 그녀의 이름을 딴 학교나 '보부아르주의'라는 신조어가 나올 정도로 철학자나 작가로서 그야말로 최전성기를 맞이했다. 그런데 보부아르 자신보다 오히려 한물간 그녀의 남자 친구를 비중 있게 다루고, 페미니즘보다 퇴색한 실존주의를 더 집중적으로 조명하지 않았나 싶은 아쉬움은 있다. 그러나 보부아르의 급진적 페미니즘의 원류가 헤겔·마르크스주의와 실존주의의 망령에 깊숙이 뿌리를 내리고 있다는 사실은 명약관화하다.

"세상의 모든 여성들이여! 그대들이 지금 누리고 있는 모든 것은 전부 보부아르 덕택이다!" 정말 그러한가? 솔직히 받아들이기 어렵다. 여성 억압에 대한 역사·사회·철학적 보고서인《제2의 성》에서 보부아르는 만들어진 '모성'과 '여성성'을 과감하게 '해체'해 버렸다. 그러나 폭탄적인 해체 선언 이후에 이 과격한 페미니즘의 대모(代母)는 거기에 대한 어떤 구체적인 해결방안을 찾아내거나 제시하지는 않았다. 사실상 급진적 페미니스트들이 문제의 여성성을 사회적으로 학습된, 인위적인 사회적 구성물로 여기는 태도는 자가당착의 논리에 지나지 않는다. 여성성이 없는데 어떻게 '여성 해방'을 하고, 또 여성성이 없는 '여성 연대'가 현실적으로 가능하다는 것인가? 영어 속담에 "목욕물과 함께 아기를 내던지지 말라.(Don't throw the baby with the bathwater.)"라는 말이 있다. 가치 없는 것, 중요하지 않은 것을 없애려다 정말 소중한 것을 잃지 말라는 경구다. 오늘날 세계 도처에서 '성역' 파괴가 일상적으로 진행 중이지만, 아직도 여성 직업의 대부분은 '전통적 여성 역할'의 연장 선상에 있다. 또한, 때로는 비틀리고 왜곡된 그 성역 파괴가 진정 우리 여성의 권리 증진에 기여하는지에 대해서도 회의적이다. 마치 괴물과 싸우면서 괴물이 되어버린 페미니즘의 현주소를 보는 섬뜩한 느낌이랄까? 그래서 미래의 페미니즘은……

1. 여성 해방의 핵심 원칙으로 돌아가기

페미니즘은 여성의 권리와 해방이라는 근본적인 문제에 다시 초점을 맞춰야 한다. 여기에는 평등한 기회, 생식권(재생산 권리), 성폭력으로부터의 보호, 여성에게 불리한 제도적 구조의 개혁 등이 포함된다. 이는 페미니즘의 역사적 뿌리와도 일치하며, 여성들이 직면한 난제들을 해결하는 데 실용적인 목표들을 제공한다. 이번 미국 대선에서 생식권 문제가 쟁점으로 떠올랐다고 한다. 저자도 여성들의 '성적 자기 결정권'을 존중하지만, 태아의 소중한 생명권과 연결된 낙태의 문제를 '성 평등'의 핵심 의제로 도마에 올리는 것, 즉 소모적인 정쟁의 도구로 삼는 것은 개인적으로 바람직하다고 보기는 어렵다. 낙태 문제는 여성 본인의 판단을 근거로 의료 영역으로 넘기면 된다.

2. 젠더 이데올로기에 대한 비판

주디스 버틀러가 대중화한 '젠더 이론'은 페미니스트 담론의 범위를 미증유(未曾有)로 확대했지만, 젠더 이데올로기가 미치는 해악에 대한 정당한 우려도 있다. 이제 페미니즘은 다양한 '성 정체성(다양한 성소수 자, 사회적 약자)'으로 확장되어, 여성 권리에 초점을 맞춘 사람들과 더 광범위한 성 문제를 옹호하는 사람들 사이에 긴장과 갈등을 초래했다. 젠더 이론은 ① 트랜스젠더와 ② '비(非)바이너리(여성도 남성도 아닌 성별로 트랜스젠더와 젠더퀴어에 속하는)' 개인의 경험을 중심으로 하여, 페미니즘 운동 내에 심각한 '균열'을 조성했다는 비판을 받는다.

미래의 페미니즘은 억압과 피해 의식의 늪에 빠져 허우적대는 '정체성 정치'로 인해, 더 이상 '여성의 권리'에 대한 초점을 흐려서는 안 된다. 얼마 전, 미국 뉴욕대학의 조교수로부터 문의 메일을 받은 적이 있다. 그녀의 이름을 보니, 코리안 어메리칸 같았다. 문의 주제는 '여성'이 아니라 일제강점기 한국의 '쌀 품종'에 관한 것이었지만, 이메일 말미에 인칭대명사를 "그녀(she), 그들(they)"이라고 쓴 것이 매우 인상적이었다. 비록 그녀, 그들의 성 정체성은 알 수 없지만, 소위 젠더주의가 어떻게 학문의 장르를 불문하고 미국 대학가를 장악했는지를 엿볼 수 있는 대목이었다.

3. 공유된 여성성에 기반한 연대 촉진

페미니즘은 성차별과 억압에 대한 공유된 경험에 기반한 '여성 간의 연대'를 강화할 필요가 있다. 미국 코네티컷대학의 심리학자 다이안 퀸은 114명의 여성 대학원생을 대상으로 '성희롱' 관련 실험을 했다. 실험 참가자들에게 한 여성이 한 남성으로부터 성희롱적인 언행을 듣는 동영상을 보여줬다. 참가자들은 그 장면을 본 것만으로도 성희롱을 당한 당사자 못지않은 불쾌감을 느꼈다고 한다. 연구진은 "여성이라는 성 동질감과 정체성이 강해 성희롱을 목격한 것만으로도 큰 모욕감과 불쾌감을 느끼는 것"이라고 설명했다. 이처럼 동병상련의 여성 연대를 촉진하는 페미니즘이 '미투 운동'의 토대를 마련했다. 그러나 때때로 지나치게 징벌적이거나 '분열,' 심지어 '남성 혐오'라는 프레임을 조장하는 미투 운동의 확산에 대해서는 반드시 경계해야 한다. 성희롱이나 학대에 대한 확고한 입장이면서 '대화'를 활성화하는 균형 잡힌 접근 방식이야말로 페미니즘이 정통성을 유지하는 데 필수적이다.

4. 이념적 극단주의를 거부하라

페미니즘은 급진적 젠더 이론이든 다른 양극화된 견해이든 극단적인 이념을 피해야 한다. 대신, 페미니즘은 여성 문제에 대한 실용적인 해결책을 모색하고, 교조주의적이지 않으면서도 열린 토론과 대화를 해야 한다. 이러한 유연한 접근 방식을 통해 페미니즘은 여성의 정의와 평등에 기여하는 동시에 사고의 다양성을 유지할 수 있다.

5. 가족과 사회적 안정을 수호하라

특히 종교계의 비평가들이 자주 제기하는 비판 중 하나는 젠더 이론이 가족 구조와 사회적 안정을 훼손한다는 점이다. 그러나 페미니즘은 가족 역할의 가치를 인정하면서도 성 평등을 추구할 수 있다. 많은 여성이 일과 가정의 균형을 유지하는 데서 힘을 얻고 있지 않은가? 페미니즘은 이러한 현실을 인정하고, 극단적인 젠더 이념에 소외감을 느끼거나 페미니즘 자체를 거부하는 여성들조차도 아우를 수 있는 포괄적이고 실용적인 접근 방식을 제공해야 한다.

6. 성 정체성이 아닌, 여성의 행위에 초점을 맞추어야 한다

페미니즘은 여성이 생물학적, 사회적 범주로서 다루어야 할 고유한 권리와 요구 사항이 있다는 생각으로 돌아가야 한다. 단지 '성 정체성'만으로 페미니즘의 목표를 결정한다는 생각은 위험한 발상이다. 페미니즘은 정치, 경제, 사회 분야에서 여성의 행위에 초점을 맞춤으로써 여성 해방 운동으로서의 목적을 되찾을 수 있다. 급진적 페미니스트들은 여성성에 대한 전통적 개념을 거부하는 것이 해방에 필수적이라고 주장하지만, 미래의 페미니즘은 여성성을 되찾고 재정의하여 정치·경제·사회 분야에서 여성에게 권한을 부여하는 데 초점을 맞춰야 한다.

7. 페미니즘 활동에서 윤리적 경계를 재확인하라

페미니즘이 "괴물과 싸우는 동안 괴물이 되었다."라는 생각은, 페미니즘이 지나치게 호전적이거나 윤리적 기반을 잃고 있음을 시사한다. 미래의 페미니즘은 교량을 건설하고, 파벌주의를 피하고, 높은 윤리적 기준을 고수하는 데 집중해야 한다. 이를 통해 페미니즘이 배타적이거나 사회적으로 소외되는 것을 방지할 수 있다.

페미니즘의 미래는 이념적 극단주의를 피하면서 여성의 물질적 필요와 해방에 초점을 맞춘 균형 잡힌, 실용적인 접근 방식을 강조해야 한다. 젠더 이론에 비판적으로 참여하고, 공유된 여성성에 기반한 연대를 촉진하고, 윤리적 기준을 고수함으로써 페미니즘은 현대적 도전에 적응하는 동시에 여성의 권리를 옹호할 수 있다.

2024년 10월 안동대 연구실에서

김복래

| 주 |

프롤로그 **탐욕과 위선: '페미니스트 아이콘 vs 페미니즘 위선'**

1 프랑스의 시사주간지는 약 10여 종인데. 우파지인 〈렉스프레스(L'Express)〉, 〈르 푸앵 (Le Point)〉, 중도적인 〈레벤망 뒤 주디(L'Événement du jeudi)〉, 좌파지인 〈르 누벨 옵세르 바퇴르(Le Nouvel Observateur)〉를 4대 시사주간지로 꼽는다. 그중 가장 판매 부수가 많 은 것은 국제적으로도 유명한 언론인 장 다니엘이 사장 및 주필로 있는 진보적 시사 주간지 〈르 누벨 옵세르바퇴르〉다.

2 캐비아 좌파는 1980년대부터 시작된 정치적 신조어이며, 어느 정도 '위선'을 암시 한다. 《프티 라루스(Petit Larousse)》 사전은 캐비아 좌파를 유려한 '사교생활 및 그 장 신구에 대한 취미와 결합된 진보주의에 대한 경멸적인 표현'으로 정의한다.

3 민간건강보험을 지닌 히피라는 뜻이다.

4 공동체가 생산, 유통 및 교환 수단을 소유하고 통제하는 사회를 옹호하면서, 값싼 에일 맥주 대신 고급한 화이트 와인을 즐기는 것이 온당치 않다는 취지에서다.

5 에마뉘엘 레비나스는 프랑스 철학자이자 탈무드 주석가로, 이집트 출신의 프랑스 시인 에드몽 자베스(Edmond Jabès·1912-1991)와 더불어 불어권에서 가장 중요한 유대 계 작가로 주목받는다.

6 지방·물·노폐물로 된 물질.

1장 **'지적 슈퍼스타' 사르트르와 만남**

1 1970년대 레비는 비슷한 성향의 철학자 앙드레 글뤽스만과 함께 마르크스주의에 반대하고 자유주의와 자유사회주의를 옹호하는 '프랑스 신철학(nouvelle philosophie)' 이라는 정치철학의 학파를 구성했다.

2 마오주의(Maoism)는 중화인민공화국을 건국한 마오쩌둥을 따르는 공산주의 분파이 며, 이 마오쩌둥 사상 신봉자를 마오주의자로 일컫는다.

3 프랑스의 68운동은 열악한 대학 환경, 보수적인 프랑스 대통령 샤를 드골, 프랑스 사회 전체에 대한 학생들의 저항 운동에 이어 노동자들이 총파업 투쟁하며 기존의

가치와 질서에 저항한 사건이다. 68운동은 흔히 '신좌파', '세대갈등', '저항문화', '대학개혁' 등으로 정의된다.

4 Gaby Wood, "Je suis un superstar(나는 슈퍼스타)," The Guardian, 2003.06.15.
5 돈 후안은 17세기 스페인의 전설 속 인물로, 호색한 또는 난봉꾼의 대명사로 알려져 있다.
6 프랑스 철학 교수이자 유네스코의 6대 사무총장이었다.
7 프랑스의 중등·고등교육 교원 임용 경쟁시험이다.
8 켄타우로스는 그리스 신화에 나오는 상상의 종족이다. 상반신은 사람의 모습이고 하반신은 말인데 말의 부분은 태양에 속하는 남성적인 힘을 나타내며, 이 힘을 다스리는 능력은 사람 부분에 있다. 요컨대 켄타우로스는 덕성과 판단력이라는 인간의 고귀한 본성과 대비되는 인간의 원초적인 에로스적 본능을 상징한다.

2장 전시(戰時)의 보부아르

1 '저항'을 뜻하는 불어 레지스탕스는 직접적으로는 제2차 세계 대전에서 비시 프랑스 및 나치독일 점령 하의 프랑스에서의 저항 운동을 가리킨다.
2 1940년에 마지노선을 지키고 있던 그는 독일군의 파리 입성 후에 포로가 되고 말았다. 다행히 이듬해 3월 사르트르는 '오른쪽 눈의 부분 실명'을 주장하는 허위 진단서 덕분에 석방되었다.
3 공상적 사회주의를 대표하는 샤를 푸리에 전문 철학자.
4 1941년에 이본 피카르는 사르트르가 자칭 설립한 '사회주의와 자유' 그룹에 가입했으며 레지스탕스에도 가입했다. 그러나 그녀는 '아마추어'라고 여겼던 사르트르의 그룹을 떠나 공산주의 청년단에 합류했다. 그녀는 약혼자인 유부남 가스통 에티에방(Gaston Étiévent)과 함께 1942년 5월에 체포되었다. 1942년 8월 약혼자는 재판 없이 총살당했고 그녀는 수감되었다가 나중에 아우슈비츠 강제수용소로 이송된 뒤 곧 사망했다.
5 Annie Cohen-Solal(1985), Sartre 1905~80, Paris, Gallimard.
6 1930년대 이후 프랑스 공산당은 모스크바의 지령에 복종하고, 스탈린을 숭배하는 정당이었다.
7 보부아르는 1936년부터 1939년까지 몰리에르 고등학교에서 교편을 잡았다.
8 기투(projet)는 현재를 초월하여 미래에로 자기를 내던지는 실존의 존재 방식으로 하이데거나 사르트르의 실존주의의 기본 개념이다.
9 보부아르의 양녀인 실비 르 봉 드 보부아르가 이 서신들을 우연히 발견, 《사르트르에게 보내는 편지》라는 제목으로 출간한 것이다. 프랑스의 갈리마르(Gallimard) 출판사가 펴낸 이 두 권의 서한집에는 1930년부터 63년까지 30여 년 동안 보부아르가

사르트르에게 보낸 321통의 편지가 날짜순으로 정리돼 있다.

10 1968년 68운동 당시 학생운동 세력의 선전지로 출발했다. 1973년 '68운동' 정신
    의 계승을 선언하며 정식 일간지로 창간되었는데 당시 발행인은 장 폴 사르트르였
    다.

11 이 책은 출간된 지 13년 만에 46판이라고 하는, 철학책으로서 유례가 없는 출판 기
    록을 세우며 그를 단번에 위대한 철학자의 대열에 올려놓았다.

12 갈리아는 지금의 프랑스에 해당하는 지역이다. 프랑스 조상들을 라틴어로 갈리아
    인, 불어로는 '골(gaulois)인'이라고 한다.

13 1960년 카뮈는 크리스마스 휴가를 보내고 친구가 운전하는 차를 타고 파리로 돌아
    오던 중 빙판길에서 차가 미끄러져 길가의 나무와 충돌한 사고가 벌어지고 그 자리
    에서 사망했다.

14 Pierre Assouline(2017), L'épuration des intellectuels, Paris, Place des éditeurs; Anne-
    Sophie Moreau(2007), "La République du silence," Philosophie magazine, no 14, 1er
    novembre 2007.

15 알베르 카뮈에 대하여, 정의와 존엄의 사도인 사르트르는 "모든 반공주의자는 개
    다!"라고 말한 적이 있다. 만일 카뮈가 개라면, 사르트르는 사실상 '돼지'였다고 비
    아냥대는 것이 작금의 현실이다.

16 1936년 소련 당국은 그를 소련에 초청했고, 지드는 네덜란드 시인 제프 라스트(Jef
    Last), 프랑스 소설가 피에르 에르바르(Pierre Herbart), 사회주의작가 루이 기유(Louis
    Guilloux)와 으젠 다비(Eugène Dabit), 도서출판자 자크 쉬프린(Jacques Schiffrin) 같은 지인
    들과 함께 두 달 반 동안 소련을 방문했다.

17 황동하(2011), 〈앙드레 지드의 소련 방문기에 나타난 소련인상〉, 사림 제49호.

18 프랑스 철학자, 의사로 가스통 바슐라르의 제자이며 미셸 푸코의 스승으로 알려져
    있다.

19 장 카바예스는 프랑스 철학자이자 논리학자로 프랑스 레지스탕스에 가담했고
    1944년 2월 17일 게슈타포에 체포되어 1944년 4월 4일 총에 맞았다.

20 메를로-퐁티가 말하는 진보적 폭력이란 폭력 그 자체를 없애기 위한 폭력은 정당하
    다는 것이다.

3장 첫 소설《초대받은 여자》의 삼각관계

1 코메디 프랑세즈는 1680년에 문을 열어 340년 이상의 역사가 있는 세계에서 오래
   된 극장 중의 하나다.

2 제1부《철들 무렵》(1945), 제2부《유예(猶豫)》(1945), 제3부《영혼 속의 죽음》(1949),
   제4부《마지막 기회》는 1절 '기묘한 우정'(1949)으로 구성된 미완의 소설이다. 사르

트르는 1945년 앙가주망문학의 실천이라는 입장에서 야심을 가지고 집필을 시작했으나 1949년 미완으로 끝났다.

3 서양의 전설 혹은 신화에 등장하는 인간 형태를 한 괴물의 종류.

4 Andy Martin (2012), The Boxer and The Goal Keeper: Sartre versus Camus, Simon & Schuster.

5 〈보그〉는 패션, 미용, 문화, 생활, 런웨이를 포함한 많은 주제를 다루는 미국의 월간 패션 및 라이프스타일 잡지다

6 1,000페이지가 넘는 서신을 주고받았던 연인 카자레스에 대한 열정 덕분에 《반항하는 인간(L'Homme Révolté)》(1951)을 쓸 수 있었다는 말이 나올 정도로 카뮈는 카자레스와 12년간 교류하면서 애증 어린 사랑을 나누었다.

7 《구토》의 내러티브는 카페에 자주 출몰하는 지식인(사르트르)의 일기 형식을 취하고 있다.

8 소설의 여주인공 프랑수아즈 미켈(Françoise Miquel)은 재능 있는 배우이자 감독인 피에르 라브루스(Pierre Labrousse)와 8년 동안 동거한 젊은 작가다.

4장 《제2의 성》페미니즘의 청사진

1 1968년 〈뉴욕타임스 매거진(The New York Times Magazine)〉에서 최초로 언급된 이래, 제1물결, 제2물결, 제3물결은 페미니즘의 시대적 흐름을 보여주는 틀로 많이 활용되어왔다.

2 원래 팔레 루아얄은 루이 13세 시대에 재상을 지냈던 리슐리외 추기경의 궁전이었다. 1627-1629년에 건조되었으며, 건축가 자크 르 메르시에(Jacques Le Mercier·1585-1654)가 설계한 초기 바로크 양식의 건축물이다.

3 그리스의 옛 이름.

4 미소년 가니메데에게 반한 제우스가 독수리를 시켜, 혹은 본인이 독수리로 변신해서 납치한 뒤 올림포스에서 술을 따르게 했다고 전해진다.

5 아내 아리아드네이란 설과 어머니란 설이 존재함.

6 Apollodorus of Athens (2016), The Library of Apollodorus(Delphi Classics), Delphi Classics, p. 198.

7 플라톤 최후의 저서이며 《대화편》들 중 분량이 가장 많다. 소크라테스가 등장하지 않는 유일한 《대화편》이며, 대신 플라톤 자신이라고 여겨지는 익명의 아테네인이 등장한다. 플라톤은 이 《대화편》을 퇴고하지 못하고 죽었고 플라톤 사후에 한 제자가 출판했다.

8 John Boswell (1980), Christianity, Social Tolerance, and Homosexuality: Gay People in Western Europe from the Beginning of the Christian Era to the Fourteenth Century,

Chicago: The University of Chicago Press.

9 Thomas K. Hubbard (2003), Homosexuality in Greece and Rome, A Source Book of Basic Documents, University of California Press, p. 2.

10 존 보스웰은 1994년 47세의 나이로 AIDS 합병증으로 사망했다. 그는 죽을 때까지 약 20년 동안 제론 하트(Jerone Hart·1946-2010)와 '파트너' 관계를 유지했으며 그들은 뉴헤이븐의 묘지에 나란히 묻혔다. 그의 사후 보스웰의 작업은 중세주의자들과 퀴어이론가들로부터 비판을 받았는데, 그들은 동성애 문제를 학계에 끌어들인 그의 개인적인 용기를 인정하면서도 현대사회는 보스웰 주장의 타당성에 의문을 제기했다; Warren Johansson & William A. Percy (2009), "Homosexuality in the Middle Ages," Medievalist.net.

11 할페린은 젠더 연구, 퀴어 이론, 비판 이론, 물질문화 및 시각 문화 분야의 미국 이론가다; E. Stein (1992), Forms of Desire: Sexual Orientation and the Social Constructionist Controversy, Routledge.

12 특히 가장 깊은 곳에 있는 성적 범주도 '사회적 구성물'이라는 푸코의 생각은 확실히 최근 수십 년 동안 지적 지평에서 가장 강력한 영향력을 행사했다. 즉, 동성애자라는 범주가 100년도 채 되지 않은 사회적 구성물이라는 주장이다.

13 양성애자인 사강도 프랑스 작가·저널리스트인 아니크 게이(Annick Geille), 모델이자 패션 에디터인 페기 로슈(Peggy Roche) 등의 파트너로 알려져 있다.

14 1826년에 창간된 〈르 피가로〉는 세계적으로 권위 있는 프랑스의 일간신문으로 〈르몽드〉와 〈리베라시옹〉과 함께 프랑스의 3대 신문으로 불린다.

15 바네티는 한때 초현실주의 시인 앙드레 부르통(André Breton·1896-1966)의 정부였다.

16 그녀는 연속적으로 기혼남들과 자는 것으로 맞서면서 사르트르에 대하여 자세히 기술했다.

17 Simone de Beauvoir (1998), A Transatlantic Love Affair: Letters to Nelson Algren, The New Press.

18 피리같이 생긴 간단한 악기.

19 알그렌은 그녀에게 값싸고 평범한 은반지를 선물했는데, 그녀는 나머지 여생 동안 그것을 착용했다.

20 Judith Coffin, "Historicizing The Second Sex," French Politics, Culture & Society, Vol. 25, No. 3, pp. 123-148.

21 Simone de Beauvoir(1949), Le Deuxième Sexe, Paris: Gallimard, II. p. 13.

22 S. Freud (1905), "Three Essays on the Theory of Sexuality.

23 심리적인 원인으로 거세당하지 않을까 또는 거세당했을 것이라는 공포, 또는 고통스러운 어린이의 공상에서 비롯된다.

24 톰보이는 남자의 성역할을 하는 여자 또는 중성적인 매력을 띠는 여자를 가리키는 용어다. 주로 남자처럼 머리를 짧게 깎고 다니며 치마보다는 바지를 많이 입는 여자

등을 가리킨다.

25 독일 문학의 거성 요한 볼프강 폰 괴테(Johann Wolfgang von Goethe·1749~1832)가 그의 희곡《파우스트(Faust)》(1832)에서 처음 소개한 개념인 '영원한 여성성'은 수많은 여성과 여성 인물의 속성, 특성, 행동에서 추상화된 여성적인 것의 초월적 이상을 가리킨다.

26 1980년대 미국에서는 정치적 올바름, 이른바 PC운동이 활발하게 전개됐다. 인종이나 성, 종교 등과 관련된 잘못된 언어 사용을 하지 말자는 것이다. 이 운동은 1990년대 정점에 올라 엄청난 사회적 반향을 일으켰으며, 미국 사회에 만연한 소수집단에 대한 혐오감이나 편견, 불이익 등을 없애자는 인식이 널리 퍼지게 되었다.

27 부르주아지는 자신이 지닌 '생산수단'을 통해 이윤을 만들어내는 자본가 계급이며, 프티트 부르주아지는 노동 계급인 프롤레타리아트보다 여유로운 생활을 하지만 부르주아지만큼의 부는 없는 중산층에 해당된다. 이 계급은 상품경제 사회에서의 소생산자, 소상인으로 구성되는데, 소시민이라고도 한다.

28 "여성이 소설을 쓰려면 연간 500파운드의 수입과 자기만의 방이 있어야 한다." 버지니아 울프는 여성의 교육이 폐쇄되고 사회 진출이 제한되는 '남성 중심'의 문명 사회를 비판하면서, 여성이 사회·경제·자아의 측면에서 독립이 이루어져야 한다고 주장했다.

29 《제2의 성》이 세상에 나오기 전에 이미 보르도 태생의 페미니스트 작가이며 기혼 여성인 아드리엔 사위케(Adrienne Sahuqué·1885~1972)가《성적 도그마(Les dogmes sexuels)》(1932)란 책에서 여성에 대한 성적 선입견을 다룬 바 있지만, 그녀의 저술은 보부아르에 비해 큰 주목을 받지 못했다.

30 젠더 이론은 성차에 관한 이론으로서 성에 따라 어떻게 다른 가치, 정체성, 역할이 결부되는가에 대한 철학적 사회과학적 사유들이다. 이른바 젠더 이론은 1990년에 미국 철학자이자 젠더 이론가인 주디스 버틀러에 의해 발전된다.

31 퀴어 이론(Queer theory)은 퀴어학이나 젠더학을 연구하거나 퀴어를 바라보는 사회이론이나 철학의 하나로서 이성애만 정상이라는 이성애 규범적 시각에 도전하는 이론이다.

32 Deirdre Bair(1990), Simone de Beauvoir: A Biography, Random House.

33 Simone de Beauvoir (1997), Lettres à Nelson Algren. Un amour transatlantique, Gallimard. 보부아르의 양녀인 실비 르 봉 드 보부아르가 영어로 번역 편집해서 출판했다.

5장 보부아르의 성장소설《단짝들》

1 소설에서 자자는 앙드레로, 보부아르는 실비라는 이름으로 불린다.

2 그녀의 자서전 첫 권인《단정한 소녀의 회고록》은 1908년부터 1929년까지 그녀의 출생부터 사랑하는 친구 자자의 죽음까지를 다루고 있다. 이후로 추가 회고록이 이어졌지만, 그 어떤 자서전도《단정한 소녀의 회고록》의 성공을 누리지 못했다.

3 자자의 부모가 결혼을 반대한 이유는 메를로-퐁티가 사생아였기 때문이라는 설이 있다.

4 여성 고등사범학교(École Normale Supérieure de Sèvres·ENSJF).

5 세계 3대 문학상 중 하나이자 프랑스 최고 문학상.

6 1956년 중국에서 돌아온 보부아르는 자신의 유년 시절 이야기를 쓰기 시작했다. 이 이야기는 총 2,200페이지에 달하는 두툼한 네 권의 회고록으로 부풀어 올랐고, 그녀의 60년이 넘는 삶의 여정을 고스란히 포함했으며, 집필에 약 16년이 걸렸다.

7 불어로 마드무아젤(mademoiselle)은 미혼 여성에 대한 경칭, 마담(Madame)은 기혼 여성에 대한 경칭이다. 그러나 이제 프랑스에서는 여성들도 남성들과 마찬가지로 기혼 여부와 상관없이 모든 공문서에서 '마담'으로 통일해서 부르고 있다.

8 롤리는 유럽판이 아니라 미국판에 사르트르가 조니나에게 보낸 미발간 서신들을 실었다; Hazel Rowley (2005), tête-à-tête: Simone de Beauvoir and Jean-Paul Sartre, Harper.

9 에블린 레이도 사르트르의 연극《출구없는 방》에서 열연했다.

10 실비는 불가리아 태생의 프랑스 작가·페미니스트인 쥘리아 크리스티바(Julia Kristeva·1941~)와 함께 시몬 드 보부아르 상(賞)의 명예 회장이며, 보부아르에게 바치는 플레이아드(Pléiade) 앨범(2018)의 저자이기도 하다.

11 가짜 전쟁은 독일의 폴란드 침공에 대해 영국과 프랑스가 선전포고한 1939년 9월부터 프랑스 공방전이 시작된 1940년 5월까지다. 폴란드 침공으로 2차 대전이 발발했지만, 아직 서방 연합국과 나치 독일 간에 전면적 충돌이 거의 없었던 시기를 가리킨다.

12 Ann Cothran (2015), "Beauvoir, Simone de (1908-1986)," GLBYTQ Encyclopedia Project.

13 슈바르처는 1977년 페미니스트 잡지인 〈엠마(EMMA)〉의 창간으로 독일에서 여성운동의 대중화를 주도했다.

14 급기야 병원 구급차를 부를 때는 전화 요금을 내지 않아 전화가 끊긴 상태였고, 나중에는 자신의 장례비조차 걱정했을 정도였다고 한다.

15 정일권(2021), 〈성 소수자 운동 이끈 독일·프랑스선 '아동인권유린' 과거사 청산 중〉, 국민일보, 2021.10.19.

16 뷔네켄을 멘토로 모시면서 독일 철학과 문학을 배운 학자가 바로 독일 프랑크푸르트학파의 발터 벤야민(Walter Benjamin·1892-1940)이고, 이 벤야민은 주디스 버틀러에게도 큰 영향을 미쳤다.

17 녹색당은 독일 68운동의 산물인데 그 운동은 사회를 성적인 억압의 사슬로부터 해

방하고자 했다.

18 정일권(2021), 〈주디스 버틀러의 소아성애와 근친상간 옹호를 비판한다〉, 기독학 문학회, 통권 38호, p. 435.

19 Cheah, S.G. (2021), "Michel Foucault and other progressive intellectual heroes were pedophiles," Evie Magazine, 2021.04.05.

20 소르망은 당시 1969년 부활절 휴가에 친구들과 함께 푸코가 살고 있던 시디 부 사이드를 방문했다고 한다.

21 오리엔탈리즘(Orientalism)은 1970년대에 영국령 팔레스타인 태생인 미국 문학평론가 에드워드 사이드가 주장한, 서구 중심의 동양관(비서구권)에 기초한 각종 담론을 총칭하는 용어이자 동양에 대한 편견 및 고정관념을 뜻하는 말이다.

22 푸코는 자신을 환영하고 튀니스 대학에서 첫 번째 교수직을 제안한 튀니지에서의 시간을 이렇게 설명했다; Haythem Guesmi, "Reckoning with Foucault's alleged sexual abuse of boys in Tunisia," Al Jazeera, 2021.04.16.

23 Maria Laura Avignolo (2021), "Guy Sorman: 'Foucault was blind to his own pedophilia," The Limited Times, 2021.04.07.

24 소르망은 2021년 3월 영국 언론 〈선데이 타임스(The Sunday Times)〉와의 인터뷰에서 푸코가 튀니지에서 8-10세 어린 소년들을 상대로 성범죄를 저질렀지만 묻혔다며 자신이 당시 상황을 직접 목격했다고 증언함으로써 논쟁에 다시 불을 지폈다.

25 드페르는 푸코가 에이즈와 관련된 합병증으로 사망한 후, 프랑스 최초의 에이즈 옹호단체인 AIDES를 공동 창립했다.

6장 "그 아이는 동의했어?" 미투운동의 시작 《동의》

1 바네사 스프랭고라는 프랑스의 출판인·작가·영화감독이다.

2 그는 사망할 때까지 프랑스 공산당 중앙위원회의 공식 회원이었다.

3 Robin Andraca (2020), "Matzneff: les signataires d'une pétition pro-pédophilie de 1977 ont-ils émis des regrets?," Libération, 2020.01.02.

4 프랑스 유명언론인 베르나르 피보(Bernard Pivot·1935-)가 진행했던 인기 TV 프로그램.

5 1994년 재판의 서문에서 마츠네프는 "내가 변태, 악마, 방탕자라는 평판이 바로 이 책에서 나온 것입니다. 한마디로 '세속적 자살'입니다."라고 기술했다.

6 이를 영어로 번역하면 'stupid bitch'에 해당한다.

7 그러나 솔레르스는 TV 방송이 전파를 탔음에도 불구하고, 마지막 비속어 발언은 본인이 하지 않았다고 재차 부인했다.

8 Jon Henley(2001), "Calls for legal child sex rebound on luminaries of May 68," The Guardian, 2001.02.27.

9 2022년 6월, 그녀는 뉴욕 법원에서 20년형을 선고받았다.

10 르네 셰레르는 철학교수이자 동성애 운동가로, 자신의 저서에서 '소아성애'를 옹호했다는 비난을 받고 있다.

11 12세에 동성애로 인해 학교에서 퇴학당한 뒤베르는 논란의 여지가 있는 일련의 소설과 에세이를 통해 가족생활과 사회 규범에 대한 전쟁을 선포했다.

12 1960년대부터 북유럽에 존재했던 친소아성애 운동이 68년 5월 이후에 프랑스로 확산되었다.

13 1968년 이후 반권위주의적이고 자유로운 아동 교육을 목표로 설립된 사설 유아원(보육원)을 가리킨다.

14 문화마르크스주의는 대략적인 연관을 갖는 마르크스주의 집단의 총칭으로, 서양 사회 내 가족 구성, 성별, 인종 및 문화적 정체성 등의 문제들에 대해 '비평이론'의 응용을 추구하는 자들을 가리킨다.

15 오메르타는 시칠리아 마피아의 규칙이다. 마피아의 일원이 되기 위해 맹세할 때 서로의 손가락에 바늘을 찔러 피를 내고 의식을 실시하는 것으로부터 이 이름이 붙었다. 흔히 '마피아 십계명'이라고도 불린다.

16 오켕겜은 자신의 스승인 르네 셰레르와 평생 동성애 파트너였다. 오켕겜과 푸코는 둘 다 에이즈로 사망했는데, 전자는 1988년에, 후자는 1984년에 사망했다; (2020), "Paris retire une plaque en l'honneur de l'écrivain Guy Hocquenghem, ami de Gabriel Matzneff," Le Figaro, 2020.09.05.

17 좌파 정치학자 올리비에 뒤아멜은 방송진행자, 변호사, EU의회의원, 신문 칼럼니스트로도 활약했으며, 프랑스의 모든 법학도가 그가 쓴 헌법 교재를 공부했다.

18 책에 추가로 공개된 쿠슈네르 친부의 성 추문까지 보태져 프랑스 사회는 충격에 휩싸였다. 카미유 쿠슈네르의 친부는 국경없는의사회(MSF)를 공동 설립하고 보건부, 외교부 장관 등을 지낸 프랑스 정가의 거물 베르나르 쿠슈네르다. 책에 따르면 친부인 베나르 쿠슈네르는 어머니의 여동생(이모)이자 영화배우인 마리-프랑스 피지에(Marie-France Pisier·1944~2011)와 내연 관계였으며, 좌파 엘리트 지식인인 어머니는 남편과 여동생이 내연 관계라는 사실을 알고도 묵인했다는 것이다.

19 2020년 7월 환경운동가와 페미니스트 운동가들의 압력으로 인해 지라르는 문화담당 부시장직을 사임했다.

20 Norimitsu Onishi & Constant Méheut, "Former Deputy Mayor of Paris Accused of Sexual Abuse," The New York Times, 2020.08.16.

21 동성혼을 법적으로 인정한 최초의 나라는 네덜란드이다. 2000년 12월 법으로 혼인과 이혼, 입양을 포함해 이성결혼부부와 동등한 권리를 동성커플에게 부여했다. 이어서 벨기에(2003), 스페인(2005), 캐나다(2005), 남아프리카공화국(2006), 노르웨이(2009), 스웨덴(2009), 아이슬란드(2010), 아르헨티나(2010), 덴마크(2012), 브라질(2013), 프랑스(2013), 우루과이(2013), 뉴질랜드(2013), 영국(2013), 룩셈부르크

(2014), 핀란드(2014), 아일랜드(2015), 미국(2015), 콜롬비아(2016)가 동성혼을 인정하는 법을 제정했다. 2017년 6월 30일에는 독일이 이 대열에 합류하게 된다.

22 취소 문화는 주로 유명인을 대상으로 과거의 잘못되었다고 생각하는 행동이나 발언을 고발하고 거기에 비판이 쇄도함으로써 직업이나 사회적 지위를 잃게 만드는 소셜미디어상의 현상이나 운동이다.

23 LGBT는 성소수자 중 레즈비언(Lesbian), 게이(Gay), 양성애자(Bisexual), 트랜스젠더(Transgender)를 합하여 부르는 단어다.

24 그도 보부아르와 마찬가지로 양성애자였다.

25 Daniel Guérin(1972), Autobiographie de jeunesse. D'une dissidence sexuelle au socialisme, Paris: Belfond.

26 Front homosexuel d'action révolutionnaire (FHAR).

27 퀴어는 이성애자도 아니고 시스젠더(cisgender·트랜스젠더의 반대어)도 아닌 사람들을 가리키는 포괄적인 용어다. 퀴어 이론은 이성애 외부에 존재하고, 이성애 욕망이 '정상'이라는 개념에 도전하는 젠더 및 성적 관행에 대한 연구로 정의될 수 있다.

28 Monique Wittig(1980), "The straight mind," Feminist Issues, 1 (1).

29 최근에는 LGBT에 퀴어 또는 자신의 성 정체성을 확립하지 못하고 스스로 질문하는 사람(questioner)을 뜻하는 'Q'와 남성과 여성이라는 이분법에 해당하지 않는 성을 지칭하는 간성intersex인 'I'를 포함해 'LGBTQI'라는 단어를 사용한다.

30 김영길(2018), 〈성정치와 페미니즘〉, 한국기독신문, pp. 7-9.

31 김영길(2021), 〈캐나다, 딸의 성전환 반대한 아빠 '구속중'〉, 크리스천타임스, 2021.07.06.

32 사도마조히즘(가학피학증)은 타인이나 자신 또는 둘 모두에게 신체적 또는 정신적 고통을 가함으로써 종종 성적인 성격의 쾌감을 얻는 것이다. 고통을 가하면서 쾌감을 느끼는 사디즘과 고통을 받으면서 쾌감을 느끼는 마조히즘을 합친 용어다.

33 Gayle Rubin (2004), The Traffic in Women. Literary Theory: An Anthology, Malden, MA: Blackwell, pp. 770 - 794.

34 정일권(2021), op.cit., pp. 446-447.

35 해당 공무원은 형법 432-7조에 따라 차별 혐의를 받을 수도 있다.

36 신마르크스주의(neo-Marxism)는 이탈리아의 그람시, 헝가리의 루카치 등이 1920년대에 주장한 마르크스주의의 분파 사상이다. 1960년대의 신좌파 사상에 영향을 주었으며 독일 프랑크푸르트학파 등 막스 호르크하이머를 중심으로 한 아도르노·마르쿠제에 의해 1930년대에 계승된 신좌파 사상이다.

37 Herbert Marcuse(1974), Eros and Civilization: A Philosophical Inquiry into Freud, Boston: Beacon Press, pp. 3, 5.

38 김영한(2020), 〈문화마르크스주의: 비판적 성찰(II)〉, 코람데오닷컴, 2020.04.09.

39 가스라이팅이란 사실이나 사건을 의도적으로 왜곡하여 상대방의 기억, 인식 또는

정신력을 의심하게 만드는 심리적 조작을 의미한다. 가스라이팅은 1938년 패트릭 해밀턴 작가가 연출한 스릴러 연극《가스등(Gas Light)》에서 유래된 '정신적 학대'를 일컫는 용어다.

40 정일권(2021), op. cit. pp. 440-444.

41 1995년과 1996년에 그는 여섯 명의 여자 어린이를 납치하여 성적으로 학대하고, 그중 네 명을 사망으로 이르게 한 벨기에의 연쇄 살인자로, '샤를루아의 괴물(monstre de Charleroi)'이라는 별명으로도 불린다.

42 즉, 이렌 테리는 자기 어머니가 가정적 여성이라는 이상화된 이미지를 통해 직업을 포기하도록 강요된 첫 희생 세대라는 얘기다.

43 Dorothy Kaufmann(1986), "Simone de Beauvoir: Questions of Difference and Generation," Yale French Studies, no. 72, p. 127; Deirdre Bair(1990), Simone de Beauvoir: A Biography, Touchstone.

44 Iris van der Tuin (2010), "The arena of feminism: Simone de Beauvoir and the history of feminism," Doing gender in media, art and culture, New York: Routledge.

45 최근 유럽에서 태어나는 아이들의 절반이 부모 중 한 명이 없는 정상적이지 않은 가정의 형태에서 태어난다는 보도가 있다.

46 이 주제에 관심을 가진 페미니스트가 거의 없었을 당시에 그녀는 '생태학과 페미니즘' 그룹을 이끌었고 생태페미니즘을 창설했다.

47 Françoise d'Eaubonne(1974), Le Féminisme ou la mort, Paris: Horay, p. 221.

48 프랑스에서 두 번째로 규모가 큰 프렌 교도소의 소재지로 유명한 곳이다.

7장 사르트르 앙가주망

1 전도서 1장 2절.

2 에콜 노르말은 고등학교인 리세(lycée)와 대학(université)에서 가르칠 교사와 교수 및 정부 부처에서 근무하는 공무원을 양성하는 것이 목적인 사범학교를 총칭하는 이름이다. 프랑스 교육에서 최고의 정점에 있는 초일류 고등교육기관 중 하나로 손꼽히며, 현재 프랑스 및 유럽에서 다양한 학문에 지대한 영향을 끼친 학자들과 정·재계를 움직이는 수많은 엘리트를 꾸준히 배출하고 있다.

3 Sarah Bakewell (2016), At the Existentialist Cafe: Freedom, Being, and Apricot Cocktails, Other Press.

4 후설은 1901년《논리연구》를 출간하여 현상학을 개척했다. 후설은 인간의 의식에 드러나는 그대로의 '현상'을 기술하는 방법을 찾고자 했기 때문에, 그의 철학적 방법은 '현상학'이라 불리게 되었다. 아마도 사르트르는 1929년 후설이 파리 소르본 대학에서 한 강연을 직접 들을 기회를 놓쳤던 것으로 보인다.

5 하이데거는 실존적 인간을 '현존재(Dasein)'라고 규정한다. 여기에서 '현(Da)'이란 존재가 구체적으로 드러나는 바로 '거기'를 뜻하는 말이다.

6 하이데거가 말하는 던져진 존재로서 인간은 철학사의 또 다른 혁명을 일으킨다. 이제까지 인간은 세계를 대상화하여 바라보는 주체였지만, 사실은 우리의 선택이 아니라 이미 그렇게 되어 있는 세계에 던져진 존재라는 것이다.

7 그러나 1941년 헌정사를 삭제한 이유가 두 철학자의 관계에 대한 부정(否定) 때문이 아니라, 오히려 그 책이 나치 정권에 의해 금지될 것을 두려워 한 하이데거 출판사의 검열 제안의 결과였다는 설이 있다.

8 반유대주의는 인종차별의 한 형태로 유대인에 대한 적대감, 편견 또는 차별을 가리킨다.

9 하이데거는 1933년에 부인과 함께 나치당에 가입했고, 제2차 세계 대전이 끝날 때까지 그는 당원으로 남아 있었다.

10 이 육필 원고는 하이데거가 1931년부터 1941년 사이 개인적으로 남긴 일종의 철학 일기다. 이 문제의 일기 속에서 반유대주의적 내용이 발견되어, 하이데거의 나치 참여는 철학계에서 다시 한번 크나큰 파장을 일으켰다.

11 Philip Oltermann, "Heidegger's 'black notebooks' reveal antisemitism at core of his philosophy," The Guardian, 2014.03.13.

12 제2차 세계 대전 직후 비나치스화 청문회가 열리자 하이데거는 프라이부르크에서 해임되어 강의가 금지되었다. 1949년 수년간의 조사 끝에 프랑스군은 마침내 하이데거를 '단순가담자(Mitläufer·정치말단당원)' 혹은 '동료여행자(fellow traveller)'로 분류했다.

13 Michael Inwood(2015), "Was Heidegger a Semitic Nomad?," Marginalia, 2015.02.17.

14 그는 마틴 루터의 글을 집중적으로 연구했으며 사실상 루터 교인이 되었다.

15 하이데거는 한나 아렌트와는 4년 동안, 엘리자베스 블로흐만과는 수십 년 동안 관계를 지속했다.

16 자크 데리다는 페르디낭 드 소쉬르(Ferdinand de Saussure·1857~1913)의 언어학과 후설 및 하이데거의 현상학에 심취했던 철학자였다.

17 Alain Garrigou (2014), "Si Heidegger avait été en prison(만일 하이데거가 감옥에 갔다면)," Le monde diplomatique, 2014.09.23.

18 그때까지만 해도 두 사람이 '연인' 사이였다는 사실은 세간에 알려지지 않았다.

19 Luisa Zielinski (2016), "In His Own Words," The Paris review, 2016.10.18.

20 선인장의 일종에서 추출한, 환각물질이 들어 있는 약물.

21 사르트르의 첫 번째 실험이 있은 지 10년 후, 현상학자인 메를로-퐁티도 "그때 나는 뱀으로 둘러싸인 작은 섬에 있다는 두려움에 사로잡혔습니다."라고 메스칼린 실험에 대한 자기 관찰을 인용했다; Mike Jay (2019), "Sartre's Bad Trip," The Paris Review, 2019.08.21.

22 '예술을 위한 예술'이라는 개념에 반대하는 참여문학은 사회에 대한 작가의 '책임' 이라는 개념을 전제로 한다.

23 갈리마르 출판사는 〈레 탕 모데른〉에 자금을 지원하고, 생 제르멩 데 프레의 중심부에 위치한 세바스티앙 보탱 거리 5번지에 있는 작은 사무실을 제공하기로 동의했다.

24 Agnès Poirier(2019), "Les Temps Modernes: Paris mourns passing of the intellectual left's bible," The Guardian, 2019.05.25.

25 드레퓌스 사건은 19세기 말 프랑스 제3공화국 시절에 유대인 장교 알프레드 드레퓌스에게 스파이 혐의를 부당하게 씌우면서 이를 둘러싸고 프랑스에서 극심한 정치적 분열을 일으킨 사건이다. 당사자인 드레퓌스가 석방된 후에도 이 사건은 오랫동안 프랑스 내부의 치열한 논쟁거리로 남았다.

26 1960년대 후반부터 미국에서 시작된 '르포르타주(reportage · 탐방기사)'의 새로운 양식이다. 종전의 저널리즘의 단편성과 상투적 수법에서 오는 결함을 피하고 대상에 깊이 밀착하면서 사실을 파헤치고, 소설 수법으로 실감있게 전하려는 데 있다.

27 장 주네는 프랑스의 시인이자 소설가, 극작가로 파리에서 태어났다. 어릴 적부터 소년원과 감방을 전전하다 종신형을 선고받았으나, 사르트르와 보부아르, 시인 장 콕토 등의 도움으로 출감해 본격적인 작품활동을 시작했다. 주요 작품으로 감옥에서 비밀리에 나온 《사형수》등의 시집과 《꽃들의 노트르담》, 《장미의 기적》, 《도둑 일기》등의 소설, 《하녀들》, 《발코니》, 《병풍들》등의 희곡이 있다.

28 김수영과의 불온시 논쟁.

29 까치는 거의 쓸모 없거나 '가치가 없는 물건을 수집하는 사람'이나 '멍하니 잡담하는 사람'을 비유적으로 지칭한다.

30 드레퓌스주의는 사전적 용어로는 부당하게 징역형을 선고받은 유대인 포병 대위 알프레드 드레퓌스의 결백을 믿고 지지하는 사람들의 태도를 가리키며, 정치권에서는 드레퓌스를 지지하는 운동을 지칭한다.

31 당시 공무원, 변호사, 의사는 개신교도에게 허용되지 않은 직업이었기 때문이다. 프랑스 법은 개신교 예배를 금지하고 신앙인에게 어떤 재산을 팔 수 있는지, 어떤 직업을 가질 수 있는지에 대한 제한을 부과했다.

32 수레바퀴에 몸을 묶어 돌리며 죽이는 형벌.

33 1927년 니장은 공산당에 입당했으나, 이후 독소불가침조약을 계기로 이를 반대해 탈당했다. 1939년 공산주의 진영에서 이탈했으며, 제2차 세계 대전 때 영국군 장교로 참전했다가 독일군에게 붙들려 덩케르크에서 살해되었다.

34 켈트족 · 골족 사회에서 종교 · 교육 · 사법 기능을 담당했던 신관을 드루이드 사제라고 한다.

35 볼테르는 1778년 파리에서 사망했다. 그의 희곡 제작을 감독하기 위해 28년 만에 처음 파리로 귀환한 지 불과 몇 달 후였다.

36 강미숙, 〈강미숙의 세상 보기. 한국판 장 칼라스, 한국판 볼테르〉, 프레스뉴스통신,

2022.08.19.

37 1750년대 초반부터 볼테르가 죽을 때까지 두 사람은 결혼한 부부로 살았고, 1760년에 마리-프랑수아즈 코르네유라는 가난한 젊은 여성을 입양했다. 볼테르는 나중에 코르네유의 결혼 지참금을 지불했으며, 종종 자신과 미뇨를 가리켜 그녀의 '부모'라고 불렀다.

38 볼테르가 스위스 국경에 위치한 작은 마을 페르네에 정착했을 때, 페르네는 주민 수가 50여 명에 불과한 척박한 땅이었다. 그러나 20년 후 그가 떠날 무렵에는 시계 공장과 문화공간의 설립 등으로 무려 1,200명의 자족적 공동체를 이룩하는 쾌거를 거두었다.

39 동성애자로 알려진 프리드리히 2세는 상수시 궁전에 동성애와 관련된 고대 그리스 신화 영웅들을 주제로 한 정자를 세웠다.

40 볼테르는 자신을 '상인 철학자'라고 정의하기를 좋아했으며, 무장 호위함들이 아프리카로의 '삼각 무역' 항해에 집중하던 1740년대에 프랑스 동인도 회사에도 자금을 대는 등 노예무역에도 관여했다는 불미스러운 소문이 있다.

41 반성직자주의 또는 반교권주의(anti-clericalism)는 로마 가톨릭교회나 가톨릭교회 성직자들의 권위주의에 반대하는 사상을 말한다.

42 당시 졸라와 그의 친구들은 투옥될 위기에 처한 그가 영국으로 탈출하는 것이 '최선책'이라고 결정했다.

43 원래 '프티(petit)'는 '작다'는 뜻이지만, 〈르 프티 주르날〉은 19세기 말 프랑스에서 가장 큰 신문 매체였다.

44 Méhana Mouhou (2006), Affaire Dreyfus: conspiration dans la République, Paris: L'Harmattan, p. 60.

45 드레퓌스 사건 이전에도 반유대주의는 존재했으나 주로 지식 엘리트층에 국한되었다. 그렇지만 드레퓌스 사건은 사회의 전 계층을 통해 유대인에 대한 증오를 퍼뜨렸고, 특히 시세를 좇는 정치인 중에서 반유대주의를 의회 선거의 슬로건으로 악용하는 자들이 부지기수였다.

46 제4의 권력이란 기자와 언론기관이 정치에 영향을 미치는 힘을 삼권분립에 빗대어 이르는 말이다. 곧 언론기관은 정보를 전달하고 퍼뜨림으로써 여론에 큰 영향을 미쳐 입법부, 행정부, 사법부의 것에 비길만한 큰 권력을 가진다는 의미다.

47 동화주의는 한 문화의 소수민족이나 이민자나 정복당한 민족, 그 외 사회적 소수자들이 지배 문화나 사회 주류 문화로 동화하는 것을 장려하는 정책을 가리킨다.

48 시온주의는 팔레스타인(Palestine)에 유대인들의 국가를 건설하려는 민족주의 운동이다.

49 세속성은 프랑스식 세속주의, 즉 정교분리 사상을 일컫는 표현이다.

50 Michael Rosen (2017), The Disappearance of Emile Zola: Love, Literature and the Dreyfus Case, Pegasus Books.

51 문예 비평가 및 공쿠르 상의 창시자.

52 그의 죽음이 사고인지 살인인지는 의견이 분분하지만 1953년 프랑스 신문 〈리베라시옹〉은 그의 집 굴뚝이 반드레퓌스파에 의해 막혔다고 주장하는 임종 자백 기사를 발표했다.

53 인도차이나 전쟁은 베트남이 총 3회에 걸쳐 외세와 싸워온 전쟁을 가리킨다. 1차는 프랑스 제4공화국, 2차는 미국, 3차는 중화인민공화국과의 전쟁이다.

54 베트남 독립동맹회.

55 결국 마르탱은 사보타주에 연루된 것이 아니라, 군대 사기를 저하시켰다는 혐의로 5년의 징역형과 강등을 선고받았다.

56 프랑스의 보수 정치인으로 1952년부터 1953년까지 프랑스 총리를 역임했다.

57 르네상스형 인간이란 삶과 예술과 학문의 모든 분야에 정통한 사람을 뜻하는 말이다.

58 첫 번째 특집호는 〈프랑스 선원 앙리 마르탱(Henri Martin, marin de France)〉이란 제목으로 1950년 10월 20일에 출판되었고, 두 번째 특집호는 〈자유의 선원 앙리 마르탱〉이란 제목으로 발행되었다.

59 이브 몽탕도 반전평화운동의 기수였으며, 1950년 프랑스 공산당에 입당한 공산주의자였다.

60 대중문화를 기반으로 1960년대에 발달한 예술 형식으로 광고 · 영화 영상 등을 이용함.

61 레이몽드 디엔은 1950년 인도차이나 전쟁 반대 시위 이후, 10개월 동안 투옥된 프랑스 공산주의 운동가다.

62 자유 민주주의(Liberal Democracy)는 고전적 자유주의의 원리하에 대의 민주주의가 작동되는 형태의 통치 체제를 말한다. 자유 민주주의 특징은 다원주의 하의 선거 실시, 권력분립, 열린 사회의 법치주의, 사유 재산권 인정하의 시장경제, 인권의 평등, 시민권, 시민 자유, 정치적 자유 등이다.

63 평화주의는 인본주의 내지는 종교적 관점에서 전쟁에 반대하고 평화를 옹호하는 사람들의 교리와 행동을 지칭하며, 주로 평화운동과 반전 운동으로 대표된다. 1914년 이전의 사회주의자들(장 조레스), 제1차 세계 대전 당시의 짐머발트주의자(전투적 사회주의자 및 국제주의자), 식민 전쟁 반대자들이나 평화 지지자들이 평화주의를 공언했다.

64 François Furet(1985), "La rencontre d 'une idée et d 'une vie," Commentaire, No. 28∼9.

65 Ronald Aronson(2004), Camus and Sartre: The Story of a Friendship and the Quarrel that Ended It, Chicago: University of Chicago Press, p. 145.

66 Ronald Aronson(2004), ibid., p. 128.

67 1936년부터 1950년까지 소련의 강제수용소에서 사망한 사람들의 숫자는 3,000명에 이른다.

68 메를로-퐁티는 사르트르와 함께 프랑스 현대 철학의 양대 산맥으로, 현상학과 실존주의에 천착하였고 《행동의 구조》, 《지각의 현상학》, 《의미와 무의미》, 《보이는 것과

보이지 않는 것》 등의 저서를 남겼다.

69 콜레주 드 프랑스는 1530년에 프랑수아 1세가 창설한 인문학·기초과학 분야의 고
등교육 연구기관이다. 콜레주 드 프랑스의 교수로 선출된다는 것은 곧 프랑스 고등
교육에서 가장 높은 영예를 지닌 자리에 오르는 것을 의미한다.

70 볼셰비즘 또는 볼셰비키주의는 20세기 초 러시아에서 형성된 혁명적 마르크스주
의자들과 레닌주의자들의 사상적 경향을 총칭하는 용어다. 볼셰비즘은 러시아어로
'다수파'를 뜻하는 '볼셰비키'에서 나왔다.

71 마르셀 페쥐는 1953년에서 1962년까지 〈레 탕 모데른〉의 사무국장이었다.

72 러셀 법정은 1954년 디엔비엔푸 전투의 프랑스 패배 이후 베트남에 개입한 미국의
외교정책과 군사개입을 조사하고 평가했다. 그러나 러셀 법정은 모의법정이기 때
문에 법적 구속력을 발휘할 수는 없었다.

73 인류학자 레비스트로스는 《슬픈 열대(Tristes Tropiques)》(1955)에서 문화는 나라마다
다르긴 해도 더 우월하거나 열등하고 야만적인 문화는 없다고 단언함으로써, 서구
중심주의와 인종주의, 서구의 오만과 편견을 깨는 데 공헌했다.

74 극좌성향의 GP는 1968년부터 1974년까지 존재한 프랑스의 마오주의 정당이었다.

75 뮌헨 참사는 1972 뮌헨 올림픽 기간에 팔레스타인 테러 단체인 '검은 9월단'이 비
밀리에 서독으로 침투한 후 이스라엘 선수촌에 난입해 이스라엘 올림픽 대표팀 선
수, 심판 등 총 11명을 인질로 잡고 이스라엘에 구금된 팔레스타인 포로 234명의
석방을 요구했던 사건이다. 범인들은 모두 사살 또는 체포되었지만, 서독 경찰의 진
압 실패로 경찰 한 명과 인질 전원이 사망하는 비극이 일어났다.

76 6월 전쟁 혹은 1967년 아랍-이스라엘 전쟁은 이스라엘을 상대로 주변 이웃 국가인
이집트, 요르단, 시리아, 레바논이 연합하여 벌인 전쟁이다.

77 슬란스키 재판은 체코슬로바키아 공산당의 총서기였던 루돌프 슬란스키(Rudolf
Slánský·1901~1952)를 위시한 11명이 반역죄 누명을 뒤집어쓰고 사형당한 사법 살인
사건이다. 실제로 당시 체포된 14명 중 11명이 유대인이었기에 이 재판은 '반유대
주의 재판'으로도 평가받는다.

78 1956년 헝가리 봉기는 헝가리 인민공화국(1949~1989)의 소련 종속정책에 반대한
전국적인 혁명이다. 1956년 11월 4일 소련군의 전차부대에 진압되기 전까지 12일
간 계속되었는데 이 과정에서 수천 명이 사망하거나 부상을 입었으며 약 25만 명의
헝가리인이 타국으로 망명했다.

79 솔제니친의 책이 프랑스의 정치적, 문화적 지형에 미친 영향은 엄청났다. 공산주의
가 프랑스의 주요 이데올로기 운동으로 드골주의와 경쟁하던 시대에 좌파에서는
프랑스 공산당의 공식 노선에 의문을 제기하는 사람이 거의 없었다.

80 1970년대 중반기부터 1980년대 중반기에 이르는 동안 최대 400만 명가량이 베트
남을 떠난 것으로 추정된다.

81 Guy Sorman(2015), "Death of a Righteous Man," City Journal, 2015.11.10

82 철학자, 정치 활동가였던 베니 레비는 1974년부터 1980년까지 사르트르의 제자이 자 마지막 개인 비서였다. 그는 1972년 프랑스 신문 〈리베라시옹〉의 창간을 도왔다.

83 2000년 1월 14일 자 신문.

84 Michel Winock(2005), "Sartre s'est-il toujours trompé?," L'Histoire, n. 295, 2005.02.

85 Raymond Aron(1981), Le Spectateur engagé, éditions Julliard.

86 Jean Daniel (1992), "La Blessure, suivi de Le Temps qui vient," Hommes & Migrations, 1992, pp. 54~56.

87 프랑스 정신분석학자 펠릭스 가타리(Félix Guattari·1930~1992)의 분자 혁명은 바로 욕 망의 진정한 속성인 자유와 타자와의 긴밀한 리좀(rhizome·지하경, 땅속 줄기)적 관계를 복원하는 것이며, 이런 분자 혁명은 결코 개인이나 그의 정체성에 기초하지 않고, '타인과의 연대성'에 기초한다. 가타리의 분자 혁명 개념은 운동의 확정된 목표를 향해 전력 질주하는 기존의 전투적 투쟁이데올로기에 의존하기보다 이처럼 '과정' 에 중점을 두면서, 각 주체 사이의 상호성은 물론 주체를 둘러싸고 있는 환경 속의 요소들과 상호연관성을 강조한다. 이런 '상호연관성' 속에서 그 어떤 작은 존재들 도 이데올로기적 편견으로 무시되지 않도록 '소수자(동성애자, 여성)와 주변성'에 대한 강조는 '횡단성(transversality)'과 더불어 분자 혁명의 또 다른 핵심적 개념이다; Félix Guattari & Suely Rolnik(2008). Molecular Revolution in Brazil, MIT Press Ltd, p. 265; 신명아(2019), 〈세계화, 분자 파시즘(네오-파시즘)과 저항: 펠릭스 가타리와 분자 혁명〉, 문학과 종교, 제24권 3호, pp. 187~193.

88 Philippe Douroux (2017), "Raymond Aron avait raison, hélas!," Libération, 2017.07.02.

8장 보부아르 앙가주망

1 Simone de Beauvoir (1990), 〈(보부아르가) 사르트르에게 보내는 편지)Lettres à Sartre, t. II., Gallimard, p. 133.

2 처음에는 정치적 우파와 연관되어 있던 클로드 루아는 1943년에 루이 아라공(Louis Aragon)의 영향으로 좌파로 표류했고 프랑스 공산당에 합류하여 공개적으로 파시즘 과 비시 동조자들을 공격했다. 그는 1956년 헝가리 혁명이 진압된 후 공산당을 떠 났고, 〈누벨 옵스〉의 기고가로서 반전체주의 좌파의 지지자가 되었다. 그는 또한 알 제리 독립을 지지하는 〈121 선언문〉의 서명인이었다.

3 Milda Seputyte (2005), "The accidental image that captured an era," The Baltic Times, 2005.10.05.

4 Simone de Beauvoir(1945), "L'existentialisme et la sagesse des nations," Les Temps Modernes, 1(3).

5 Ingrid Galster(2008), "Les trois vies de Simone de Beauvoir," L'Histoire, 327.

6 Che Guevara (2005), "Socialism and man in Cuba,"Aleida March, Che Guevara Studies Center and Ocean Press.

7 쿠바의 서쪽 반도.

8 페루·스페인 작가이자 정치평론가.

9 Maxim Lott(2019), "5 inconvenient truths about Che Guevara," Fox News Media, 2019.02.18.

10 Shasta Darlington(2010), "Castro admits 'injustice' for gays and lesbians during revolution," CNN, 2010.08.31.

11 튀니지 태생의 프랑스 변호사 지젤 알리미와 보부아르는 여론을 결집하고 프랑스 정부를 재판에 회부하기 위한 광범위한 계획의 일환으로《자밀라 부파샤: 자유주의 프랑스 견해에 충격을 준 젊은 알제리 소녀의 고문 이야기(Djamila Boupacha)》(1962) 라는 제목의 책을 집필했다; Simone de Beauvoir & Gisèle Halimi (1962), Djamila Boupacha, the Story of a Young Algerian Girl Which Shocked Liberal French Opinion, New York: MacMillan.

12 국민해방전선(Front de Libération Nationale·FLN)은 알제리의 민족주의 정당이다. 1954 년 민주·자유·승리운동에서 분리되어 설립되었으며, 1962년 알제리 전쟁에서 승리한 후 모든 권력을 장악했다. 1992년 알제리에 다당제가 도입된 이후에도 대부분의 선거에서 승리했다.

13 보부아르가 보고한 바에 따르면, 고문에는 성폭력, 담배로 가슴과 다리를 태우는 행위, 빈 맥주병을 이용한 질 강간 등이 포함된 것으로 알려졌다; Deirdre Bair(1990), Simone de Beauvoir: A Biography, New York: Touchstone: Simone and Schuster. p. 480.

14 Ryan Kunkle (2013), "We Must Shout the Truth to the Rooftops: Gisèl Halimi, Djamila Boupacha, and Sexual Politics in the Algerian War of Independence," Colloquium for History Majors, The University of Iowa, Spring 2013, pp. 4-5.

15 Judith Surkis(2010), "Ethics and Violence: Simone de Beauvoir, Djamila Boupacha, and the Algerian War," French Politics, Culture & Society, vol. 28, no. 2, Special Issue "Simone de Beauvoir: Engagements, Contexts, Reconsiderations,"(Summer 2010), p. 41.

16 유신론적 실존주의자.

17 프랑스 레지스탕스의 일원이었으며, 빈곤 퇴치를 위한 국제비영리단체 'ATD(All Together in Dignity to Overcome Poverty) 제4세계'의 회장을 역임했다. 그녀의 삼촌이 유명한 샤를 드골 장군이다.

18 프랑스·알제리 언론인이자 〈알제 레쀠블리캥(Alger républicain)〉 신문의 이사이자 프랑스 공산당의 일원이었다. 특히 알제리 전쟁(1954~1962)에서 고문에 반대하는 입장으로 국제적인 인정을 받았다.

19 1962년 프랑스와 알제리 임시정부가 알제리 독립을 앞두고 체결한 평화 조약이다. 에비앙 협정으로 프랑스와 알제리가 7년 4개월여 동안 이어온 알제리 전쟁이 끝을 맺는다. 이후 1962년 4월 8일 프랑스 국민투표에서 협정이 승인되었으며, 알제리는 1962년 7월 1일 국민투표를 통해 독립을 결정한다. 이 협정을 통해 알제리가 프랑스 지배를 벗어나 독립했다.

20 Christelle Taraud (2012), "Le supplice de Djamila Boupacha," L'Histoire, no 371, janvier 2012, p. 64-65.

21 Melissa M. Ptacek (2015), "Simone de Beauvoir's Algerian war: torture and the rejection of ethics," Theory and Society, 44 (6), p. 529.

22 보부아르의 주요 여행 이력을 간략하게 요약하면, 그녀가 사르트르와 함께 1960년대 브라질과 쿠바, 1962년, 64년과 66년에는 소련, 1966년에 일본, 1967년에는 이스라엘과 이집트를 여행한 것을 알 수 있다. 유고슬라비아를 여러 차례 방문한 그들은 벨기에와 네덜란드, 체코슬로바키아를 방문했고, 1967년에는 베트남 전쟁에 관한 러셀 재판소에 참석하기 위해 스톡홀름을 방문했다.

23 Deirdre Bair(1990), Simone de Beauvoir: A Biography, Random House, p. 478.

24 Madison Whipple(2023), "Simone de Beauvoir's Contributions & Controversies on Feminism," The Collector, 2023.04.22.

25 퀴어 이론은 게이 및 레즈비언 연구(퀴어 연구)와 여성 연구에서 1990년대 초반에 등장한 포스트구조주의 비판이론 분야이다. 퀴어 이론은 시스젠더(cisgender)와 이성애 정체성이 어떤 의미에서든 '표준'이라는 인식에 의문을 제기한다. 여기서 트랜스젠더의 반대어인 시스젠더는 스스로의 심리적인 성별(gender)을 생물학적인 성별(bio-sex)과 같게 여기는 대다수 사람을 일컫는 말이다. '시스'라는 접두사는 라틴어 계통 접두사로, '같은 편에 있는'이라는 뜻이다.

26 젠더의 개념에는 동성애, 트랜스젠더, 남성·여성 이외의 제3의 성이 다 포함되는데, 젠더를 이렇게 정의하는 사상을 '젠더 이데올로기'라고 한다; 전윤성(2019), 〈성평등 조례와 젠더이데올로기 법제화〉, 제36회 기독교학문학회, 2029.10.26.

27 1877년 프랑스 사전 편찬가인 에밀 리트레(Emile Litté·1801-1881)가 제안한 이 용어의 정의는 "자신에게 맡겨진 유아를 고의로 죽게 내버려두는 간호사"다.

28 프랑스에서 낙태 관련 범죄에 대한 마지막 처형(단두대)은 1943년에 이루어졌다. 참고로 제2차 세계 대전 중 프랑스의 나치 점령을 통해 형성된 비시 정부는 여성이 이혼할 수 있는 조건을 엄격히 제한하는 동시에 다산 가정의 어머니들에게 과시로 메달을 수여함으로써 여성의 권리를 제한하는 조치를 취했다.

29 Ursula Tidd(1999), Simone de Beauvoir, Gender and Testimony, Cambridge: Cambridge University Press, p. 34.

30 보부아르는 68운동 이전에 페미니스트라고 말한 적이 없다. 철학 교수 미셸 카일(Michel Kail)도 1968년 5월부터 보부아르는 진정한 페미니스트 운동가가 되었다

고 주장했다; E. Accampo(2003), "The Gendered Nature of Contraception in France: Neo-Malthusianism, 1900-1920," Journal of Interdisciplinary, 2023.09.29.

31 Yolanda Patterson(1986), "Simone de Beauvoir and the Demystification of Motherhood," Yale French Studies, no. 72, pp. 87-105.

32 "France—Manifesto of the 343! 50th anniversary," International Campaign for Women's Right to Safe Abortion, 2021.04.14

33 앞쪽에는 구약의 신명기, 뒤쪽에는 신의 이름 샤다이(Shaddai·전지전능한 하느님)가 적혀 있는 양피지.

34 "Feminist icon changed abortion laws," Sydney Morning Herald, 2020.08.28.

35 법정에서 원고 또는 피고의 성격·인품 등에 관하여 증언하는 사람.

36 보부아르는 전기작가인 베어에게 자신이 낙태한 적이 없다고 고백했다.

37 Germain Kopaczynski(1996), "Abortion's Mother: Early Works of Simone de Beauvoir," EWTN.

38 불어로는 프로-슈아(pro-choix).

39 강제 낙태는 산모의 자유롭고 고지된 동의를 얻지 않고 의도적으로 수행하는 낙태를 가리킨다.

40 불어로는 프로-비(pro-vie).

41 생식권은 말 그대로 생식, 생식기와 관련된 권리를 의미한다. 재생산권이라는 말로도 자주 입에 오르내리는 개념으로, 페미니즘의 뜨거운 쟁점에 속한다.

42 1974년 12월 4일에는 1967년에 프랑스에서 합법화된 경구 피임약을 비롯한 피임기구의 판매를 촉진하는 내용의 법률을 제정했고 1975년 1월 17일에는 프랑스에서 낙태를 합법화하는 내용의 법률을 제정했다. 이 법은 임신 첫 10주(나중에 12주까지 연장) 동안 시술을 합법화하고 병원이나 진료소에서 의사가 시술하도록 규정했다. 18세 미만의 소녀는 부모의 동의를 얻어야 했다.

43 홀로코스트로 부모와 형제가 사망한 베유는 낙태를 살인과 비교하는 것이 터무니없다고 거부했다. 그녀의 왼쪽 팔뚝에는 아우슈비츠에서 새겨진 일련번호 78651이라는 문신이 영원히 새겨져 있었다. 그녀는 회고록에서 "우리 각자는 육체에 갇힌 숫자에 불과했습니다."라고 회상했다.

44 어느 한쪽이 만장일치였다고는 말할 수는 없지만, 우파는 베유법을 압도적으로 반대했고, 좌파는 압도적으로 찬성했다.

45 마크롱 대통령은 2023년 3월 세계 여성의 날을 맞아 여성의 낙태할 자유를 헌법에 명시하겠다고 약속했다. 프랑스에서는 이처럼 낙태권을 '헌법'에 명시하는 것을 목표로 하는 여러 입법 제안이 있는 상황에서 현재 77%가 낙태에 찬성하고 있기 때문에 낙태에 대한 프랑스인의 사고방식이 크게 발전했다고 볼 수 있다.

46 영화는 1958년 당시 열정적인 젊은 공산주의자였던 클로드 란츠만의 첫 북한 방문을 다룬다. 그는 병에 걸려, 한국전쟁 당시 네이팜탄 폭격으로 화상을 입은 북한 간

호사 김건순을 만났고, 그녀와 함께 짧은 낭만적인 모험을 했다.

47 Adrien Jaulmes, "Claude Lanzmann arrêté pour harcèlement sexuel en Israël," Le Figaro, 2012.02.08.

48 Natascha Freundel(2018), "À propos de Claude Lanzmann," Médiapart, 2018.07.11.

49 D. Bates (2006) Marxism, Intellectuals and Politics, London: Macmillan.

50 이 비밀 무장세력 네트워크는 1960년에 해체되었다. 해외로 도피한 장송은 부재자 재판을 받고 '대반역죄'로 유죄 판결을 받았으며 1960년 10월에 10년의 징역형을 선고받았다. 그는 1966년 사면을 계기로 파리로 돌아왔다.

51 사르트르가 사망한 후, 본능적인 반식민주의자였던 글뤽스만은 알제리 전쟁에 맞서 싸운 철학자의 투쟁을 소련의 자유를 위한 솔제니친의 투쟁과 비교했다.

52 이 네그리튀드 프로젝트(흑인 정체성 회복운동)는 세계에 대한 당파적이고 인종적인 시각을 넘어서 지구상의 모든 억압받는 사람들을 겨냥한 적극적이고 구체적인 인본주의를 표방한다; J.P. Sartre(1947), "Présence noire," Présence Africaine, N° 1.

53 사르트르는 식민지에서 아프리카 남성과 여성에 대한 지속적인 경제적 억압과 착취를 억압하거나 부정하려는 시도의 일환으로 프랑스 대도시에서 소수의 흑인을 받아들이는 것만으로는 충분하지 않을 것이라고 경고했다.

54 그는 레오폴드 세다르 생고르(Léopold Sédar Senghor·1906-2001) 등과 함께 범아프리카 저널 〈아프리칸 프레즌스〉의 발간을 통해 흑인의 정체성 회복 운동인 네그리튀드 운동을 전개했다.

55 〈모던 타임즈〉는 채플린의 대표작 중 하나로 산업화된 자본주의 사회의 기계적으로 반복되는 현대인의 삶과 미국 대공황 시대의 혼란스러운 사회상을 풍자했다.

56 1848년 혁명은 프랑스 2월 혁명을 비롯하여, 빈 체제에 대한 자유주의와 전 유럽적인 반항운동을 모두 일컫는 표현이다.

57 파리 코뮌(Paris Commune·1871)이란 파리 시민들이 세운 사회주의 자치 정부를 말한다. 노동자 계급이 세운 세계 최초의 민주적이고 혁명적인 자치 정부라는 평가가 있으며, 역사상 처음으로 사회주의 정책을 실행에 옮겼다. 파리 코뮌 당시 죽은 사람의 수는 오늘날까지도 정확하게 파악되지 않고 있는데, 1만 명에서 5만 명까지 다양한 설이 있다.

58 자기관여는 주어진 상황을 자기가 참여하고 있는 상태로 포착하는 것을 말한다.

59 121인 선언은 알제리 전쟁을 반대하는 프랑스의 지식인 121명이 〈베리테-리베르테〉(Vérité-Liberté·진실-자유)〉에 게재한 서한서이다.

60 Claude Lanzmann(1987), "Rapport du maitre-forestier May," Les Temps modernes, n. 487.

61 옛 소련의 비밀 경찰(1934-1946).

62 어린 소년은 아버지를 따라 중고차 시장에 다녀오다 끔찍한 참변의 희생자가 되었다.

63 Claude Lanzmann(2001), "Israël, Palestine: la séparation illusoire," Le Monde,

2001.02.07.

64 란츠만은 두 사람의 상당한 나이 차에 대하여 "비극적인 차이"는 아니라고 말한 적이 있다.

65 Toi mon enfant chéri, tu es mon premier amour absolu, celui qu'on ne connaît qu'une fois ou jamais.

66 Agence-France Press(2018), "You are my destiny: Simone de Beauvoir's mad passion for young lover revealed in letters," The Guardian, 2018.01.22.

67 Baptiste Savignac(2018), "Claude Lanzmann et Simone de Beauvoir, l'amour fou," Le Figaro, 2018.07.05.

9장 좌우를 충격에 빠뜨린《제2의 성》

1 Ingrid Galster(1999), "Le scandale du Deuxième Sexe," L'Histoire, mensuel 232.

2 Elisabeth Badinter(2010), L'Amour en plus: histoire de l'amour maternel (XVIIe-XXe siècle), Flammarion.

3 그녀의 남편 알베르 릴라르(Alber Lilar·1900-1976)는 벨기에 자유당의 정치인이자 법무부 장관이었다.

4 Margareta Hanes(2019), "The Belgian writer Suzanne Lilar: A Feminist's Quest for Unity," Brussels Express, 2019.08.01.

5 Carmen Cristea(2015), Suzanne Lilar: Configuration d'une image auctoriale, Montréal: Université de Montréal, p. 120.

6 전후 프랑스에서 출현한 전위적인 소설.

7 벨 훅스는 작가의 이름보다 글의 내용에 초점을 두어야 한다는 의미에서 늘 이름의 아홉 철자를 모두 '소문자'로 적었다고 한다.

8 케이트 밀릿은 가부장제 선도자들로 작가 D.H. 로렌스, 헨리 밀러, 노만 메일러 등을 꼽았다.

9 사회구성주의는 사회적 현상이나 의식이 사회적 문맥에 있어서 어떻게 발전되어 오는지를 설명하는 사회학적인 이론이다.

10 Toril Moi(1999), What is a woman?: and other essays, New York: Oxford University Press.

11 Kimberlé Crenshaw(1989), "Demarginalizing the Intersection of Race and Sex: A Black Feminist Critique of Antidiscrimination Doctrine, Feminist Theory and Antiracist Politics, U. Chi. Legal F., p. 139.

12 유아론solipsism 또는 독아론은 주관적 관념론의 일종이다. 자신만이 존재하고, 타인이나 그 밖의 다른 존재물은 자신의 의식 속에 있다고 하는 생각으로, 자기(self)를

최우선으로 하는 학설이다.

13 Judith Okely(1986), Simone de Beauvoir - A Re-reading, London: Virago Press.

14 Anne Whitmarsh(1981), Simone de Beauvoir and the Limits of Commitment, Cambridge and New York: Cambridge University Press, p. 160.

15 Pierre Bourdieu(1995), "Apology for a Dutiful Woman."

16 Michael Burawoy(2019), The Antinomies of Feminism: Beauvoir Meets Bourdieu, Duke University Press.

17 Elizabeth Fallaize(1998), Simone de Beauvoir: A Critical Reader, Routledge.

18 Judith Still(2010), "Elizabeth Fallaize obituary," The Guardian, 2010.01.03.

19 Angeliki Vasilopoulou(2014) "Woman by Choice: A Comment on Simone De Beauvoir's Famous Phrase 'One Is Not Born a Woman, but Becomes One,'" Journal of Research in

Gender Studies 4 (2), p. 489.

20 철학자 주디스 버틀러의 작업을 기반으로 하는 '구성주의 페미니즘'은 젠더의 사회적으로 구성된 본질을 강조하는 페미니즘 이론이다. 성 정체성과 역할은 선천적이거나 생물학적으로 결정되는 것이 아니라, 사회적·문화적·역사적 과정을 통해 구성된다고 주장한다.

21 Paul B. Preciado(2020), "La deuxième sexualité de Simone de Beauvoir," Libération, 2020.10.02.

22 레즈비언 커뮤니티에서 '부치(butch)'는 중성적인 스타일의 외모나 성격을 가진 레즈비언, '펨'은 보다 여성적인 외모나 성격을 가진 레즈비언을 뜻한다. 특히 성격보단 외모로 유형을 구분하는 경향이 강하다고 한다.

23 Simone de Beauvoir(1974), La Cérémonie des adieux suivi d'Entretiens avec Jean-Paul Sartre, Paris: Gallimard, p. 640.

24 '현대 미국의 발자크'라고 평가받는 미국 저술가 제롬 차린(Jerome Charyn·1937~)은 〈로스앤젤레스 타임스〉의 북 서평에서 이를 '놀라운 선물'이라고 표현했다.

25 Marianne Alphant(1990), "L'album de la Mère Castor," Libération, 1990.02.22.

26 마초(macho)는 스페인어로 '수컷'을 의미한다.

27 Mona Ozouf(1990), "La plume de ma tante," Nouvel Observateur, no du 22 février 1990.

28 Ingrid Galster(2005), "Le couple modèle?," L'Histoire, Mensuel 295.

29 기뇰은 1808년 프랑스의 로랑 무르게가 만든 인형극의 주인공 인형 이름이었으나, 나중에는 그 당시 널리 쓰이던 줄을 달아 조종하는 형식(마리오네트)이 아닌, 인형 안에 손가락을 넣어 조종하는 인형의 대명사가 되었다.

30 히틀러 연구의 제1인자로 손꼽히는 독일 사학자 요아킴 페스트의 히틀러 전기는 이 분야의 표준 저작으로 꼽히며, 수십 개 언어로 번역되었다.

31 네스카페는 스위스 식품회사 네슬레에서 판매하는 글로벌 커피 브랜드다. 물만 붓
    는 것으로 커피를 간편하게 먹을 수 있는 제품에 대한 개발 요구에 따라, 1938년 처
    음 개발되어 상품화되었다.

32 Alan S. Kahan(2010), Mind vs. Money: The War Between Intellectuals and Capitalism,
    New Brunswick, NJ: Transaction Publishers.

10장 68년 5월의 성혁명

1 김영길(2018), 〈성(性)정치와 페미니즘〉, 한국기독신문.

2 김영길(2016), 〈성소수자? '네오-막시즘' 개념에 맞추기 위해 변형된 용어〉, 기독일
   보, 2016.12.14.

3 오스트리아 인스부르크 대학교 신학박사; 정일권(2021), 〈주디스 버틀러의 소아성
   애와 근친상간 옹호를 비판한다〉, 기독학문학회, 통권 38호.

4 내집단(in-group) 혹은 우리 집단(we-group)이란 개인들이 그 집단의 일부라고 동일시
   하는 사회적 단위로서, 개인이 스스로를 그 집단의 성원이라고 생각하며 또한 어떤
   동류의식을 느끼는 하나의 사회적 단위다.

5 다니엘 콩-방디트는 1945년 프랑스 남부 도시 몽토방(Montauban)에서 나치즘의 부
   상을 피해 고국을 떠난 독일계 유대인 부모에게서 태어났다. 그는 프랑스군에 징집
   되는 것을 피하기 위해, 1959년 독일 시민권을 선택하기 전까지 프랑스에서 14년
   을 살았다.

6 당시 미소프 장관은 수영장 개관을 축하하기 위해 신설된 낭테르 대학을 방문했는
   데, 캠퍼스는 항의로 떠들썩했다. 가장 큰 문제는 남학생들이 여학생 기숙사에 출입
   하는 것을 금지한다는 것이었다.

7 신좌파는 서구 세계에서 1960년대에 생겨난 구조주의, 사회비판이론, 포스트모더
   니즘의 영향을 받아, 기존 사회 문화의 권위주의에 대한 비판으로 생겨난 좌파적 조
   류를 의미한다. 전통적인 좌파와 달리 다문화주의, 동물권, 여성주의, 성소수자 운
   동, 환경 운동, 기타 소외 계층에 대한 인권 신장 운동에 집중하는 경향이 있다.

8 MLF는 여성의 신체 자율성을 옹호하고 가부장적 사회에 도전하는 프랑스의 자율
   적인 단일성 페미니스트 운동이다. 이 단체는 미국 여성 자유 운동과 1968년 5월
   사건을 계기로 1970년에 설립되었다.

9 마리아실비아 스폴라토(Mariasilvia Spolato·1935~2018)는 이탈리아의 공공 광장에서
   레즈비언으로 커밍아웃한 최초의 여성이었고 그 결과 교사자격증을 잃었다. 1971
   년에 스폴라토는 이탈리아 최초의 동성애 단체인 Fuori!를 창립했다.

10 Front Homosexuel d'action révolutionnare.

11 Homosexuelle Aktion Westberlin.

12 마크 오레종은 성직자, 의사, 심리학자로서 동성애자들과 함께 일한 20년의 경험을 바탕으로《기독교 생활과 성 문제》를 저술했다. 동성애에 좀 더 포용적인 태도를 취해야 한다는 가톨릭교회의 입장을 명확히 밝힌 이 논문은 교회의 블랙리스트에 올랐다.

13 이 단체는 1982년에 해체되었고, 아르카디 잡지 출판도 동성애 행위에 관한 법률이 이성애 행위에 관한 법률과 일치하게 된 직후에 종료되었다.

14 Jacques Girard(1981), Le mouvement homosexuel en France 1945-1980, Paris: Syros, pp. 81-111.

15 스톤월 폭동(Stonewall riots)은 1969년 6월 28일 뉴욕 그리니치 빌리지의 술집 '스톤월 인(Stonewall Inn)'을 경찰이 단속하는 과정에서 일어난 사건이다. 경찰의 현장 급습에 맞서 동성애자 집단이 자발적으로 데모를 일으켰다. 이 사건으로 인해 성소수자 인권 운동의 양상은 크게 바뀌었으며, 성소수자들은 이를 기념하기 위한 '프라이드 퍼레이드'를 1970년부터 매년 6월에 열고 있다.

16 공산주의 용어.

17 Comité d'action pédérastique révolutionnaire.

18 포스터 6장은 그날 밤에, 나머지 2장은 주중에 철거되었다.

19 전단지는 동성애 나이트클럽에 배포되었고, 회의는 보자르에서 열렸다.

20 그들이 스스로 부여한 이름인 FHAR는 공식적으로는 '반인종주의·인문주의 연맹 (Fédération Humaniste Anti-Raciste)'이라는 명칭으로 등록되었다.

21 Alain Prique(1996), "L 'herbe folle de mais 68," La revue h 2, 32.

22 발행 부수가 50,000부인 이 월간지 〈투〉는 1971년 극좌파 잡지 중에서 프랑스에서 가장 많이 읽히고 가장 많이 배포되었다.

23 1968년에 설립된 '혁명만세(VLR)!'는 프랑스 좌파 건축가인 롤랑 카스트로와 작가·노동변호사인 티에노 그룸바크(Tiennot Grumbach·1939-2013)가 이끌었던 자유주의 마오주의 그룹이다.

24 참고로 최초의 동성애 행동가 중 한 명인 피에르 안은 프랑스에서 최초로 동성애 역사를 주제로 박사학위 논문을 썼으며, 45세의 짧고 파란만장한 생애를 자살로 마감했다.

25 1971년 3월 10일 FHAR의 행동가들은 〈동성애, 그 고통스러운 문제〉라는 제목의 RTL 라디오 공개방송현장에 난입해서 방송을 중단시키는 소동을 벌였다.

26 Benoît Bréville(2011), "Homosexuels et subversifs," monde-diplomatique.fr, août-septembre.

27 Pierre Albertini(2003), "Communisme," Dictionnaire de l'homophobie, PUF.

28 Benoît Bréville(2011), "Homosexuels et subversifs," Manière de voir, no 118, août-septembre, p. 14-17.

29 '파리 프라이드(Marche des Fiertés)' LGBT는 레즈비언, 게이, 양성애자 및 트랜스젠더

등을 기념하기 위해 매년 6월 말 프랑스 파리에서 열리는 퍼레이드 축제다.

30 LCR은 프랑스의 극좌 정당이자 제4인터내셔널의 프랑스 지부이다. 1969년부터 1973년까지 처음에는 '공산주의동맹(LCR)'으로 알려졌고, 1974년에는 혁명공산 당전선(FCR)으로 알려졌으며, 동년에 LCR이 되었다. 이 당은 2009년에 신(新)반자 본주의당(NPA)으로 해산되었다.

31 노동자 투쟁(LO)은 프랑스 내 트로츠키주의자들의 정당인 '공산주의자 연합(Union Communiste)'의 통칭으로 알려져 있다.

32 경찰은 1974년 2월 보자르에서의 모임을 금지했고 FHAR는 홍보 활동을 포기했다.

33 Groupe de Liberation Homosexuelle.

34 그룹 내 남성의 세력이 커짐에 따라 FHAR의 많은 여성들이 탈퇴하여 1971년 6월 성차별주의, 남성 우월주의, 남성주의에 맞서 싸울 목적으로 붉은 레즈비언 집단을 형성했다.

35 도본느에게 헌정한 다큐에서 활짝 웃으며 이 말을 한 사람도 바로 그녀의 아들이었다.

36 푸코는 1977년 강간범죄는 오직 '폭력' 범죄로만 처벌되어야 하고, '성범죄'로 처벌되어서는 안 된다고 주장했다. 또 1978년에 그는 성인과 아동 간의 비강제적인 성관계는 완전히 '비범죄화' 되어야 한다고 주장했다고 한다; 정일권(2021), op.cit., pp. 435-436.

37 바카날리아는 로마의 신 바쿠스를 모시는 비밀의례다. 바카날리아는 그리스 디오니시아의 다양한 황홀한 요소를 기반으로 한 비공식적인 민간 자금 지원을 받는 로마의 인기 있는 바쿠스 축제였다.

38 이 문구는 필자가 프랑스 동성애 포럼 사이트에 실린 기사를 그대로 인용한 것이다.

39 '로 대 웨이드 사건(Roe v. Wade)'은 헌법에 기초한 사생활의 권리가 낙태의 권리를 포함하는지에 관한 미국 대법원의 가장 중요한 판례였다. 그런데 미 대법원이 2022년 6월 24일 낙태 합법화를 이룬 로 대 웨이드 판결을 50년 만에 뒤집었다. 앞으로 낙태권은 개별 주에서 결정되며, 미국 내 거의 절반의 주에서 낙태 금지법 및 금지조치를 시행할 예정이다.

40 오버거펠 대 호지스 사건(Obergefell v. Hodges)은 미국의 동성결혼이 미국 수정헌법 제14조에 따른 기본권에 속하는지에 대한 미국 연방 대법원 랜드마크 판례이다. 제임스 오버거펠은 미국의 모든 주에서 동성결혼을 인정해야 하며, 다른 주에서 동성결혼을 한 사람에 대해서 미국의 모든 주가 이를 인정해야 한다고 주장했다.

41 X세대는 제2차 세계 대전 이후 베이비 붐이 끝난 뒤에 서구에서 태어난 세대다. 보통 미국 기준으로 1965년생부터 1979년생까지를 말한다. 한국의 경우에는 20대 초반(1970~75)을 보낸 이들이 X세대의 코어에 해당된다. Z세대는 밀레니얼 세대와 알파 세대 사이의 세대를 의미한다. 인구통계학자들은 일반적으로 1990년대 중·후반생부터 2010년대 초반생까지를 Z세대로 분류한다.

42 우리나라에서도 MZ세대는 동성혼 합법화를 찬성하는 비율이 높은 것으로 조사됐

다. 한국갤럽이 2023년 5월 26일 공개한 자료를 보면 20대 국민 10명 중 6명 이상 (64%)이 동성혼 법제화를 반겼고 30대 역시 절반 이상(53%)이 찬성표를 던졌다. 국민 절반 이상(51%)은 동성혼 법제화에 반대하고 있지만 MZ세대 내 여론은 달랐다. 동성혼 법제화 여론은 어릴수록 찬성 쪽으로 기울었다. 이 가운데 20대 여성은 동성혼 찬성에 몰표를 던졌다; 이현성(2023), 〈'비주류' 동성결혼 반대 MZ…"두 가지만 기억하세요.">, 국민일보, 2023.06.14.

43 Rick Plasterer(2023), "Understanding Gender Ideology and Its Consequences," Juicy Ecumenism, 2023.11.09.

44 Peter Beyerhaus(2014), "Resist Gender Ideology!" UBF, 2014.12.15.

45 영국에서는 이 책이 "십대 소녀와 트랜스젠더 열풍"이라는 부제와 함께 출판되었다; Abigail Shrier(2020), Irreversible Damage: The Transgender Craze Seducing Our Daughters, Washington: Regnery Publishing.

46 프랑스는 2022년 6월 미국 연방 대법원이 임신 약 24주까지 낙태를 허용한 1973년의 '로 대 웨이드' 판결을 폐기하자 낙태권을 헌법에 명기해 되돌릴 수 없는 권리로 만드는 것을 추진했다. 이로써 프랑스는 헌법 제34조에 "여성이 낙태에 의지할 수 있는 보장된 자유를 갖는 조건을 법률로 정한다."라는 문구를 명시하게 됐다.

47 존 머니는 1986년에 '크로노필리아(chronophilia)'와 '네피오필리아(nepiophilia·유아에 대한 성적 끌림)'라는 용어를 만들었다. 이 크로노필리아에는 노인성애와 소아성애 등이 있는데, 그는 소아성애가 "헌신, 애정, 리머런스(limerence·누군가에게 사랑받고 호응받고 싶어하는 심리적 상태), 동료애" 등을 결합한 것으로, 거기에 영웅 숭배까지 가미되어 궁극적으로 '무해'하다고 주장했다.

48 김영한(2017), 〈젠더 이데올로기에 대한 비판적 성찰(I)〉, 코란데오닷컴, 2017.09.28.

49 젠더 감수성 훈련은 사회에서 여성과 남성의 역할에 대한 더 깊은 이해를 발전시키고, 젠더와 발달에 대한 인식 수준을 높이며, 특히 국가 정부 부문에서 사회의 젠더 관련 문제를 다루는 것을 목표로 한다.

50 김영한(2017), op.cit. p. 4.

51 곽혜원은 페미니즘의 역사를 제1세대 페미니즘(1790/1830~1920), 제2세대 페미니즘(1960~1980), 제3세대 페미니즘을 젠더 이데올로기(1990~현재)로 구분하고 있다.

52 곽혜원(2021), op.cit., p. 388.

53 젠더주류화란 일반적으로 "젠더 이슈를 정부와 공공기관의 모든 의사 결정과 정책 실행에 고려하여" 평등을 제도화하는 것이다; 조우철(2002), 〈여성정책의 영역에 관한 연구〉, 한국행정학회 하계학술대회 발표, p. 771.

54 곽혜원(2020), 〈한국 신학계는 패륜적 성혁명을 막아낼 준비가 되었나?: 선동과 용어조작으로 진실이 철저히 은폐된 젠더 주류화 정책〉, CBN 기독교방송.

55 매트릭스(matrix)라는 단어는 '모체, 기반, 자궁, 모형, 주형, 행렬(수학), 입출력도선의 회로망(컴퓨터)'을 뜻한다; 김애령(2010), 〈'여자 되기'에서 '젠더 하기'로: 버틀러의

보부아르 읽기〉, 한국여성철학, 제13권, p. 23.

56 스페인과 스코틀랜드도 지난해 자진 신고만으로 성별 변경을 할 수 있도록 허용한 바 있다.

에필로그 진정한 성 평등의 페미니스트 운동은 현재진행형

1 데이비드 카프가 2007년에 설립한 텀블러는 현재 미국 회사 오토매틱(Automattic)이 소유하고 있는 마이크로블로깅(micro-bloging·미니 블로그) 및 소셜 네트워킹 웹사이트 다. 이 서비스를 통해 사용자는 멀티미디어 및 기타 콘텐츠를 짧은 형식의 블로그에 게시할 수 있다.

2 인간 이성의 한계를 보여주는 6가지 이야기를 엮은 책이다; Eleanor Gordon-Smith(2019), Stop Being Reasonable, PublicAffairs.

3 불어로 Je ne suis pas féministe, mais...

4 Bridget Murray Law(2006). "What feminism means today," American Psychological Association.

5 Abbé Pierre-Hervé Grosjean(2011), "Sidaction: et si on disait la vérité?," Padroblog, 2011.04.02.

6 아베는 불어로 수도원장, 신부를 가리킨다.

7 Roccella M. (2005). I bambini di famiglie omoparentali: valutazione dello sviluppo psicologico e sessuale [Children of homoparental families: psychological and sexual development]. Minerva pediatrica, 57(2), 73-82.

8 오명이나 낙인찍기란 부적절하거나 비난받아 마땅하다고 생각되는 행동이나 생활 방식을 비난하거나 비판하거나 판단하는 행위다: E. C. Perrin et al. (2016), "Experiences of Children With Gay Fathers," Clinical pediatrics, 55(14), pp. 1305-1317.

9 Perrin, E. C., Hurley, S. M., Mattern, K., Flavin, L., & Pinderhughes, E. E. (2019). Barriers and Stigma Experienced by Gay Fathers and Their Children. Pediatrics, 143(2), e20180683.

10 젠더 비순응(gender nonconforming)은 전통적인 관점에서 지정 성별의 남성과 여성 어느 전형적인 특징과 일치하지 않는 경우를 뜻하는 말이다. 젠더 비순응은 어떤 사람이 행동 및 심리적 상태가 자신의 생물학적 성과 반대되는 경우에도 사용된다. 톰보이나 시시(혹은 펨보이 성향)가 젠더 비순응의 전형적인 사례다.

11 Carone, N., Lingiardi, V., Tanzilli, A., Bos, H., & Baiocco, R. (2020). Gender Development in Children with Gay, Lesbian, and Heterosexual Parents: Associations with Family Type and Child Gender. Journal of developmental and behavioral pediatrics : JDBP, 41(1), 38-47.

12 Van Rijn-van Gelderen, L., Bos, H., Jorgensen, T. D., Ellis-Davies, K., Winstanley, A., Golombok, S., Rubio, B., Gross, M., Vecho, O., & Lamb, M. E. (2018). Wellbeing of gay fathers with children born through surrogacy: a comparison with lesbian-mother families and heterosexual IVF parent families. Human reproduction (Oxford, England), 33(1), 101-108. https://doi.org/10.1093/humrep/dex339

13 Barone, L., Carta, A., & Ozturk, Y. (2020). Social-emotional functioning in planned lesbian families: does biological versus non-biological mother status matter? An Italian pilot study. Attachment & human development, 22(2), 143-156. https://doi.org/10.1080/14616734.2018.1528620

14 관여도는 경영학에서 소비자 행동론의 개념 중 하나며, 특정 상황에 있어 자극에 의해 유발되어 지각된 개인적인 중요성이나 관심도의 수준을 뜻한다.

15 M. Manard(2022), "Homoparentalité : L'orientation sexuelle des parents remet-elle en cause la capacité à s'occuper d'un enfant?," Parentalité sans tabou, 2022.07.23.

16 이들 부부는 벨기에의 한 난임병원에서 기증받은 정자로 인공수정을 했다; 이유경(2023), 〈프랑스는 어떻게 동성부부 출산을 받아들이게 되었나?〉, 시사IN, 2023.10.21.

17 현대 프랑스 역사상 죄연소 총리가 된 아탈 총리는 1984년 37세에 임명된 로랑 파비위스Laurent Fabius(1946-) 전 총리의 기록을 깼다.

18 시민연대협약PACS은 동성 커플의 법적 혼인 관계를 가리킨다.

19 Grégoire Biseau(2021), "Stéphane Séjourné et Gabriel Attal, un couple au cœur du pouvoir," lemonde.fr, 2021.10.31.

| 참고문헌 |

국내

강미숙 (2022), 〈강미숙의 세상 보기. 한국판 장 칼라스, 한국판 볼테르〉, 프레스뉴스통신, 2022.08.19.

강혜진 (2021), 〈캐나다, 딸의 성전환 반대한 아빠 '구속중'〉, 크리스천타임스, 2021.07.06.

김애령 (2010), 〈'여자 되기'에서 '젠더 하기'로: 버틀러의 보부아르 읽기〉, 한국여성철학, 제13권.

김영길 (2016), 〈성소수자? '네오-막시즘' 개념에 맞추기 위해 변형된 용어〉, 기독일보, 2016.12.14.

김영길 (2018), 〈성정치와 페미니즘〉, 한국기독신문.

김영한 (2017), 〈젠더 이데올로기에 대한 비판적 성찰(Ⅰ)〉, 코람데오닷컴, 2017.09.28.

김영한 (2020), 〈문화마르크스주의: 비판적 성찰(Ⅱ)〉, 코람데오닷컴, 2020.04.09.

곽혜원 (2020), 〈한국 신학계는 패륜적 성혁명을 막아낼 준비가 되었나?: 선동과 용어조작으로 진실이 철저히 은폐된 젠더 주류화 정책〉, CBN 기독교방송.

곽혜원 (2020), 〈젠더 페미니즘의 확산으로 '성(性) 양극화'가 심화되는 한국 사회〉, 코람데오닷컴, 2020.02.26.

곽혜원 (2021), 〈페미니즘(feminism)의 사상적 변천사에 대한 논의〉, 기독학문학회, 통권 38호.

엥겔스 (1991), 《가족 사유재산 국가의 기원》, 아침.

유은경 (2017), 〈프랑스 동성결혼 논쟁의 행위자와 담론〉, 한림대학교.

윤일권 (2009), 〈고대 그리스 사회와 신화 속의 동성애〉, 서울: 연세대 유럽사회문화연구소, 2009.12.30.

전주현 (2020), 《가족, 사유재산, 국가의 기원》 여성차별의 뿌리가 계급 사회에 있음을 밝히다〉, 마르크스21, 제37호.

정일권 (2021), 〈성 소수자 운동 이끈 독일 · 프랑스선 '아동인권유린' 과거사 청산 중〉, 국민일보, 2021.10.19.

정일권 (2021), 〈주디스 버틀러의 소아성애와 근친상간 옹호를 비판한다〉, 기독학 문학회, 통권 38호.

차건희 (1997), 〈오해의 철학과 철학적 오해〉, 인문학연구 2집.

황동하 (2011), 〈앙드레 지드의 소련 방문기에 나타난 소련인상〉, 사림 제49호.

해외

Accampo, E.(2003), "The Gendered Nature of Contraception in France: Neo-Malthusianism, 1900-1920," *Journal of Interdisciplinary*, 2023.09.29.

Agence-France Press (2018), "You are my destiny: Simone de Beauvoir's mad passion for young lover revealed in letters," *The Guardian*, 2018.01.22.

Albertini, P. (2003), "Communisme," *Dictionnaire de l'homophobie*, PUF.

Alphant, M. (1990), "L'album de la Mère Castor," *Libération*, 1990.02.22.

Altman, M. (2020), *Beauvoir in Time*, Brill.

Ambroise-Rendu, A-C. (2014), *Histoire de la pédophilie, xixe-xxie siècle*, Paris: Fayard.

Andraca, R. (2020), "Matzneff: les signataires d'une pétition pro-pédophilie de 1977 ont-ils émis des regrets?," *Libération*, 2020.01.02.

Armstrong, K. (2015), "Broken on the Wheel," *The Paris Review*, 2015.03.13.

Aron, R. (1955), *L'opium des intellectuels*, Paris: Calmann-Lévy.

Aron, R. (1981), *Le Spectateur engagé*, éditions Julliard.

Aronson, R.(2004), *Camus and Sartre: The Story of a Friendship and the Quarrel that Ended It*, Chicago: University of Chicago Press.

Ascher, C. (1981), *Simone de Beauvoir, a life of freedom*, Beacon Press.

Avignolo, M. L. (2021), "Guy Sorman: 'Foucault was blind to his own pedophilia," *The Limited Times*, 2021.04.07.

Badinter, E. (2010), *L'Amour en plus: histoire de l'amour maternel (XVIIe-XXe siècle)*, Flammarion.

Bair D. (1990), *Simone de Beauvoir: A Biography*, New York: Summit Books.

Bakewell, S. (2016), *At the Existentialist Café: Freedom, Being, and Apricot Cocktails*, New York: Other Press.

Barnes, H. (1973), *Sartre*, Lippincott.

Bates, D. (2006), *Marxism, Intellectuals and Politics*, London: Macmillan.

Beyerhaus, P. (2014), "Resist Gender Ideology!" *UBF*, 2014.12.15.

Bonnet M-J. (2015), *Simone de Beauvoir et les femmes*, Paris: Édition Albin Michel.

Boswell, J. (1980), *Christianity, Social Tolerance, and Homosexuality: Gay People in Western Europe from the Beginning of the Christian Era to the Fourteenth Century*,

Chicago: The University of Chicago Press.

Bréville, B. (2011), "Homosexuels et subversifs," *monde-diplomatique.fr*, août-septembre.

Burawoy, M. & Holdt, K. (2018), *Beauvoir Meets Bourdieu*, Cambridge University Press.

Burawoy, M. (2019), *The Antinomies of Feminism: Beauvoir Meets Bourdieu*, Duke University Press.

Butler J. (1986), "Sex and Gender in Simone de Beauvoir's Second Sex," *Yale French Studies*, 72.

Butler J. (1990), *Gender Trouble. Feminism and the Subversion of Identity*, New York: Routledge.

Butler J. (2004), *Undoing Gender*, Routledge.

Camus A. (1951), *L'Homme révolté*, Paris: Gallimard.

Carone, N., Lingiardi, V., Tanzilli, A., Bos, H., & Baiocco, R. (2020), "Gender Development in Children with Gay, Lesbian, and Heterosexual Parents: Associations with Family Type and Child Gender," *Journal of developmental and behavioral pediatrics : JDBP*, 41(1).

Coffin, J. (2007) "Historicizing The Second Sex," *French Politics, Culture & Society*, Vol. 25, No. 3,

Cohen-Solal A. (1985), *Sartre 1905~80*, Paris: Gallimard.

Crenshaw, K. (1989), "Demarginalizing the Intersection of Race and Sex: A Black Feminist Critique of Antidiscrimination Doctrine, Feminist Theory and Antiracist Politics," *University of Chicago Legal Form*, Article 8.

Cristea, C. (2015), *Suzanne Lilar: Configuration d'une image auctoriale*, Montréal: Université de Montréal.

Daigle C. & Golomb J. (eds.) (2009), *Beauvoir and Sartre: The Riddle of Influence*, Bloomington, Indiana University Press.

Daniel, J. (1992), *La Blessure, suivi de Le Temps qui vient*, Paris, Grasset.

Darlington, S. (2010), "Castro admits 'injustice' for gays and lesbians during revolution," *CNN*, 2010.08.31.

D'Eaubonne, F. (1974), *Le Féminisme ou la mort*, Paris: Horay.

De Beauvoir, S. (1943), *L'Invitée*, Paris: Gallimard.

De Beauvoir, S. (1945), "L'existentialisme et la sagesse des nations," *Les Temps Modernes*, 1(3).

De Beauvoir, S. (1946), *Tous les Hommes sont Mortels*, Paris: Gallimard.

De Beauvoir, S. (1947), *Pour une morale de l'ambiguïté*, Paris: Gallimard.

De Beauvoir, S. (1949), *Le Deuxième Sexe*, Paris: Gallimard.

De Beauvoir, S. (1954), *Les Mandarins*, Paris: Gallimard.

De Beauvoir, S. (1958), *Mémoires d'une jeune fille rangée*, Paris: Gallimard.

De Beauvoir, S. (1960), *La force de l'âge*, Paris: Gallimard.

De Beauvoir, S. & Halimi, G. (1962) *Djamila Boupacha*, London: A. Deutsch.

De Beauvoir, S. (1964), *Une mort très douce*, Paris: Gallimard.

De Beauvoir, S. (1972), *Tout compte fait*, Paris: Gallimard.

De Beauvoir, S. (1990), *Lettres à Sartre*, Paris: Gallimard.

De Beauvoir, S. (1981), La cérémonie des adieux, Paris: Gallimard.

De Beauvoir, S. (1998), *A Transatlantic Love Affair: Letters to Nelson Algren*, New York: The New Press.

De Beauvoir, S. (2020), *Les inséparables*, L'Herne.

De Laclos, C. (2006), *Les Liaisons dangereuses*, Paris: Gallimard.

Douroux, P. (2017), "Raymond Aron avait raison, hélas!," *Libération*, 2017.07.02.

Fallaize, E. (1998), *Simone de Beauvoir: A Critical Reader*, Routledge.

Foucault, M. (1961), *Histoire de la folie à l'âge classique – Folie et déraison*, Paris: Plon.

Freud, S. (1910), *Three Contributions to the Sexual Theory*, New York: Journal of Nerv. and Ment. Dis. Publ. Co.

Freundel, N. (2018), "À propos de Claude Lanzmann," *Médiapart*, 2018.07.11.

Friedan, B. (2001), *The Feminine Mystique*, W. W. Norton & Company.

Fullbrook, K. & Fullbrook, E. (1994), *The Remaking of a Twentieth-Century Legend: Simone De Beauvoir and Jean-Paul Sartre*, Basic Books.

Furet, F. (1985), "La rencontre d'une idée et d'une vie," *Commentaire*, No. 28~9.

Galster, I. (1999), "Le scandale du Deuxième Sexe," *L'Histoire*, mensuel 232.

Galster, I. (2005), "Le couple modèle?," *L'histoire*, mensuel 295.

Galster, I. (2008), "Les trois vies de Simone de Beauvoir," *L'Histoire*, 327.

Garrigou, A. (2014), "Si Heidegger avait été en prison," *Le monde diplomatique*, 2014.09.23.

Gerassi, J. (1989) *Jean-Paul Sartre: Hated Conscience of His Century, Volume 1: Protestant or Protester?*, University of Chicago Press.

Girard, J. (1981), *Le mouvement homosexuel en France 1945-1980*, Paris: Syros.

Grosjean, P-H. (2011), "Sidaction: et si on disait la vérité?," *Padroblog*, 2011.04.02.

Guérin, D. (1972), *Autobiographie de jeunesse. D'une dissidence sexuelle au socialisme*, Paris: Belfond.

Guevara, C. (2005), "Socialism and man in Cuba," *Aleida March*, Che Guevara Studies Center and Ocean Press.

Hanes, M. (2019), "The Belgian writer Suzanne Lilar: A Feminist's Quest for Unity," *Brussels Express*, 2019.08.01.

Henley, J. (2001), "Calls for legal child sex rebound on luminaries of May 68," *The Guardian*, 2001.02.27.

Hubbard, T. K., (2003), *Homosexuality in Greece and Rome, A Source Book of Basic Documents*, University of California Press.

Inwood, M. (2015), "Was Heidegger a Semitic Nomad?," *Marginalia*, 2015.02.17

Jankélévitch, V. (2015), *L'esprit de résistance: textes inédits*, 1943-1983, Paris: Albin Michel.

Jaulmes, A. "Claude Lanzmann arrêté pour harcèlement sexuel en Israël," *Le Figaro*, 2012.02.08.

Jay, M. (2019), "Sartre's Bad Trip," *The Paris Review*, 2019.08.21.

Johnson, P. (1988), *Intellectuals: From Marx and Tolstoy to Sartre and Chomsky*, Weidenfeld & Nicolson.

Johansson, W. & Percy W. A. (2009), "Homosexuality in the Middle Ages," Medievalist. net.

Johnson, P. (2007), *Heroes: From Alexander the Great and Julius Caesar to Churchill and De Gaulle*, HarperCollins Publishers.

Kahan, A. S. (2010), *Mind vs. Money: The War between Intellectuals and Capitalism*, Cambridge Unviersity Press.

Kaufmann, D. (1986), "Simone de Beauvoir: Questions of Difference and Generation," *Yale French Studies*, no. 72.

Kopaczynski, G. (1996), "Abortion 's Mother: Early Works of Simone de Beauvoir," *EWTN*.

Kunkle, R. (2013), "We Must Shout the Truth to the Rooftops: Gisèl Halimi, Djamila Boupacha, and Sexual Politics in the Algerian War of Independence," *Colloquium for History Majors*, The University of Iowa, Spring 2013.

Lamblin, B. (1993), *Mémoires d'une jeune fille dérangée*, Paris: Éditions Balland.

Lanzmann, C. (1987), "Rapport du maitre-forestier May," *Les Temps modernes*, n. 487.

Lanzmann, C. (2001), "Israël, Palestine: la séparation illusoire," *Le Monde*, 2001.02.07.

Law, B. M. (2006). "What feminism means today," *American Psychological Association*.

Le Dœuff, M. (1979), "Simone de Beauvoir et l'existentialisme," *Le Magazine littéraire*.

Lévy, Bernard-Henri (2000), *Le Siècle de Sartre*, éditions Grasset.

Lott, M. (2019), "5 inconvenient truths about Che Guevara," *Fox News Media*, 2019.02.18.

Manard, M. (2022), "Homoparentalité : L'orientation sexuelle des parents remet-elle en cause la capacité à s'occuper d'un enfant?," *Parentalité sans tabou*, 2022.07.23.

Marcuse, H. (1974), *Eros and Civilization*, Beacon Press.

Martin A. (2012), *The Boxer and The Goal Keeper: Sartre versus Camus*, Simon & Schuster.

Millett, K. (1970), *Sexual Politics*, Doubleday.

Moi, T. (1999), *What is a woman?: and other essays*, New York: Oxford University Press.

Moi, T. (2014) "Simone de Beauvoir," *The British Academy*.

Mouhou, M. (2006), *Affaire Dreyfus: conspiration dans la République*, Paris: L'Harmattan.

Noguères, H. (1967~1981), *Histoire de la résistance en France de 1940 à 1945*, 5 vol., Robert Laffont.

Okely, J. (1986), *Simone de Beauvoir - A Re-reading*, London: Virago Press.

Oltermann, P. "Heidegger's 'black notebooks' reveal antisemitism at core of his philosophy," *The Guardian*, 2014.03.13.

Onishi, N. & Méheut, C. (2020), "Former Deputy Mayor of Paris Accused of Sexual Abuse," *The New York Times*, 2020.08.16.

Ozouf, M. (1990), "La plume de ma tante," *Nouvel Observateur*, no du 22 février 1990.

Patterson, Y. (1986), "Simone de Beauvoir and the Demystification of Motherhood," *Yale French Studies*, no. 72.

Perrin, E. C. et al. (2016), "Experiences of Children With Gay Fathers," *Clinical pediatrics*, 55(14).

Perrin, E. C., Hurley, S. M., Mattern, K., Flavin, L., & Pinderhughes, E. E. (2019), "Barriers and Stigma Experienced by Gay Fathers and Their Children," *Pediatrics*, 143(2).

Pilardi J. (1999), *Simone de Beauvoir Writing the Self: Philosophy Becomes Autobiography*, Westport: Greenwood Press.

Plasterer, R. (2023), "Understanding Gender Ideology and Its Consequences," *Juicy Ecumenism*, 2023.11.09.

Poirier, A. (2019), "Les Temps Modernes: Paris mourns passing of the intellectual left's bible," *The Guardian*, 2019.05.25.

Preciado, P. B. (2020), "La deuxième sexualité de Simone de Beauvoir," *Libération*, 2020.10.02.

Prique, A. (1996), "L'herbe folle de Mai 68," *La revue h*, 2.

Rosen, M. (2017), *The Disappearance of Emile Zola: Love, Literature and the Dreyfus Case*, Pegasus Books.

Rowley, H. (2005), *Tête-à-tête: The Lives and Loves of Simone de Beauvoir & Jean-Paul Sartre*, Chatto & Windus, HarperCollins.

Rubin, G. (2004), *The Traffic in Women. Literary Theory: An Anthology*, Malden, MA: Blackwell.

Ruscio, A. (2003), "Guerre d'Indochine: Libérez Henri Martin," *L'Humanité*, 2003.08.04.

Sartre, J-P. (1938), *La Nausée*, Paris: Gallimard.

Sartre, J-P. (1943), *L'Être et le Néant*, Paris: Gallimard.

Sartre, J-P. (1945~1949), Les Chemins de la liberté, Paris: Gallimard.

Sartre, J-P. (1947), "Présence noire," *Présence Africaine*, N° 1.

Sartre, J-P. (1947), *Les Mouches*, Paris: Gallimard.

Sartre, J-P. (1953), *L'affaire Henri Martin*, Paris: Gallimard.

Sartre, J-P. (1964), *Qu'est-ce que la littérature?*, Paris, Éditions Gallimard, coll. ≪ Idées ≫ (n°58).

Sartre, J-P. (1972), *Huis clos*, Gallimard Education.

Sartre, J-P. (1977) "Qu'est-ce qu'un collaborateur?," *Situations. III, lendemains de guerre*, Paris: Gallimard.

Sartre, J-P. (1983), *Carnets de la drôle de guerre*, Paris: Gallimard.

Savignac, B. (2018), "Claude Lanzmann et Simone de Beauvoir, l'amour fou," *Le Figaro*, 2018.07.05.

Seputyte, M. (2005), "The accidental image that captured an era," *The Baltic Times*, 2005.10.05.

Seymour-Jones, C. (2010), *A Dangerous Liaison: A Revalatory New Biography of Simone DeBeauvoir and Jean-Paul Sartre*, Abrams Press.

Shrier, A. (2020), *Irreversible Damage: The Transgender Craze Seducing Our Daughters*, Washington: Regnery Publishing.

Sorman, G. (2015), "Death of a Righteous Man," *City Journal*, 2015.11.10

Sorman, G. (2021), *Mon Dictionnaire du Bullshit*, Grasset.

Still, J. (2010), "Elizabeth Fallaize obituary," *The Guardian*, 2010.01.03.

Surkis, J. (2010), "Ethics and Violence: Simone de Beauvoir, Djamila Boupacha, and the Algerian War," *French Politics, Culture & Society*, vol. 28, no. 2, Special Issue "Simone de Beauvoir: Engagements, Contexts, Reconsiderations," (Summer 2010).

Tidd U. (1999), *Simone de Beauvoir, Gender, and Testimony*, Cambridge and New York, Cambridge University Press.

Turbiau, A. (2022), "Le Complexe de Diane de Françoise d'Eaubonne (1951): à propos d'une réponse baroque et avant-gardiste au Deuxième Sexe de Simone de Beauvoir," *HAL*, n° 36.

Van der Tuin, I. (2010), "The arena of feminism: Simone de Beauvoir and the history of feminism," *Doing gender in media, art and culture*, New York: Routledge.

Vasilopoulou, A. (2014) "Woman by Choice: A Comment on Simone De Beauvoir's Famous Phrase 'One Is Not Born a Woman, but Becomes One," *Journal of Research in Gender Studies*, 4 (2).

Verdrager, P. & de Singly, F. (2013), *L'enfant interdit: Comment la pédophilie est devenue scandaleuse*, Armand Colin.

Whipple, M. (2023), "Simone de Beauvoir's Contributions & Controversies on Feminism," *The Collector*, 2023.04.22.

Whitmarsh, A. (1981), *Simone de Beauvoir and the Limits of Commitment*, Cambridge and New York: Cambridge University Press.

Winock, M. (2005), "Sartre s'est-il toujours trompé?," *L'Histoire*, n. 295, 2005.02.

Wittig M. (1973), *Le corps lesbien*, Paris: Les éditions de Minuit.

Wood, G. (2003) "Je suis un superstar," *The Guardian*, 2003.06.15.

Zielinski, L. (2016), "In His Own Words," *The Paris review*, 2016.10.18.

급진적 페미니즘

보부아르 좌파의 페미니즘 실험실

초판 1쇄 인쇄 2024년 11월 1일
초판 1쇄 발행 2024년 11월 14일

지은이 김복래 **펴낸이** 황윤억
편집 김순미 윤석빈 황인재 **마케팅** 김예연 **디자인** 오필민 디자인
발행처 인문공간/(주)에이치링크 **등록** 2020년 4월 20일(제2020-000078호)
주소 서울 서초구 남부순환로 333길 36, 4층(서초동, 해원빌딩)
전화 마케팅 02)6120-0259 편집 02)6120-0258 **팩스** 02)6120-0257

• 값은 뒤표지에 있습니다. ISBN 979-11-984298-9-6 93330

• 글 ⓒ 김복래 2024

• 열린 독자가 인문공간 책을 만듭니다.
• 독자 여러분의 의견에 언제나 귀를 열고 있습니다.

전자우편 gold4271@naver.com **영문명** HAA(Human After All)